博物馆服务标准化实践指南

——以北京汽车博物馆为例

弘博网
北京汽车博物馆　著

天津大学出版社
TIANJIN UNIVERSITY PRESS

图书在版编目（CIP）数据

博物馆服务标准化实践指南：以北京汽车博物馆为例 / 弘博网，北京汽车博物馆著 . —天津：天津大学出版社，2017.10
ISBN 978-7-5618-5967-4

Ⅰ . ①博… Ⅱ . ①弘… ②北… Ⅲ . ①汽车 - 博物馆 - 社会服务 - 北京 - 指南Ⅳ . ① U46-282.1
中国版本图书馆 CIP 数据核字（2017）第 256856 号

Bowuguan Fuwu Biaozhunhua Shijian Zhin...

出版发行 天津大学出版社
地　　址 天津市卫津路 92 号天津大学内（邮编：300072）
电　　话 022-27403647
网　　址 publish.tju.edu.cn
印　　刷 北京华联印刷有限公司
经　　销 全国各地新华书店
开　　本 169mm × 239mm
印　　张 19
字　　数 326 千
版　　次 2017 年 10 月第 1 版
印　　次 2017 年 10 月第 1 次
定　　价 78.00 元

编委会

序一

《人民日报》曾有篇关于博物馆的评论：《大而辉煌，也要小而体贴》。

很欣喜地看到一个仅开放6年的北京汽车博物馆，平均年龄只有34岁的管理团队，花费4年的时间去倡导“依标准治馆”，并一直在不遗余力地实践中。更可贵的是他们毫无保留地将此向行业推广，与弘博网联合出版《博物馆服务标准化实践指南——以北京汽车博物馆为例》，将实践成果予以总结和呈现，难能可贵。将服务业的标准化升格为博物馆公共服务的标准化，意义重大，体现了理念上的创新。

在2016年第39届国际标准化组织（ISO）大会上，习近平主席在贺信中指出：“标准是人类文明进步的重要见证者。从中国古代的‘车同轨、书同文’，到现代工业规模化生产，都是标准化的生动实践。”标准已成为世界“通用语言”。世界需要标准协同发展，标准促进世界互联互通。

对于今天的博物馆而言，最宝贵的财富是社会的需求和观众的认可。而对于今天的博物馆管理者来说，应该锻炼从观众的角度去思考并解决问题的思维能力，试问是否想清楚了“观众希望得到怎样的服务？希望看到哪类的展览？还有如何参与互动活动”“流程是否可以优化”“如何用最优化的人力配置来完成所有的服务事项和场馆保障”等一系列问题。也就是让人、财、事、物、信息不堵不偏地去运转，使得管理方法从传统的杂乱无章的“拍脑袋”决策中解放出来，让博物馆的从业人员的岗位设定建立在可量化、能标准化的理论基础和科学原理之上，能够“拿来就用”，不会出现“人走就变”的情况。

依法治国落地到博物馆就是依规则、依标准和规范治馆，能够促进管理从“人治”走向“法治”，强调用制度管事、管权、管人，把制度建设放在更突出的位置。这样的标准可以成为法律法规体系的重要组成部分，可以是打通战略、规划、政策与执行“最后一公里”的支撑手段。可以把管理者从运行事务中解放出来，去更多地思考博物馆为观众输出的文化服务和文化产品。

固化标准、内化于心、外化于形，呈现在观众面前的是有温度的服务、有文化的展览、可互动的社教、能带走的文创，让观众有尊严地参观。值得关注的是北京汽车博物馆这支年轻的队伍，从“执行标准”到形成“标准化文化”，走出了“千馆一面”，以车为媒，呈现出了多元文化，运营起了一座有温度的博物馆。

随着社会网络化、数字化、智能化、全球化，标准化与信息化融合也将是大势所趋。未来，可能还要更多思考组织管理、社会管理、公共服务、优化流程等标准化手段和工具的运用，实现“点”“线”和“面”上的最佳秩序。标准化理念和方法是一通百通的科学方法论，也是一项长期的工作，需要不断调整修订、自主纠偏和持续改进，希望北京汽车博物馆能够随着对博物馆发展和标准化认识的提高不断充实和更新，在掌握标准化体系运行原理的基础上，建立起科学长效机制。

故宫博物院 院长

单霁翔

序二

此书是弘博网上线三年来出的第一本书，作为弘博网的总编辑，我觉得特别有意义。最早，弘博网是按新媒体平台来设计和建设的，在规划中并没有做线下纸媒的计划，更没想过正式出版发行书籍。因为出书这件事，在我们看来更系统、更复杂、更具挑战性，甚至还有一点神圣的色彩。

我一直将弘博网定位为中国博物馆行业的观察者，因此，在我们这些人身上，肩负着一种责任，努力去发现那些正在博物馆发挥作用的积极力量，并且通过媒体平台将其放大、推广，试着为整个行业带来哪怕小小的改变。

每发现一点变化都是让人感到欣喜的，尤其对于媒体人。我们很幸运，处在中国博物馆行业变革的时代。2015年以来，国家对博物馆行业新的使命要求和政策引导，都赋予了博物馆人改变的力量，无论是被动还是主动，面对的都是机遇。显然，弘博网更愿意发掘主动求变的做法。

我是跨界来到博物馆领域的，因此，少了一些行业思维的束缚，多了一些务实的好奇心。我想，来到博物馆参观的观众大概是最好的观察者吧。这里的展览吸引他们吗？这里的环境让他们感到舒适吗？他们是否感受到文物所蕴含的人文精神和文化力量？你从他们的表情上可以读出答案。

由于工作的缘故，我比普通观众观察得更多，不仅看展览，还看博物馆人。虽然几乎不写文章也很少审核文章，但我始终保持着每天大量阅读博物馆相关资讯的习惯。新鲜的事物总是会夺人眼球。我记得是在2016年年底，看到一条《北京汽车博物馆成为国家级服务业标准化示范单位》的新闻。于是，好奇心驱使我去北京汽车博物馆看看，做一次交流。然后，一次交流变成了多次交流，多次交流变成了深度合作。汽博人的精神面貌、工作态度，汽博馆的运营水平、服务能力，都给我留下了深刻的印象。经过汽博馆的开放式办公区，我常常会产生一种错觉，仿佛来到了一家企业。

企业生存发展依靠的是“管理”和“创新”，北京汽车博物馆成功经营的秘诀是什么？“开门办馆”的理念，是汽博人受邀到各处宣讲首先要提到的，但是创新性的“标准化管理体系”，才是保障北京汽车博物馆经营活力之所在。看准了这一点，我觉得一定要行动起来。弘博网将“博物馆服务标准化”设立为2017年四项重点研究课题之一，开始了与汽博团队的全方位合作。我们在2017年的5月13日共同举办了第一届“科教文化旅游服务标准化交流研讨会”，邀请到全国近50家博物馆共同交流博物馆的标准化建设，实地考察汽博的标准化实践应用，得到了与会博物馆同人的积极评价。我们也充分认识到，一次短暂的研讨会并不足以让行业对这种行之有效的管理模式有深入的理解，因此，把这些经验结集成册势在必行，这也就是本书的由来。

北京汽车博物馆同时也将这5年来建设积累的178项标准汇集成册，将会与本书同时公开出版发行，并将作为弘博网行业培训的核心课程——“博物馆服务标准化建设”的配套教材。我们希望行业同人能够从书中获得启发，并将这套管理体系付诸本馆的发展实践，让我们一起来践行“依标准治馆”。

弘博网 总编辑

康文伟

前言

- 如何给参观者营造出舒适、温馨、幽雅的参观环境？
- 如何让参观者获得更好的参观体验？
- 如何培养参观者对博物馆的感情？
- 如何管理好、运营好、发展好博物馆？
- 如何让博物馆能够持续地有文化、有内涵、有活力？
- 如何在博物馆中，让人、财、事、物、信息不堵不偏地运转？
- 如何让博物馆的员工在自己的岗位上找到同生同长的归属感和自豪感？

以上这些问题是当前许多博物馆面临的难题，也是博物馆行业共通的问题。

近年来，随着文化体制的改革，大量新建博物馆拔地而起。而随着社会的发展，博物馆的职能也迎来了新的变化与挑战。在公共文化服务行业“以人为本”理念的影响下，博物馆仅为收藏、保护、展示藏品而存在的观念被打破，心怀公众、关心公众、理解公众、帮助公众、不断扩展服务广度和深度，成为博物馆公众服务领域的新认识。

2015年3月，中国博物馆行业首个全国性法规文件《博物馆条例》正式颁布实施。在第一章“总则”第三条中明确提出：博物馆开展社会服务应当坚持为人民服务、为社会主义服务的方向和贴近实际、贴近生活、贴近群众的原则，丰富人民群众精神文化生活。此外在条例的第四章“博物馆社会服务”，用一整个章节提出博物馆如何面向社会服务。对今天的博物馆而言，最宝贵的财富恰恰是社会的需求和观众的认可。

2016年12月，第十二届全国人民代表大会常务委员会第二十五次会议通过《中华人民共和国公共文化服务保障法》（以下简称《保障法》）。《保障法》的出台，从法律上为文博行业在公共文化服务方面的行为做出了导向，对博物馆提升其公共服务质量与效率有十分重要的意义。在法律的指导下，公共文化服务将会有章可循，对于改善现状将有所裨益。

博物馆服务规范体系的建立，为衡量博物馆的职能提供了评价标尺。博物馆服务标准的缺失成为制约博物馆服务质量提高的重要因素。当前博物馆标准化研究与实践尚处于起步阶段，无论是国家标准还是地方标准，关于博物馆的标准体系建设几乎一片空白。国际上相关的博物馆标准研究及成果也较少，同时由于种种条件的制约，整体上可借鉴的内容不多。

早期，博物馆界对博物馆标准化的探讨与研究多集中于藏品管理方面及文物保护的相关技术方面。随着博物馆行业的快速发展以及研究的深入，一批如《文物藏品档案规范》《馆藏文物展览点交规范》《馆藏丝织品保护修复档案记录规范》《文物运输包装规范》《博物馆建筑设计规范》《博物馆和文物保护单位安全防范系统要求》等约40个国家及行业相关标准逐渐制定推行。同时，我国也引进执行了美国国家标准学会《文化资源特性的保护规范》、英国标准协会《国际博物馆统计》等标准。行业标准除文物保护行业外，还涉及公安、民航、建筑等行业。

依目前所执行的标准来看，还存在以下问题：一是数量不足，无法满足博物馆工作的实际需求；二是博物馆相关标准涉及内容过于零散，各标准过于独立，无法与其他标准有机结合，以构成博物馆标准化体系。

同时，学界对博物馆标准化研究的力度仍十分薄弱，服务标准化仅是博物馆标准体系的一个有机组成部分，其他如博物馆管理、陈列设计、公众教育等标准的研究也亟待进行。博物馆服务标准化的良好推进势必会对其他标准化的研究工作起到积极的引领作用。

博物馆作为提供重要文化服务的公共机构，标准的研究与服务标准化体系的建立对于提高其行业整体的公共文化服务水平具有极高的现实意义与规范指导作用。以北京汽车博物馆（以下简称“汽博”）为例，其建筑面积有5万平方米，拥有多种用工模式的员工共计540余名。2013年，汽博开始创建国家级服务业标准化工作，2015年被推荐申报示范单位，后经过两年的创建，现已成为国家级服务业标准化示范单位。2016年11月25日，中国国家标准化管理委员会发布《国家标准委关于下达2016—2017年度国家级服务业标准化示范项目的通知》，汽博承担的“北京汽车博物馆科教文化旅游服务标准化示范项目”入选，成为13个入选项目中唯一的文博行业标准化项目。

通过标准化管理体系建设，汽博实现了“处处有流程、事事有标准、物物有人管、岗岗有考核、日日有坚持、时时有创新”的工作机制，真正做到将“有问题找领导”变为“有问题找标准”，标准覆盖率达到100%；服务标准成为管理人员的“管理手册”，员工考核的“考核准则”，员工服务的“作业指导书”，培训员工的“教材”，游客接受服务的“说明书”。同时，博物馆内上至馆长、下至一线员工都编制了“岗位手册”，对每个岗位职责与权限进行了规范，做到有岗位就有职责，有职责就有规范，有规范就有程序，有程序就有标准。

为让广大博物馆工作者认识了解博物馆服务标准化这一主题，本书从理论方面对博物馆服务标准化进行了系统梳理，回答了“什么是服务标准化”“博物馆为什么要建设服务标准化”“服务标准化对博物馆的影响”等问题，同时，结合汽博创建国家级服务业标准化示范单位的实践经验进行了思考与探索，解答了“博物馆如何建设服务标准化”等问题。

期待此书能给博物馆界带来一些思考与改变，通过博物馆服务标准化体系建设实践研究成果在业内的广泛推广，推动博物馆行业标准化建设的快速发展。

“依标准治馆”倡议书

标准是一种规则，是一条生命线；

标准是一种屏障，是一张防护网；

标准是一种约束，是一块压舱石；

标准是一种激励，是一部助推器。

标准化水平的高低，反映了一个国家的综合竞争力。习近平总书记在第39届国际标准化组织大会贺信中指出：“标准是人类文明进步的重要见证者。从中国古代的‘车同轨、书同文’，到现代工业规模化生产，都是标准化的生动实践。”

国际博物馆协会曾提出：“博物馆工作是一项服务于社会的工作，它要求以最高标准实施专业操作。”今年出台的《中华人民共和国公共文化服务保障法》是文化立法的一个重大突破，旨在促进基本公共文化服务标准化、均等化。作为博物馆人要心怀公众，系统研究服务社会的广度和深度，探索服务标准化在文化、科技、教育、旅游等方面的融合发展。让“人、财、事、物”有效运转，实现为公众服务的最高标准，承载起新时期博物馆的使命与责任。博物馆落实依法治国，依标准治馆是重要保障。

北京汽车博物馆“科教文化旅游服务标准化”项目历经四年创建，在2016年成为国家级服务业标准化示范单位。我们有责任和义务将标准化经验与同行交流、探索和分享，并向全社会发出倡议：

依标准治馆，建立标准体系和规范管理运营模式，接受社会各界的监督指导，促进博物馆从“人治”走向“法治”，实现博物馆综合实力和品牌形象的整体提升。

北京汽车博物馆 馆长

目录

第一篇　理论篇

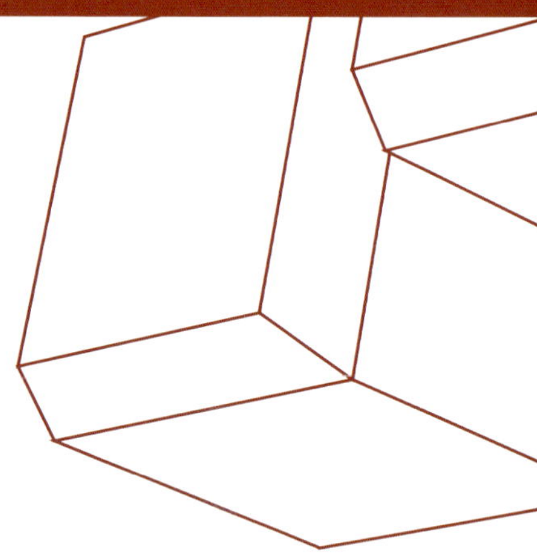

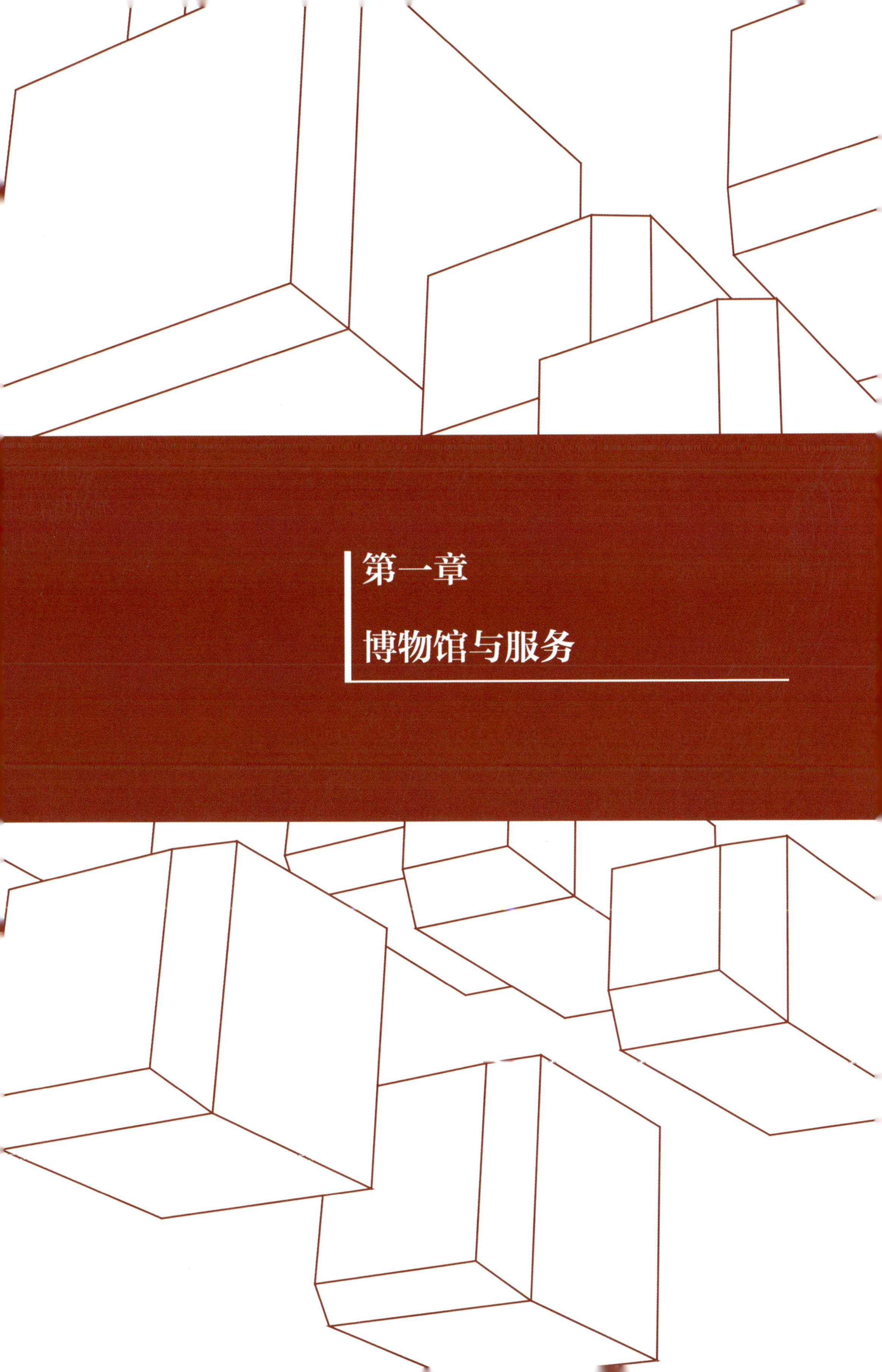

第一章

博物馆与服务

第一节 基本概念

一、服务

对于服务的定义，不同学科视角下呈现不同的认识。《当代汉语词典》认为服务是“为集体(或别人的)利益或为某种事业而工作”。在经济学领域中常将服务等同“劳务”。《简明经济学辞典》解释为：“服务又称劳务，指不以实物形式而以劳动形式为他人提供某种效用的活动。服务有生产性和非生产性两种情况。凡以自己的劳动加工出新的或恢复旧的使用价值来满足消费者需要的就是生产性服务，如为顾客缝衣、修鞋、补锅等。凡以自己的劳动提供无形效用来满足消费者需要的就是非生产性服务，如演戏、理发、导游等。”

国家标准《服务标准编写通则》（GB/T 28222—2011）对服务定义为：

“服务提供者与顾客接触过程中所产生的一系列活动的过程及其结果，其结果通常是无形的。

“注1:本标准中的服务还包括软件、硬件和流程性材料的交付。

“注2:本标准中的服务覆盖第一产业、第二产业和第三产业。”

二、公共文化服务

公共文化服务是指由政府主导、社会力量参与，以满足公民基本文化需求为主要目的而提供的公共文化设施、文化产品、文化活动以及其他相关服务（《中华人民共和国公共文化服务保障法》第二条）。

三、博物馆服务

博物馆服务是基于博物馆藏品、陈列和智力资源，为了社会发展和满足公众自我发展需求的目的，为社会公众和观众提供的智力、体力和技能服务[①]。

第二节 博物馆服务的内容与特点

一、为社会发展服务

博物馆是保藏人类文明见证物的主要场所，是人类文化财富的守护者，对藏

① 宋向光：《物与识——当代中国博物馆理论与实践辨析》，210页，北京，科学出版社，2009。

品承担着社会信托责任。博物馆是文物保护与展示的机构，但并不是为收藏而收藏，其根本目的在于保护人类文化的见证物，为未来而守护遗产，保证文化遗产的可续利用，为社会发展服务。

满足公众利益、为社会发展服务是博物馆开展活动的立足点。1974年国际博物馆协会在哥本哈根召开第十一届会议，首次明确将“为社会和社会发展服务”写入章程中，之后博物馆的定义虽经多次修订，但“为社会发展服务”的要求始终放在首位未曾改动。从世界范围内来看，各国对博物馆定义表述虽不同，但共同的核心思想不变，基本围绕“为社会服务，满足公众利益”为核心进行表述。如澳大利亚要求“它对社会做出具有长期价值的贡献”；加拿大“非营利性常设机构……为公共利益……”；葡萄牙“为社会服务的机构”；英国、意大利“为公众的利益而……”②。为保证职能实现，要求博物馆具有非营利性、公益性等性质，并需向公众开放，提供如教育、展览等相应服务。近年，教育成为世界博物馆行业主流的关注重点，其根源就是社会发展的新需要。生产力的快速发展，对人自身素质提出了更高的要求，终身学习已成为时代发展的趋势。博物馆保藏有众多人类文明的见证物，蕴含着丰富的人类发展智慧，可以成为公众满足自身发展需求的重要文化资源。基于此，各国博物馆界都极其重视发掘馆藏资源潜力，以教育为重要目标，推进完成为社会发展服务的终极使命。

博物馆关注社会需要，促进社会和谐发展。博物馆对社会发展的促进作用是间接的、柔性的，是通过结合展览、教育活动等方式，与博物馆的主张相融合，对观众产生正向积极影响而实现的。每年国际博物馆协会都会关注一个社会发展的重要问题，并将之确定为国际博物馆日的主题。历年的国际博物馆日主题变化也体现出国际博物馆界对社会关注重点的变化。如“致力于社会和平与和睦的博物馆”（2000）、“博物馆与建设社区”（2001）、“博物馆：促进社会变化的力量”（2008）、“博物馆致力于社会和谐”（2010）、“博物馆致力于社会的可持续发展”（2015）、“博物馆与有争议的历史：博物馆讲述难以言说的历史”（2017）。博物馆希望通过关注这些问题，结合自身优势，将其融入相关主题的展览中，使公众关注并思考这些问题。

博物馆为社会发展服务是社会主义文化事业的本质要求。我国博物馆是社会主义文化事业的重要组成部分，是重要的公共文化服务机构。国有博物馆的藏品

② 宋向光：《世界各国和国际组织“博物馆”定义辑要》，http://blog.sina.com.cn/s/blog_53bcdb030102wlnl.html，2017-8-3。

归属国家，属全民所有，博物馆实质上是为人民保护收藏文化财产。同时，国有博物馆的运行资金依靠各级财政保障。因此博物馆应始终贯彻《博物馆条例》中“两坚持、三贴近”要求，即坚持为人民服务、为社会主义服务的方向和贴近实际、贴近生活、贴近群众。

二、博物馆服务构成

藏品是博物馆立馆之本，展览是博物馆的核心产出。二者的特点决定了博物馆业务的实现是基于“临场性”而进行的。根据观众参观流程可简要分为参观前、参观中和参观后。参观前主要是信息咨询服务，包括信息发布、人工咨询等；参观中是博物馆服务的主要部分，也是最为复杂的部分，同时包含参观前后的服务形式；参观后主要是对观众回访，根据反馈对博物馆自身服务方式做出改进，实现更好的服务。根据服务形式特征差异，结合服务标准化工作内容，又可将博物馆服务分为保障服务和提供服务两大块。二者划分依据是服务的提供为直接还是间接。

（一）保障服务

保障服务指支撑向观众直接提供服务的基础性保障措施，目的是保证博物馆正常有序运转，主要涉及安全保障、功能设施、藏品管理、机构运行规范等方面。

1.安全保障服务

安全保障服务应包括人身安全和藏品安全两部分。博物馆作为面向公众开放的公共场所，第一要务是保证场馆内观众安全。安全问题应从博物馆建筑设计的第一张图纸开始，贯穿博物馆生命周期的始终。如场馆应符合建筑安全要求和消防安全要求；展览设计时注意边角及光线处理，防止观众意外磕碰；馆内扶梯倾斜高度及长度设计是否存在低龄观众潜在风险，如客观条件限制无法减小风险，应安排专人进行守护。有别于一般公共场所，博物馆同时赋有保护藏品安全的职责。每一件藏品都是人类文明的结晶，很多藏品因自然老化等客观因素逐渐变得稀缺，很难再进行复制。因此主要藏品库房设计应考虑防盗、防潮、避光、防病害、防震等破坏因素；藏品按类分区保管；藏品规范使用等。

2.功能设施

展览的魅力主要在于其“实物性”“临场性”。因此，完善的服务设施是对观众良好参观体验的保障。博物馆界有一种现象叫博物馆疲劳，即观众在博物馆内长时间参观而未进行有效的休息而出现的身体疲惫、注意力下降、心烦意乱的状况。针对于此，博物馆应根据各展厅及走廊实际状况安置一定数量的座椅，以供观众休息。同时，观众可能因参观需求而长时间在馆内停留，因此博物馆应尽量提供足够数量的室内卫生间。在此强调博物馆应关注弱势群体的需求，应在相应位置安装无障碍楼梯及无障碍卫生间等设施。值得注意的是国外部分博物馆关注到家长带幼童时对卫生间使用的需求，特别设置有家庭卫生间，解决幼童使用卫生间的需求。有条件的博物馆应专门设立存包柜、医务室及母婴室等服务设施。存包柜是为了满足观众轻松看展需求，尽量减少观众参观负担。医务室是为预防突发事件的发生设立，可以在救护车到来之前对患者进行初步急救。母婴室服务对象为哺乳期妈妈，以满足其观展时哺乳需求。如馆内不具备设立医务室、母婴室的条件，也应尽量设置应急房间，以备不时之需。同时博物馆内部应注重对导引指示牌的设计与完善，方便观众快速到达指定地点。服务设施是服务硬基础，博物馆应在已有的设计基础上，根据对观众的研究分析，添加相应的设备设施。

3.藏品管理

藏品是博物馆的核心要素，是博物馆开展其他职能活动的基础，“物”与“人”的相互联系是博物馆活动的基本活动方式。对藏品的有效管理是对博物馆其他职能服务的基本保障措施。新时代下的博物馆藏品管理不应仅停留在保管层面上，更应该注重如何“让文物活起来”。美国博物馆界有观点认为“博物馆的价值不在于拥有什么，而在于以其拥有的东西做了什么”，这其实就在强调博物馆应突破“藏而不用”的困境。因此，对于博物馆的使命而言，收藏仅是其使命的一部分，探讨如何在不损害子孙后代长久利益的基础上对现代社会发展提供服务更应该是今后博物馆关注的重点。如此也更加有利于公众对博物馆的了解与支持，可以获得更广泛的群众支持，为博物馆日后获取藏品捐赠、资金捐赠和智力支持等社会力量支持提供潜在的基础。

4.机构运行规范

博物馆内部有序的运行是博物馆向公众提供服务的前提。博物馆的良好运行得益于对博物馆内部的“人、财、事、物”之间关系的科学梳理与管理。“人”包括博物馆工作人员与公众。对工作人员应涉及人力资源管理、职业健康管理等内容，同时注重工作人员与公众之间关系的梳理。“财”主要涉及资产管理及资金的使用。对于当代博物馆而言，其职能的拓展应始终围绕自身使命而展开。对于促进社会发展而言，博物馆可做事情很多，但相对而言资金较少，因此如何有效分配资金将有助于博物馆业务的高效展开。“事”主要是博物馆活动事物，涉及面广泛。“物”包含藏品与设备设施等实物。四者是博物馆构成的有机要素，理顺并进行科学有效的管理，是博物馆高效良性运作并向社会提供优质服务的有效保障。

（二）提供服务

提供服务直接面向观众，直接以观众需求为导向而提供具体服务。主要涉及参观服务、餐饮购物服务、文化教育服务、服务评价与改进等。

1.参观服务

参观服务是一个宏观的主题，主要围绕观众参观展览需求而进行。包括信息服务、票务、讲解服务等诸多内容。信息技术的发展方便了人们信息的获取，但也使我们获取有效信息的成本逐渐增加。这就要求博物馆提供信息服务时应主要满足博物馆观众的信息需求，利用博物馆自身建设的网站、微信、微博进行信息预告。同时又要注重对公众信息的发布，因此博物馆可以根据自身需求与目的采取广而告之或根据目标观众群精确投放信息，可借助媒体、海报、广告等传统方式，也可利用如今日头条等用户基数量大的自媒体平台发布信息。为提高信息传播效果，博物馆的信息内容也应根据不同人群需求、不同场景限定进行适当调整。如在自有网站，可在醒目位置放置展览的时间、地点、主题等参观信息，满足普通观众获取一般展览信息的需求。同时也应在相应栏目进行展览内容的详细介绍，提供展品的详细信息，方便希望深入学习参观的观众需求。又如，拓展用户群体时，在选用传播工具时，应考虑其使用者年龄构成，尽量结合目标观众群使用符合其风格的语言进行信息的编写，贴近目标群体，引起其阅读兴趣。参观服务中另一项直接影响参观体验的是讲解服务。讲解服务是根据观众对展览更高层次需求而提供的服务，主要是“面对面”的现场讲解形式。博物馆在提供讲解服务时，应注重讲解员服装得体、肢体语言符合规范、笑容亲切自然。同时也要求讲解员根据不同的讲解对象，采用不同的讲解方式。如对儿童和对成人，前者语言应尽量浅显生动，后者则更多地讲求对展览内容的深度挖掘。

2.餐饮购物服务

餐饮服务可以视为有条件的博物馆的配套服务。有条件是指场馆面积较大，观众短时间内很难参观完博物馆；或者该博物馆周围环境优美，可以在博物馆内就餐获得更愉悦的体验。这就要求博物馆根据自身条件选择是否配置餐饮区，如较大规模的博物馆则适合设置。博物馆需设置餐饮区是因为观众在长时间参观展览之后，往往会出现疲惫、口渴、饥饿等生理现象，对饮食有迫切的需求。餐饮的提供特别对于场馆面积较大的博物馆尤为必要，可以使观众不必急于离开博物馆选择馆内就餐，观众可以更长时间地在博物馆中停留。值得重视的是，博物馆是非营利机构，不以盈利为目的，因此作为博物馆配套服务之一的餐厅饮食定价则不宜过高，应满足多数观众的消费能力。博物馆餐饮区和市场餐饮厅相比，区别在于博物馆餐饮区主题布置可以与博物馆自身藏品特色相结合，营造一种特别的主题氛围，带给观众独特的消费体验，使餐饮区也可以变成博物馆有趣的参观地点。纪念品商店的设立，可以满足观众参观后希望购买文化创意纪念品的需求。博物馆展览是不可移动的，观众只能在展厅内参观。而博物馆所售卖的相关文创产品，则可以视为展览内容的延伸。观众购买纪念品，从某种意义上讲是将展览带回家。博物馆商店内所售的文创产品应根据相应藏品进行设计，区别于市场上一般的产品，产品本身应具有独创性。同时，博物馆也可以针对不同消费能力群体，研发相应的产品。比如，对于学生群体，购买力较弱，商品应讲求物美价廉。对于高端商务人士，消费能力较高，对商品文化品质有着极高需求，就可能购买某件喜爱的文物复制品。也可以根据性别，差异化推出产品。欧美某些博物馆如大英、大都会博物馆，根据女性的需求，设计了独特的珠宝、服装等物品。虽然博物馆商店可开设在绝大多数馆内，但应注意，博物馆应对商品进行选择，保证文创特性的同时确保品质。同时切忌价格虚高，不应将市场上常见的物品放入馆内以高价销售，长久为之将会使博物馆形象受到影响。

3.文化教育服务

博物馆的文化教育服务是有别于传统学校教育的，是一种非强制性的社会教育。博物馆教育并不是去灌输某些知识，而是为观众的“自我提升”提供相应的条件与帮助。学界一般认为展览及讲解是传统博物馆教育活动的主要方式。今天，随着社会发展新需要，博物馆教育活动也呈现出复杂化趋势。博物馆教育活动应根据受众的年龄层次、参观动机等条件进行细化。如对于中小学生群体，可辅助课堂，提供相应的实物展品。但博物馆教育不应试图仅仅变成传统学校教育的“第二课堂”，博物馆更大的优势是通过藏品等实物资源激发学生的兴趣，引导其寻找到自身的兴趣点，助其成才。博物馆教育活动也应包括对成人自我提升的帮助，如通过展览、讲座、书籍出版等多种形式。国外博物馆教育活动开展历史悠久，美国20世纪初期就已关注到博物馆教育的作用。今天，欧美博物馆教育受众对象广泛，活动场地也不再局限于馆内。如美国某些社区博物馆深入社区，帮助外来移民快速融入社区当中，同时，该社区博物馆经常举办社区活动，将社区居民的活动作品放入馆内进行展示。又如美国史密森学会举办的民俗文化节，邀请世界范围的民俗艺术家进行表演及作品展示，经过几十年的发展，目前已成为重要的节日盛典，吸引众多观众参观。

4.服务评价与改进

博物馆服务的改进，需要建设良好的信息沟通渠道，保持博物馆与观众良好的信息交流。服务评价机制为博物馆与观众之间的信息交流提供了很好的解决机制。博物馆可根据服务评价结果，分析观众对博物馆服务新的需求，同时也可以发现服务工作中的不足之处，提出整改建议并改进。同时，服务评价也是博物馆衡量其服务成效的重要标尺，为博物馆管理提供参考数据，成为决策依据。

三、服务于科学研究

博物馆常以丰富的藏品和精彩的展览而著称，是文化与艺术的殿堂。但同时博物馆也兼具研究职能并为科学研究提供资料与服务。博物馆的科学研究对公众产生的直接服务很少，更多的是间接服务或进行智力上的支持。因此，也可以将博物馆认为是科学研究机构。目前，无论是国际博物馆协会还是我国《博物馆条例》，对于博物馆的定义表述均提出“博物馆是以教育、研究和欣赏为目的”。同时在国际博物馆协会官网提供的《博物馆学关键概念》一书中将博物馆“研究”解释为：“研究的意义在于探索既有定义的领域以增长我们的知识以及促进可能对此一领域发展的行动。在博物馆，它包括所有智识活动与为了探究、发明、增进与博物馆的收藏品或活动有关的新知识的工作。”[③]具体而言，博物馆研究工作主要包括藏品研究、博物馆实务工作研究、博物馆学研究（包含哲学上思辨和制度上批判思考）等内容。

1.藏品研究

藏品研究一直贯穿着博物馆发展史，是博物馆最具活力的研究活动，是其他职能活动开展的基础，如高质量展览的成功举办就是建立在对藏品深入研究基础之上的。藏品本身是无声的，如何“透物见人，解读信息”，将其运用策展语言向公众进行揭释解读，是藏品研究最直观的成果输出。 博物馆藏品研究成果转化

① ICOM：《博物馆学关键概念》，张婉真，译。该书未标明出版信息，但在国际博物馆协会官网提供电子书原文，下载地址：http://icom.museum/professional-standards/key-concepts-of-museology/。

不仅仅局限于展览，还可以通过讲座、图书出版、网站等手段进一步被有需求的公众所利用。

2.博物馆实务工作研究

博物馆实务研究主要是根据博物馆的运营及业务需求而展开的研究，包括文物修复、观众研究、教育活动研究、博物馆运营、博物馆服务标准化等内容。例如研究在文物修复中制定相应合理的制度与措施，有效规避技术风险；为提高展览质量或服务质量，对观众进行信息采集与问卷调查，根据观众的信息反馈，对展览或服务进行动态调整；根据博物馆实际业务发展的变化，优化博物馆内部结构，完善管理措施，实现科学有效的管理。理论源于实践，博物馆实务研究是博物馆学研究的重要基础。各博物馆在进行实务研究的基础的过程中，应注意记录与总结经验，有利于后续行业内的沟通与交流。

3.博物馆学研究

此部分研究主要是对实践工作的总结提炼，梳理出系统的理论知识用以指导实践工作，同时也包含哲学上思辨和制度上批判思考，以给予博物馆未来工作方向性指导。任何行业的发展都离不开理论的建设。理论的价值不是对具体工作内容的具体指导，而是通过对实践的总结，提炼出一般的方法原则，给予解决问题的方向与总的思路。理论是授之以“渔”而非授之以“鱼”。理论的研究往往需要消耗研究者大量的时间和精力，同时也需要掌握大量的大范围的研究材料。因此对博物馆学的研究往往应重视与高校学者、研究机构研究员进行合作，各自发挥优势共同进行研究。

4.为博物馆科研服务提供保障

博物馆科研服务保障包含各博物馆实践资料的提供与对博物馆人才培养的支持。博物馆受空间条件等客观因素的限制分散到全国各地，博物馆间的信息交流能力较弱，多数时间只有依靠本馆自身能力进行探索。从整个行业发展的角度来看，各博物馆也应逐步整理并提供本馆的活动记录、资料档案等基础件材料与数据信息。目前，我国博物馆学研究的最大困境就是关于博物馆实践的第一手材料极度匮乏，研究者只能根据个人能力进行个体或局部地区部分博物馆的研究。行业整体性研究缺乏足够的基础材料的支撑，客观上阻碍了中国博物馆学的进一步发展。各博物馆整理本馆的相关资料并与业界共享，既可以方便同行交流又可以帮助其他博物馆或高校研究人员对相关问题进行深入系统的研究，最终使研究成果反哺，使各馆受益。博物馆事业的长久发展，离不开对后续专业人才的培养。法国、英国等欧美国家博物馆机构都为高校学生提供相关的实习岗位，使其共同参与到博物馆的研究与具体的实践工作中去。博物馆行业的长远发展规划中需要列入相关的支持计划，各博物馆的研究保障服务也应尽量给予重视。

四、关注博物馆工作人员的合理需求

作为文化服务机构，“人”是极其重要的构成要素，是影响服务质量的重要变量。博物馆在重视对观众服务质量的同时也应关注工作人员的需求。当工作人员合理的需求得到满足，对本馆产生归属感，自觉融入本馆的建设中时，对观众的服务质量也自然会得到提升。基于马斯洛的需求理论，结合实际，工作人员的需求可大致分为职业诉求和情感需求两大类。

1.职业诉求

马斯洛将“自我实现”视为人类高层次需求，居需求金字塔模型顶端。“自我实现”是一个人追求理想抱负实现的过程，而事业是最好的实现舞台。当员工将博物馆的发展视为实现自己理想抱负的事业时，就会以更高的积极性与热情投入到工作中。博物馆此时应提供的就是完善的职业技能培训与良好的晋升制度，为员工提供更多展示其才能的机会。

2.情感需求

情感是人类普遍的需求。多数博物馆工作人员最为珍视的是自身对博物馆的热爱、对分享知识的喜爱以及服务社会的责任感等情感因素。合理的激励手段是提高博物馆运行效率与提升服务质量的必要内容。

五、博物馆与公共文化服务

公共文化服务的主要目的是满足公民基本文化需求。博物馆是收藏和展示人类及人类环境见证物的文化机构，其保藏的文物主体已具有巨大的历史文化内涵，同时配合相应的展览设计，又能给公众以美的享受。因此，博物馆天然地满足公共文化服务要求，其职能符合公共文化服务预期。

近年来，我国博物馆事业稳步发展，每年举办展览3万余个，举办约11万次专题教育活动，参观人数约9亿人次。截至2016年年底，全国登记注册的博物馆已达4873家，比2015年度增加181家。2016全年全国文物机构共安排基本陈列12203个，比上年增长12.4%；举办临时展览12420个，比上年增长5.2%；接待观众101269万人次，比上年增长9.5%。其中未成年人26298万人次，增长6.7%，占参观总人数的26.0%。博物馆接待观众85062万人次，增长8.9%，占文物机构接待观众84.0%。博物馆在社会中影响力逐渐扩大，部分如“海昏侯展”“石渠宝笈展”等甚至引起现象级参观热潮，博物馆事实上已成为重要的公共文化服务机构。

传统博物馆对于自身文化定位，多停留在本身对社会的作用层面上。国家新颁布的《公共文化服务保障法》，将博物馆纳入到公共文化服务体系当中，与其他图书馆、文化馆等相关的公共文化机构共同组成文化服务系统，这就使博物馆行业可以在更高层次上对自身服务职能实现新的指引与突破。因此，博物馆更是公共文化服务体系重要组成部分。

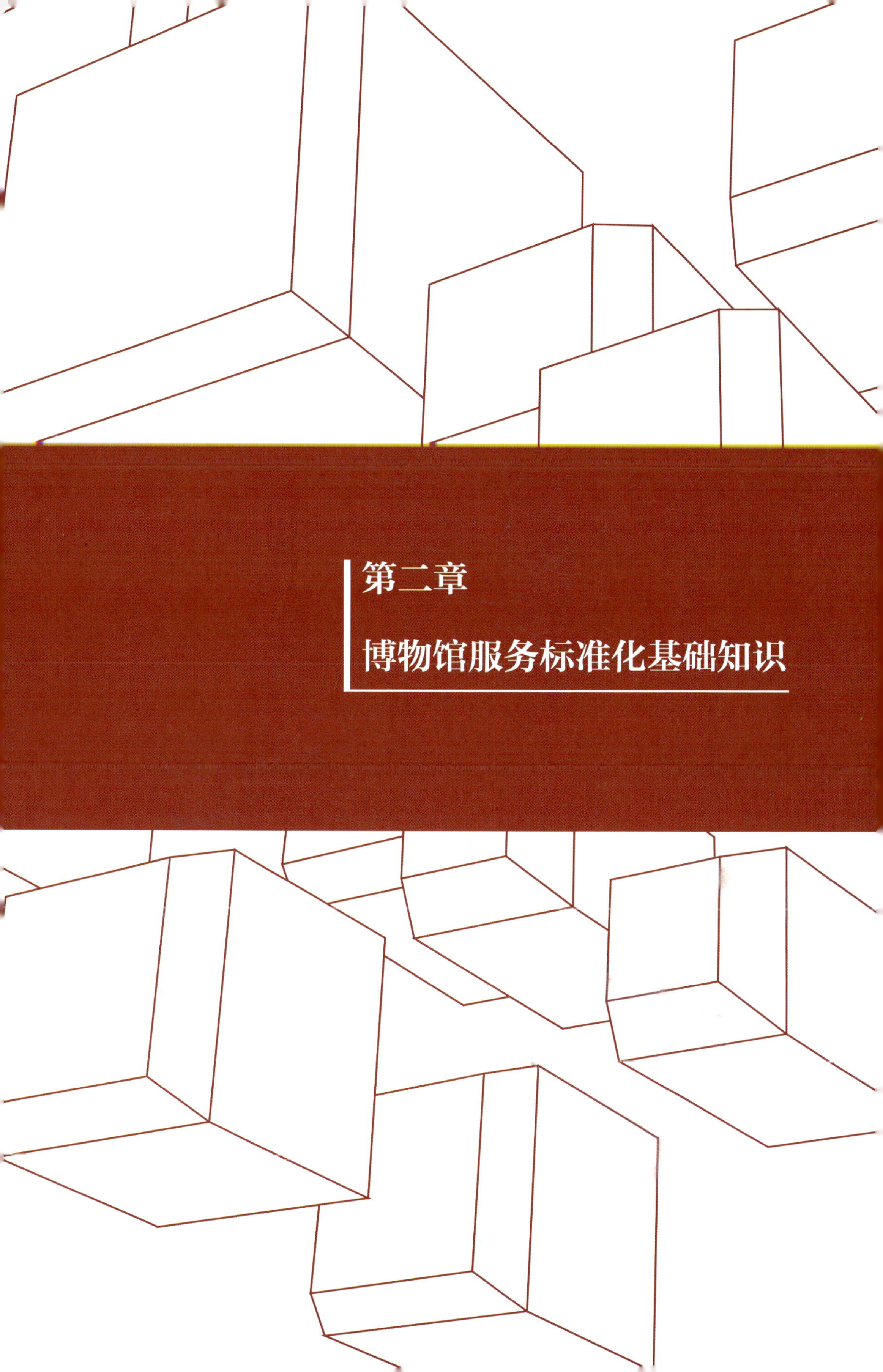

第二章

博物馆服务标准化基础知识

博物馆服务标准化作为标准化工作领域的一部分，既有博物馆工作的特性，也有标准领域一般的共性。因此在进行博物馆服务标准化工作的过程中，应注意熟悉掌握标准化基础知识，以满足博物馆服务标准化工作的需要。

第一节　基本概念

一、标准

对于标准的定义，目前多数标准化相关著作中采用的是国家标准GB/T 20000.1—2002《标准化工作指南 第1部分：标准化和相关活动的通用词汇》定义，即：

“为了在一定范围内获得最佳秩序，经协商一致制定并由公认机构批准，共同使用和重复使用的一种规范性文件。

注：标准宜以科学、技术和经验的综合成果为基础，以促进最佳的共同效益为目的。”

国际标准化组织发布了ISO/IEC GUIDE 2—2004《标准化和相关活动的通用词汇》。该指南中对标准定义进行了修订，重新表述为：

“为了在一定范围内获得最佳秩序，经协商一致制定并由公认机构批准，为活动或结果提供规则、指南和特性，供共同使用和重复使用的一种规范性文件。

注：标准宜以科学、技术和经验的综合成果为基础，以促进最佳的共同效益为目的。”

我国国家标准GB/T 20000.1—2014《标准化工作指南 第1部分：标准化和相关活动的通用术语》给出如下定义：

“标准：通过标准化活动，按照规定的程序经协商一致制定，为各种活动或其结果提供规则、指南或特性，供共同使用和重复使用的文件。

注1：标准宜以科学、技术和经验的综合成果为基础。

注2：规定的程序指制定标准的机构颁布的标准制定程序。

注3：诸如国际标准、区域标准、国家标准等，由于它们可以公开获得以及必要时通过修正或修订保持与最新技术水平同步，因此它们被视为构成了公认的技术规则，其他层次上通过的标准，诸如专业协（学）会标准、企业标准等，在地域上可影响几个国家。”

对比上述文件定义，可归纳出标准的以下特点。

① 标准化对象要具有“重复性”特征，无论是产品标准还是服务标准，其运行过程都应具备重复性特征，保证可以依据标准中的技术标准、工作标准等可再次重复生产或提供相同品质的产品。因此，无论标准化对象如何扩展，其最核心特征就是“可重复性”。

② 标准的制定建立在“科学、技术和经验的综合成果”基础上。前文述及标准对象要具有“重复性”特征，而标准的制定就是在诸多重复性环节中总结选取出一套最佳流程标准，可以满足既定范围内对象共同使用，生产出相同质量的产品或提供相同品质的服务。而这一点就要求标准制定是建立在这种“综合成果”之上。“协商一致”是因为标准是一定范围内诸多利益体共同执行的准则，因此标准实施后的利益相关方应在标准制定时共同协商，满足共同利益需求。即便制定时因客观条件限制，缺乏相关方，也应在草稿征求意见时尽量扩大征求范围，将其涵盖在内。有别于技术标准，服务标准的制定应特别关注消费者（受众）需求与意见。

二、标准化

1.标准化定义

国际标准化组织发布的ISO/IEC GUIDE 2　2004《标准化和相关活动的通用词汇》定义为：

“为了在一定范围内获得最佳秩序，对现实问题或潜在问题制定共同使用和重复使用的条款活动。

注1：上述活动主要包括编制、发布和实施标准的过程。

注2：标准化的主要作用在于为了其预期目的改进产品、过程或服务的实用性，防止贸易壁垒，并促进技术合作。”

旧版国家标准GB/T 20000.1—2002等同转化自ISO/IEC GUIDE 2—1996，遵循上述定义。

新版国家标准GB/T 20000.1—2014中，关于标准化定义有了较大幅度修改。

“为了在既定范围内获得最佳秩序，促进共同效益，对现实问题或潜在问题确立共同使用和重复使用的条款以及编制、发布和应用文件的活动。

注1：标准化活动确立的条款，可形成标准化文件，包括标准和其他标准化文件。

注2：标准化的主要效益在于为了产品、过程或服务的预期目的改进它们的

适用性，促进贸易、交流以及技术合作。”

对比标准化定义前后变化，可以发现，GB/T 20000.1—2014主要强调标准化是编制、发布和实施标准的活动过程。这一点在我国现行《中华人民共和国标准化法》中也有相似规定：“标准化工作的任务是制定标准、组织实施标准和对标准的实施进行监督。”定义还表明标准在标准化工作中居于核心地位，标准化活动应围绕标准的制定及实施而展开。但标准编写的落脚点在于实际应用，目的是解决“现实问题或潜在问题”，因此标准化工作也是一个动态的循环，根据标准实施的反馈情况，以解决问题的实际效果为尺度，逐渐对标准进行修订，实现标准化工作的有序循环。

其次，标准文件是标准化活动成果的直接体现。标准化活动是一个围绕标准编制、发布、实施的动态过程，而成果的体现一般需要静态的呈现，因此新版国家标准注1中明确表明“标准化活动确立的条款，可形成标准化文件”，即以静态的标准作为标准化工作成果的重要展现。

2.服务标准化

服务标准化是通过对服务标准的制定和实施，以及对标准化原则和方法的运用，以达到服务质量目标化、服务方法规范化、服务过程程序化，从而获得优质服务的过程①。

服务本身具有无形性、即时性的特点，是通过服务提供者与顾客接触而产生的过程和结果。因此，服务标准化并不像有形产品那样简单和直接，而更多的是通过服务提供者的资格或技能、服务设施与环境、服务提供过程等相关条件的规范化、统一化等来实现其目的。

GB/T 15624—2011《服务标准化工作指南》中定义服务标准为“规定服务应满足的要求，以确保其适用性的标准”。

3.博物馆服务标准化

博物馆为满足社会发展和满足公众自我发展的服务目的，通过对博物馆服务要素及流程的梳理，制定和实施相关服务提供和保障标准，从而提升服务质量的活动过程。

博物馆服务标准：通过博物馆服务标准化活动而制定并可执行的文件。

---

① 柳成洋：《服务标准化》，43页，北京，中国标准出版社，2009。

三、标准体系

标准体系是指在一定范围内的标准，按其内在联系形成的科学有机整体（GB/T 13016—2009）。

服务业标准体系是指一定服务业范畴内的标准按其内在联系形成的科学的有机整体（GB/T 30226—2013）。

根据上述定义，博物馆服务标准体系就是博物馆内的标准按其内在联系形成的科学有机整体。

第二节 我国标准分类

一、依制定标准主体划分

按照标准制定的主体，可将标准划分为国际标准、区域标准、国家标准、行业标准、地方标准、企业标准。在我国现行的《中华人民共和国标准化法》中，后四种标准都有明确的要求。

1.国际标准

国际标准的制定主体是国际标准化组织、国际电工委员会和国际电信联盟，同时包含有经国际标准化组织确认并公布的其他国际组织，如国际计量局、食品法典委员会、世界卫生组织等。国际标准化组织制定的标准称为ISO标准，国际电工委员会制定的标准称为IEC标准，国际电信联盟制定的标准称为ITU标准。

2.区域标准

区域标准是由某一区域标准或标准组织制定并公布发布的标准。

3.国家标准

国家标准是由国家标准团体制定并公开发布的标准。

根据法律规定，在我国其制定主体为国务院标准化行政主管部门，对需要在全国范围内统一的技术要求进行标准的制定。在我国国家标准管理办法中，对其范围进一步明确。主要涉及通用基础标准、安全标准、环境保护标准、建筑标准等方面。一般以GB或GB/T代表。

4.行业标准

行业标准由国务院有关行政主管部门制定。根据标准化法中有关规定，行业标准是在缺少国家标准的前提下，在全国某个行业范围内又需要统一技术要求的可以制定行业标准。在相关国家标准出台后，该项行业标准即行废止。国家对各行业统一进行编码，如WH、WW分别代表文化和文物保护的行业标准。

5.地方标准

根据《中华人民共和国标准化法》，地方标准由省、自治区、直辖市标准化行政主管部门进行制定。其约束范围仅限于省自治区和直辖市内。地方标准是在工业产品安全卫生等领域缺少国家或行业标准的前提下制定的。在相关国家标准或行业标准颁布实施后，该地方标准即行废止。国家对各地区进行统一编号，一般地方标准以DB+编号为代表。

6.企业标准

企业标准是由企业制定，并由企业法人代表或其授权人批准、发布的标准。

企业标准化管理办法将其定义为对企业范围内需要协调统一的技术要求、管理要求和工作要求所制定的标准。标准化法规定，企业标准适用于企业内部。企业生产的产品没有国家标准和行业标准的，应当制定企业标准。企业标准由于处于四级标准层次最低层，企业自行制定的标准，必须高于国家或行业标准的要求。

企业是组织的重要主体，并且标准化工作逐渐从企业向各种组织扩散，企业组织和非企业组织在标准化方法中具有很多相似性。因此，博物馆、科技馆、学校等非企业单位也可涵盖于企业标准化范围之中 。

企业标准代号为Q，其后为企业名称首字母缩写，如北京汽车博物馆标准代号为Q/QBG。

二、依标准约束力划分

1.强制性标准和推荐性标准

我国标准按约束力可以分为强制性标准和推荐性标准两类。根据《中华人民共和国标准化法》规定，国家标准、行业标准分为强制性标准和推荐性标准两类，一般涉及保障人体健康、人身和财产安全等方面要求为强制性标准，其他标准则是推荐性标准。地方标准中涉及工业产品安全、卫生要求的，在本行政区域内是强制性标准，其他标准为推荐性标准。

强制性标准要求相关应用主体必须执行，推荐性标准则遵循倡导性、指导性、自愿性的原则，企业可以按自身需求自主决定是否采用，但国家鼓励企业采用更高标准。“企业一旦采用了某种推荐标准作为产品的出厂标准，或将该标准写入相关合同条款，该推荐性标准就具有相应的约束力。”

一般推荐性标准代号是在强制性标准代号后面加字母T。如GB 代表强制性国家标准；GB/T 代表推荐性国家标准；WW代表强制性文物行业标准；WW/T 代表推荐性文物行业标准；DB11 代表强制性北京地方标准；DB11/T代表推荐性北京地方标准。

2.指导性文件

在我国标准中还有一类为国家标准化指导性技术文件，代号GB/Z。此类标准是为仍处于技术发展过程中的标准化工作提供指南或信息，供科研、设计、生产、使用和管理等有关人员参考使用而制定的标准文件。

三、按标准化对象属性划分

按标准化对象的基本属性，标准可分为技术标准和管理标准两大类。我们常听到的工作标准即属于管理标准中的一类。因其数量庞大，为便于使用和管理，所以常将其与技术标准、管理标准并列。

1.技术标准

技术标准是指针对标准化领域中需要协调统一的技术事项所制定的标准，是生产建设及商品流通行业人员共同遵守的一种技术依据。技术标准是根据生产技术活动的经验和总结作为技术上共同遵守的法律而制定的各项标准。是为产品或工程的技术质量，为各种技术设备和工装工具等制定的标准。技术标准是一个大类，可以进一步分为基础性技术标准，产品标准，安全、卫生、环境保护标准等。

技术标准的形式可以是标准、技术规范、规程等文件，也可以是标准样品实物。

2.管理标准

管理标准是针对标准化领域中需要协调统一的管理事项所制定的标准。管理标准主要是对管理目标、管理项目、管理职能、管理程序、管理方法、组织机构等方面所做的规定。通过管理标准，能够正确处理生产交换分配和消费中的相互关系，使管理机构更好地行使计划、组织、指挥、协调和控制等管理职能，高效率地组织生产和经营。

管理标准与技术标准的区别是相对的，一方面管理标准也会涉及技术事项，另一方面技术标准也适用于管理。

工作标准从属于管理标准，是为实现整个工作过程的协调，提高工作质量和工作效率，对工作岗位所制定的标准。其主要内容为：岗位目标、工作程序和工作方法、业务分工与业务联系方式、职责与权限、质量要求与定额、对岗位人员的基本技能要求、检查与考核办法等。工作标准又可根据管理岗位和生产岗位，分为管理工作标准（亦称岗位标准）和作业标准。管理工作标准，主要对各岗位的职责、条件、资格、管理等提出要求，是对工作范围、构成、程序、要求、效果和检验方法等所制定的标准。作业标准，其核心内容是规定作业程序和方法。

第三节　服务标准体系

一、服务标准体系属性特点

服务标准体系具有目标性、集合性、层次性、开放性、阶段性等一般标准体系的特点。

服务标准体系是一个由各个服务标准组成的系统，各标准相互间具有内在联系，互相协调，构成一个有机整体。在服务标准体系内，各标准不是简单的标准集合，而是可以产生1+1大于2的效果。因此标准体系是一个不可分割的整体，是一个有机的标准系统。这也要求我们在设计标准体系时应注意不同方面的服务标准构成要素间不同的组合，层序上的差异都会影响服务标准体系最终的效果。因此，在标准化活动中，应尤其注意，不可偏重于追求单个标准的个体效应，偏重于标准的总数量，而是应该更多地考虑标准的系统性以及标准体系的结构优化。

二、博物馆服务标准体系设计原则

①符合相关的法律法规要求。标准化活动要严格遵守《中华人民共和国标准化法》及《中华人民共和国标准化法实施条例》中的相关规定。同时根据制定标准层次上的区别，遵循相应层级的标准化规定，如国家标准管理办法、行业标准管理办法、地方标准管理办法、企业管理办法等。在制定地方标准或企业标准时，同时应注意符合地方出台的相应管理办法。

②符合标准化工作相关标准规定。无论在国际还是在国内，对标准化工作都有相关的标准规定，涉及标准化导则、工作指南、规范、服务标准化、服务标准化指南、服务标准体系等一系列标准。博物馆在进行标准化工作的同时，也应遵循相应的标准。

③以博物馆服务特性及服务需求为中心。博物馆服务标准化工作既是标准化

工作的一部分，需要吸收采纳一般标准化的原则和方法，但也应根据自身特点、服务要素构成不同、服务诉求差别等，制定符合本馆需要的标准及标准体系。

④层次清晰，避免交叉 。服务标准体系的建立应遵循系统工程理论的要求，根据内容和层次上的差异，恰当地将标准项目安排在不同的层次上，做到层次分明合理，标准之间体现出衔接配套关系。博物馆服务标准体系作为服务标准领域中的一个子类，也应遵循其原则。

⑤根据工作实际需要适时调整。博物馆服务标准化工作是一个动态循环过程，应不断根据实际工作需求对现有标准体系及标准文件内容进行修订，达到依标准治馆的目的。

第三章

博物馆服务标准化相关法规及标准解读

第一节 重要法律法规解读

一、《博物馆条例》

《博物馆条例》是为促进博物馆事业发展，发挥博物馆功能，满足公民精神文化需求，提高公民思想道德和科学文化素质而制定的条例，由中华人民共和国国务院于2015年2月9日发布，自2015年3月20日起施行。

《博物馆条例》共六章四十七条，分为总则，博物馆的设立、变更与终止，博物馆管理，博物馆社会服务，法律责任，附则等部分。对博物馆的相关设立、变更、终止程序做出明确规定；要求加强藏品尤其是文物藏品的保护和管理，针对藏品的取得、安全保护、使用管理等分别做出规定；在保证开放时间、鼓励免费开放、规范陈列展览主题和内容等方面做出要求；为更好发挥博物馆的教育、研究作用，对与未成年人有关的社教活动做出相关规定；鼓励博物馆多渠道筹措资金促进自身发展；鼓励博物馆挖掘藏品内涵，与文化创意、旅游等产业相结合，开发衍生产品，增强博物馆发展能力。

《博物馆条例》的制定，促进了博物馆服务标准化的推广。例如第十一条规定，设立博物馆，应当制定章程，包括下列事项：① 物馆名称、馆址；② 博办馆宗旨及业务范围；③ 组织管理制度，包括理事会或者其他形式决策机构的产生办法、人员构成、任期、议事规则等；④ 藏品展示、保护、管理、处置的规则；⑤ 资产管理和使用规则；⑥ 章程修改程序；⑦ 终止程序和终止后资产的处理；⑧ 其他需要由章程规定的事项等。《博物馆条例》对工作章程的详细规范，为博物馆服务标准化提供了目标和依据。

《博物馆条例》根据全面深化改革的新形势和我国博物馆事业发展的实际情况，针对亟待解决的主要问题做出规定，为促进我国博物馆事业健康发展提供法制保障 。

二、《中华人民共和国标准化法》及《中华人民共和国标准化法实施条例》

为了发展社会主义商品经济，促进技术进步，改进产品质量，提高社会经济效益，维护国家和人民的利益，使标准化工作适应社会主义现代化建设和发展对外经济关系的需要，制定《中华人民共和国标准化法》，由中华人民共和国第七届全国人民代表大会常务委员会第五次会议于1988年12月29日修订通过，自1989年4月1日起施行。

《中华人民共和国标准化法》共五章二十六条，分为总则、制定、实施、责任、附则等部分。《中华人民共和国标准化法》明确了我国标准分为国家标准、行业标准、地方标准和企业标准，确立了强制性标准与推荐性标准相结合的原则，确立了产品质量认证制度，明确规定了违反有关规定的要承担相应的法律责任 。

《中华人民共和国标准化法》是我国标准化工作的基本法，是制定标准、推行标准化、实施标准化管理和监督的依据，它的颁布标志着我国标准化工作已进入法制管理的新阶段 。

为了进一步对《中华人民共和国标准化法》做出具体规定，1990年4月6日，国务院第53号令发布《中华人民共和国标准化法实施条例》。该条例根据《中华人民共和国标准化法》的规定制定，由国家技术监督局负责解释。全文共六章四十四条，分为总则、标准化工作的管理、标准的制定、标准的实施与监督、法律责任、附则等部分。

博物馆的标准化工作不仅限于博物馆范围，与其他从事与文物相关工作的部门一样，都应遵守全国性的、文物专业范围内应用的技术要求，即《中华人民共和国标准化法》第六条中的“行业标准”——文物行业标准。按《中华人民共和国标准化法》第六条、《中华人民共和国标准化法实施条例》第七条和第十四条规定，行业标准的规划、计划、审批与发布必须由国务院有关该行业的行政主管部门统一进行管理。对于博物馆来说，国家文物局是唯一的文物行业标准的法定管理部门，在国家文物局的直接管理下，行业标准才能做到有组织有规范地统一执行。

三、《中华人民共和国公共文化服务保障法》

《中华人民共和国公共文化服务保障法》是为加强公共文化服务体系建设，丰富人民群众精神文化生活，传承中华优秀传统文化，弘扬社会主义核心价值观，增强文化自信，促进中国特色社会主义文化繁荣发展，提高全民族文明素质制定。由全国人民代表大会常务委员会于2016年12月25日发布，自2017年3月1日起施行。

《中华人民共和国公共文化服务保障法》共六章六十五条，分总则、公共文化设施建设与管理、公共文化服务提供、保障措施、法律责任、附则等部分。建立的主要制度包括：基本公共文化服务标准制度、公共文化服务设施免费或优惠开放制度、公共文化服务公示制度、公众参与的公共文化服务设施使用效能考核评价制度、公共文化资金使用监督和公告制度、公共文化机构资产统计报告制度、公共文化机构开展服务情况的年报制度等。这些重要制度是构建现代公共文化服务体系的重要支撑。

《中华人民共和国公共文化服务保障法》明确了政府在公共文化服务中的主导责任，对公共文化设施建设和管理以及服务提供等方面做出一系列规定，构筑起了我国公共文化服务基本法律制度体系的框架，为进一步加强公共文化服务管理和保障提供了法律依据 。

博物馆公众服务是博物馆对外服务的窗口，对博物馆发挥好作为文化事业和公共教育机构的职能作用具有十分重要的意义。博物馆公众服务的标准化，贯穿于博物馆整个的接待、规范和管理活动的全过程。博物馆公众服务的标准化，关键是要建立以规范标准为主体，包括管理标准和工作标准在内的博物馆公众标准体系，将博物馆接待服务实现的要素、过程等分别纳入标准体系中，同时与博物馆实施的质量评估体系互相结合、互相补充、互为促进。这是促进博物馆公众服务提升质量和档次，提高市场核心竞争力的有力措施 。

四、《企业标准化管理办法》

《企业标准化管理办法》是为了加强企业标准化工作，根据《中华人民共和国标准化法》和《中华人民共和国标准化法实施条例》及有关规定制定的办法，1990年8月24日由国家质量技术监督局第13号令发布。

《企业标准化管理办法》共六章二十五条，分为总则、企业标准的制定、产品标准备案、标准的实施、企业标准化管理、附则等部分。办法对于执行国家有关标准化的法律、法规，实施国家标准、行业标准和地方标准，制定和实施企业标准，检查标准的实施等方面做出了规定。

企业标准化是企业科学管理的基础。《企业标准化管理办法》有利于促进企业技术进步，保证和提高产品质量，改善经营管理和增加社会经济效益。

五、《标准档案管理办法》

《标准档案管理办法》是为了加强标准档案管理，充分发挥档案的作用，根据《中华人民共和国档案法》及其实施办法和有关标准管理的规定而制定的办法，1991年10月28日由国家质量技术监督局颁布。

《标准档案管理办法》共二十一条，规定了标准档案的含义是指在制定、修订标准过程中，直接形成的具有保存价值的各种文件、材料（包括图表、文字材料、计算材料、音像制品和标样等），并对标准档案的各项管理工作制度做出了规定。

标准档案是国家档案的重要组成部分，《标准档案管理办法》的出台有利于建立健全标准档案管理工作制度，达到标准档案完整、准确、安全和有效利用的要求，有计划地采用先进技术，实现标准档案管理的现代化。

博物馆档案是在长期文物征集、文物保护、陈列展览、宣传教育和科学研究等工作中形成的各种文字、图表、声像等不同形式的物化文献。博物馆档案与文物同等重要，都负有科学管理、科学保护、整理研究和提供利用的重要责任和服务职能，大力推进博物馆档案工作的标准化管理应该成为必然的选择 。

第二节 重要标准解读

一、GB/T 1.1—2009《标准化工作导则 第1部分：标准的结构和编写规则》

该标准由国家质量技术监督局于2000年12月20日以标批函〔2000〕187号文正式批准、发布。

GB/T 1.1—2009《标准化工作导则 第1部分:标准的结构和编写规则》是我国国家标准中最为重要的基础标准之一，在我国标准化领域占有十分重要的地位。这项标准发布，对我国标准的制定和修订工作，对规范标准的结构和标准的编写，对我国标准化的管理工作，对我国标准与国际标准接轨等方面都将起到举足轻重的作用 。

二、GB/T 15624—2011《服务标准化工作指南》

该标准由国家质量监督检验检疫总局和中国国家标准化管理委员会于2011年12月30日发布，2012年4月1日起实施。GB/T 15624　2011《服务标准化工作指南》规定了服务标准化的范围、规范性引用文件、术语和定义，其总则包括重点关注顾客需求、紧密结合产业发展和充分考虑服务特性，同时规定了服务标准的类型、服务标准的制定、实施以及评价和改进等内容。

GB/T 15624—2011《服务标准化工作指南》按照GB/T 1.1—2009给出的规则起草，代替GB/T 15624.1—2003《服务标准化工作指南 第1部分:总则》，主要变化为修改了术语和定义、总则、服务标准化的范围、服务标准的类型，删除了服务标准的基本内容，增加了服务标准的制定，修改了服务标准实施以及评价和改进。

三、GB/T 24620《服务标准制定导则》

该标准由国家质量监督检验检疫总局和中国国家标准化管理委员会于2009年11月15日发布，2010年1月1日起实施。GB/T 24620《服务标准制定导则》规定了服务标准制定的范围、规范性引用文件、术语和定义、消费者关注的主要内容、标准的使用、标准制定过程中需要考虑的事宜、消费者询问的问题、服务要素及其相关内容。GB/T 24620《服务标准制定导则》采用ISO/IEC《指南76：2008》，做出了如下编辑性修改：删除“3.5 顾客”中的注2、“3.11 顾客服务”中的注、“3.18反馈”中的注；将“4.9 代表”修改为“消费者代表”；删除图3中重复的内容“尽可能扩大用户范围”等。

GB/T 24620《服务标准制定导则》旨在从考虑消费者需求的角度为服务标准制定者提供帮助，体现了全球公认的最佳实践，能够为服务标准的制定者提供帮助。服务标准化可以通过确保安全、质量、耐用性和易用性，树立消费者的信心；可以提供准确适当的信息，并考虑用户的需求；可以扩大用户范围，增加服务选择；必要时可以为消费者提供适当和合理的赔偿。

四、GB/T 28222—2011《服务标准编写通则》

该标准由国家质量监督检验检疫总局和中国国家标准化管理委员会于2011年12月30日发布，2012年4月1日起实施。GB/T 28222—2011《服务标准编写通则》按照GB/T 1.1—2009给出的规则起草，规定了服务标准编写的范围、规范性引用文件、术语和定义、基本要求、主要内容等。其基本要求是应依据行业发展现状和特点以及服务技术条件编写，主要内容包括服务基础标准、服务提供标准和服务评价标准等三种类型。

五、GB/T 24421《服务业组织标准化工作指南》

该标准由国家质量监督检验检疫总局和中国国家标准化管理委员会于2009

年9月30日发布，2009年11月1日起实施。GB/T 24421《服务业组织标准化工作指南》包括四部分：GB/T 24421.1—2009《服务业组织标准化工作指南 第1部分：基本要求》（以下简称《基本要求》）、GB/T 24421.21—2009《服务业组织标准化工作指南 第2部分：标准体系》（以下简称《标准体系》）、GB/T 24421.31—2009《服务业组织标准化工作指南 第3部分：标准编写》（以下简称《标准编写》）、GB/T 24421.41—2009《服务业组织标准化工作指南 第4部分：标准实施及评价》（以下简称《标准实施及评价》）。四部分从内容上相互关联，共同构成了服务业组织开展标准化工作的全面系统的方法。

《基本要求》是GB/T 24421《服务业组织标准化工作指南》的第1部分。本部分给出了该国家标准中最基本的术语，即服务业组织，还针对服务业组织开展标准化工作的基本原则、任务和内容以及管理要求方面做出了原则性规定，同时也为其他部分提供指导。

《标准体系》是GB/T 24421《服务业组织标准化工作指南》的第2部分。标准体系是一定范围内标准按其内在联系形成的科学的有机的整体。服务业标准体系是指在服务业组织内部，由服务通用标准、服务保障标准、服务提供标准等具有内在联系的标准组成，是完成服务业组织标准化的有机整体。本部分给出了服务业组织标准体系总体结构要求，并针对服务通用基础标准体系、服务保障标准体系、服务提供标准体系给出每种标准体系的结构、所应包含的标准类型和需要考虑制定标准的内容。

《标准编写》是GB/T 24421《服务业组织标准化工作指南》的第3部分。标准的编写是开展标准化工作的重要基础性环节。本部分给出了服务业组织编写标准时所应考虑的服务范围、服务提供规范、人员资质、运行管理、安全、环境，以及设施、设备及用品等服务要求，并针对各种服务要求给出了标准编写的具体要求。《标准编写》有利于服务业组织标准起草者从遵循标准制定方法论出发，制定更加科学的标准，达到标准内容和形式上的统一，使制定的标准更具适用性。

《标准实施及评价》是GB/T 24421《服务业组织标准化工作指南》的第4部分。服务标准实施及评价是服务标准化过程中的关键一环，服务标准能否有效实施决定了标准的自身价值能否得以实现。本部分对标准实施、标准实施评价以及标准体系评价进行了详细的规定。

GB/T 24421《服务业组织标准化工作指南》是对服务业组织开展标准化工

作的科学总结。有利于规范组织行为，实现科学管理；有利于改善服务质量，提升组织综合竞争力；有利于降低成本，提高组织管理效率；有利于引领服务业组织的健康、可持续发展。GB/T 24421《服务业组织标准化工作指南》的制定和实施对我国广大服务业组织具有十分重要的意义。

六、GB/T 28227《文化服务质量管理体系实施指南》

GB/T 28227《文化服务质量管理体系实施指南》共有七部分，包括总则、室内博物馆、室外博物馆、音像制品销售和出租、音像及电子出版物复制、影院、剧院等。对在室内博物馆、室外博物馆、剧场等6个文化服务领域建立质量管理体系、实施质量管理提出了通用要求，能够从质量管理层面促进我国文化产业的发展。该系列标准由国家质量监督检验检疫总局和中国国家标准化管理委员会于2011年12月30日发布，2012年5月1日起实施。

与博物馆标准化工作密切相关的有GB/T 28227.21—2011《文化服务质量管理体系实施指南 第2部分：室内博物馆》和GB/T 28227.31—2011《文化服务质量管理体系实施指南 第3部分：室外博物馆》两部分。这两部分分别从范围、规范性引用文件、术语和定义、质量管理体系、管理职责、资源管理、服务的实现以及测量、分析和改进等方面，对室内和室外博物馆做出了规定。其中，对室内与室外博物馆在具体规定方面有不同的要求。在规范性引用文件方面，室内博物馆的规范性引用文件为GB/T 19000《质量管理体系 基础和术语》（ISO 9000:2005，IDT）和GB/T 19001《质量管理体系 要求》（ISO 9001:2008，IDT），而室外博物馆的规范性引用文件在此基础上增加了GB/T 24001《环境管理体系 要求及使用指南》（ISO 14001:2004，IDT）和GB/T 28227.21—2011《文化服务质量管理体系实施指南 第2部分：室内博物馆》；在术语和定义方面，室内博物馆的藏品定义为“搜集保藏的自然界和人类文明的见证物”，室外博物馆的藏品定义为“依赖特定的自然和社会环境而形成的自然界和人类文明的室外见证物，如历史遗迹、建筑遗迹、地质遗迹等”；在管理职责方面，室外博物馆与室内博物馆相比强调原址保护、室外展品本体与环境的协调性，并且明确室外博物馆对污染预防、遵守适用法律法规等要求和持续提高环境绩效的承诺；在服务的实现方面，室内博物馆的研究工作主要包括专业研究、藏品研究、管理研究，而室外博物馆的研究工作主要包括考古挖掘、规划研究等。

GB/T 28227.21—2011《文化服务质量管理体系实施指南 第2部分：室内博物馆》与GB/T 28227.31—2011《文化服务质量管理体系实施指南 第3部分：室外博物馆》的制定，对文化服务领域建立、实施、保持和改进服务质量管理体系，开展服务质量管理工作，提高服务质量具有指导作用。同时，为推进文化服务行业的健康有序发展，保障消费者的合法权益提供了重要的技术支撑。

第二篇　实践篇

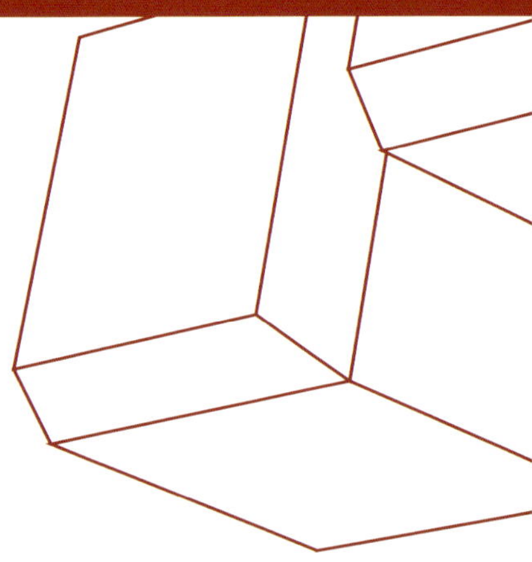

第四章

北京汽车博物馆创新开展“标准化+博物馆”研究

一、科教、文化、旅游服务标准化项目建设概况

北京汽车博物馆（后简称“汽博馆”）是在国家实施科教兴国、人才强国和可持续发展战略规划下建设的大型国有公益专题性博物馆，是北京市重点建设的五大博物馆之一，占地面积为约5万平方米，于2011年3月对外开放。汽博馆集科技馆、博物馆、展览馆三种功能于一体，馆内展览按照“科学—技术—社会”的选题方式，以“车”为载体，但“不只是看车的博物馆”，诠释“人—车—社会”关系的综合性命题，分设创造馆、进步馆、未来馆及中国汽车工业经典藏品展区。

2012年AAAA级景区的创建，改善了汽博馆的硬件条件，2013年标准化的建设提升了汽博馆的软实力，2014年通过试点评审后，观众满意度逐年提升，从2013年创建前为92分，至2015年达到98分。创建标准化试点以后，汽博馆不断获得社会各界广泛好评，先后成为中国自然科学博物馆协会常务理事单位、中国博物馆协会理事单位、中国汽车工程学会常务理事单位，获得国家汽车工业科学技术进步奖并被评为2014年全国优秀科普教育基地、2015年北京市科教旅游示范单位，2016年评审成为“旅游业安全标准化（二级）达标单位”、紫禁杯先进集体、国家级服务业示范单位、2014—2015年度全国“安康杯”竞赛优胜单位。

汽博馆作为国家级服务业标准化示范单位、国家AAAA级景区、爱国主义教育基地、科普教育基地，同时又具备汽车主题和科技馆特性，它就像强大的载体，成为一个具有娱乐、科研、教育意义、文化传播的最佳场所，在走标准化的道路上，汽博馆创新了管理思路，突破了传统旅游概念，融合科教、文化、旅游，为观众带来了更好的服务体验和参观感受。此外汽博馆作为国家标志性的文化设施，担负着展示汽车文化的责任，也是代表中国与世界进行汽车文化交流的核心平台，正在努力成为汽车文化和教育普及的引领者。目前全国4000多家博物馆，还没有其他博物馆、科技馆利用标准化这个科学手段尝试建立服务业标准体系。

附　汽博馆创建标准化过程：

2012年 成为国家级AAAA旅游景区

2012年9月20日 启动第二批“北京市旅游标准化试点单位”创建

2012年12月27日 启动“2012年度国家级服务业标准化试点项目”创建

2014年12月 成为全国博物馆行业首家国家级服务业标准化试点单位

2016年11月 成为 “国家级服务业标准化示范项目”

2017年 成为“全国科普服务标准化技术委员会”首届委员单位

二、明确办馆宗旨和使命

汽博馆在筹建过程中就已确立了“开门办馆，融入社会”的办馆思路。在开放运营过程中不断充实和完善办馆宗旨和使命，在《北京汽车博物馆十三五发展规划》中也予以明确。

<table>
<tr><td colspan="2">办馆宗旨：开门办馆、融入社会</td></tr>
<tr><td rowspan="2">愿景：
成为行业服务标准化的示范平台
成为彰显城市品质的公共服务平台
成为科教、文化、旅游的融合展示平台
成为传播汽车科学文明的科普教育平台
成为世界汽车文化的交流传播平台</td><td>使命：
担负起展示汽车文化的责任，代表中国与世界交流，成为汽车文化和科普的引领者，促进“人—车—生活—社会”和谐与发展</td></tr>
<tr><td>发展理念：
传承、创新、合作、卓越、责任</td></tr>
<tr><td colspan="2">质量目标：服务一流、效率一流、展示一流</td></tr>
</table>

三、依法治国，落地在博物馆就是依标准治馆

十八大以来，习近平总书记站在党和国家事业全局的高度，多次就依法治国发表重要阐述，提出要建设平安中国、法治中国，这是第一次提出法治中国这样一个命题。“依法治国”落地到博物馆就是依规则、依标准和规范治馆，所执行的“规则”，就是科学完整的“博物馆标准化管理”。

北京汽车博物馆是我国唯一一家政府主导建设的大型汽车专题类博物馆，拥有体制内、社会化用工以及外包经营等多种用工模式的员工共540余名。自2011年开馆之初就不断通过策划展览、组织主题活动、开展科普教育，发挥公益性文化设施的社会职能。但是，如何管理好、运营好、发展好一座汽车科技专题类博物馆，如何让更多的青少年和社会大众愿意走进汽车博物馆，享受到更优质的科普教育文化服务，如何在5万平方米的建筑物里，让人、财、事、物、信息等等不堵不偏地运转，作为一个新建馆，北京汽车博物馆在整个行业率先运用“标准化”这个科学手段，在没有先例可循的现状下，找到了运营管理上的抓手，有效解决了上述各类问题。

北京汽车博物馆标准化管理体系实现了“处处有流程、事事有标准、物物有

人管、岗岗有考核、日日有坚持、时时有创新”的工作机制，真正做到将“有问题找领导”，变为“有问题找标准”，标准覆盖率达到100%；服务标准成为管理人员的“管理手册”，员工考核的“考核准则”，员工服务的“作业指导书”，培训员工的“教材”，观众接受服务的“说明书”。同时北京汽博馆上至馆长、下至一线员工都编制了“岗位手册”，对每个岗位职责与权限进行了规范，做到有岗位就有职责，有职责就有规范，有规范就有程序，有程序就有标准。

四、标准化建设结合汽博馆馆情抓住重点

标准化建设，实际上就是在原有制度基础上进行标准转换，然后查漏补缺，优化组合，达到一个平衡的最佳效果。标准体系的有效实施，有利于完善标准体系的结构和布局，整体提高标准的质量和水平,全面提升博物馆行业的地位和实力。

（一）标准化创建必须是“一把手”工程，全员参与

创建标准化工作初期，汽博馆成立了“标准化领导小组”，馆领导班子为成员，确立标准化工作在全馆的地位，明确为“一把手工程”；成立了“标准化工作小组”，抽调各部门业务骨干组成，对接领导小组和各部门，负责具体的标准培训和编写指导。全馆各岗位全部投入标准化创建工作中，“写我所做，做我所写”，每一份制度迅速转化为标准，每一个人的职责形成岗位手册。标准编写按照服务规范（含服务规范、服务提供规范、服务质量控制规范）—运行管理规范—服务保障标准—服务评价与改进标准—服务通用基础标准—岗位工作手册的顺序进行。

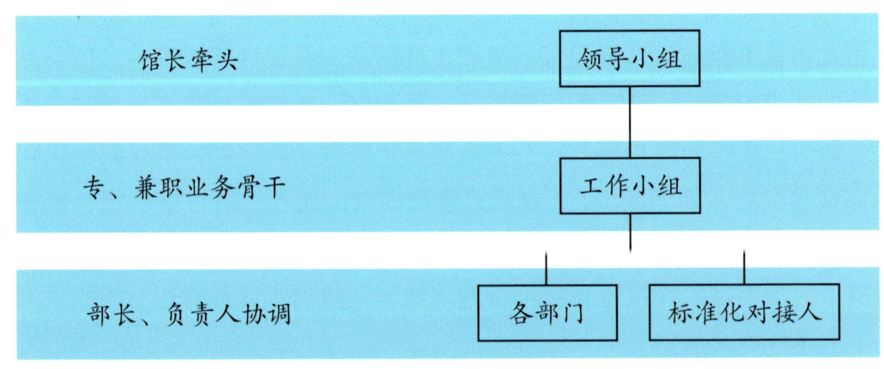

标准化工作组织架构图

事实证明，“一把手”工程能够更加有力地调动全馆资源，有力推进标准化建设。

（二）写“标准”是写我所做，做我所写

所谓标准，就是最佳的作业流程与方法，是员工多年的经验积累，把这些来自工作中最好的做法加以总结，形成标准文件，重复性高、易发生错误、高品质和多人员操作的类似工作事项，就有了指导说明，避免出现同样的问题。

很多标准化专家在指导汽博馆建设工作时，多次强调标准不能脱离实际，一定是做服务的人在写标准。举例来说，保洁写的就是卫生怎么打扫，做到哪些关键点，而其组长就是写怎么管理保洁班组，而不是保洁员写怎么拖地、怎么擦拭玻璃……脱离了业务操作实际，写出来的标准就会看似规范而操作不准确。

在编写标准时，要求每位员工做到“做我所写，写我所做”，把自己所做工作总结成经验写下来，不擅长写作没关系，按标准编写要求，循序渐进，先解决从无到有的问题，然后再逐步提高。重点是把关键点写出来，由繁至简，小组内多次研讨，最终形成标准。新员工拿到标准，就知道这项工作应该怎么做。

汽博馆12个部门、3个专业外包服务团队、3个合作经营单位共540余名员

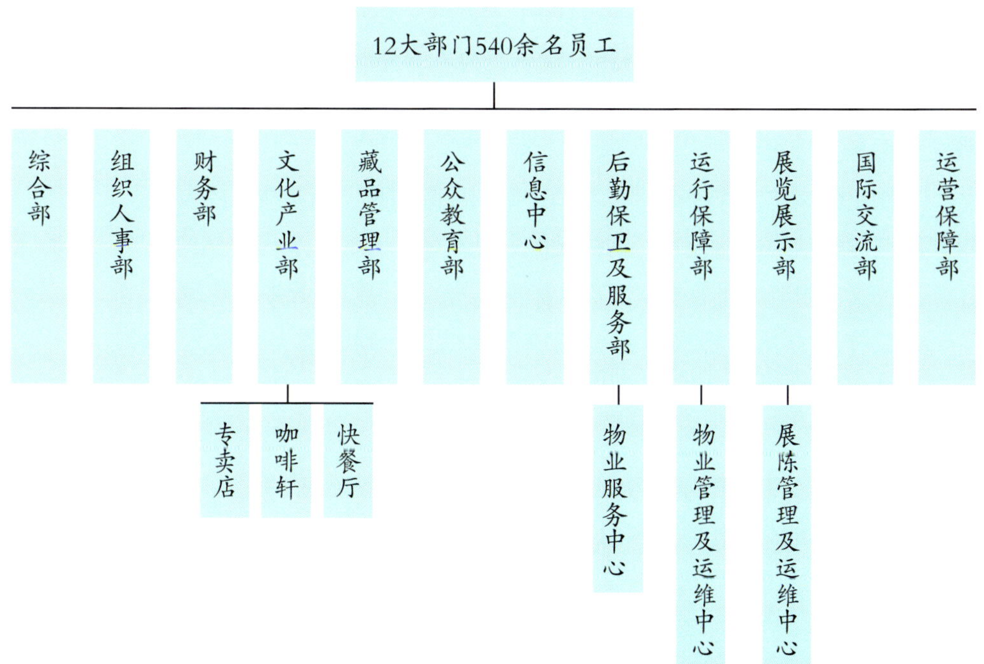

北京汽车博物馆部门组织架构图

工，几上几下，共同梳理体系框架。通过收集、梳理相应的国标、行标、地标，引用和参照包括《中华人民共和国科学技术普及法》《中华人民共和国旅游法》《中华人民共和国文物保护法》以及博物馆行业首部全国性法规《博物馆条例》等强制条文，也有《服务标准化工作指南》《旅游景区质量等级的划分与评定》等国家标准，还包括《旅游景区讲解服务规范》等行业标准，及《北京市等级旅游景区安全管理规范》《北京市旅游业安全标准化规范》等地方标准在内的国家标准54个，行业标准25个。地方标准12个，引用法律、法规、条例共计199个，共形成了企业标准178个（其中通用基础标准6个，服务提供标准26个，服务保障标准146个）。

五、从观众进馆参观的流线开始梳理服务前、服务中、服务后的各项工作事项

（一）梳理服务事项，查漏补缺

汽博馆以服务业标准化建设为指导，从观众进馆参观的流线开始对服务流程和服务事项按照类别和项目，逐一梳理，达到岗位全覆盖。在梳理过程中，明确观众参观的关键点：咨询、售票、停车、讲解、购物、餐饮等，这当中不仅包括人对人直接提供的服务，还包括机器设备对人直接提供的服务。通过这些梳理，我们搭建了参观服务、餐饮服务、购物服务、会议服务以及独具博物馆特色的科教文化服务五大服务。

在制定各岗位工作手册时，不是按部门梳理岗位，而是按照决策层、管理层、操作层这样的结构进行梳理。这样做的好处在于，我们不会因为部门设置、人员调整、岗位变动而造成服务事项混乱、标准不统一，可以有效提升管理水平。

（二）建立服务标准体系，解决博物馆人、财、事、物根本问题

该体系主要包含服务通用基础标准体系、服务提供标准体系和服务保障标准体系。服务通用基础标准体系是服务保障标准体系、服务提供标准体系的技术基础；服务保障标准体系为服务提供标准体系提供全方位保障；服务提供标准体系对服务保障标准体系有检验和验证作用，促使服务保障标准体系的完善。

标准化就是让博物馆管理人员从观众的角度去思考并解决“他们希望得到怎样的服务”“我们通过哪些流程可以满足这些需求”“我们到底需要设置多少岗位？配置多少人员”“如何能够用最优化的人力配置来完成所有的服务事项和场馆保障”等一系列问题。

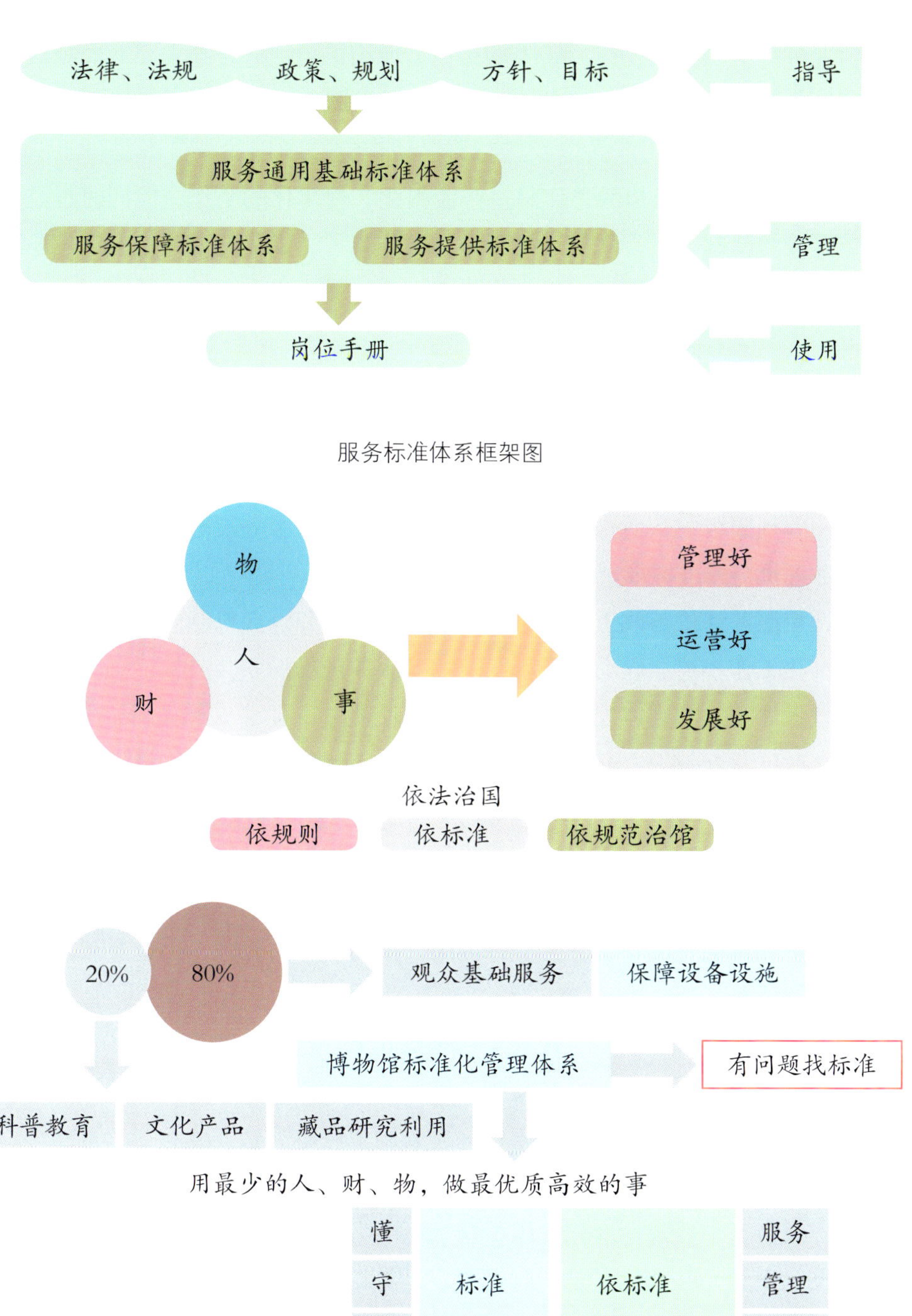

服务标准体系框架图

服务梳理优化要素图

为了达到这一目标，我们将汽博馆服务提供和服务保障体系的岗位和人员配置情况进行了分析，要想一座大型科技类博物馆顺畅运转起来，面向观众提供基础服务和保障基本设备设施的人员占到了博物馆员工总数的80%以上，而给观众提供科普教育、文化产品以及进行藏品研究综合利用的人员不足员工总数的20%。绝大多数员工承担的工作是一些流程化、规律化的工作，但同时也是保障博物馆开放的基础，只有规范这些工作的工作流程，优化这些岗位的岗位职责及标准配比，最大限度发挥员工的工作潜能，才能够逐步实现“用最少的人、财、物，做最优质高效的事”。

（三）有了服务规范，质量监督要跟上

为了使各项服务规范能够贯彻有力，并在执行中不断提升，汽博馆搭建了服务评价与改进标准，与“参观服务、餐饮服务、购物服务、会议服务以及科教文化服务”并列同级，从而稳定了服务提供体系的12项服务规范、13个运行管理规范和服务评价与改进标准。

汽博馆服务评价与改进标准主要包含内部机制和外部机制两块内容，内部主要由标准化工作小组、联动业务部门定期对服务现场的联合质检，侧重于操作规范和绩效考评；外部则体现在“观众留言与反馈”、日常“观众满意度调查”以及“观众专项调查”三个方面，侧重于质量提升和持续改进。

（四）加强组织协调，宣传到位

汽博馆开馆运营仅一年多，就面临标准化创建工作。很多基础工作正在不断完善中，规章制度也在建设修订中，整体看来工作多、任务重、缺少体系化，但是由于馆领导重视基础建设，工作标准高，全员执行力较强，因此具备标准化实施的有力“地基”。

搭建标准化体系，正是将现有工作规范起来，把标准建立起来，与全馆的实际管理方向一致，目标一致，能够紧密结合，避免走弯路和重复路。馆内通过专家培训、业务人员外出学习，与市、区质监局和旅游委建立联系，争取指导，与媒体加强联动，构成良好的宣传氛围，通过动员会、简报、网络等形式广泛向社会宣传，在员工中普及标准化知识，增加影响力。全馆自上而下，通过标准化的宣传贯彻认识到，标准化不是一时的事，是对日常工作流程的梳理和提升，每个员工都可以知道自己干什么、怎么干，进而提升对工作的理解，提高工作效率和满意度。

六、博物馆标准化建设永远在路上

如何更好地发挥作用，提升服务质量，吸引各类消费群体，是博物馆人要深入思考的问题。《人民日报》曾有篇评论：《大而辉煌，也要小而体贴》。对今天的博物馆而言，最宝贵的财富恰恰是社会的需求和观众的认可。博物馆应勇于在展览展示、科普传播、国际汽车文化交流等各个层面中实现突破与创新，积极满足社会和观众的需求，体现博物馆在当代社会中的责任与价值。

汽博馆正是先一步借助了服务业标准化的建设，在软硬件方面有了极大提升，特别是为观众提供的参观服务，有了实质的改变，做到了透过（服务）表面看（管理）本质。标准化建设如同一只无形的手，推动和保障了服务质量和规范发展，员工精神面貌日新月异。

2017年开始，汽博馆围绕标准化“精品展示基地、实践验证基地、创新研究基地、宣传培训基地”四个目标持续开展标准化建设工作，在没有先例可循的情况下，坚持走标准化之路，力争达到博物馆行业对标准化的需求，创新管理机制，探索标准化理论与方法，持续研究标准化与博物馆、科技馆的发展关系和实践经验，建立博物馆、科技馆自己的标准体系和规范管理，体现博物馆特色服务，依据标准管理运营，持续推动全国博物馆行业更加有序发展。

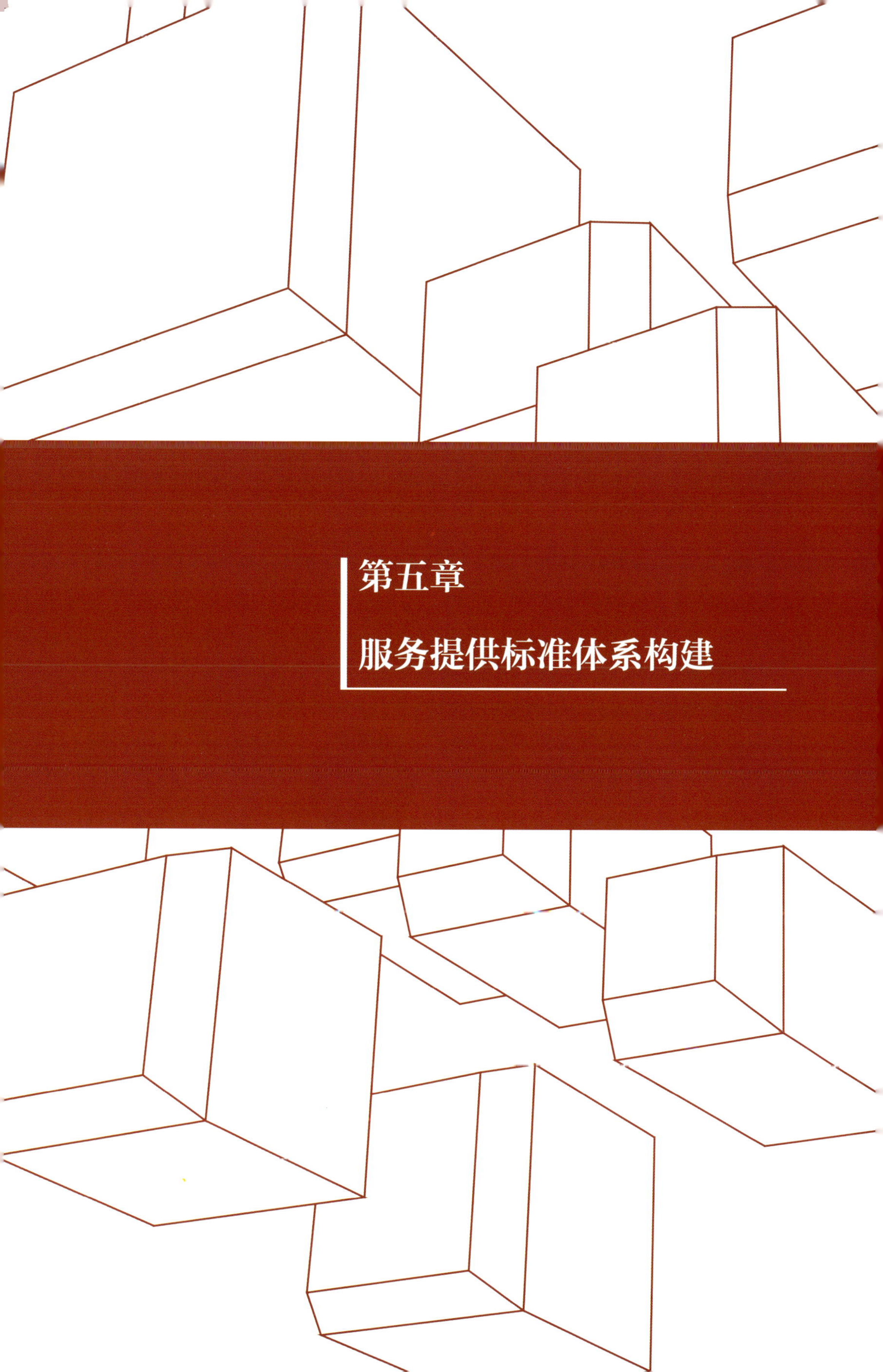

第五章

服务提供标准体系构建

第一节　服务提供标准体系设计思路

一、以观众满意度为目标，基于观众需求建体系

构建服务提供标准的设定初期，就要思考服务对象是谁，服务需求是什么，定位是什么。博物馆作为公共文化服务的重要部分，旨在为公众提供优质的文化服务，而服务提供标准的制定和实施，可以为博物馆的各项工作确定科学化、规范化、具有超前意识的工作目标，使不同级别、不同类型的服务明确各自的标准。同时也有利于在博物馆内部形成“以服务为导向”的良好局面，促进其内部的提升和改善，真正实现博物馆“以人为本”的服务宗旨和使命。同时还要重点考虑为谁服务？提供什么样的服务？服务包括哪些人、事、物及环境？服务标准以什么来衡量？哪些可以量化？哪些需要质的改变？

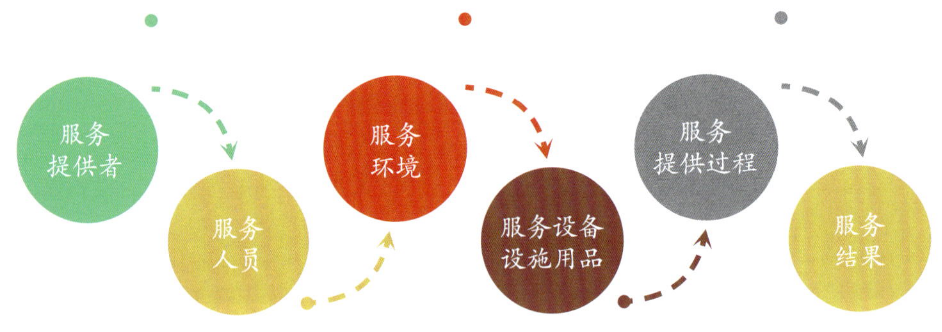

服务梳理关键要素图

二、按照服务前、服务中、服务后工作事项梳理服务提供内容要素

在建立服务提供体系之初，在对每一项服务进行服务环节的梳理时，进行第二次细化构思，比如参观服务体系，就包含了问讯服务、停车服务、售票服务、检票服务、寄存服务、导览服务、讲解服务、助览及互动体验服务8项内容。根据他们不同的参观目的逐一对各个服务环节进行梳理，这当中不仅包括人对人直接提供的服务，还包括互动展项设备对人直接提供的服务。经过对各个环节所涉及的事项分别进行服务前、服务中和服务后的梳理，就解决了过去点对点的简单服务易造成的服务环节遗漏问题。

在博物馆越来越重视服务水准的今天，博物馆要想真正走向世界、走向高质

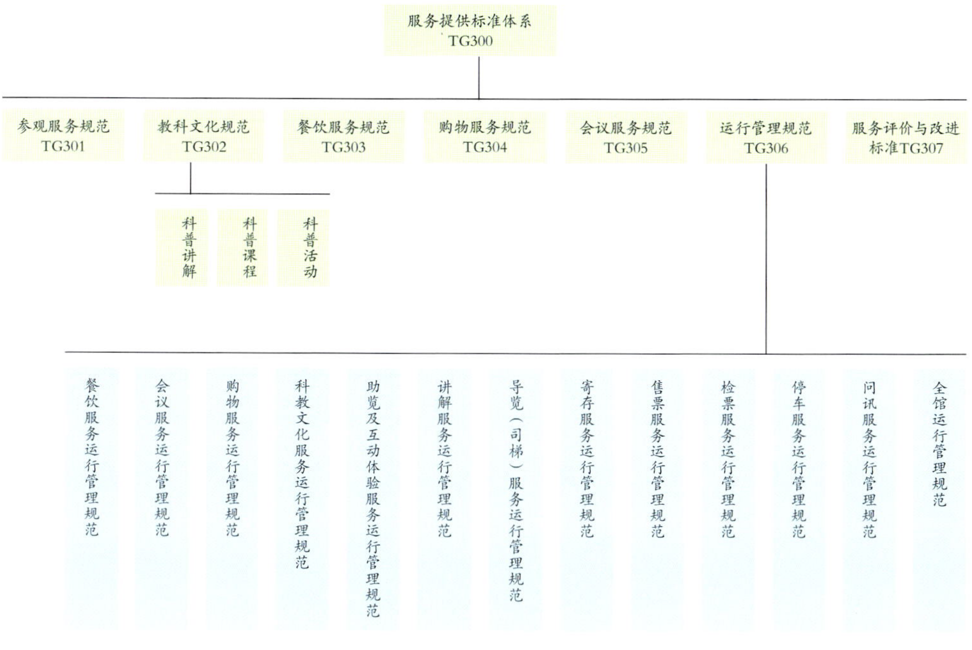

服务提供标准体系框架图

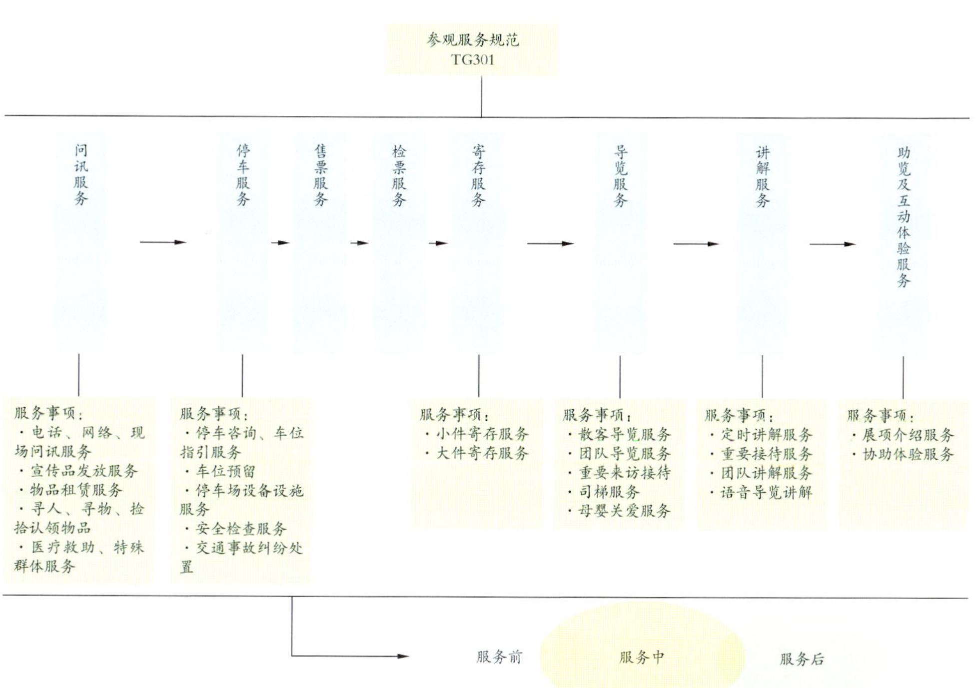

参观服务规范框架图

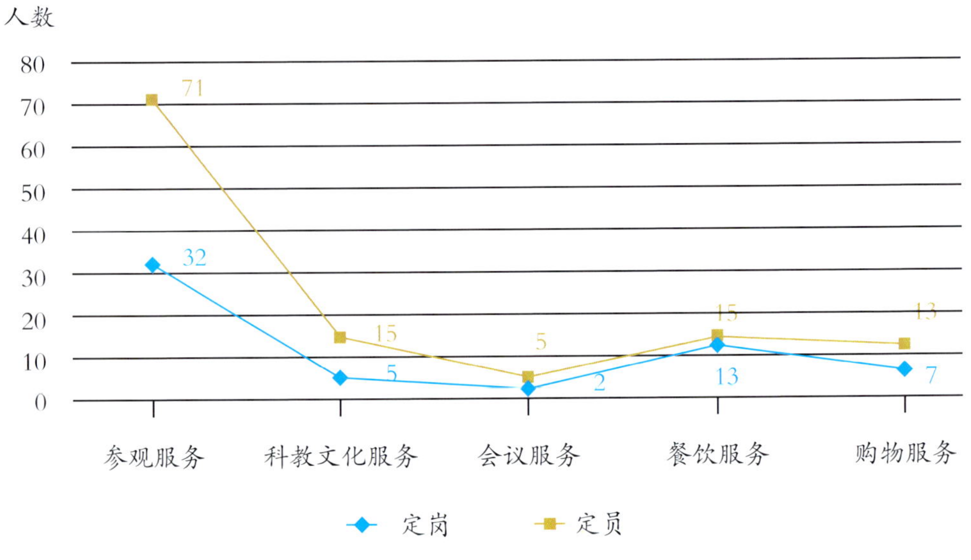

服务提供体系人员定编图

量发展的道路，利用“标准”的杠杆，优化、简化、统一、协调好内外部的各种因素，使其更快、更好地发展。为了使各项服务规范能够贯彻有力，并在执行中不断提升，汽博馆以“服务规范+质量监督”思路搭建了服务评价与改进标准，并列于“参观服务、餐饮服务、购物服务、会议服务以及科教文化服务”，从而稳定了服务提供体系的12项服务规范、13个运行管理规范和服务评价与改进。

三、参考和引用国标、行标、地标，建立适于本馆运行和执行的标准体系，实现依法治馆、依标准治馆

做标准化，并不是要废弃这些日积月累的管理经验，也不是游离于现有的国标、行标、地标之外，而是以此为基础，依据标准化工作原理和特点，加以优化、组合，将其转换成适于本馆执行的标准文件。可以这样理解，标准化建设相当于打造一个巨人的柜子，而标准体系就是一个一个抽屉，通过整合、优化、简化的原则，把博物馆的管理事项和业务流程编制成一个一个的规范分门别类装进每个抽屉里。

服务标准化的最终目标是让博物馆所有工作事项都有标准，促进管理从“人

治”走向“法治”，即从“有问题找领导”走向“有问题查标准”。这样就避免因人设岗、管理混乱，无论人员、岗位、部门调整，都不会影响工作的开展，更不会因为领导调任或不在，使工作没有了章法，无据可依，真正实现依法治馆、依标准治馆。

标准体系名称	参考和引用的国标、行标、地标名称	依据的文件（法律法规、政策规划、方针目标）
参观服务	《旅游景区服务指南》GB/T 26355—2010、《旅游景区服务质量》DB11/T 473—2007 《旅游区（点）质量等级的划分与评定》GB/T 17775—2003 《旅游景区游客中心设置与服务规范》LB/T 011—2011 《公共停车场运营服务规范》DB11/T 596—2008 导游服务规范GB/T15971—2010、旅游景区讲解服务规范LB/T 014-2011	《博物馆条例》 《博物馆工作规范》（试行版）
科教文化服务		《中华人民共和国科学技术普及法》
餐饮服务	《旅游景区服务指南》GB/T 26355—2010 《饭馆（餐厅）卫生标准》GB 16153—1996	《中华人民共和国食品安全法实施条例》（2009年6月1日） 《中华人民共和国食品安全法》（1994年1月1日） 《中华人民共和国消费者权益保护法》（1996年1月1日）
购物服务	《旅游景区服务指南》GB/T 26355—2010 《商品经营质量管理规范》GB/T 16868—2009 《旅游购物场所服务质量要求》GB/T 26356—2010	《中华人民共和国旅游法》
运行管理规范	《国家生态旅游示范区建设与运营规范》GB/T 26362—2010 《旅游景区服务指南》GB/T 26355—2010 《服务标准化工作指南》GB/T 15624.1 《旅游区（点）质量等级的划分与评定》GB/T 17775—2003 《导游服务规范》GB/T15971—2010、《旅游景区讲解服务规范》LB/T 014—2011 道路交通标志和标线、旅游景区服务质量GB 5768—2009 《饭馆（餐厅）卫生标准》GB/T 26361—2010 《食具消毒柜安全和卫生要求本标准》GB 7718—2011 《食(饮)具消毒卫生标准》GB 17988—2008 《饭馆(餐厅)卫生标准》GB 14934—1994、《环境标志产品技术要求》GB 16153 《食品安全管理体系 餐饮业要求》GB 9985-2000 《洗餐具用洗涤剂》HJ 458-2009、《预包装食品标签通则》GB/T 27306—2008 《商品经营服务质量管理规范》GB/T 16868 《国家玩具安全技术规范》GB 6675—2003、《消费品使用说明》GB 5296.5—2006 《模型产品通用技术要求》GB/T 2862—2007	国家标准54个 行业标准25个 地方标准12个 引用法律、法规、条例共计199个
服务评价与改进	《旅游区（点）质量等级的划分与评定》GB/T 17775—2003 质量管理体系要求GB/T 19001,《追求组织的持续成功 质量管理》GB/T 19004—2011	

服务提供参考和引用标准

第二节　问讯服务

一、服务特点

问讯服务是博物馆与观众接触最为频繁的岗位，展现我馆形象的窗口，更是博物馆提升观众满意度的重要依托。为此，北京汽车博物馆建立了《问讯服务规范》及《问讯服务运行管理规范》。

二、服务事项

电话问讯服务；现场问讯服务；物品租借服务；宣传资料发放服务；、寻人、寻物、失物招领服务；观众满意度调查；紧急救助服务；母婴关爱服务等。

三、服务运行流程

依据每项服务事项特点，按照服务前准备、服务过程、服务结束和服务控制

母婴室

应急处置医疗室

对整个服务过程进行梳理，建立《问讯服务规范》。为了保障《问讯服务规范》的执行，按照服务的配置及使用要求、接口问题、管理要素和监督检查四方面进行梳理，建立《问讯服务运行管理规范》。

四、服务事项举例

以电话问讯服务为例。

服务前准备：开馆前10分钟到岗，准备工作。检查电话状态、记录表格齐全。

服务过程：电话在响三声内进行接听。咨询员接听电话时应向来电者说“你好，北京汽车博物馆”。交谈过程中不得出现“不知道、不清楚”话语。在接听完观众问讯电话后，应礼貌向观众致意，并在对方挂断电话后方可挂机。

问讯服务

服务结束：统计信息，填写记录。汇总上报。

五、参考法规和引用标准

Q/QBG TG 301—01—2014《问讯服务规范》

Q/QBG TG 306—02—01—2014《问讯服务运行管理规范》

GB/T 26355—2010《旅游景区服务指南》

GB/T 17775—2003《旅游景区质量等级的划分与评定》

LB/T 011—2011《旅游景区游客中心设置与服务规范》

GB/T 15624.1《服务标准化工作指南》

GB/T 15971《导游服务规范》

LB/T 014—2011《旅游景区讲解服务规范》

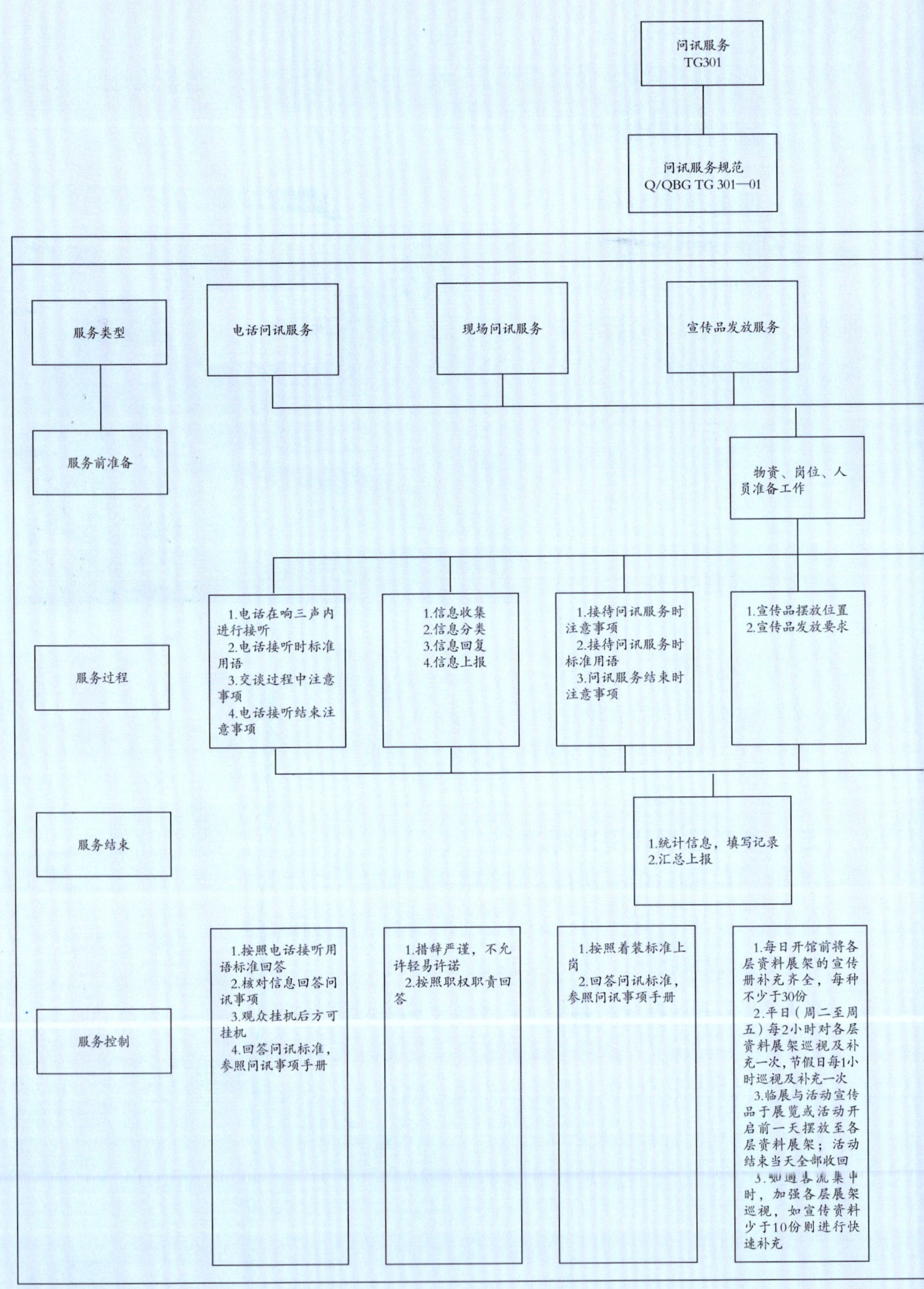
问讯服务
TG301
问讯服务规范
Q/QBG TG 301—01
服务类型
电话问讯服务
现场问讯服务
宣传品发放服务
服务前准备
物资、岗位、人员准备工作
服务过程
1.电话在响三声内进行接听
2.电话接听时标准用语
3.交谈过程中注意事项
4.电话接听结束注意事项
1.信息收集
2.信息分类
3.信息回复
4.信息上报
1.接待问讯服务时注意事项
2.接待问讯服务时标准用语
3.问讯服务结束时注意事项
1.宣传品摆放位置
2.宣传品发放要求
服务结束
1.统计信息，填写记录
2.汇总上报
服务控制
1.按照电话接听用语标准回答
2.核对信息回答问讯事项
3.观众挂机后方可挂机
4.回答问讯标准，参照问讯事项手册
1.措辞严谨，不允许轻易许诺
2.按照职权职责回答
1.按照着装标准上岗
2.回答问讯标准，参照问讯事项手册
1.每日开馆前将各层资料展架的宣传册补充齐全，每种不少于30份
2.平日（周二至周五）每2小时对各层资料展架巡视及补充一次，节假日每1小时巡视及补充一次
3.临展与活动宣传品于展览或活动开启前一天摆放至各层资料展架；活动结束当天全部收回
3.如遇客流集中时，加强各层展架巡视，如宣传资料少于10份则进行快速补充

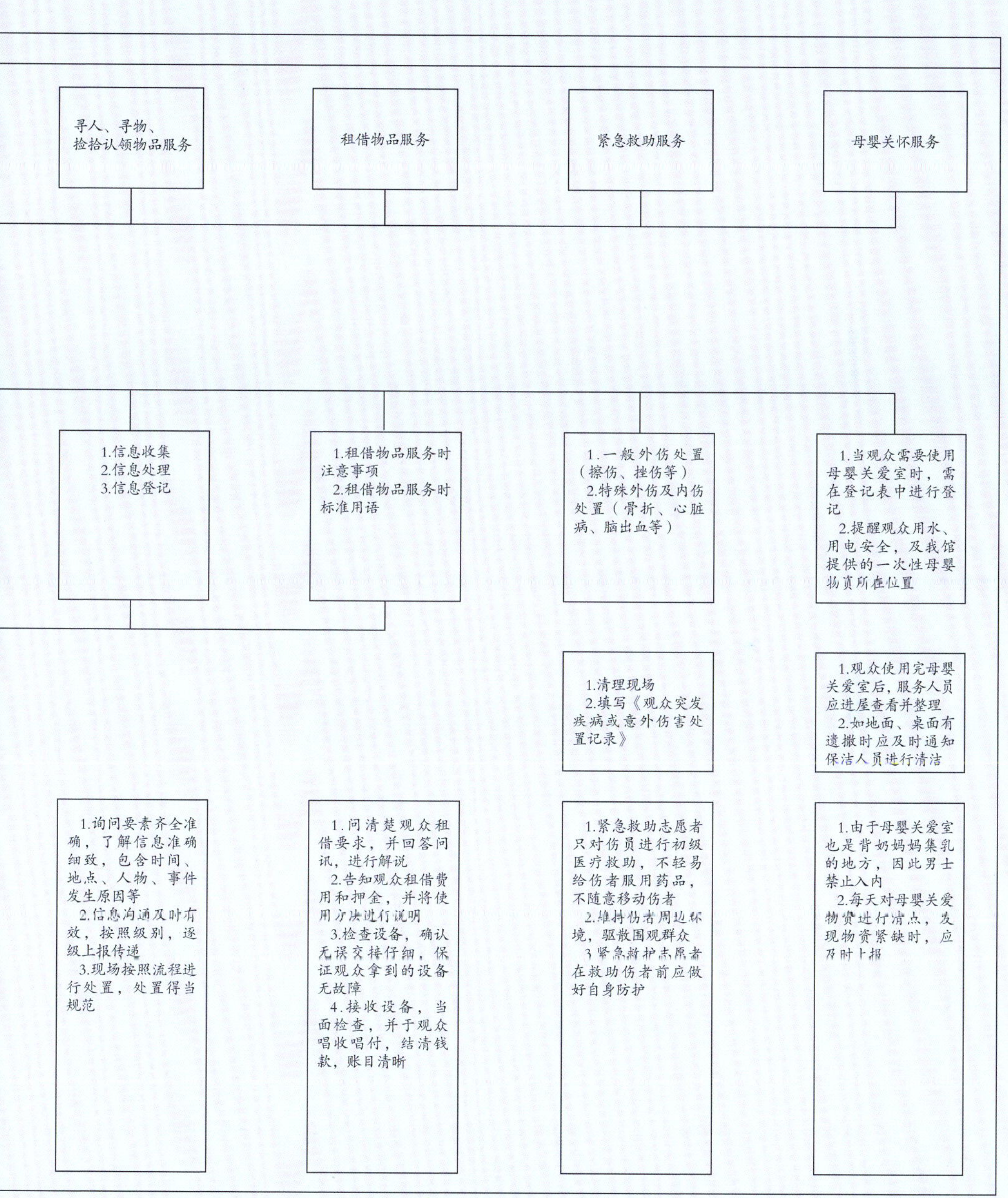
寻人、寻物、
捡拾认领物品服务
租借物品服务
紧急救助服务
母婴关怀服务
1.信息收集
2.信息处理
3.信息登记
1.租借物品服务时注意事项
2.租借物品服务时标准用语
1.一般外伤处置（擦伤、挫伤等）
2.特殊外伤及内伤处置（骨折、心脏病、脑出血等）
1.当观众需要使用母婴关爱室时，需在登记表中进行登记
2.提醒观众用水、用电安全，及我馆提供的一次性母婴物资所在位置
1.清理现场
2.填写《观众突发疾病或意外伤害处置记录》
1.观众使用完母婴关爱室后，服务人员应进屋查看并整理
2.如地面、桌面有遗撒时应及时通知保洁人员进行清洁
1.询问要素齐全准确，了解信息准确细致，包含时间、地点、人物、事件发生原因等
2.信息沟通及时有效，按照级别，逐级上报传递
3.现场按照流程进行处置，处置得当规范
1.问清楚观众租借要求，并回答问讯，进行解说
2.告知观众租借费用和押金，并将使用方法进行说明
3.检查设备，确认无误交接仔细，保证观众拿到的设备无故障
4.接收设备，当面检查，并于观众唱收唱付，结清钱款，账目清晰
1.紧急救助志愿者只对伤员进行初级医疗救助，不轻易给伤者服用药品，不随意移动伤者
2.维持伤者周边环境，驱散围观群众
3.紧急救护志愿者在救助伤者前应做好自身防护
1.由于母婴关爱室也是背奶妈妈集乳的地方，因此男士禁止入内
2.每天对母婴关爱物资进行清点，发现物资紧缺时，应及时上报

问讯服务规范框架图

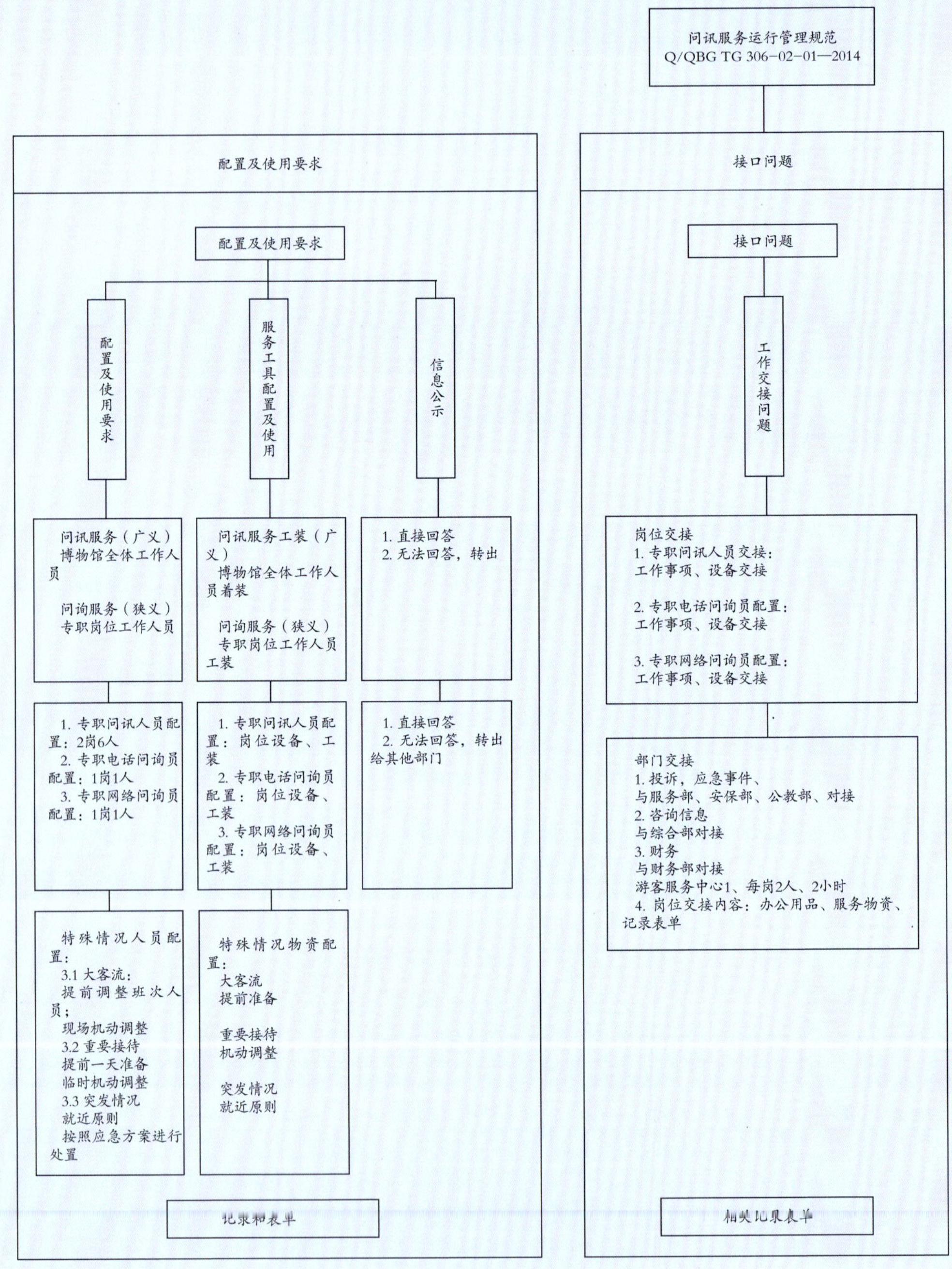

问讯服务运行管理规范框架图

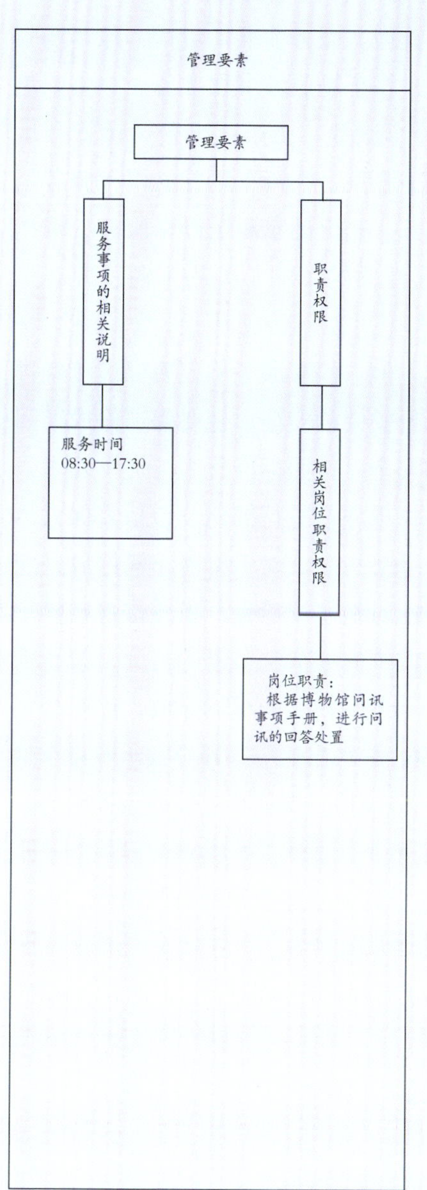
管理要素
管理要素
服务事项的相关说明
职责权限
服务时间
08:30—17:30
相关岗位职责权限
岗位职责：
根据博物馆问讯事项手册，进行问讯的回答处置

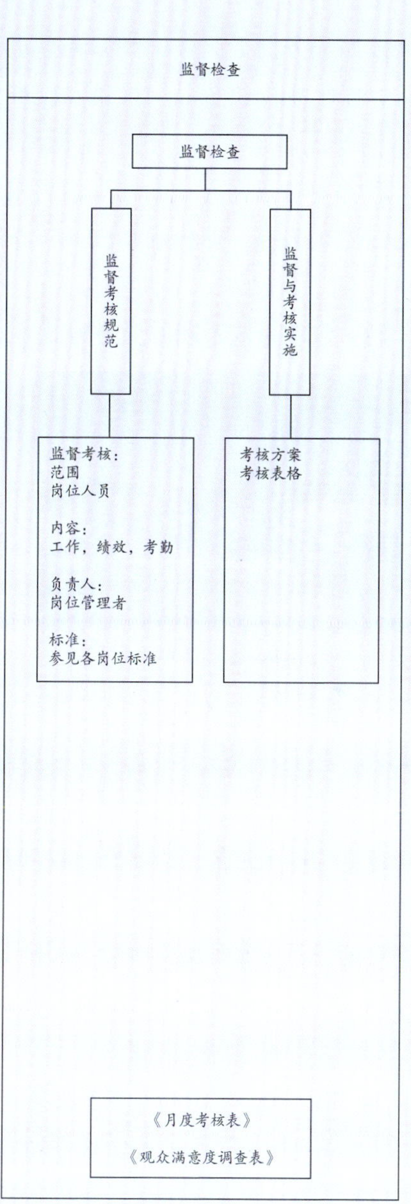
监督检查
监督检查
监督考核规范
监督与考核实施
监督考核：
范围
岗位人员
内容：
工作，绩效，考勤
负责人：
岗位管理者
标准：
参见各岗位标准
考核方案
考核表格
《月度考核表》
《观众满意度调查表》

第三节　停车服务

一、主要工作内容

工作主要内容包括外部车辆、内部车辆、运送物资车辆提供的停车服务。每项服务均按照服务前、服务中和服务后进行梳理。服务前准备包括：停车场服务人员准备、停车场岗位物品与设备设施准备、停车场服务事项准备。服务中包括：预约车辆驶入停车服务、预约车辆离馆停车服务、由第三方公司接管和运行、内部车辆驶入停车服务、内部车辆离馆停车服务、物资车辆驶入停车服务、物资车辆离馆停车服务、非机动车驶入停车服务、非机动车离馆停车服务。根据不同类型的车辆（机动车、非机动车）、不同性质的车辆（预约车辆、散客车辆、内部车辆）分别采取不同的服务方式。

停车服务

例：停车服务不仅要保证车辆进出行驶中的安全，也要保证停放期间的安全，按照标准化服务提供要求，对每项环节进行细化，包括安保人员的手势指引。对于机动车辆停放，应不定时地巡视检查，阻止擅自在停车场内维修或清洗车辆的行为，禁止携带有危险物品的车辆停放；停车公司应对车场内停放车辆及环境卫生负责，发现漏油、漏水车辆应立即寻找车主将车辆驶离停车场；活动接待车辆应做好车位预留、环境预检，保证车道畅通指挥得当。停车服务管理员的行为规范，应符合《安保员基本工作要求》，值班时应检查停车场管辖区域内的设备设施是否完好，如有异常应立即上报领班采取有效措施，保证停车场的正常运行。在停车场开放中，应按《停车场管理办法》指挥车辆停放。

二、参考法规和引用标准

Q/QBG TG 301—02—2014《停车服务规范》

GB/T 26355—2010《旅游景区服务指南》

GB/T 17775—2003《旅游景区质量等级的划分与评定》

DB11/T 473—2007《旅游景区服务质量》

DB11/T 596—2008《公共停车场运营服务规范》

停车服务规范
Q/QBG TG 301-02

涉及的内容	具体内容
范围	本标准规定了北京汽车博物馆（以下简称汽博馆）停车服务工作的术语与定义、职责与权限、内容与要求、质量控制等 本标准适用于汽博馆停车服务工作
规范性引用文件	涉及3个引用文件： Q/QBG BZ 203-01《北京汽车博物馆交通管理通则》 Q/QBG BZ 203-02《北京汽车博物馆停车管理规范》 Q/QBG BZ 203-04《北京汽车博物馆地面停车收费管理规范》
术语与定义	1. 来访车辆 2. 参观车辆 3. 业务来访车辆 4. 活动车辆 5. 参展车辆 6. 停车管理岗 7. 停车服务岗
职责与权限	1. 安保部 2. 物业服务中心安保部
内容与要求	1. 服务前准备 （1）停车服务岗人员准备 （2）停车服务岗岗位物品与设备设施准备 （3）停车服务事项准备 2. 服务中 （1）停车咨询服务 （2）车位引导服务 包括：参观车辆停车服务、业务来访车辆停车服务、活动车辆停车服务、参展车辆停车服务、非机动车停车服务 （3）停车场功能区域划分 （4）停车场车位预留服务 （5）停车场设备设施服务 （6）停车安全检查服务 （7）交通事故纠纷处置服务 3. 服务结束后
质量控制	1. 质量标准 （1）停车服务岗应提前15分钟上岗 （2）停车服务岗应熟知并核对当日接待信息 （3）停车服务岗员工岗前、岗中、岗后进行自查 （4）物业服务中心安保部当班外保班长对停车服务岗岗位标准、工作记录、服务情况每日进行至少3次检查，不符合标准及时纠正，并做好检查记录 （5）物业服务中心安保部当班主管对外保当班班长、停车服务岗岗位标准、工作记录、服务情况每日进行至少2次检查，不符合标准及时纠正，并做好检查记录 （6）物业服务中心安保部当班经理对当班主管、外保班长、停车服务岗岗位标准、工作记录、服务情况工作日进行至少1次检查，不符合标准及时纠正，并做好检查记录 （7）物业服务中心综合部应每月对停车服务和管理情况进行质检 （8）安保部交通安全管理岗每月应不定时对停车服务的管理和服务情况进行监督检查和考核，并落实和跟进物业服务中心对问题的解决 2. 质量要求 （1）记录合格率100% （2）停放车辆完好率95% （3）服务投诉率0%

停车服务规范框架图

停车服务运行管理规范
Q/QBG TG 306-02-02

涉及的内容	具体内容
范围	本标准规定了北京汽车博物馆（以下简称汽博馆）停车服务运行工作的运行管理要求、监督与考核等。 本标准适用于汽博馆停车服务运行工作。
规范性引用文件	涉及5个引用文件： GB 5768-2009《道路交通标志和标线》 Q/QBG TG 301-02《北京汽车博物馆停车服务规范》 Q/QBG BZ 203-02《北京汽车博物馆停车管理规范》 Q/QBG BZ 203-04《北京汽车博物馆停车收费管理规范》 Q/QBG BZ 204-13《北京汽车博物馆应急预案》
运行管理要求	1. 岗位和设备配置要求 （1）岗位人员配置及值班时间要求 （2）设备设施配置要求 2. 服务管理要求 （1）一般性服务管理要求 包括：人员管理要求、停车服务设备设施管理要求、停车服务事项管理要求、停车服务巡视检查管理要求 （2）节假日及大客流服务管理要求
监督与考核	1. 停车服务岗员工岗前、岗中、岗后进行自查 2. 物业服务中心安保部当班外保班长对停车服务岗岗位标准、工作记录、服务情况每日进行至少3次检查，不符合标准及时纠正，并做好检查记录 3. 物业服务中心安保部当班主管对外保当班班长、停车服务岗岗位标准、工作记录、服务情况每日进行至少2次检查，不符合标准及时纠正，并做好检查记录 4. 物业服务中心安保部当班经理对当班主管、外保班长、停车服务岗岗位标准、工作记录、服务情况工作日进行至少1次检查，不符合标准及时纠正，并做好检查记录 5. 物业服务中心综合部应每月对停车服务和管理情况进行质检 6. 安保部交通安全管理岗每月应不定时对停车服务的管理和服务情况进行监督检查和考核，并落实和跟进物业服务中心对问题的解决

停车服务运行管理规范框架图

第四节 售票服务

一、服务特点

售票服务是博物馆提供服务的重要内容之一，是对客服务的重要窗口。钱款数目、各种门票标准、接待礼仪是服务的核心。汽博馆制定了售票管理规范与售票服务运行管理规范。

二、售票服务内容

散客票售票（指面向没有预约的零散观众的售票）、免费票兑换（指60岁以上老年人持老年证换取的免费门票，持现役军人证、残疾证、导游证、博物馆行业工作证等有效证件领取的免费门票的售票）、电子票售票（指观众通过票务网络团购销售平台购买的具有电子消费凭证的售票）、团体票售票（指面向有预约、有组织且人数达到一定规模的团体观众的售票）、预售票售票（指有一定有效期的根据购买数量而设置不同的优惠幅度的售票）、互动展项售票（根据互动体验项目的不同向参与互动体验的观众的售票）、微信票售票（指观众通过关注北京汽车博物馆公众微信号，线上购票的票种）等形式。根据售票服务规范，制订售票员岗位。

售票员岗位主要工作内容包括：解答观众咨询、根据观众需求售票、兑换电子票、登记各项表单，交款。

三、服务运行流程

售票服务涉及钱、人，在售票服务过程中，根据不同的售票内容形式，规范售票前、售票中、售票后各项工作流程，确保售票服务标准规范。售票服务实行“归口管理、依规定岗、以岗定责、对标考核”管理，依据标准，建立了日报、周报、月报、季报、节假日报等统一规范售票服务信息专门报告制度。售票服务运行通过“业务主管部门、财务部门”双重考核和第三方服务满意度调查，确保服务质量。

售票服务

售票服务管理规范（TG 301-04）

术语与定义

术语及定义

散客票定义：指面向没有预约的零散观众销售的票种。散客票一般在本馆售票处销售，限购买当天使用。执行一人一票制。

团体票定义：指面向有预约、有组织且人数达到一定规模的团体观众销售的票种。团体票在本馆售票处团体窗口销售，购买团体票及入馆需同时出示团体参观结算对账单。执行一团一单制

火车站售票处：设置在北京汽车博物馆东广场东北角，发售各种门票的售票处

电子票定义：相对于实物票而言指观众通过票务网络团购销售平台购买的具有电子消费凭证的票种。购票观众需持电子消费凭证到本馆售票处换取相应门票。执行一人一票制

售票处：门票销售的特定场所

互动展项票定义：根据互动体验项目的不同，向参与互动体验的观众销售的票种。互动展项票分为：与风共舞、汽车生产线、极限驾驶初级、极限驾驶高级四种互动体验活动。与风共舞执行一场一票，其他项目执行一人一票制

预售票定义：指有一定有效期的，根据购买数量而设置不同的优惠幅度的票种

四层互动展项售票处：设置在北京汽车博物馆内四层西南角，销售互动展项体验活动票的售票处

服务过程与要求

服务前准备

售票处设值日制度，每日值日人员提前15分钟到岗，检查售票处的环境卫生、设备、工作台和工具的清洁卫生

每日值日人员在开馆前，提前打开总电源，开机检查发票机、打印机、点钞机、电脑、开启电子票兑换设备、调整日期章、查看印章油墨情况等

售票组长从财务部领取门票及备用金，并分发给各售票员

售票员在开馆时，每天提前10分钟到各自岗位

制票工作：售票组长从财务领取纸质参观券门票，发给售票员。售票员在纸质票上统一盖“北京汽车博物馆票务中心专用章”和票种专用印章。专用印章有：成人票、学生票、电子成人票、预售票、博物馆通票等不同印章

售票工作流程

散客票工作流程

1. 收费类（成人票、学生票、优惠票）

（1）不需出具证件或凭证：成人票直接在窗口处购票，票价30元

（2）需出具证件：学生购票需出示学生证（不含成人教育及研究生以上），票价20元

需出具凭证：针对博物馆通票（成人20元）、文惠卡（成人25元）、新影联（原价购票）等优惠或合作项目，按照合同或方案约定价格执行

2. 免费类（残疾人票、现役军人票、老年票、活动票、其他免费票）

（1）需持证换票：65岁以上老年人凭老年证领取老年票；残疾人凭残疾证、现役军人凭现役军官证、中国自然博物馆协会内会员单位的工作人员凭工作证领取特种票

（2）活动票是根据活动方案由活动部门提出经审批后，进行门票制作并发放门票

1.2米以下儿童免票进馆

3. 问候、询问告知（含费用、参观、体验时间、优先原则、适用说明）

4. 听清（问清）、答复

5. 收取门票款或收取证件、验（点）钞、验证、登记证件号码和姓名、制票；

6. 唱票、找款付票和证件、提示核对、引导、再见

7. 如观众需要开具发票，按照购票金额付给等额面值的发票

8. 售票员保管好门票票根

团体票工作流程

已预约的旅行社：依据《北京汽车博物馆团体参观通知单》确认旅行社，旅行社购买实际来馆人数团体票。一团一票，非代理旅行社直接按照优惠价格执行；代理旅行社按照门市价格收款后再按优惠价格进行结算

非预约的旅行社：根据《合作旅行社目录》确认旅行社，旅行社购买实际来馆人数团体票。一团一票，按照优惠价格执行

社会团体：根据《北京汽车博物馆团体参观通知单》进行确认，社会团体购买实际来馆人数团体票。一团一票，按照优惠价格执行

1. 问候、询问告知（含费用、参观、体验时间、优先原则、适用说明）

2. 听清（问清）、答复

3. 收取门票款或收取证件

4. 验（点）钞或验证支票（支票验证内容：有效期、人名章、财务章、收款人、支付单位名称、大小写金额、附加栏内填写联系信息，并问清该支票是否有密码等）、验证、登记证件号码和姓名、填写《北京汽车博物馆团队参观结算对账单》，一式三联（第一联售票组保存、第二联检票保存、第三联导游或领队保存），请导游签字确认

5. 唱票、找款付票和证件、提示核对、引导、再见

6. 如需开发票，按照购票金额付给等额面值的发票

7. 售票员保管好购票凭证

预售票工作流程

预售票销售：依据《北京汽车博物馆预售票工作联系单》中的信息核对预售票的有效日期及团队编码、进行制票，企事业单位交款取票和发票

预售票兑换：收取预售票、核对预售票的有效日期及团队编码确认无误后，按照观众提交的预售票数量制作当日有效门票，发放给观众

在预售票上加盖作废章并与参观券票根同时保管好

岗位手册

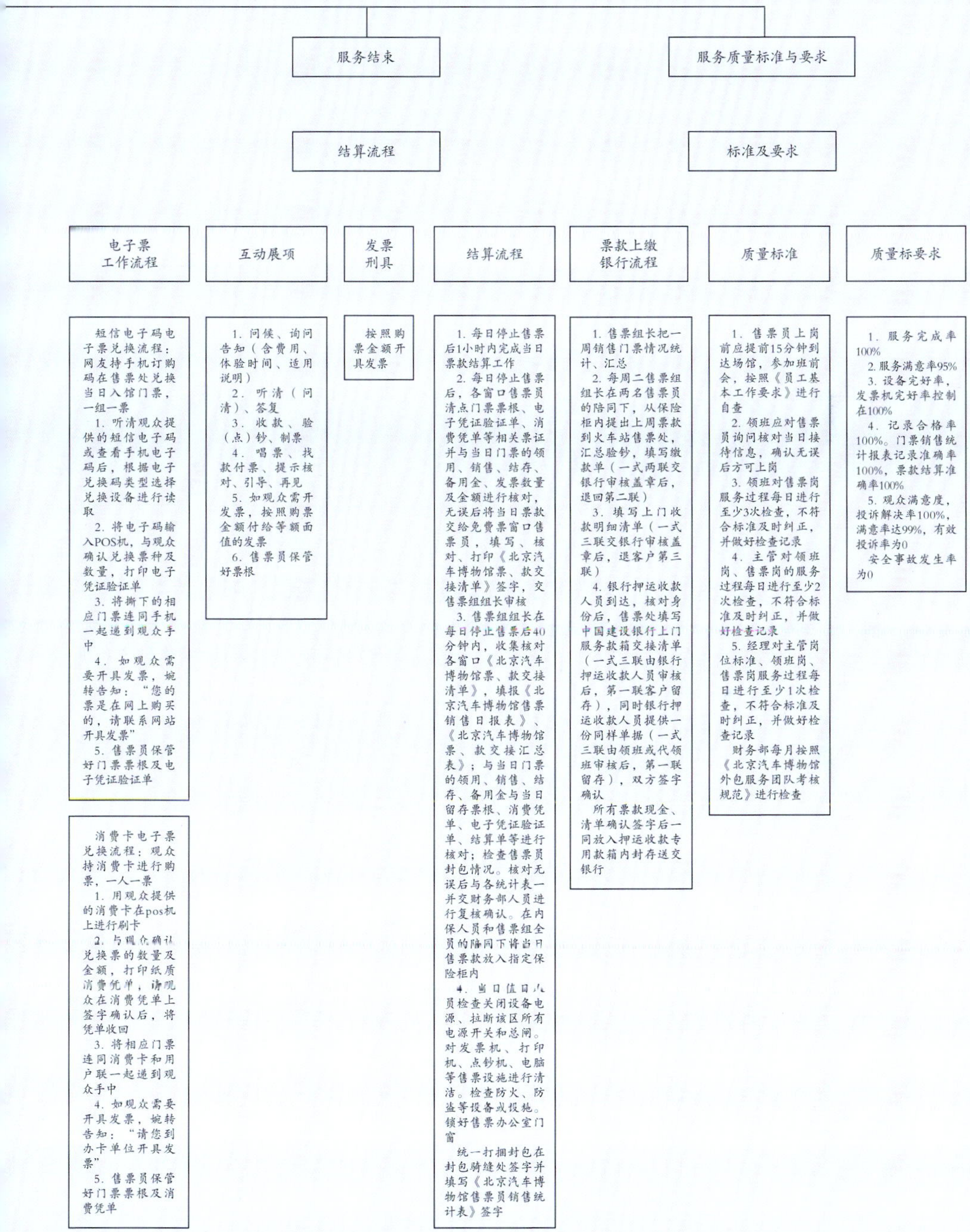

服务结束

结算流程

电子票工作流程

短信电子码电子票兑换流程：网友持手机订购码在售票处兑换当日入馆门票，一组一票

1. 听清观众提供的短信电子码或查看手机电子码后，根据电子兑换码类型选择兑换设备进行读取
2. 将电子码输入POS机，与观众确认兑换票种及数量，打印电子凭证验证单
3. 将撕下的相应门票连同手机一起递到观众手中
4. 如观众需要开具发票，婉转告知："您的票是在网上购买的，请联系网站开具发票"
5. 售票员保管好门票票根及电子凭证验证单

消费卡电子票兑换流程：观众持消费卡进行购票，一人一票

1. 用观众提供的消费卡在pos机上进行刷卡
2. 与观众确认兑换票的数量及金额，打印纸质消费凭单，请观众在消费凭单上签字确认后，将凭单收回
3. 将相应门票连同消费卡和用户联一起递到观众手中
4. 如观众需要开具发票，婉转告知："请您到办卡单位开具发票"
5. 售票员保管好门票票根及消费凭单

互动展项

1. 问候、询问告知（含费用、体验时间、适用说明）
2. 听清（问清）、答复
3. 收款、验（点）钞、制票
4. 唱票、找款付票、提示核对、引导、再见
5. 如观众需开发票，按照购票金额付给等额面值的发票
6. 售票员保管好票根

发票刑具

按照购票金额开具发票

结算流程

1. 每日停止售票后1小时内完成当日票款结算工作
2. 每日停止售票后，各窗口售票员清点门票票根、电子凭证验证单、消费凭单等相关票证并与当日门票的领用、销售、结存、备用金、发票数量及金额进行核对，无误后将当日票款交给免费票窗口售票员，填写、核对、打印《北京汽车博物馆票、款交接清单》签字，交售票组组长审核
3. 售票组组长在每日停止售票后40分钟内，收集核对各窗口《北京汽车博物馆票、款交接清单》，填报《北京汽车博物馆售票销售日报表》、《北京汽车博物馆票、款交接汇总表》；与当日门票的领用、销售、结存、备用金与当日留存票根、消费凭单、电子凭证验证单、结算单等进行核对；检查售票员封包情况。核对无误后与各统计表一并交财务部人员进行复核确认。在内保人员和售票组全员的陪同下将当日售票款放入指定保险柜内
4. 当日值日人员检查关闭设备电源、拉断该区所有电源开关和总闸。对发票机、打印机、点钞机、电脑等售票设施进行清洁。检查防火、防盗等设备或设施。锁好售票办公室门窗

统一打捆封包在封包骑缝处签字并填写《北京汽车博物馆售票员销售统计表》签字

票款上缴银行流程

1. 售票组长把一周销售门票情况统计、汇总
2. 每周二售票组组长在两名售票员的陪同下，从保险柜内提出上周票款到火车站售票处，汇总验钞，填写缴款单（一式两联交银行审核盖章后，退回第二联）
3. 填写上门收款明细清单（一式三联交银行审核盖章后，退客户第三联）
4. 银行押运收款人员到达，核对身份后，售票处填写中国建设银行上门服务款箱交接清单（一式三联由银行押运收款人员审核后，第一联客户留存），同时银行押运收款人员提供一份同样单据（一式三联由领班或代领班审核后，第一联留存），双方签字确认

所有票款现金、清单确认签字后一同放入押运收款专用款箱内封存送交银行

服务质量标准与要求

标准及要求

质量标准

1. 售票员上岗前应提前15分钟到达场馆，参加班前会，按照《员工基本工作要求》进行自查
2. 领班应对售票员询问核对当日接待信息，确认无误后方可上岗
3. 领班对售票岗服务过程每日进行至少3次检查，不符合标准及时纠正，并做好检查记录
4. 主管对领班岗、售票岗的服务过程每日进行至少2次检查，不符合标准及时纠正，并做好检查记录
5. 经理对主管岗位标准、领班岗、售票岗服务过程每日进行至少1次检查，不符合标准及时纠正，并做好检查记录

财务部每月按照《北京汽车博物馆外包服务团队考核规范》进行检查

质量标要求

1. 服务完成率100%
2. 服务满意率95%
3. 设备完好率，发票机完好率控制在100%
4. 记录合格率100%。门票销售统计报表记录准确率100%，票款结算准确率100%
5. 观众满意度，投诉解决率100%，满意率达99%，有效投诉率为0

安全事故发生率为0

售票服务管理规范框架图

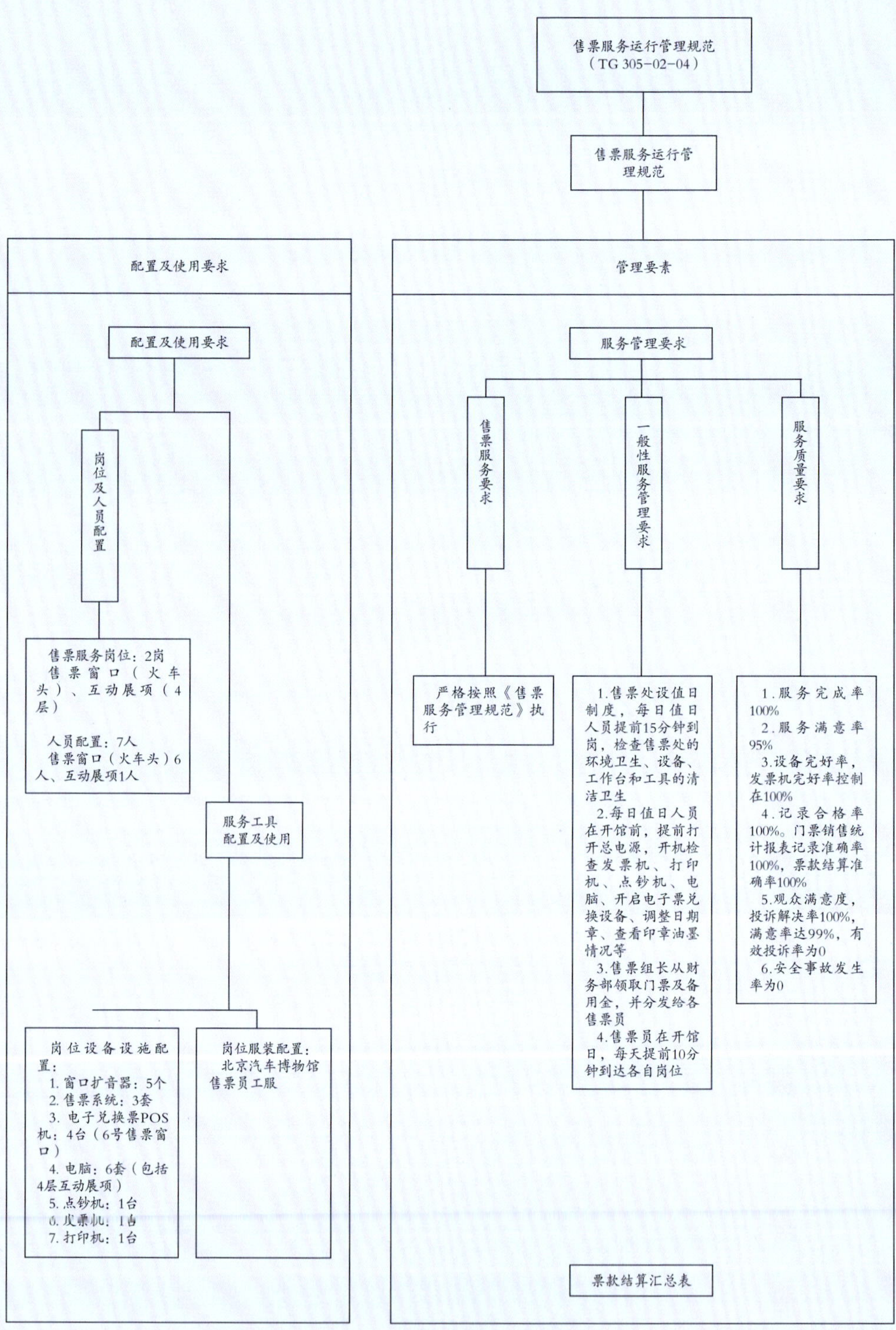

售票服务运行管理规范框架图

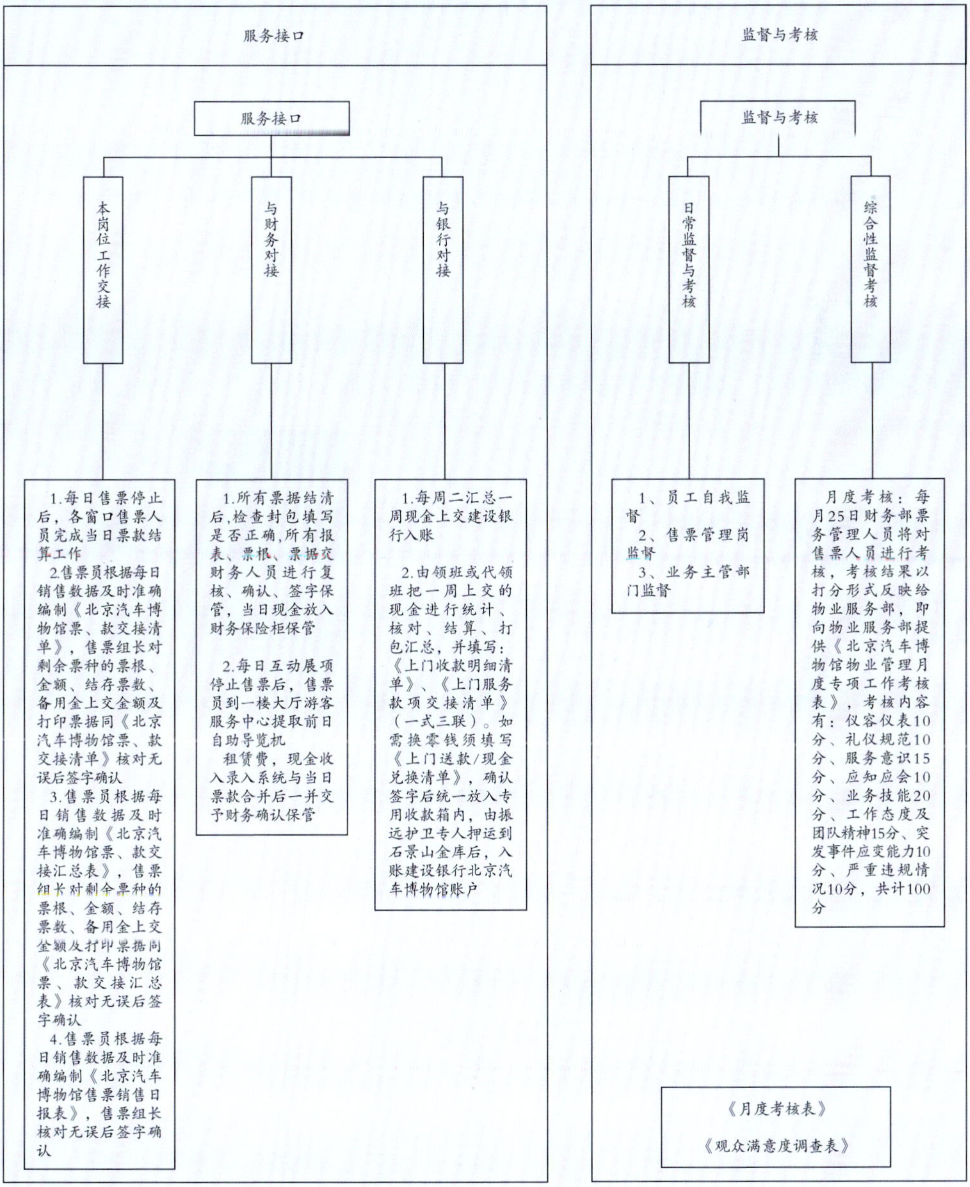

服务接口
服务接口
本岗位工作交接
与财务对接
与银行对接
1.每日售票停止后，各窗口售票人员完成当日票款结算工作
2.售票员根据每日销售数据及时准确编制《北京汽车博物馆票、款交接清单》，售票组长对剩余票种的票根、金额、结存票数、备用金上交金额及打印票据同《北京汽车博物馆票、款交接清单》核对无误后签字确认
3.售票员根据每日销售数据及时准确编制《北京汽车博物馆票、款交接汇总表》，售票组长对剩余票种的票根、金额、结存票数、备用金上交金额及打印票据同《北京汽车博物馆票、款交接汇总表》核对无误后签字确认
4.售票员根据每日销售数据及时准确编制《北京汽车博物馆售票销售日报表》，售票组长核对无误后签字确认
1.所有票据结清后，检查封包填写是否正确，所有报表、票根、票据交财务人员进行复核、确认、签字保管，当日现金放入财务保险柜保管
2.每日互动展项停止售票后，售票员到一楼大厅游客服务中心提取前日自助导览机
租赁费，现金收入录入系统与当日票款合并后一并交予财务确认保管
1.每周二汇总一周现金上交建设银行入账
2.由领班或代领班把一周上交的现金进行统计、核对、结算、打包汇总，并填写：《上门收款明细清单》、《上门服务款项交接清单》（一式三联）。如需换零钱须填写《上门送款/现金兑换清单》，确认签字后统一放入专用收款箱内，由振远护卫专人押运到石景山金库后，入账建设银行北京汽车博物馆账户
监督与考核
监督与考核
日常监督与考核
综合性监督考核
1、员工自我监督
2、售票管理岗监督
3、业务主管部门监督
月度考核：每月25日财务部票务管理人员将对售票人员进行考核，考核结果以打分形式反映给物业服务部，即向物业服务部提供《北京汽车博物馆物业管理月度专项工作考核表》，考核内容有：仪容仪表10分、礼仪规范10分、服务意识15分、应知应会10分、业务技能20分、工作态度及团队精神15分、突发事件应变能力10分、严重违规情况10分，共计100分
《月度考核表》
《观众满意度调查表》

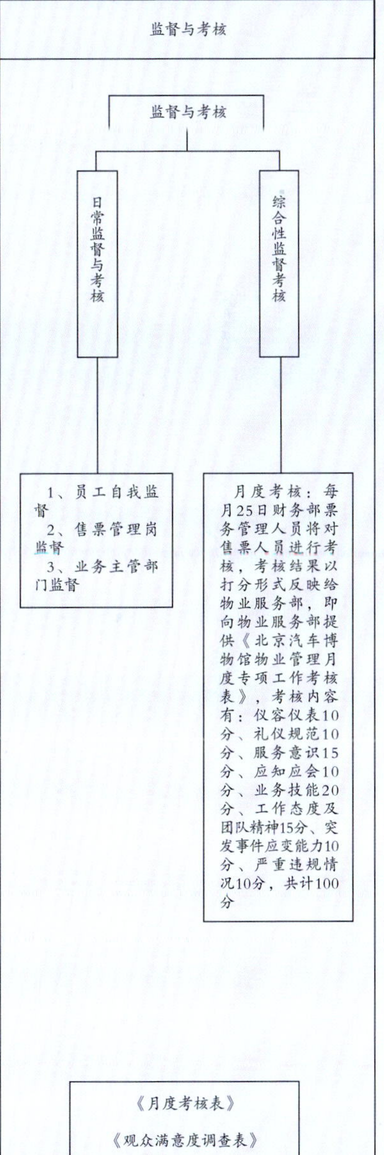

第五节 寄存服务

一、服务特点

汽博馆的观众参观量逐年递增，部分观众携带物品进馆，参观时间较长，携带的物品较多，会干扰参观，也就产生了寄存服务需求。根据观众需求，汽博馆制定《北京汽车博物馆寄存服务规范》及《北京汽车博物馆寄存运行服务规范》。

二、服务事项

寄存岗位主要工作内容包括：小件寄存服务（办理寄存卡通过小件寄存柜存放）、大件寄存服务（填写寄存单办理领取寄存牌，设有专人看管）内容。

三、服务运行流程

因为观众携带物品有价值和不同分类，为确保寄存物品的安全，寄存服务规范按照服务前准备、服务中和服务后的顺序对寄存服务流程进行梳理，制定了标准工作程序。

四、服务事项举例

以大件寄存服务为例。

服务前准备：寄存物质准备。

服务过程：规定大件寄存物品的尺寸；寄存员与客交流时使用的标准用语。

寄存服务

服务结束：闭馆后，寄存员应清点核对寄存牌数量，查看是否有未取遗留物品。若有未取物品，应上报领班及游客服务中心并详细记录。

整理寄存单，统计当日寄存数据并记录。离岗前应对本岗位所辖区域和设备进行检查，关闭所有设备。填写《寄存日工作记录》。

五、参考法规和引用标准

1. Q/QBG TG 301—06—2014《寄存服务规范》

LB/T 011—2011《旅游景区游客中心设置与服务规范》

2. Q/QBG TG 306—02—06—2014《寄存服务运行管理规范》

LB/T 011—2011《旅游景区游客中心设置与服务规范》

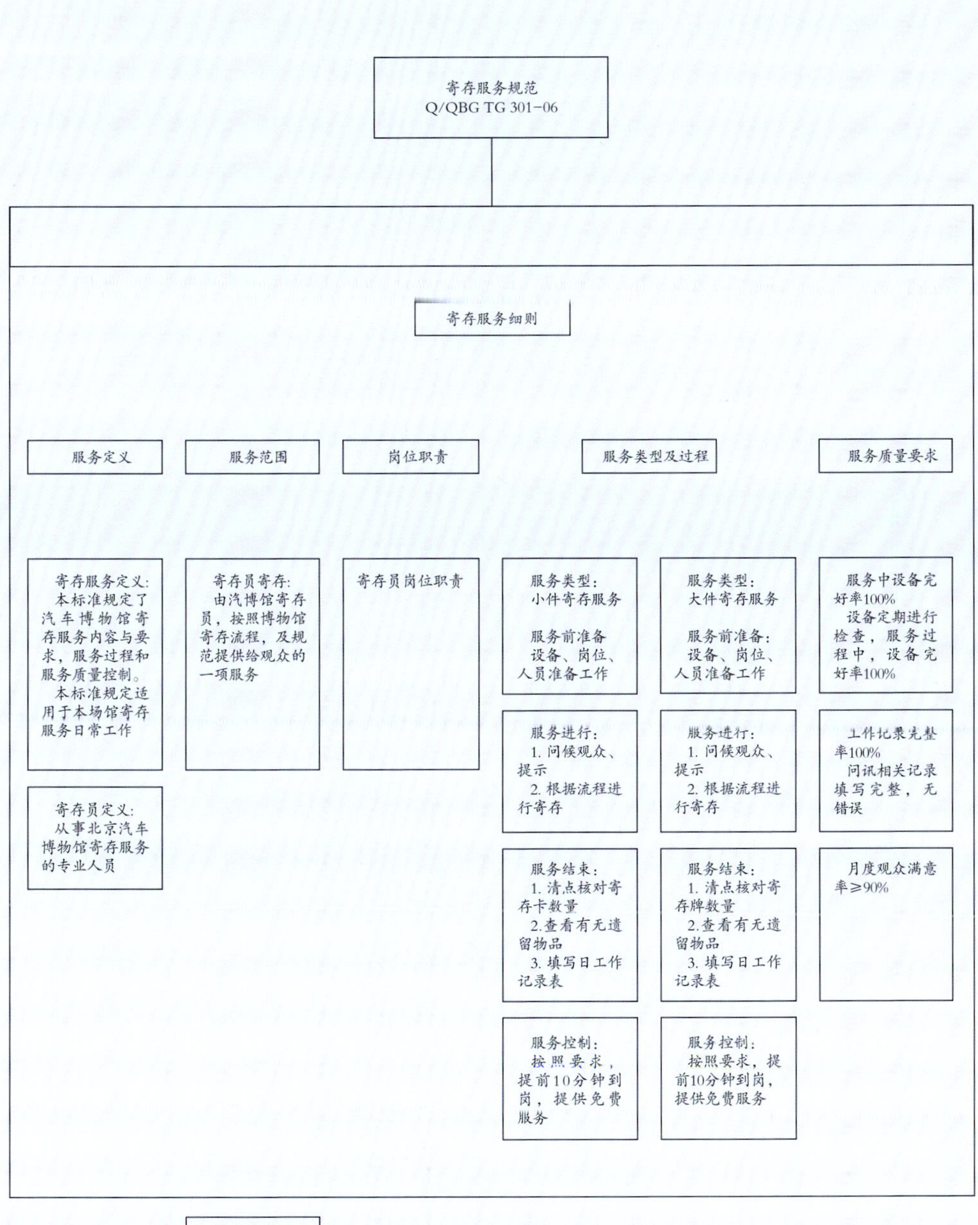
寄存服务规范
Q/QBG TG 301-06
寄存服务细则
服务定义
服务范围
岗位职责
服务类型及过程
服务质量要求
寄存服务定义：本标准规定了汽车博物馆寄存服务内容与要求，服务过程和服务质量控制。本标准规定适用于本场馆寄存服务日常工作
寄存员寄存：由汽博馆寄存员，按照博物馆寄存流程，及规范提供给观众的一项服务
寄存员岗位职责
服务类型：小件寄存服务
服务前准备 设备、岗位、人员准备工作
服务类型：大件寄存服务
服务前准备：设备、岗位、人员准备工作
服务中设备完好率100% 设备定期进行检查，服务过程中，设备完好率100%
寄存员定义：从事北京汽车博物馆寄存服务的专业人员
服务进行：1. 问候观众、提示 2. 根据流程进行寄存
服务进行：1. 问候观众、提示 2. 根据流程进行寄存
工作记录完整率100% 问讯相关记录填写完整，无错误
服务结束：1. 清点核对寄存卡数量 2.查看有无遗留物品 3. 填写日工作记录表
服务结束：1. 清点核对寄存牌数量 2.查看有无遗留物品 3. 填写日工作记录表
月度观众满意率≥90%
服务控制：按照要求，提前10分钟到岗，提供免费服务
服务控制：按照要求，提前10分钟到岗，提供免费服务
岗位手册

寄存服务规范框架图

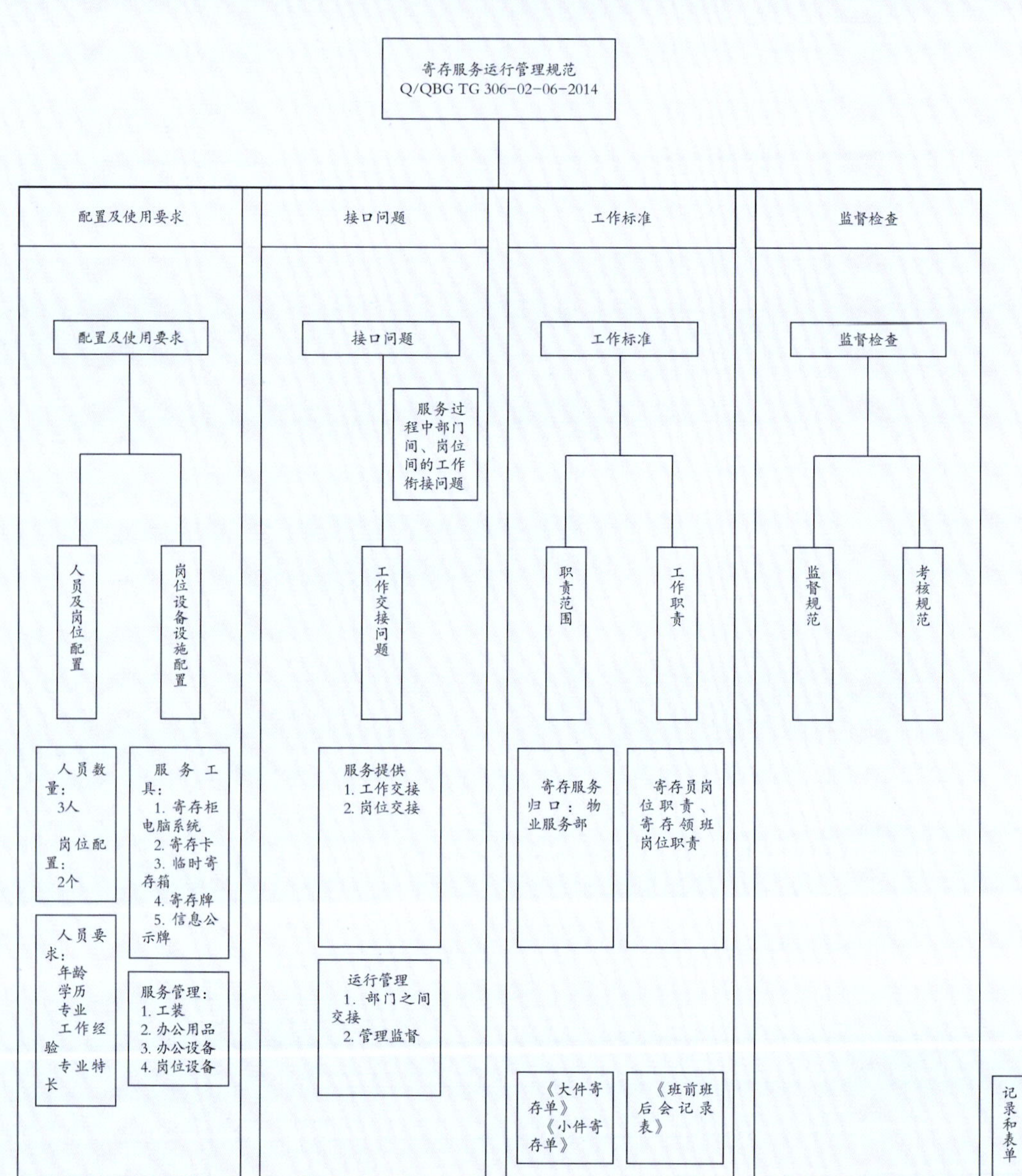

寄存服务运行管理规范框架图

第六节　检票服务

一、服务特点

检票服务是博物馆提供服务的重要内容之一，也是对博物馆财政收入的重要把关。汽博馆为确保观众所持票卡有效、票据信息准确、观众分类统计准确、观众进馆参观有序，汽博馆特制定《北京汽车博物馆检票服务规范》及《北京汽车博物馆检票运行管理规范》。

二、服务事项

散客观众检票（纸质票、扫二维码）、团体观众检票（统计入馆人数）、凭单类检票（来访接待、业务踩点、媒体来访、营销类活动接待）、出口寄存物品领取（水果刀、打火机、等违禁品）等服务内容。

三、服务运行流程

依据检票服务事项的特点，按照服务前准备、服务过程、服务结束和服务控制对整个服务过程进行梳理，建立《检票服务规范》。为确保检票服务严格有效，对应《检票服务规范》建立《检票服务运行管理规范》，并按照服务的配置及使用要求、接口问题、管理要素和监督检查四方面进行梳理。

四、服务事项举例

以团队观众检票为例

服务前准备：每日上岗前班组会议，了解当日接待情况，熟悉掌握重大活动、来访接待、团队接待等活动的地点、时间和服务需求；并根据当日天气情况做好应急预案准备。做好物资准备工作。

服务过程；检票员按照接待单时间，提前5分钟开启团队闸机口，并开启扩音器，备好计数器等待检票。

团队到馆前需将一米杆与散客通道进行有效隔离。与导游及团队观众交流使用标准用语。

服务结束：统计数据，填写报表、核查存档。

检票服务

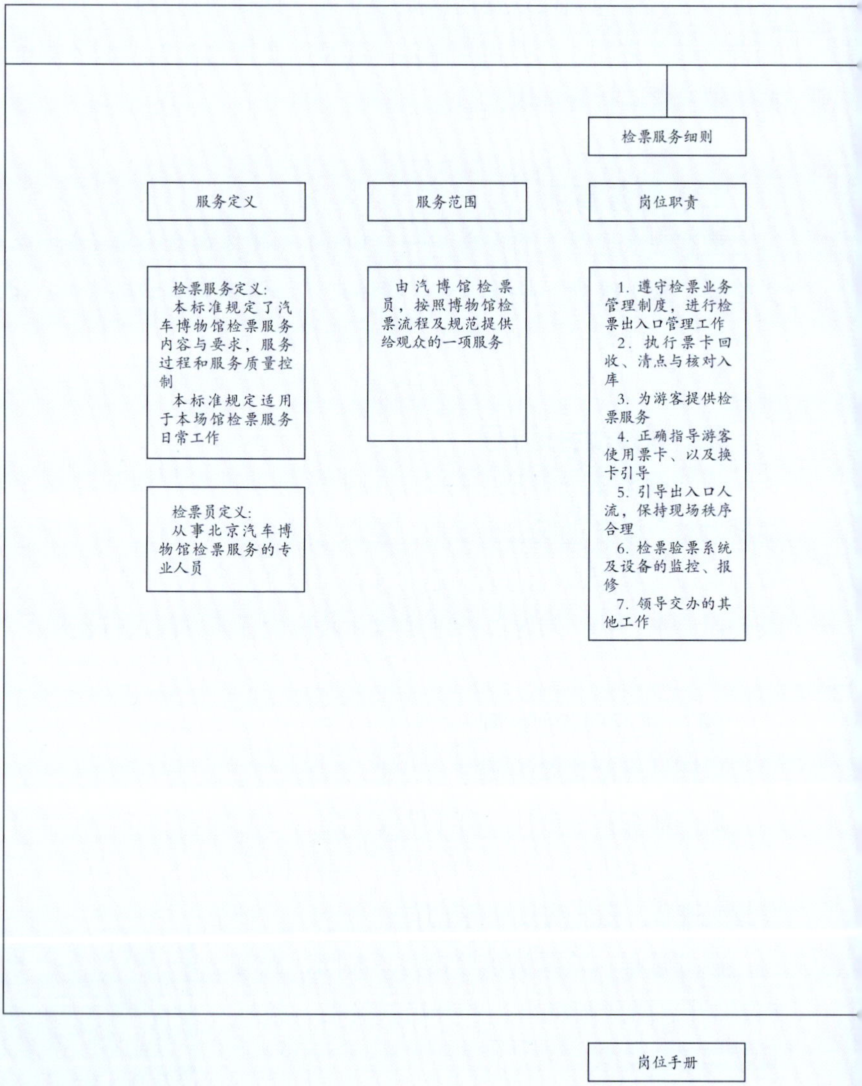

检票服务细则

服务定义

服务范围

岗位职责

检票服务定义:
本标准规定了汽车博物馆检票服务内容与要求，服务过程和服务质量控制
本标准规定适用于本场馆检票服务日常工作

检票员定义:
从事北京汽车博物馆检票服务的专业人员

由汽博馆检票员，按照博物馆检票流程及规范提供给观众的一项服务

1. 遵守检票业务管理制度，进行检票出入口管理工作
2. 执行票卡回收、清点与核对入库
3. 为游客提供检票服务
4. 正确指导游客使用票卡、以及换卡引导
5. 引导出入口人流，保持现场秩序合理
6. 检票验票系统及设备的监控、报修
7. 领导交办的其他工作

岗位手册

检票服务规范
Q/QBG TG 301-05

服务类型及过程

散客观众检票

服务前准备
设备、岗位、人员准备工作

服务进行
1. 问候观众、提示
2. 根据流程进行检票

服务结束
1. 统计当天数据
2. 按照类别清点票根数量
3. 填写日工作记录表

服务控制
按照要求，提前10分钟到岗，进行自查

团队观众检票

服务前准备
设备、岗位、接待信息、人员准备工作

服务进行
1. 问候观众、提示
2. 根据流程进行检票

服务结束
1. 统计当天数据
2. 按照类别清点票根数量
3. 填写日工作记录表

服务控制
按照要求，提前10分钟到岗，进行自查

凭单类检票

服务前准备
设备、岗位、接待信息、人员准备工作

服务进行
1. 问候观众、提示
2. 根据流程进行检票

服务结束
1. 统计当天数据
2. 按照类别清点票根数量
3. 填写日工作记录表

服务控制
按照要求，提前10分钟到岗，进行自查

服务质量要求

1. 上岗前应提前15分钟到达场馆，参加班前会，按照《员工基本工作要求》进行自查
2. 领班应对检票员询问核对当日接待信息，确认无误后方可上岗
3. 领班对检票员服务过程每日进行至少3次检查，不符合标准及时纠正，并做好检查记录
4. 主管对领班岗、检票岗的服务过程每日进行至少2次检查，不符合标准及时纠正，并做好检查记录
5. 经理对主管岗位标准、领班岗、检票员岗服务过程每日进行至少1次检查，不符合标准及时纠正，并做好检查记录
6. 文化产业部每月按照《北京汽车博物馆外包服务团队考核规范》进行检查

服务满意率95%
观众有效投诉率0
通检率100%
检票准确率100%
记录合格率100%
报修及时率100%

检票服务规范框架图

管理标准及要求
管理标准及要求
人员岗位配置及着装要求
岗位设备设施配置
服务事项
检票服务岗人员配置6人，领班1人，检票员5人
服务岗位：汽博一层检票入口、出口检票口
岗位设备设施配置：扩音器、对讲机、计数器、激光笔、计算器、印章等
1. 进行检票出入口管理工作
2. 为游客提供检票服务
人员要求：
年龄、学历、专业特长、无犯罪记录
岗位服装配置：
北京汽车博物馆检票员工服
岗位工作记录

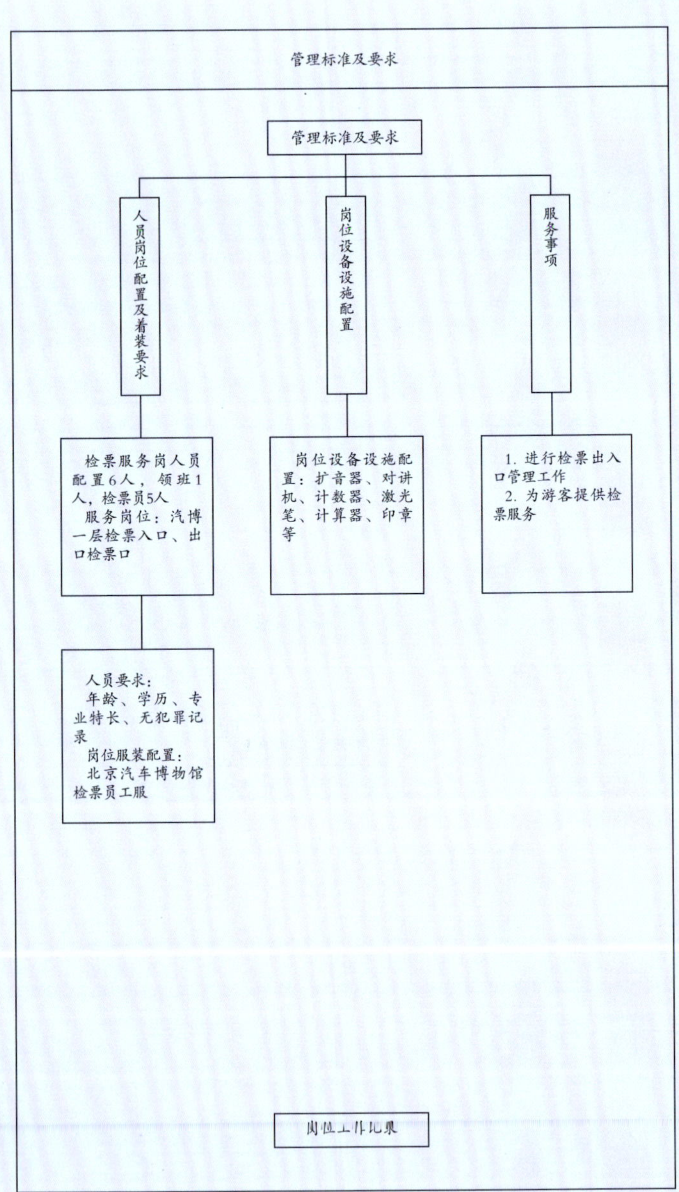

记录和表单

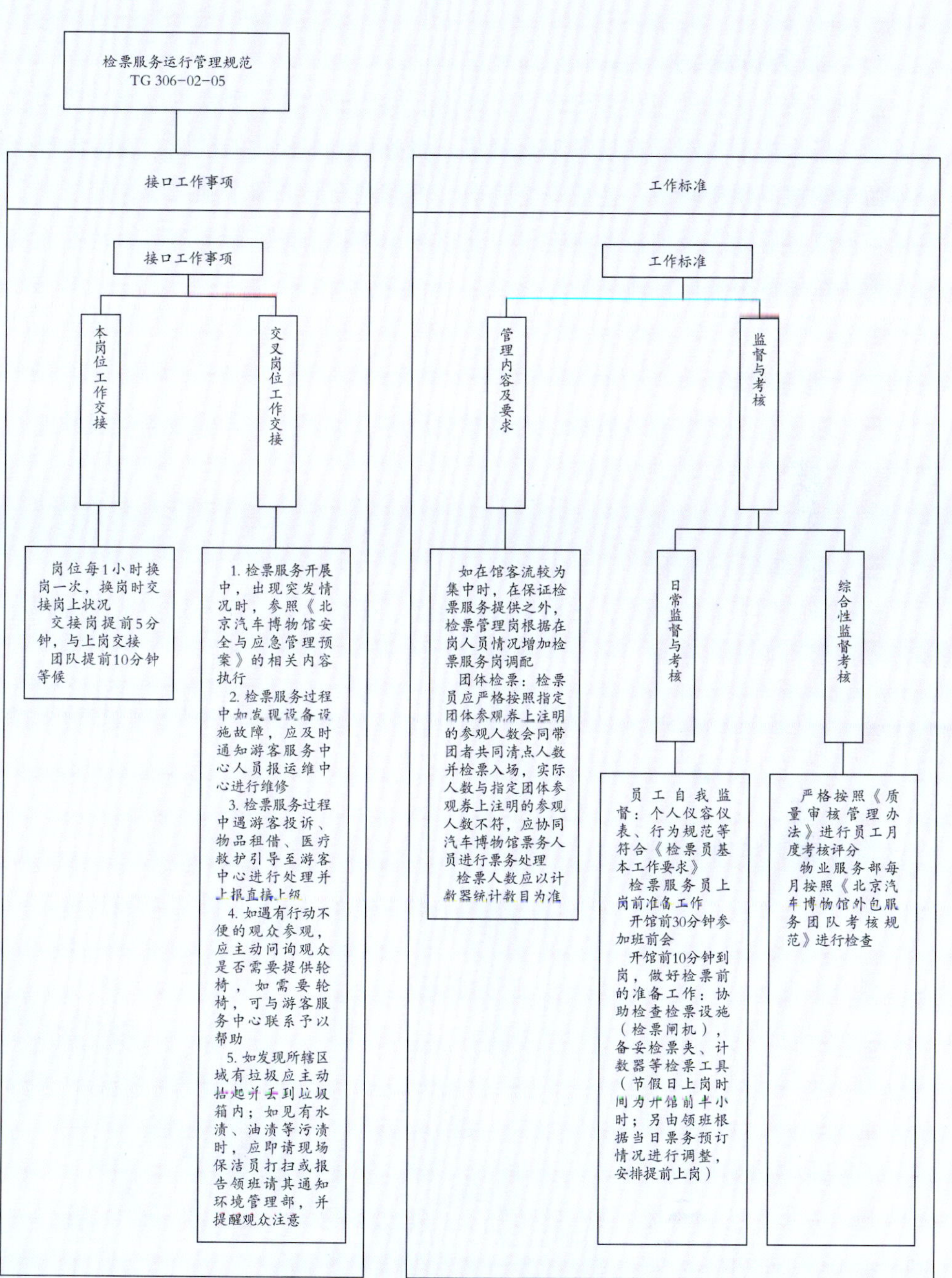

检票服务运行管理规范框架图

第七节　导览服务

一、服务特点

汽博馆的一层大厅包含有进出口、安检、检票的功能，观众可以通过扶梯或电梯前往各个楼层参观。在这种观众聚集，服务功能多样化的区域，容易出现观众停留聚集或问讯等需求，造成安全隐患。根据观众服务需求和区域管理要求，汽博馆设立导览服务及岗位并制定了《北京汽车博物馆导览服务规范》及《北京汽车博物馆导览服务运行规范》。

二、服务事项

导览服务分为散客导览服务、团体导览服务、重要接待导览服务。服务地点在博物馆的一层入口至出口区域。

三、服务运行流程

依据导览服务事项特点，按照服务前准备、服务过程、服务结束和服务控制对整个服务过程进行梳理，建立《北京汽车博物馆导览服务规范》。同时通过制定运行管理规范进行管理，将岗位人员标准、配置、常见接口工作、培训与考核管理清晰列明，让导览员岗位在实施过程中清晰明了，简便操作。

四、服务事项举例

以团队导览服务为例。

服务前准备：导览员应提前10分钟到达岗位，了解当日接待情况，熟悉掌握重大活动、来访接待、团队接待活动地点、时间和服务需求。检查设施设备是否运行正常，若发现设施设备异常，需上报领班。

导览服务

服务过程：根据计划参观流线进行指引。导览员应保证所辖区域通道畅通，出现大量观众聚集在大堂出入口、电梯口或走道时，导览员应视具体情况疏导参观观众。解答咨询，导览员解答观众问题时，应按照导览员标准话术进行解答。

服务结束：协助团队领队维持团队秩序，并指引团队观众离馆。填写日工作记录表。

五、参考法规和引用标准

1. Q/QBG TG 301—07—2014《导览服务规范》

GB/T 26355—2010《旅游景区服务指南》

2. Q/QBG TG 306—02—07—2014《导览服务运行管理规范》

GB/T 26355—2010《旅游景区服务指南》

导览服务

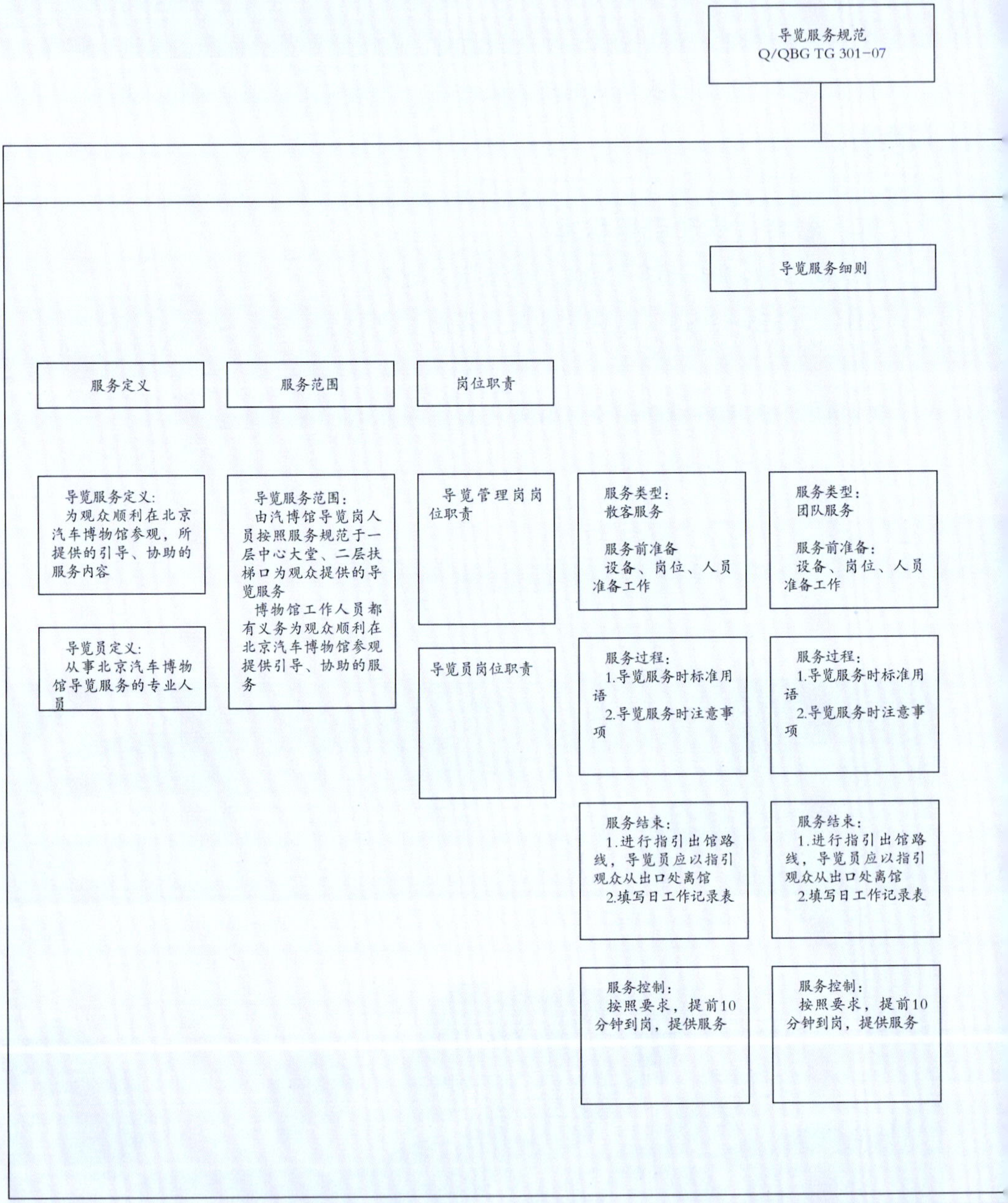

导览服务规范
Q/QBG TG 301-07

导览服务细则

服务定义

导览服务定义：
为观众顺利在北京汽车博物馆参观，所提供的引导、协助的服务内容

导览员定义：
从事北京汽车博物馆导览服务的专业人员

服务范围

导览服务范围：
由汽博馆导览岗人员按照服务规范于一层中心大堂、二层扶梯口为观众提供的导览服务
博物馆工作人员都有义务为观众顺利在北京汽车博物馆参观提供引导、协助的服务

岗位职责

导览管理岗岗位职责

导览员岗位职责

服务类型：
散客服务

服务前准备
设备、岗位、人员准备工作

服务过程：
1.导览服务时标准用语
2.导览服务时注意事项

服务结束：
1.进行指引出馆路线，导览员应以指引观众从出口处离馆
2.填写日工作记录表

服务控制：
按照要求，提前10分钟到岗，提供服务

服务类型：
团队服务

服务前准备：
设备、岗位、人员准备工作

服务过程：
1.导览服务时标准用语
2.导览服务时注意事项

服务结束：
1.进行指引出馆路线，导览员应以指引观众从出口处离馆
2.填写日工作记录表

服务控制：
按照要求，提前10分钟到岗，提供服务

导览服务规范框架图

服务类型及过程

服务质量要求

服务类型：重要来访接待服务	服务类型：司梯服务	服务类型：特殊人群服务	服务质量要求
服务前准备 设备、岗位、人员准备工作	服务前准备 设备、岗位、人员准备工作	服务前准备 设备、岗位、人员准备工作	服务满意率95% 服务满意率95% 观众有效投诉率0 记录合格率100% 保修及时率100%
服务过程： 导览服务时工作流程及注意事项	服务过程： 1.导览服务时标准用语 2.导览服务时注意事项	服务过程： 1.导览服务时标准用语 2.导览服务时注意事项	
服务结束： 1.回原岗位 2.填写日工作记录表	服务结束： 1.离岗前导览员应整理工作区域，对岗位配置的设备设施进行检查并复位 2.填写日工作记录表	服务结束： 离岗前导览员应整理工作区域，对岗位配置的设备设施进行检查并复位	
服务控制： 1.按接待单提供乘梯服务 2.范围以接待单为准 3.突发情况，根据特殊安排执行	服务控制： 1.按接待单提供乘梯服务 2.范围以接待单为准 3.突发情况，根据特殊安排执行	服务控制： 1.按接待单提供乘梯服务 2.突发情况，根据特殊安排执行	

岗位手册

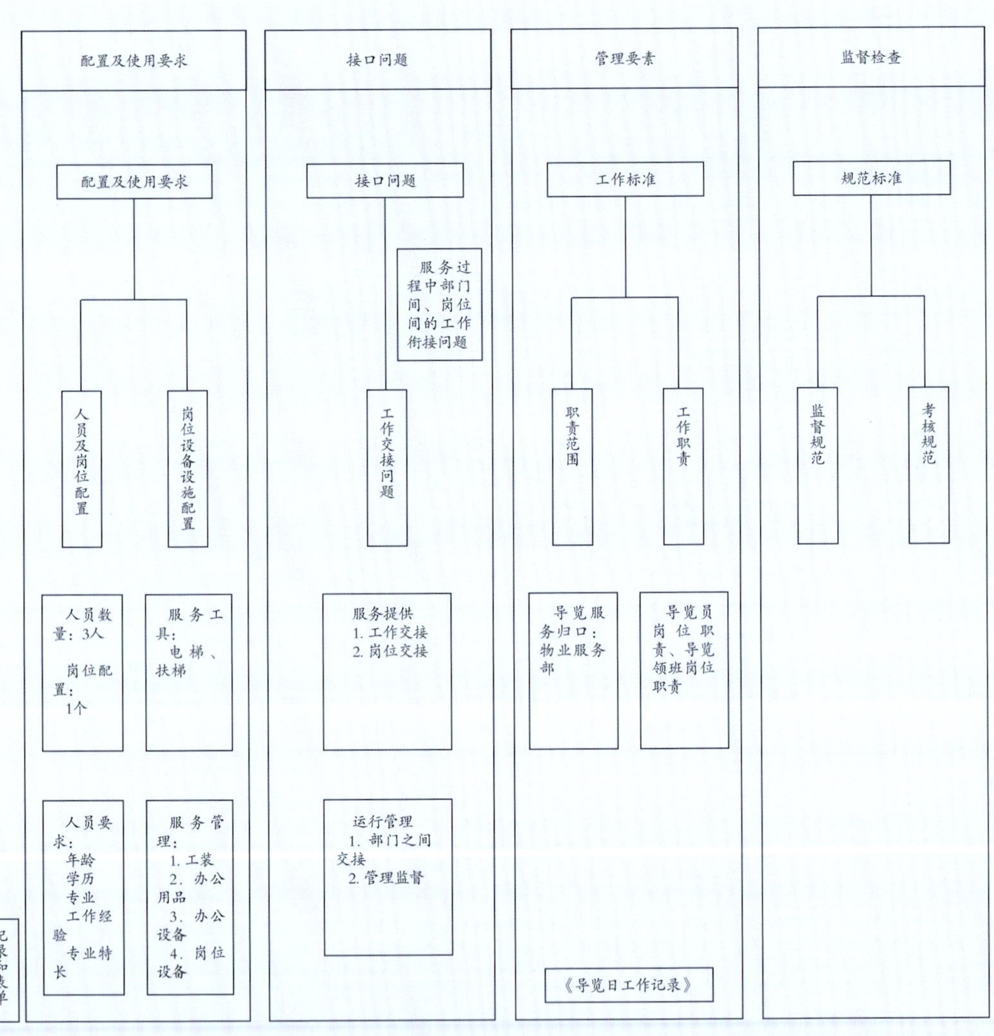

导览服务运行管理规范框架图

第八节　讲解服务

讲解是博物馆与观众实现思想交流、感情连接的桥梁。汽博馆提出“讲解员向研究员发展”的人才培养目标，在保证观众得到科学、准确、一流的讲解服务的同时，培养讲解员学习和研究汽车文化的能力。随着博物馆的发展，对讲解员的职业标准和要求也在不断提高，观众需要的不再是简单的说教式讲解，需要的是生动、科学的讲解，要求讲解员在讲解过程中要多交流。为此，北京汽车博物馆建立了《讲解服务规范》《讲解服务管理规范》，更提出了“讲解员星级考核”的概念，对讲解员的各方面能力提出了考核指标，从1星到5星，明确了不同等级讲解员的能力要求，从提供基本讲解服务，到参与策展和组织活动，再到独立开发课程和传播，真正从讲解员到研究员全面培养讲解员的能力提升，形成阶梯型队伍培养机制，为博物馆讲解团队的可持续发展提供指导。

一、讲解服务主要工作内容

讲解服务

其内容包括：定时讲解（根据博物馆预先安排时间和地点提供的对公众的免费讲解服务，按照平日和节假日，安排不同的时间段实施，平日8场，节假日9场）、预约讲解（根据博物馆推出的预约讲解服务，与公教部共同为观众提供免费的全馆预约免费讲解）、团队讲解（博物馆根据来访观众和工作要求，组织实施的讲解服务，包含讲解服务、接待服务，其中团队讲解分为免费讲解及付费讲解，付费标准参考博物馆相关规定）。

二、参考法规和引用标准

1. Q/QBG TG 301—08—2014《讲解服务规范》

LB/T 014—2011　《旅游景区讲解服务规范》，中华人民共和国旅游局2011年2月1日发布，2011年6月1日实施。

《博物馆条例》国务院常务会议2015年1月14日颁布，2015年3月20日实施。

2. Q/QBG TG306—02—08—2014《讲解服务运行管理规范》

LB/T 014—2011 《旅游景区讲解服务规范》

《旅游景区讲解服务规范》，中华人民共和国旅游局2011年2月1日颁布，2011年6月1日实施。

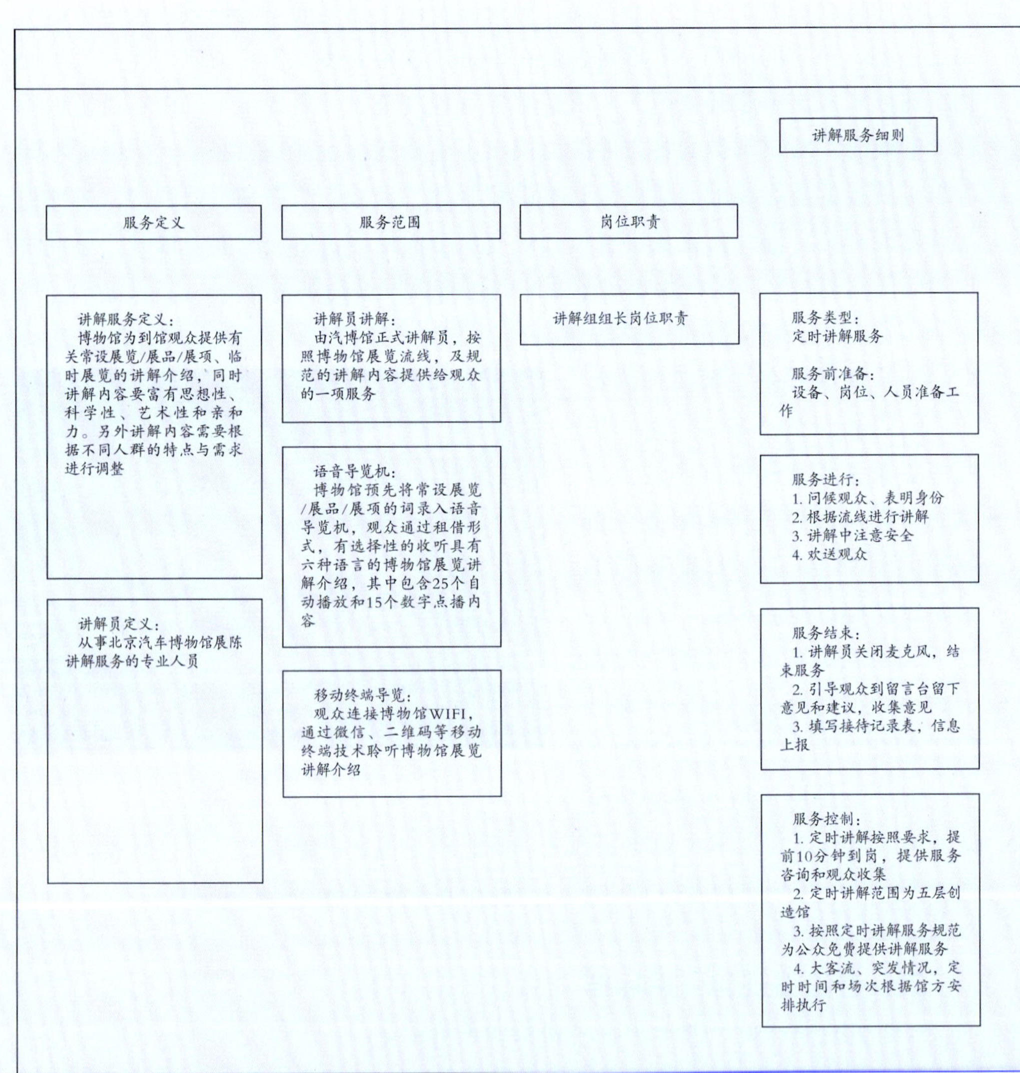

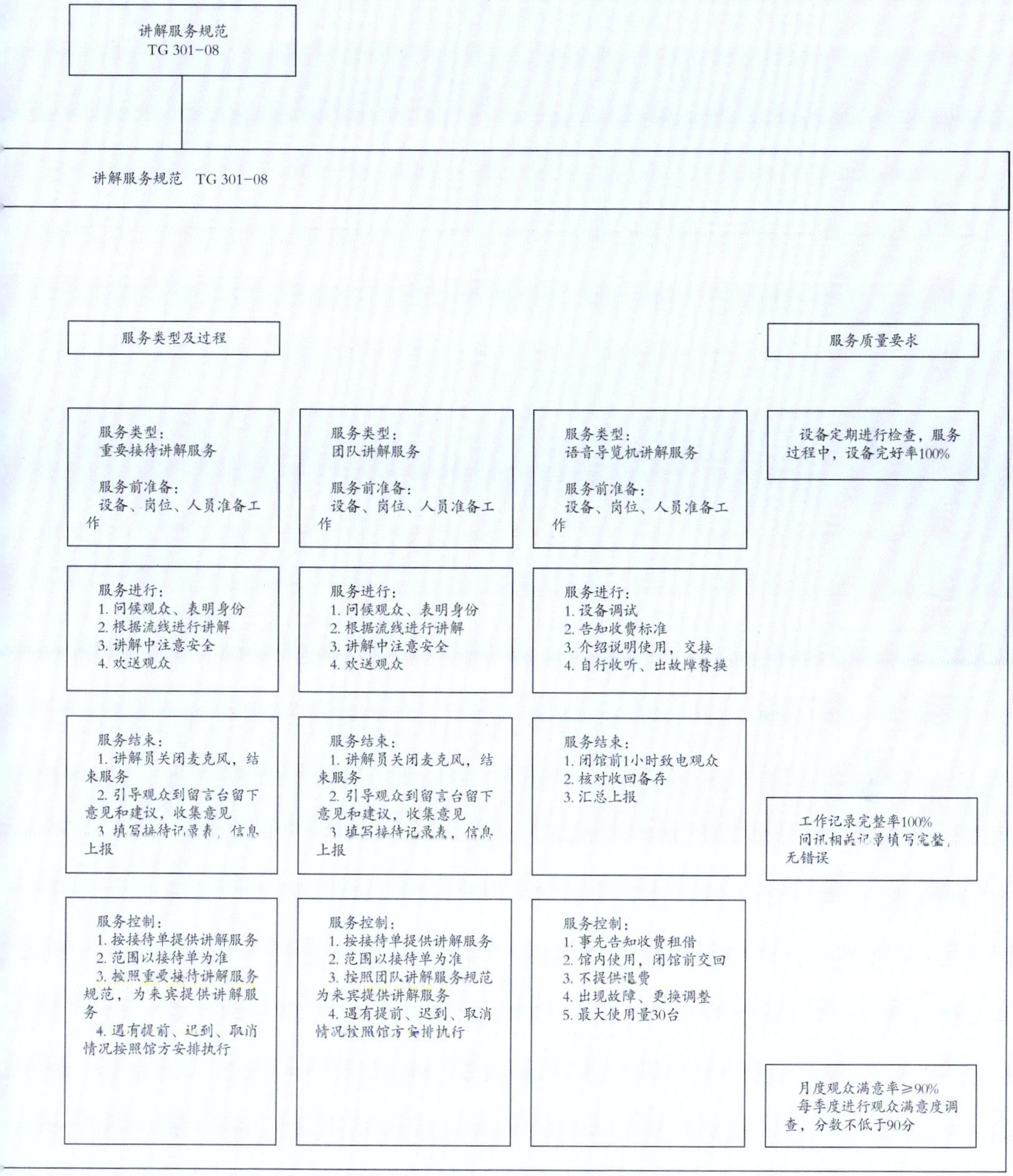

讲解服务规范
TG 301-08

讲解服务规范 TG 301-08

服务类型及过程

服务质量要求

服务类型：
重要接待讲解服务

服务前准备：
设备、岗位、人员准备工作

服务进行：
1. 问候观众、表明身份
2. 根据流线进行讲解
3. 讲解中注意安全
4. 欢送观众

服务结束：
1. 讲解员关闭麦克风，结束服务
2. 引导观众到留言台留下意见和建议，收集意见
3. 填写接待记录表，信息上报

服务控制：
1. 按接待单提供讲解服务
2. 范围以接待单为准
3. 按照重要接待讲解服务规范，为来宾提供讲解服务
4. 遇有提前、迟到、取消情况按照馆方安排执行

服务类型：
团队讲解服务

服务前准备：
设备、岗位、人员准备工作

服务进行：
1. 问候观众、表明身份
2. 根据流线进行讲解
3. 讲解中注意安全
4. 欢送观众

服务结束：
1. 讲解员关闭麦克风，结束服务
2. 引导观众到留言台留下意见和建议，收集意见
3. 填写接待记录表，信息上报

服务控制：
1. 按接待单提供讲解服务
2. 范围以接待单为准
3. 按照团队讲解服务规范为来宾提供讲解服务
4. 遇有提前、迟到、取消情况按照馆方安排执行

服务类型：
语音导览机讲解服务

服务前准备：
设备、岗位、人员准备工作

服务进行：
1. 设备调试
2. 告知收费标准
3. 介绍说明使用，交接
4. 自行收听、出故障替换

服务结束：
1. 闭馆前1小时致电观众
2. 核对收回备存
3. 汇总上报

服务控制：
1. 事先告知收费租借
2. 馆内使用，闭馆前交回
3. 不提供退费
4. 出现故障、更换调整
5. 最大使用量30台

设备定期进行检查，服务过程中，设备完好率100%

工作记录完整率100%
问讯相关记录填写完整，无错误

月度观众满意率≥90%
每季度进行观众满意度调查，分数不低于90分

讲解服务规范框架图

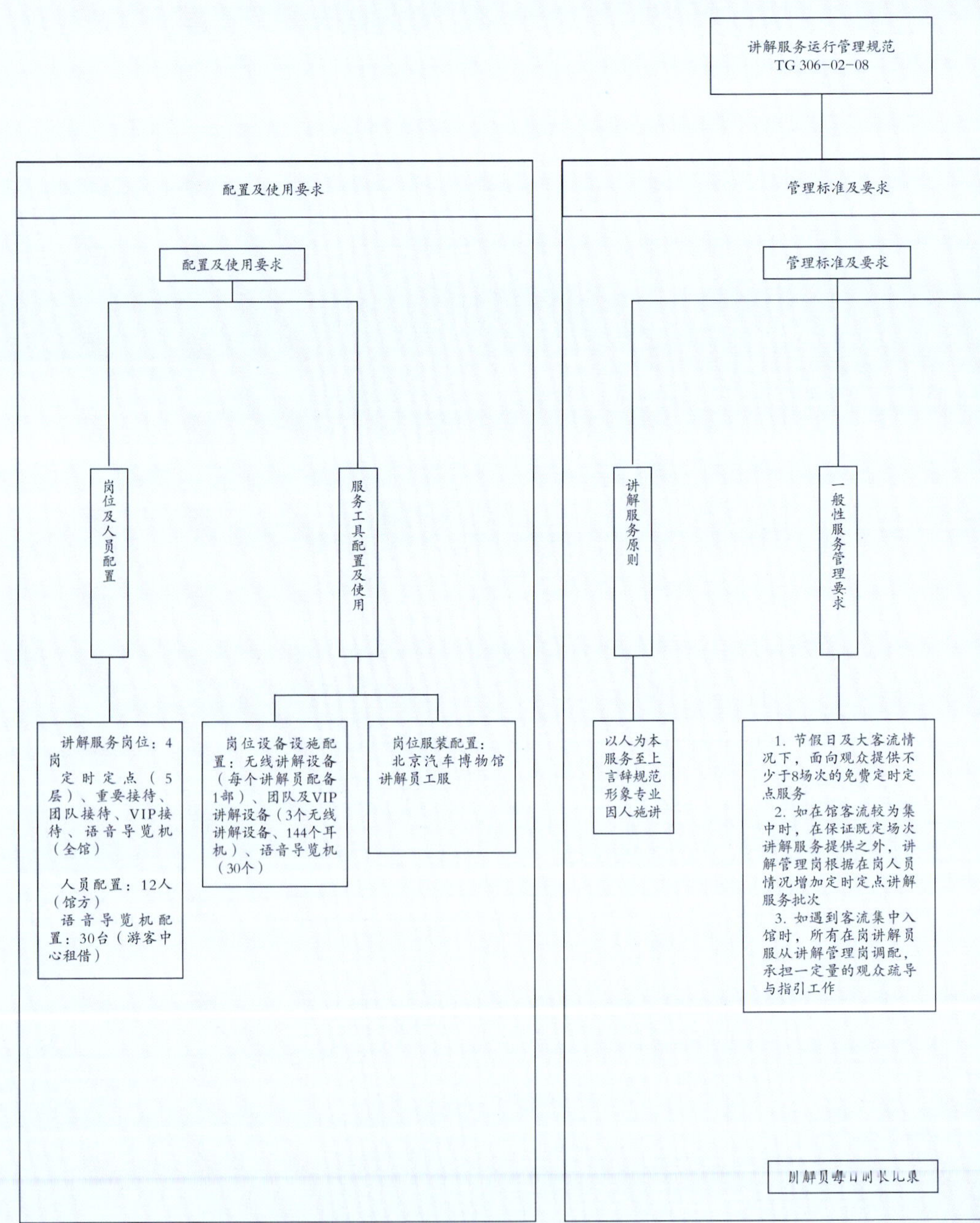
讲解服务运行管理规范
TG 306-02-08
配置及使用要求
配置及使用要求
岗位及人员配置
服务工具配置及使用
讲解服务岗位：4岗
定时定点（5层）、重要接待、团队接待、VIP接待、语音导览机（全馆）
人员配置：12人（馆方）
语音导览机配置：30台（游客中心租借）
岗位设备设施配置：无线讲解设备（每个讲解员配备1部）、团队及VIP讲解设备（3个无线讲解设备、144个耳机）、语音导览机（30个）
岗位服装配置：
北京汽车博物馆讲解员工服
管理标准及要求
管理标准及要求
讲解服务原则
一般性服务管理要求
以人为本
服务至上
言辞规范
形象专业
因人施讲
1. 节假日及大客流情况下，面向观众提供不少于8场次的免费定时定点服务
2. 如在馆客流较为集中时，在保证既定场次讲解服务提供之外，讲解管理岗根据在岗人员情况增加定时定点讲解服务批次
3. 如遇到客流集中入馆时，所有在岗讲解员服从讲解管理岗调配，承担一定量的观众疏导与指引工作

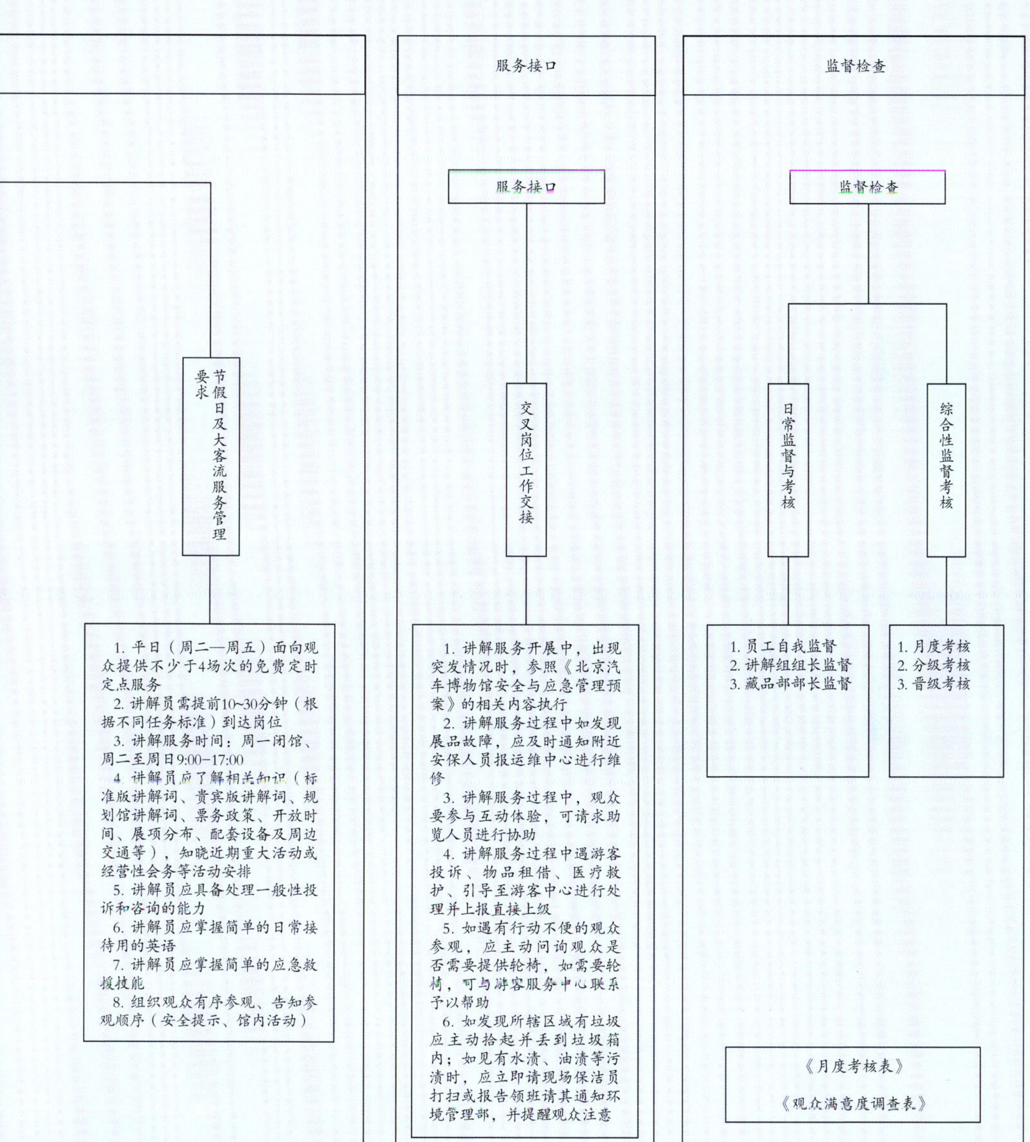

讲解服务运行管理规范框架图

第九节　助览及互动体验服务

一、服务特点

汽博馆是一家汽车专题类的博物馆，展区的陈设、观众的参观、科普教育的实施是重要工作。汽博馆结合汽车元素和技术，研发了像汽车生产线、极限驾驶、与风共舞等互动展项，基于汽博馆的现场的互动项目，制订助览及互动体验服务规范，规范观众在展区参与互动体验项目时的服务及运行管理。

二、服务事项

助览及互动体验服务：为观众进行展项介绍服务（为观众讲述互动展项的体验意义及工作原理）、协助体验服务（引导观众正确体验互动展项）和秩序维护服务（负责现场排队观众的秩序维护及疏导工作）三大类服务提供。通过服务提供，可以让观众了解汽博馆、安全体验互动展项，同步也设立了助览员岗位。

助览员岗位主要工作内容包括：展项介绍、展项介绍、展项注意事项的告知、收费展项检票验票、秩序维护。

助览服务

助览及互动体验服务因为区域、项目不同，每一个互动体验的感观性都很强，也都有不同的操作流程和要求，有可供观众自行体验的设备，也有助览员协助观众体验服务的设备。汽博馆结合这些要求，从总体服务的高度建立规范标准，同时也制定了细化的每一个互动展项的操作流程及标准，为了提升观众体验效果和安全管理，要求助览员严格做到规范服务，按标准化规范进行要求及考核，从而提升助览员服务规范及标准。

互动体验服务

三、服务运行流程

运行管理规范从岗位人员标准、设置，事项接口流程等进行规范，落实执行层的标准和权责，通过《互动展项操作员岗位安排表》明确展项现场责任人，确保每项服务标准规范实施到位，并对照《免费体验互动展项记录表》和《收费体验互动展项记录表》进行数据汇总，审核无误后，上报至相关对接人处进行备案，最终实现规范服务和安全管理的双目标。

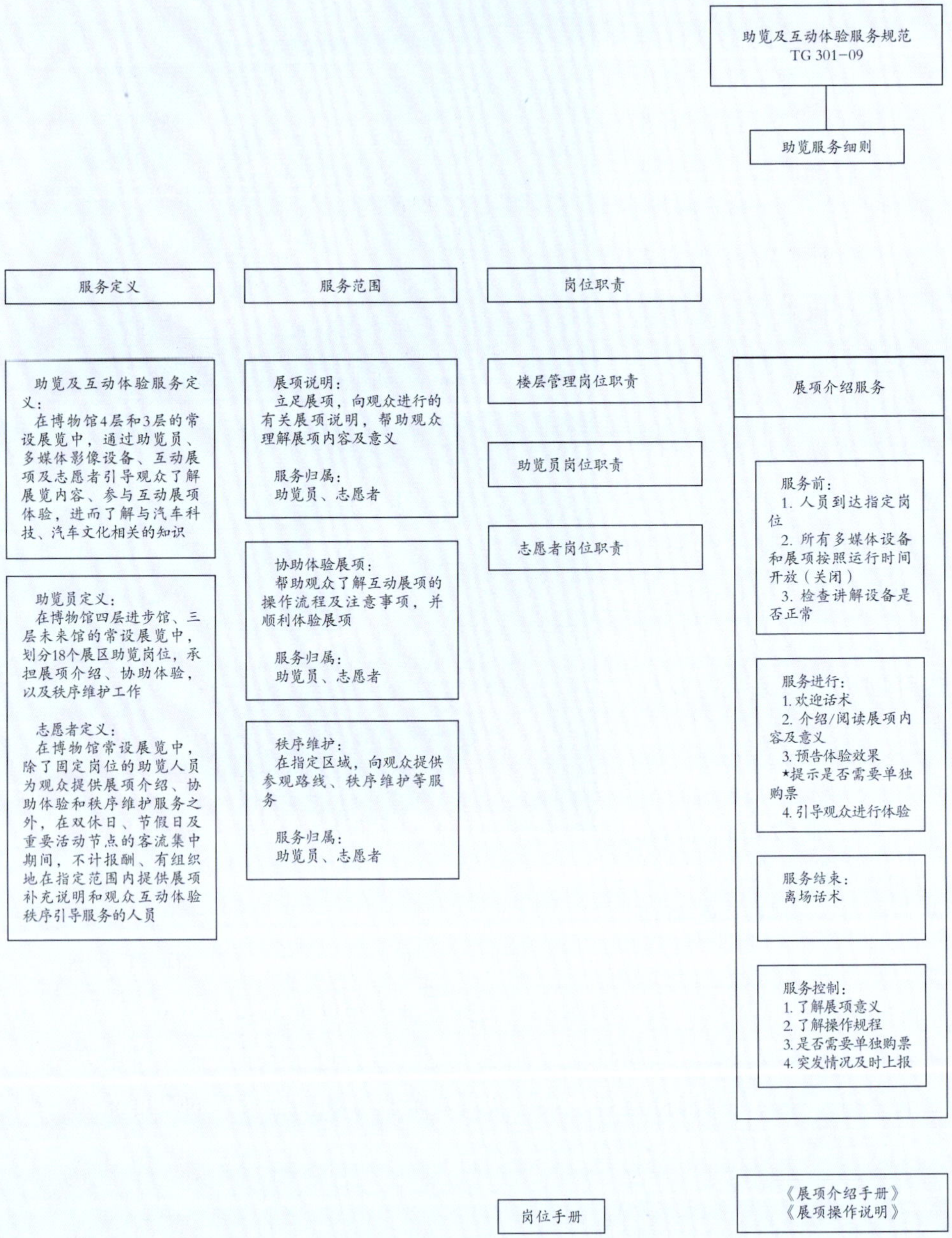

助览及互动体验服务规范
TG 301-09

助览服务细则

服务定义

助览及互动体验服务定义：
在博物馆4层和3层的常设展览中，通过助览员、多媒体影像设备、互动展项及志愿者引导观众了解展览内容、参与互动展项体验，进而了解与汽车科技、汽车文化相关的知识

助览员定义：
在博物馆四层进步馆、三层未来馆的常设展览中，划分18个展区助览岗位，承担展项介绍、协助体验，以及秩序维护工作

志愿者定义：
在博物馆常设展览中，除了固定岗位的助览人员为观众提供展项介绍、协助体验和秩序维护服务之外，在双休日、节假日及重要活动节点的客流集中期间，不计报酬、有组织地在指定范围内提供展项补充说明和观众互动体验秩序引导服务的人员

服务范围

展项说明：
立足展项，向观众进行的有关展项说明，帮助观众理解展项内容及意义

服务归属：
助览员、志愿者

协助体验展项：
帮助观众了解互动展项的操作流程及注意事项，并顺利体验展项

服务归属：
助览员、志愿者

秩序维护：
在指定区域，向观众提供参观路线、秩序维护等服务

服务归属：
助览员、志愿者

岗位职责

楼层管理岗位职责

助览员岗位职责

志愿者岗位职责

岗位手册

展项介绍服务

服务前：
1. 人员到达指定岗位
2. 所有多媒体设备和展项按照运行时间开放（关闭）
3. 检查讲解设备是否正常

服务进行：
1. 欢迎话术
2. 介绍/阅读展项内容及意义
3. 预告体验效果
★提示是否需要单独购票
4. 引导观众进行体验

服务结束：
离场话术

服务控制：
1. 了解展项意义
2. 了解操作规程
3. 是否需要单独购票
4. 突发情况及时上报

《展项介绍手册》
《展项操作说明》

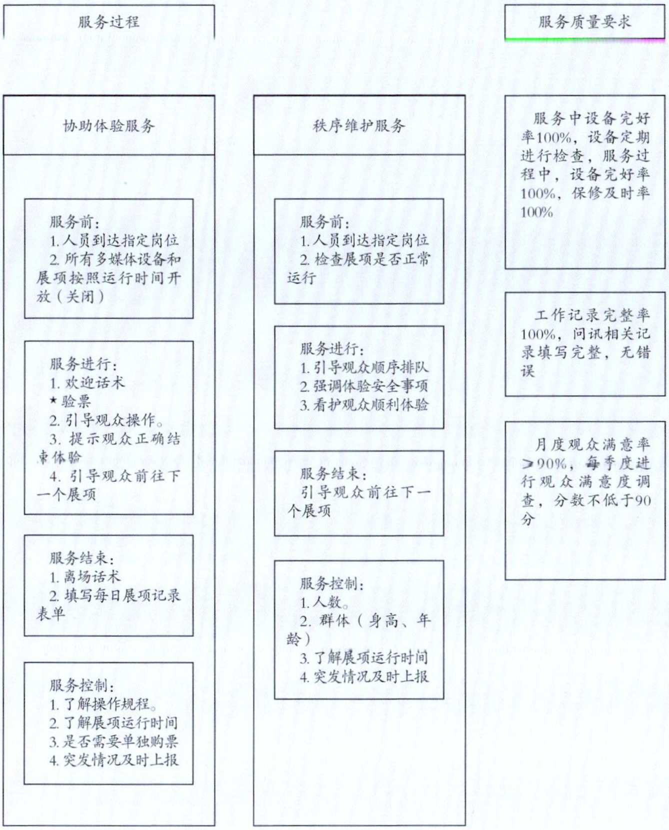

服务过程

协助体验服务

服务前：
1. 人员到达指定岗位
2. 所有多媒体设备和展项按照运行时间开放（关闭）

服务进行：
1. 欢迎话术
★验票
2. 引导观众操作。
3. 提示观众正确结束体验
4. 引导观众前往下一个展项

服务结束：
1. 离场话术
2. 填写每日展项记录表单

服务控制：
1. 了解操作规程。
2. 了解展项运行时间
3. 是否需要单独购票
4. 突发情况及时上报

秩序维护服务

服务前：
1. 人员到达指定岗位
2. 检查展项是否正常运行

服务进行：
1. 引导观众顺序排队
2. 强调体验安全事项
3. 看护观众顺利体验

服务结束：
引导观众前往下一个展项

服务控制：
1. 人数。
2. 群体（身高、年龄）
3. 了解展项运行时间
4. 突发情况及时上报

服务质量要求

服务中设备完好率100%，设备定期进行检查，服务过程中，设备完好率100%，保修及时率100%

工作记录完整率100%，问讯相关记录填写完整，无错误

月度观众满意率≥90%，每季度进行观众满意度调查，分数不低于90分

助览及互动体验服务规范框架图

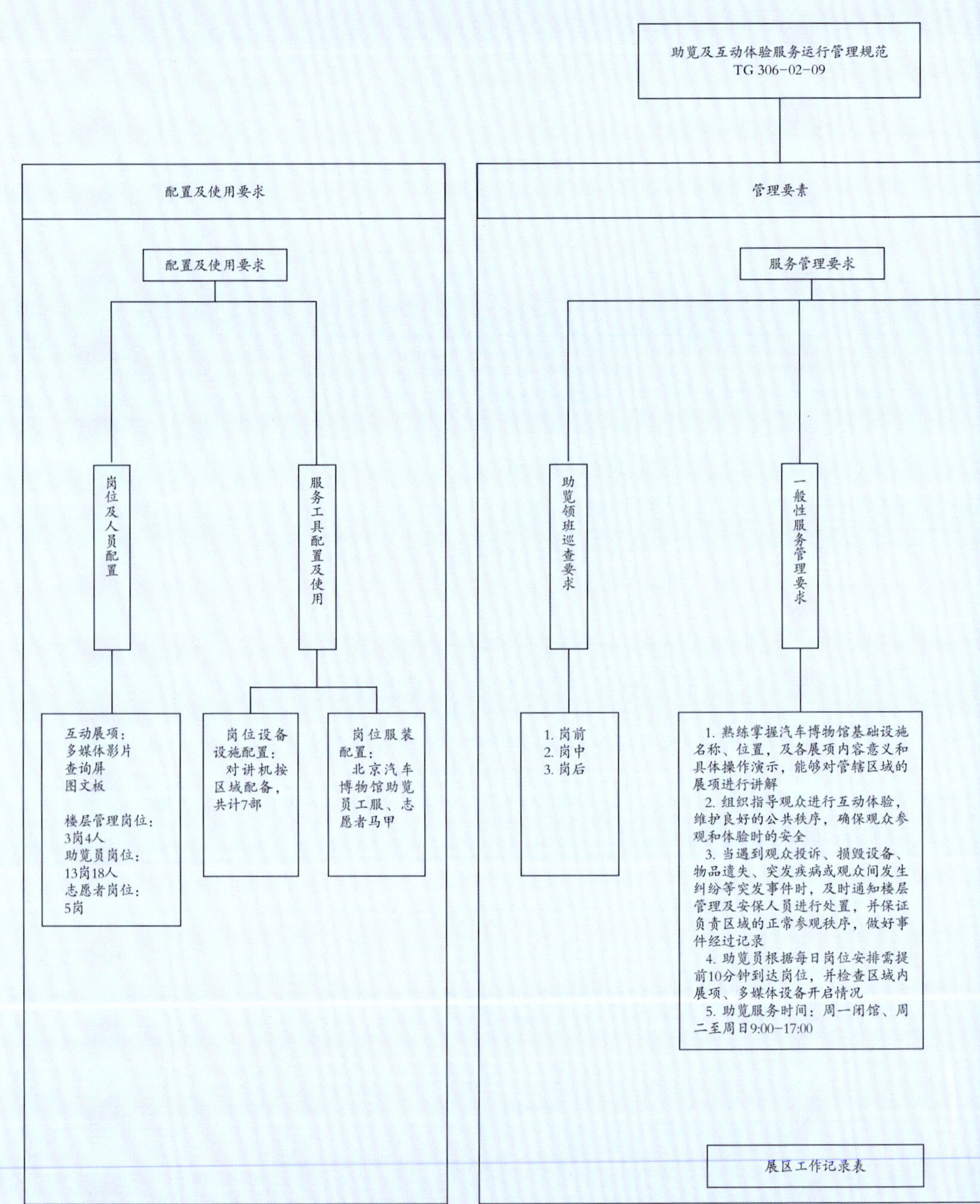
助览及互动体验服务运行管理规范
TG 306-02-09
配置及使用要求
配置及使用要求
岗位及人员配置
服务工具配置及使用
互动展项：
多媒体影片
查询屏
图文板
楼层管理岗位：
3岗4人
助览员岗位：
13岗18人
志愿者岗位：
5岗
岗位设备设施配置：
对讲机按区域配备，共计7部
岗位服装配置：
北京汽车博物馆助览员工服、志愿者马甲
管理要素
服务管理要求
助览领班巡查要求
一般性服务管理要求
1. 岗前
2. 岗中
3. 岗后
1. 熟练掌握汽车博物馆基础设施名称、位置，及各展项内容意义和具体操作演示，能够对管辖区域的展项进行讲解
2. 组织指导观众进行互动体验，维护良好的公共秩序，确保观众参观和体验时的安全
3. 当遇到观众投诉、损毁设备、物品遗失、突发疾病或观众间发生纠纷等突发事件时，及时通知楼层管理及安保人员进行处置，并保证负责区域的正常参观秩序，做好事件经过记录
4. 助览员根据每日岗位安排需提前10分钟到达岗位，并检查区域内展项、多媒体设备开启情况
5. 助览服务时间：周一闭馆、周二至周日9:00-17:00
展区工作记录表

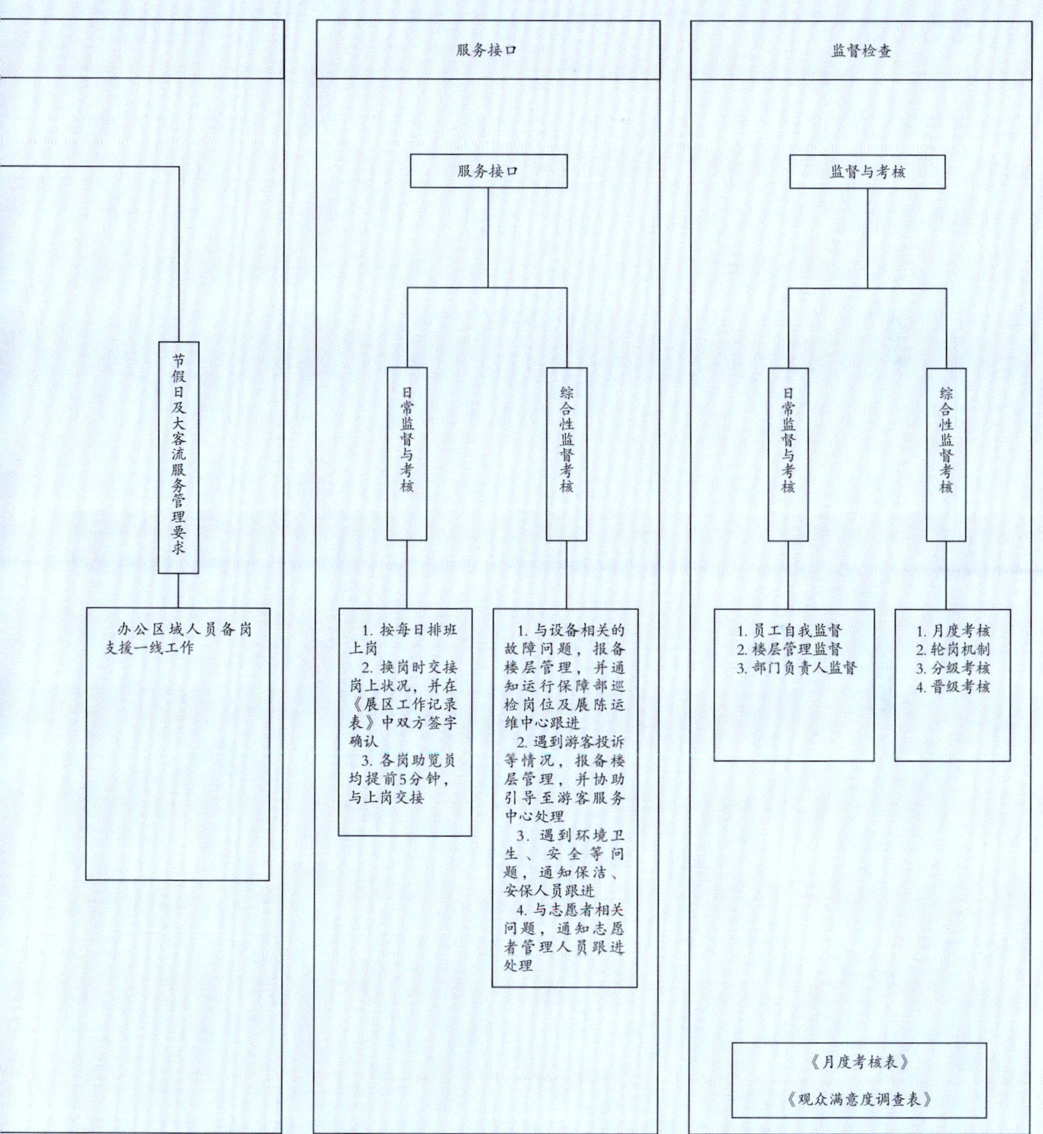

助览及互动体验服务运行管理规范框架图

第十节　科教文化服务

一、标准化为博物馆科教文化服务管理提供了科学的方法和途径

教育是现代博物馆的首要职能，教育活动、教育项目质量和水平的高低直接反映了一个博物馆的办馆理念和办馆水平。汽车博物馆是科技类专题博物馆，集博物馆、科技馆、展览馆三位于一体。科教文化服务是汽车博物馆的核心工作之一，兼具基础性和创新性的特点。标准化管理就是对教育服务过程进行全过程的监控管理，用标准统一和协调科教文化服务中的人和事，对直接影响教育服务质量的关键环节、关键行为实施标准化管理，以夯实基础工作，实现执行的规范性。有效地贯彻服务规范，做到人人讲标准讲制度、事事有标准有制度，按标准和制度办事，能够在最大程度上理顺并协调好博物馆科教文化服务中的各种关系，工作中需要协调的事项大量减少，工作效率大大提升，使博物馆科教文化服务以规范有序的方式进行，同时有利于将办馆理念、管理要求渗透在服务细节和行为操作规范中，使管理者和执行者知道应该做什么以及

科教文化服务1

怎样去做，增强管理者和执行者的质量管理意识，提高管理效能，推动博物馆教育服务品质和社会效益的持续提升。

二、标准化管理推进博物馆科教文化服务规范化、科学化，为博物馆科教文化服务提升奠定基础

汽博馆科教文化服务标准化管理的核心目标是“以受众为中心，实现科教文化服务质量的持续提升”。《科教文化服务规范》《科教文化服务运行管理规范》规定了汽博馆基础科教文化服务项目的内容、过程、服务控制、服务质量要求，明确了科教专员、科普辅导员、志愿管理等相关岗位的岗位职责；从科普活动、科普课程的开发，到活动方案制定、教案的编制，到科普活动、科普课程的审核、组织实施、总结归档，规范了其全过程，形成使科教文化各项业务能有效实施的原则性指导标准，推进博物馆科教文化服务规范化、科学化。在《科教文化服务运行管理规范》中，着重从岗位设置、人员编制、岗位职责、监督管理、考核标准进行规范，以此保障科教文化服务的稳定性、可靠性，实现服务事项有专人负责，运行有流程把控，结果有过程记录，推动科教文化服务的高质、高效完成。

科教文化服务2

科教文化服务3

三、科教文化服务实行全周期管理，重视工作数据统计，为数据分析与工作提升提供支撑

随着社会环境、教育理念、观众需求的变化，博物馆的公共性日益增强。大数据时代背景下，博物馆比以往任何时代都更加亲近公众。观众是博物馆的服务对象，也是博物馆赖以生存的社会基础。对于教育活动的数据采集与分析，能够帮助博物馆从更加立体多元的角度了解所服务的受众，从而更有针对性地提供博物馆服务。《科教文化服务运行管理规范》对服务实践实行全周期管理，不仅针对科普讲解、科普课程、科普活动等基本业务，明确了工作流程、内容、岗位职责，同时新增了《科普辅导员工作统计表》《科普活动统计表》等数据统计表单，通过第一手数据的采集为科教文化服务数据分析以及工作提升提供了支撑。

四、参考法规和引用标准

1. Q/QBG TG302—01—2016《科教文化服务规范》

《中华人民共和国科学技术普及法》（中华人民共和国主席令第七十一号），由全国人民代表大会常务委员会于2002年6月29日颁布，2002年6月29日实施。

《博物馆条例》（国务院令659号），由国务院于2015年2月9日颁布，2015年3月1日实施。

《博物馆事业中长期发展规划纲要（2011—2020年）》，由国家文物局于2012年2月颁布。

《全民科学素质行动计划纲要实施方案（2016—2020年）》，（国办发〔

2016〕10号）由国务院办公厅于2016年2月25日颁布。

《中国科协科普发展规划（2016—2020年）》（科协发普字〔2016〕20号），由中国科协于2016年3月18日颁布。

《国家中长期科学和技术发展规划纲要（2006—2020年）》，由国务院于2006年2月9日颁布。

《北京市“十三五”时期科学技术普及发展规划》，由北京市科学技术委员会、北京市科普工作联席会议办公室于2016年6月颁布。

《北京市科普基地管理办法》（国办发〔2016〕10号），由北京市科学技术委员会、北京市科学技术协会于2014年4月8日颁布，2014年5月8日实施。

2. Q/QBG TG 306-03-2016《科教文化服务运行管理规范》

《中华人民共和国科学技术普及法》（中华人民共和国主席令第七十一号），由全国人民代表大会常务委员会于2002年6月29日颁布，2002年6月29日实施。

《博物馆条例》（国务院令659号），由国务院于2015年2月9日颁布，2015年3月1日实施。

《博物馆事业中长期发展规划纲要（2011—2020年）》，由国家文物局于2012年2月颁布。

《全民科学素质行动计划纲要实施方案（2016—2020年）》（国办发〔2016〕10号），由国务院办公厅于2016年2月25日颁布。

《中国科协科普发展规划（2016—2020年）》（科协发普字〔2016〕20号），由中国科协于2016年3月18日颁布。

《国家中长期科学和技术发展规划纲要（2006—2020年）》，由国务院于2006年2月9日颁布。

《北京市“十三五”时期科学技术普及发展规划》，由北京市科学技术委员会、北京市科普工作联席会议办公室于2016年6月颁布。

《北京市科普基地管理办法》（国办发〔2016〕10号），由北京市科学技术委员会、北京市科学技术协会于2014年4月8日颁布，2014年5月8日实施。

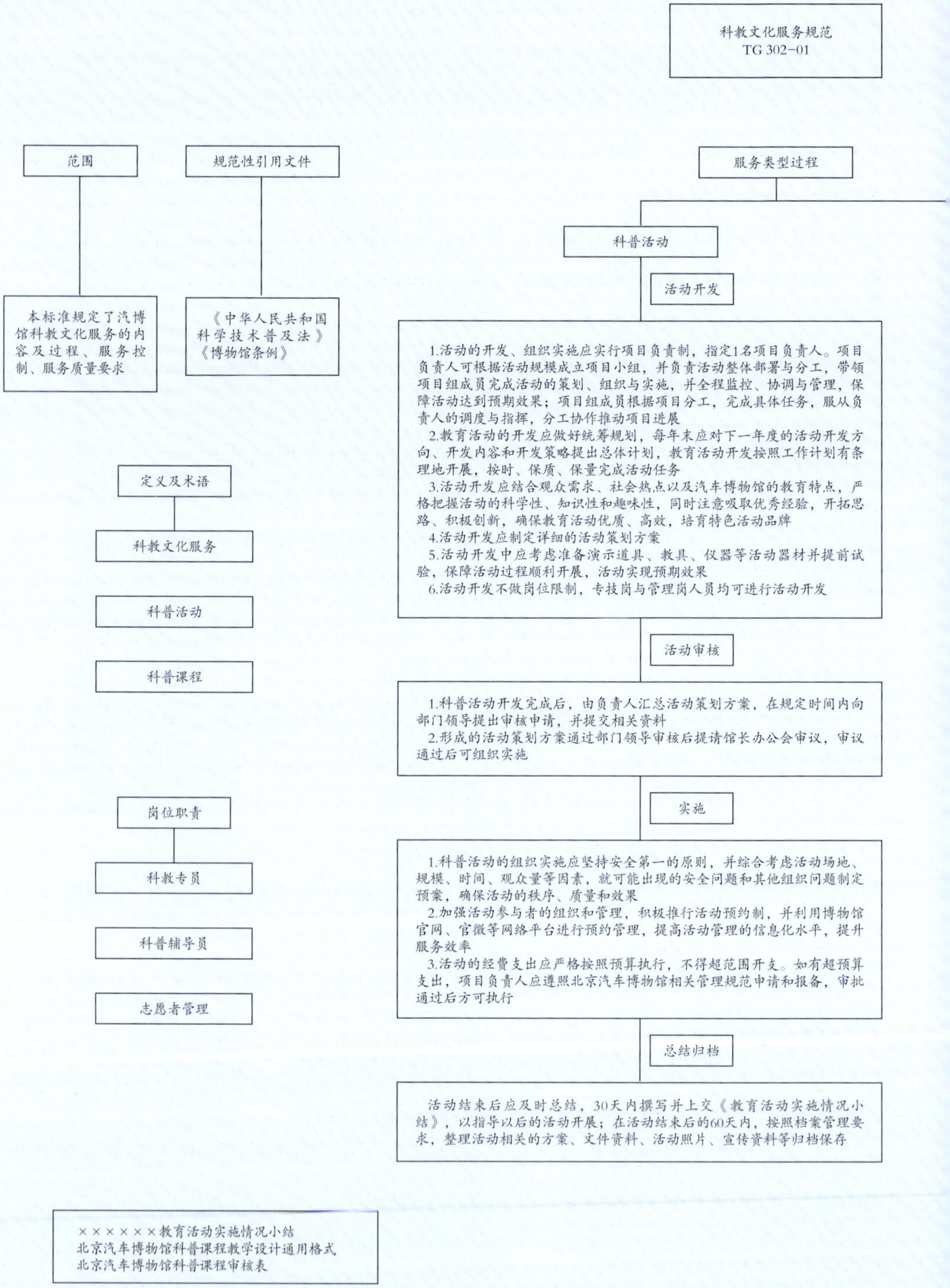

科教文化服务规范
TG 302-01

范围

本标准规定了汽博馆科教文化服务的内容及过程、服务控制、服务质量要求

规范性引用文件

《中华人民共和国科学技术普及法》《博物馆条例》

定义及术语

科教文化服务

科普活动

科普课程

岗位职责

科教专员

科普辅导员

志愿者管理

服务类型过程

科普活动

活动开发

1.活动的开发、组织实施应实行项目负责制，指定1名项目负责人。项目负责人可根据活动规模成立项目小组，并负责活动整体部署与分工，带领项目组成员完成活动的策划、组织与实施，并全程监控、协调与管理，保障活动达到预期效果；项目组成员根据项目分工，完成具体任务，服从负责人的调度与指挥，分工协作推动项目进展

2.教育活动的开发应做好统筹规划，每年末应对下一年度的活动开发方向、开发内容和开发策略提出总体计划，教育活动开发按照工作计划有条理地开展，按时、保质、保量完成活动任务

3.活动开发应结合观众需求、社会热点以及汽车博物馆的教育特点，严格把握活动的科学性、知识性和趣味性，同时注意吸取优秀经验，开拓思路、积极创新，确保教育活动优质、高效，培育特色活动品牌

4.活动开发应制定详细的活动策划方案

5.活动开发中应考虑准备演示道具、教具、仪器等活动器材并提前试验，保障活动过程顺利开展，活动实现预期效果

6.活动开发不做岗位限制，专技岗与管理岗人员均可进行活动开发

活动审核

1.科普活动开发完成后，由负责人汇总活动策划方案，在规定时间内向部门领导提出审核申请，并提交相关资料

2.形成的活动策划方案通过部门领导审核后提请馆长办公会审议，审议通过后可组织实施

实施

1.科普活动的组织实施应坚持安全第一的原则，并综合考虑活动场地、规模、时间、观众量等因素，就可能出现的安全问题和其他组织问题制定预案，确保活动的秩序、质量和效果

2.加强活动参与者的组织和管理，积极推行活动预约制，并利用博物馆官网、官微等网络平台进行预约管理，提高活动管理的信息化水平，提升服务效率

3.活动的经费支出应严格按照预算执行，不得超范围开支。如有超预算支出，项目负责人应遵照北京汽车博物馆相关管理规范申请和报备，审批通过后方可执行

总结归档

活动结束后应及时总结，30天内撰写并上交《教育活动实施情况小结》，以指导以后的活动开展；在活动结束后的60天内，按照档案管理要求，整理活动相关的方案、文件资料、活动照片、宣传资料等归档保存

××××××教育活动实施情况小结
北京汽车博物馆科普课程教学设计通用格式
北京汽车博物馆科普课程审核表

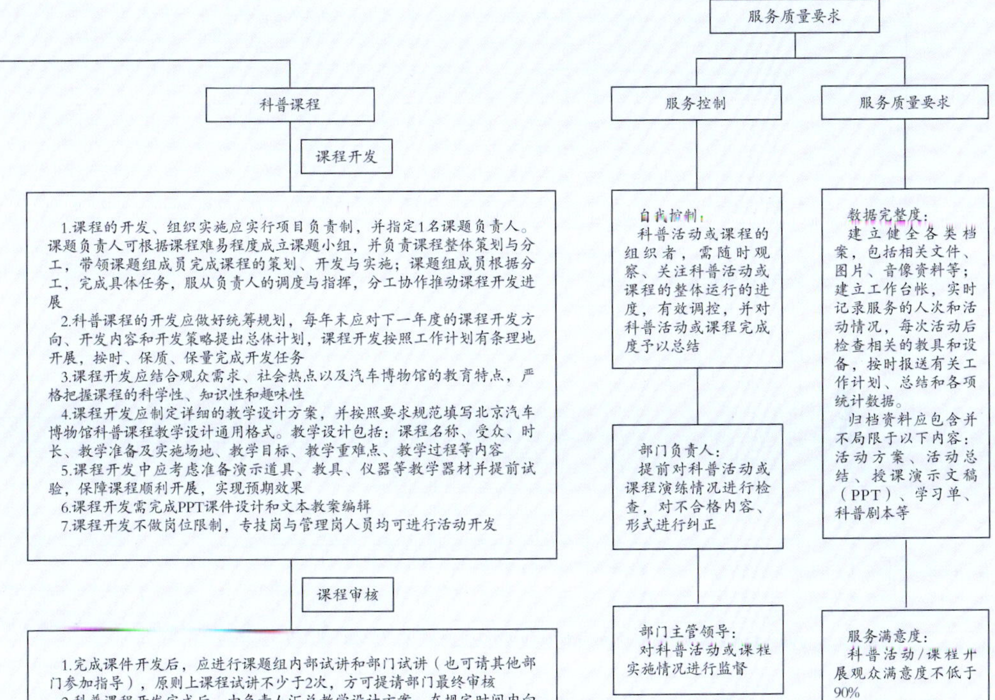

科教文化服务规范框架图

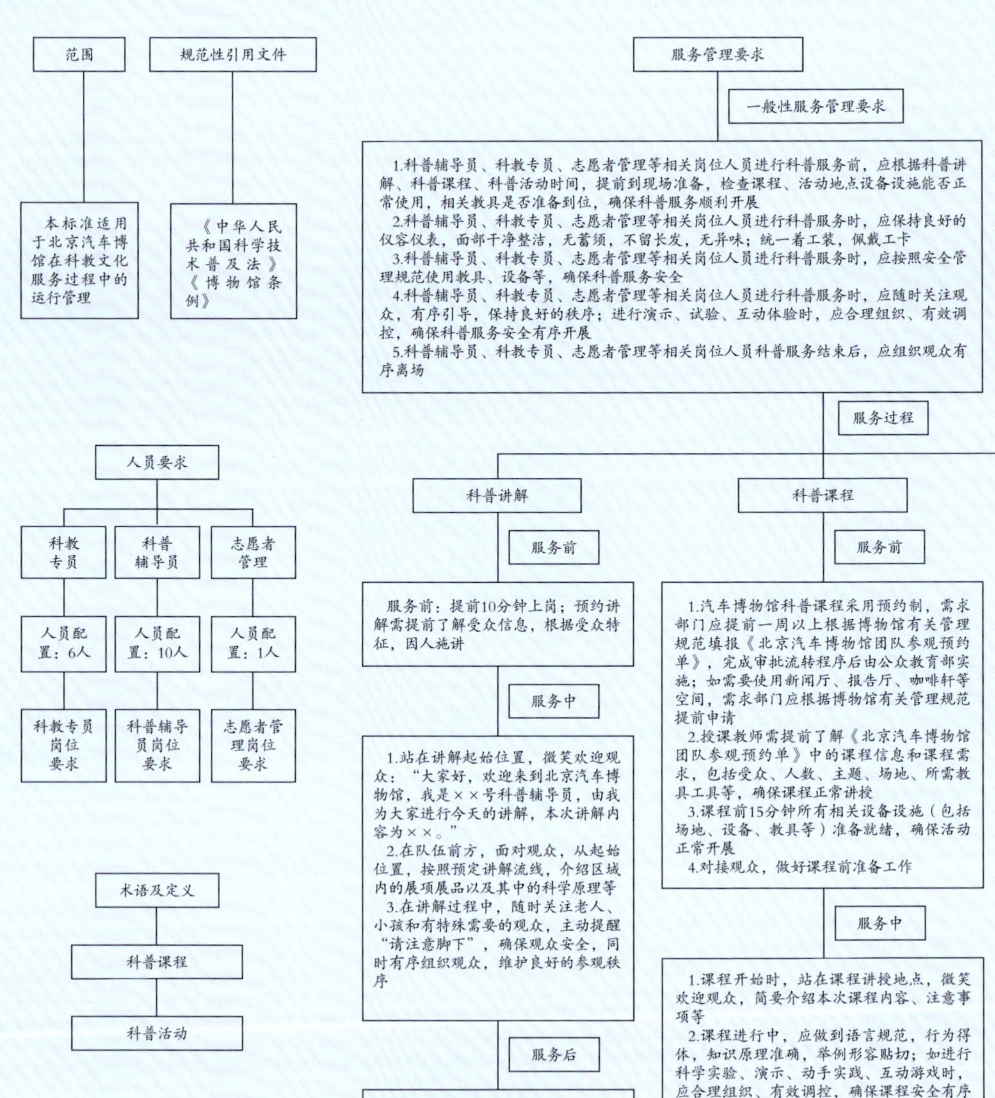
科教文化运行管理规范
TG 306-03
范围
规范性引用文件
服务管理要求
一般性服务管理要求
本标准适用于北京汽车博物馆在科教文化服务过程中的运行管理
《中华人民共和国科学技术普及法》《博物馆条例》
1.科普辅导员、科教专员、志愿者管理等相关岗位人员进行科普服务前，应根据科普讲解、科普课程、科普活动时间，提前到现场准备，检查课程、活动地点设备设施能否正常使用，相关教具是否准备到位，确保科普服务顺利开展
2.科普辅导员、科教专员、志愿者管理等相关岗位人员进行科普服务时，应保持良好的仪容仪表，面部干净整洁，无蓄须，不留长发，无异味；统一着工装，佩戴工卡
3.科普辅导员、科教专员、志愿者管理等相关岗位人员进行科普服务时，应按照安全管理规范使用教具、设备等，确保科普服务安全
4.科普辅导员、科教专员、志愿者管理等相关岗位人员进行科普服务时，应随时关注观众，有序引导，保持良好的秩序；进行演示、试验、互动体验时，应合理组织、有效调控，确保科普服务安全有序开展
5.科普辅导员、科教专员、志愿者管理等相关岗位人员科普服务结束后，应组织观众有序离场
服务过程
人员要求
科教专员
科普辅导员
志愿者管理
人员配置：6人
人员配置：10人
人员配置：1人
科教专员岗位要求
科普辅导员岗位要求
志愿者管理岗位要求
术语及定义
科普课程
科普活动
科普辅导员工作统计表
××年度科普活动统计表（××月）
科普讲解
服务前
服务前：提前10分钟上岗；预约讲解需提前了解受众信息，根据受众特征，因人施讲
服务中
1.站在讲解起始位置，微笑欢迎观众："大家好，欢迎来到北京汽车博物馆，我是××号科普辅导员，由我为大家进行今天的讲解，本次讲解内容为××。"
2.在队伍前方，面对观众，从起始位置，按照预定讲解流线，介绍区域内的展项展品以及其中的科学原理等
3.在讲解过程中，随时关注老人、小孩和有特殊需要的观众，主动提醒"请注意脚下"，确保观众安全，同时有序组织观众，维护良好的参观秩序
服务后
1.讲解结束后，面向观众，双臂微屈向两侧张开，做结束语："感谢您的聆听，我是××号科普辅导员，对我的讲解希望您留下宝贵的意见和建议，欢迎您继续参观。"
2.为观众简要介绍其他楼层展览内容，引导到其他楼层参观；填报相关信息
科普课程
服务前
1.汽车博物馆科普课程采用预约制，需求部门应提前一周以上根据博物馆有关管理规范填报《北京汽车博物馆团队参观预约单》，完成审批流转程序后由公众教育部实施；如需要使用新闻厅、报告厅、咖啡轩等空间，需求部门应根据博物馆有关管理规范提前申请
2.授课教师需提前了解《北京汽车博物馆团队参观预约单》中的课程信息和课程需求，包括受众、人数、主题、场地、所需教具工具等，确保课程正常讲授
3.课程前15分钟所有相关设备设施（包括场地、设备、教具等）准备就绪，确保活动正常开展
4.对接观众，做好课程前准备工作
服务中
1.课程开始时，站在课程讲授地点，微笑欢迎观众，简要介绍本次课程内容、注意事项等
2.课程进行中，应做到语言规范，行为得体，知识原理准确，举例形容贴切；如进行科学实验、演示、动手实践、互动游戏时，应合理组织、有效调控，确保课程安全有序开展
服务后
关闭设备，清点物资，将设备、教具等完好交还给相关保管人员；填报相关信息

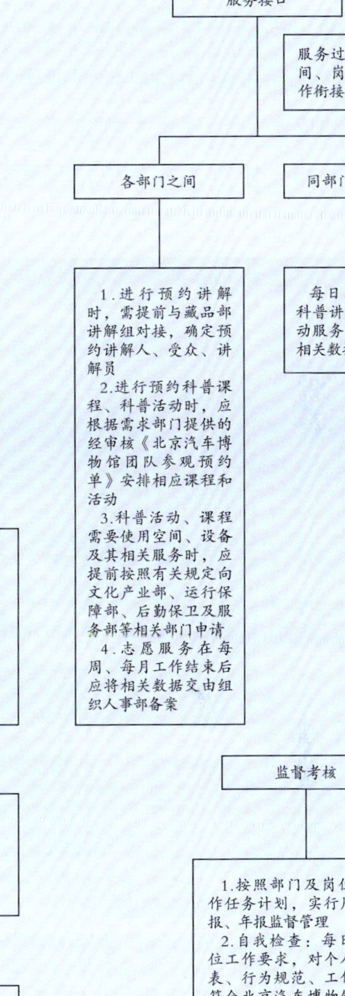

科教文化运行管理规范框架图

第十一节　餐饮服务

餐饮服务为博物馆的配套延伸服务，《餐饮服务规范》《餐饮服务运行管理规范》规定博物馆餐饮服务的开放时间、运行流程、运行流线。从每一个岗位的岗前、岗中、岗后的运行规律，规范从业人员岗位职责、岗位工作标准，是依据博物馆特性进一步深化和规范管理餐饮运行的标准文件。

《餐饮服务管理规范》规定了北京汽车博物馆餐饮服务的服务过程、服务控制和服务质量要求等内容，提出了餐饮服务的基本要求，主要适用于快餐厅和主

餐饮服务

题餐厅（咖啡轩）。餐饮服务管理规范引入文件选择方面，主要以行业内相关法律法规为基础，并延伸至《服务业组织标准化工作指南》和《北京市餐饮业实施经营服务规范化管理的有关规定》等一系列有关服务标准的相关规定。在编写本服务管理规范时，主要围绕餐饮服务过程中各岗位的服务标准和标准化服务流程，并要求各岗位人员在服务控制等方面进行深化，达到统一规范的标准，以标准的服务面向观众，提升自身服务价值和服务品质的软实力。另外规范了在服务过程中餐厅供餐前服务准备，供餐中服务标准和供餐后的工作标准以及规范各岗位，避免在服务中因服务不规范而导致的生产安全、食品安全和消防安全事故。

餐饮环境细部

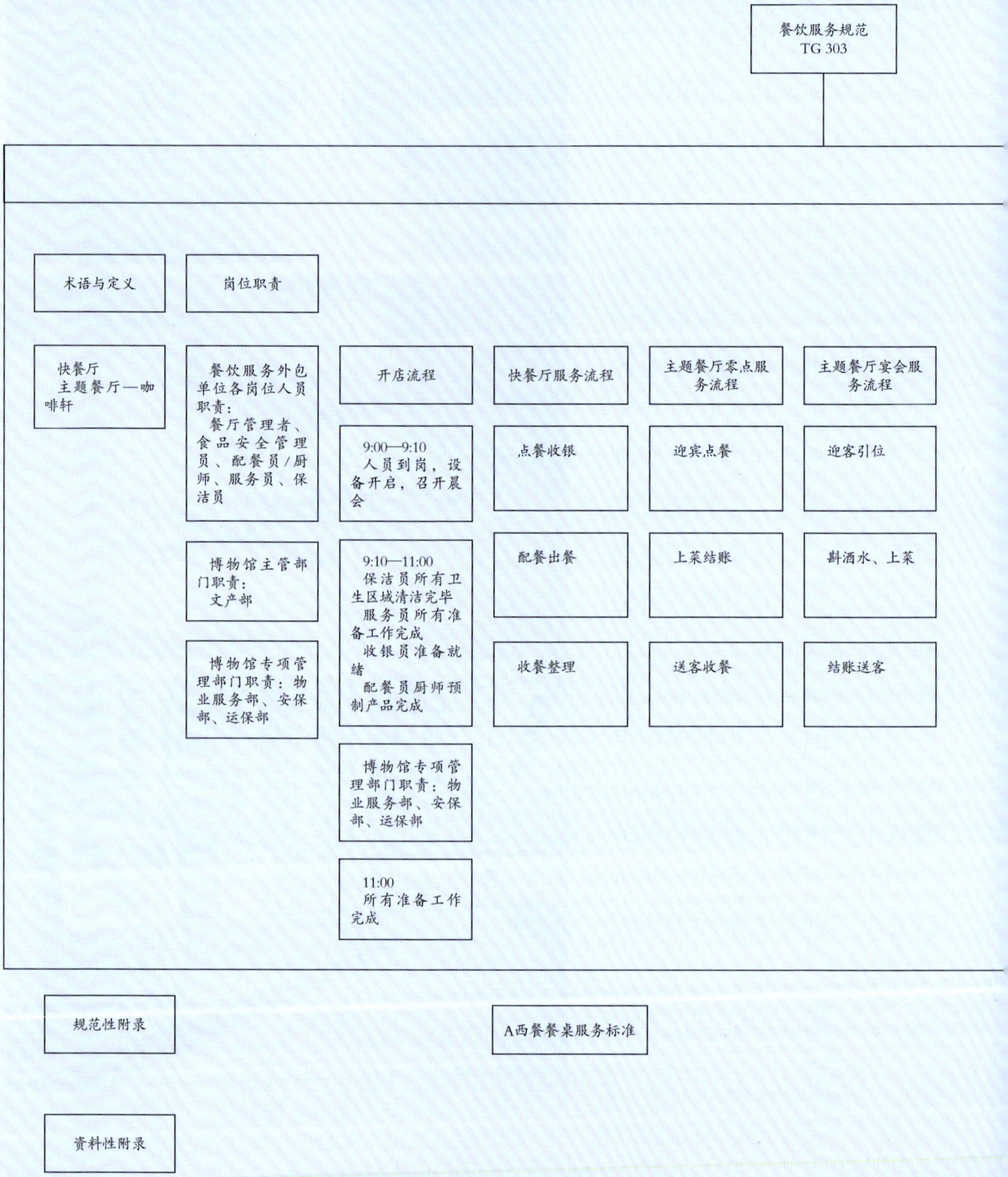

餐饮服务规范
TG 303

术语与定义

快餐厅
主题餐厅—咖啡轩

岗位职责

餐饮服务外包单位各岗位人员职责：
餐厅管理者、食品安全管理员、配餐员/厨师、服务员、保洁员

博物馆主管部门职责：
文产部

博物馆专项管理部门职责：物业服务部、安保部、运保部

开店流程

9:00—9:10
人员到岗，设备开启，召开晨会

9:10—11:00
保洁员所有卫生区域清洁完毕
服务员所有准备工作完成
收银员准备就绪
配餐员厨师预制产品完成

博物馆专项管理部门职责：物业服务部、安保部、运保部

11:00
所有准备工作完成

快餐厅服务流程

点餐收银

配餐出餐

收餐整理

主题餐厅零点服务流程

迎宾点餐

上菜结账

送客收餐

主题餐厅宴会服务流程

迎客引位

斟酒水、上菜

结账送客

规范性附录

A西餐餐桌服务标准

资料性附录

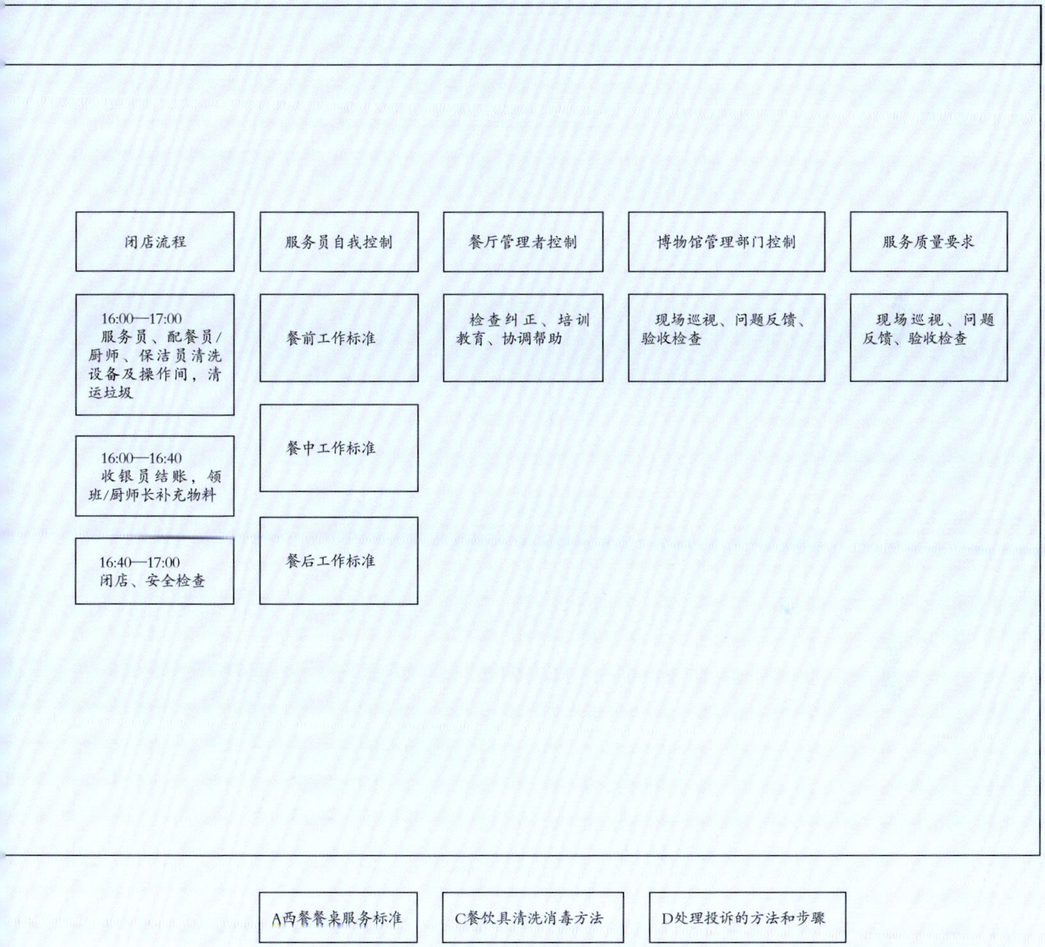
闭店流程
服务员自我控制
餐厅管理者控制
博物馆管理部门控制
服务质量要求
16:00—17:00 服务员、配餐员/厨师、保洁员清洗设备及操作间，清运垃圾
餐前工作标准
检查纠正、培训教育、协调帮助
现场巡视、问题反馈、验收检查
现场巡视、问题反馈、验收检查
16:00—16:40 收银员结账，领班/厨师长补充物料
餐中工作标准
16:40—17:00 闭店、安全检查
餐后工作标准
A西餐餐桌服务标准
C餐饮具清洗消毒方法
D处理投诉的方法和步骤

餐饮服务规范框架图

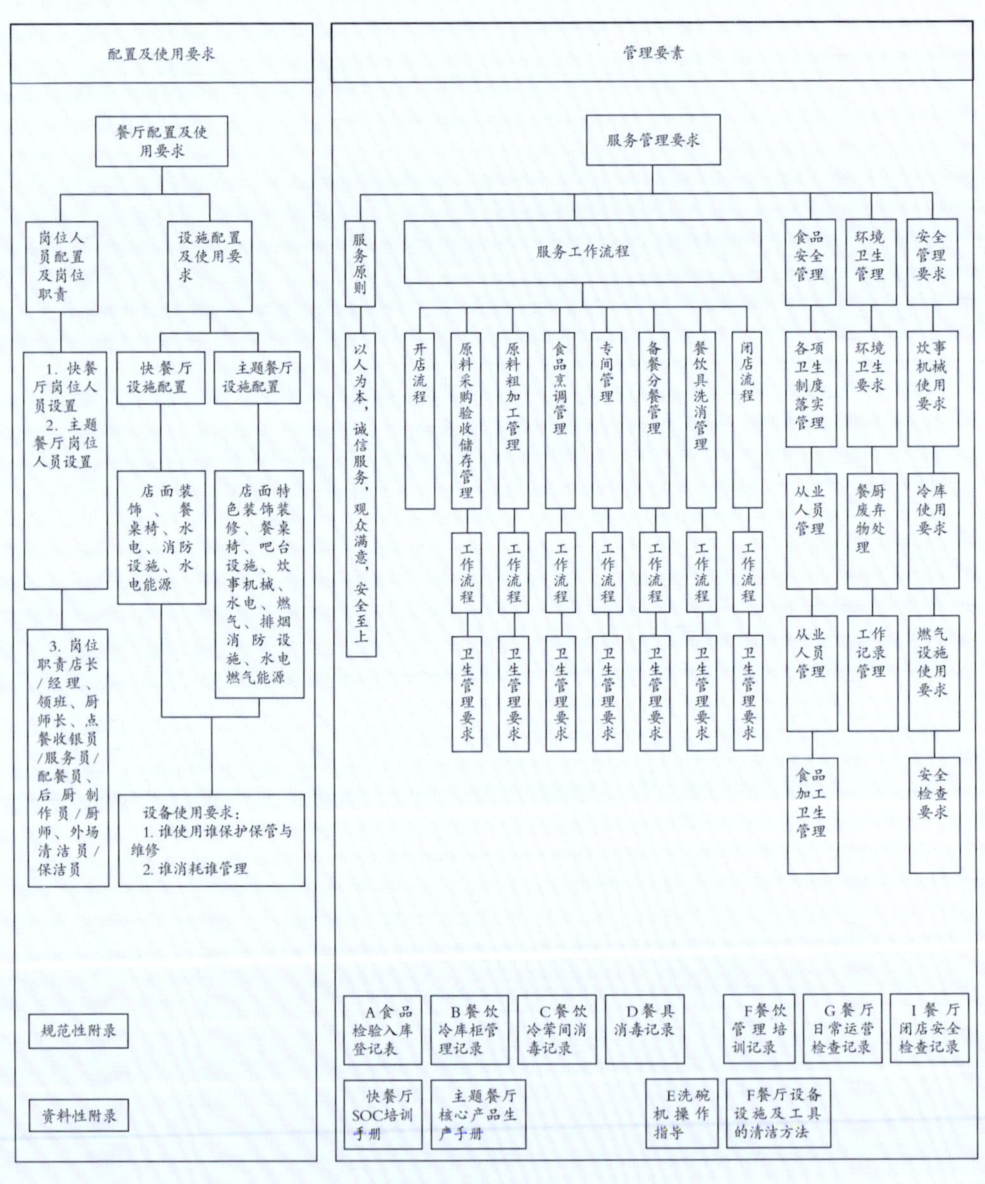
餐饮服务服务运行管理规范
TG 305.4
配置及使用要求
餐厅配置及使用要求
岗位人员配置及岗位职责
设施配置及使用要求
1. 快餐厅岗位人员设置
2. 主题餐厅岗位人员设置
3. 岗位职责店长/经理、领班、厨师长、点餐收银员/服务员/配餐员、后厨制作员/厨师、外场清洁员/保洁员
快餐厅设施配置
主题餐厅设施配置
店面装饰、餐桌椅、水电、消防设施、水电能源
店面特色装饰装修、餐桌椅、吧台设施、炊事机械、水电、燃气、排烟消防设施、水电燃气能源
设备使用要求：
1. 谁使用谁保护保管与维修
2. 谁消耗谁管理
规范性附录
资料性附录
管理要素
服务管理要求
服务原则
以人为本，诚信服务，观众满意，安全至上
服务工作流程
开店流程
原料采购验收储存管理
原料粗加工管理
食品烹调管理
专间管理
备餐分餐管理
餐饮具洗消管理
闭店流程
工作流程
卫生管理要求
食品安全管理
各项卫生制度落实管理
从业人员管理
从业人员管理
食品加工卫生管理
环境卫生管理
环境卫生要求
餐厨废弃物处理
工作记录管理
安全管理要求
炊事机械使用要求
冷库使用要求
燃气设施使用要求
安全检查要求
A食品检验入库登记表
B餐饮冷库柜管理记录
C餐饮冷荤间消毒记录
D餐具消毒记录
F餐饮管理培训记录
G餐厅日常运营检查记录
I餐厅闭店安全检查记录
快餐厅SOC培训手册
主题餐厅核心产品生产手册
E洗碗机操作指导
F餐厅设备设施及工具的清洁方法

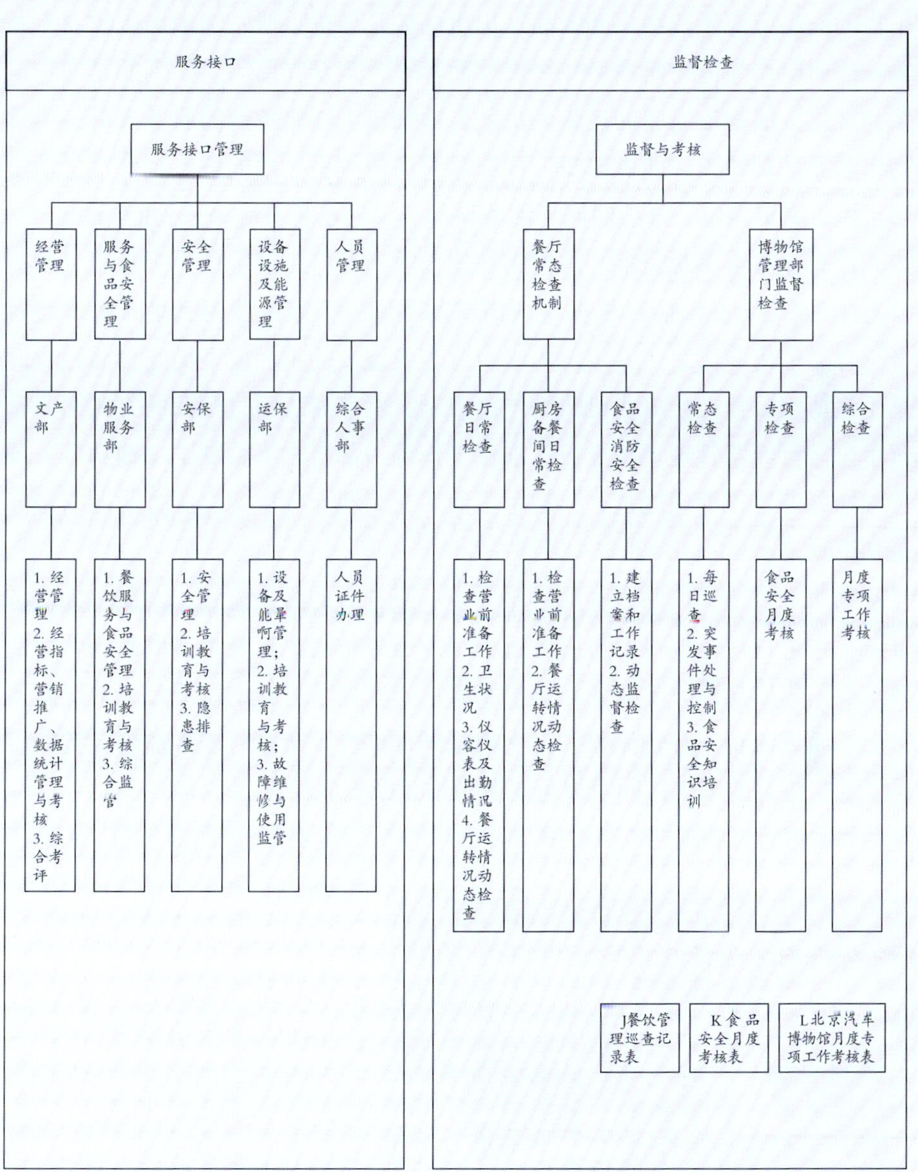

餐饮服务运行管理规范框架图

第十二节 购物服务

博物馆纪念品商店与一般商店或许外观一样，但是内部却有着截然不同的呈现。博物馆商店所销售的商品及出版物，不应是旅游纪念品，不应是畅销书籍，其所销售的商品应源于博物馆的藏品，出版品应是导览手册、学术出版物及专题刊物等。商店应作为博物馆最后一个展厅而存在，观众在商店里购到的是博物馆的知识和文化。博物馆商店的销售人员就是博物馆大厅服务台的服务人员，要具备博物馆藏品基础知识，能讲出每一件商品背后的故事，要能解答观众对于博物馆空间流线、展览内容、开放时间、服务设施、交通信息等等一系列的问题。

为满足观众基本参观需求，汽博馆在建设时期便将二层定位为观众服务功能区，设置了2家纪念品商店。根据观众需求的不同，一家定位为满足家庭参观者的综合纪念品销售商店，一家定位为吸引汽车发烧友的精品模型类纪念品销售商店。基于汽博馆公益文化事业机构的体制限制，两家商店通过招商的方式引入合作经营单位进行经营管理。在全馆标准化工作统一部署之下编制了《购物服务规范》《购物服务运行管理规范》，规定了商店在为观众提供购物服务时所需遵守的规范和原则。

《购物服务规范》按照服务前、服务中、服务后的服务流程，对服务前服务员的准备工作进行规范；对销售服务过程当中服务员的语言要求、商品销售时的演示要求、销售成功后收款要求、销售结束后送宾要求进行明确规范；对每日服务结束后，闭店流程、补货流程、卫生清洁同样进行了规范。服务监督与控制章节明确了监督检查的细则，同时规范了服务质量及控制要求。

《购物服务运行管理规范》在编制时重点思考了博物馆纪念品商店与一般商店的区别，除了所销售商品的特定属性以外，还考虑到了对于人员基本素质的要求。在人员和岗位配置章节编写时，明确了两家商店的人员及设备配备要求；编写岗位职责时，明确了各岗位在专业性、能力性方面的要求，逐一梳理了岗位职责及工作权限。在编制服务管

购物服务

理要求上，除了明确服务员的基本要求外还明确对于博物馆所销售商品的要求以及经营数据汇总上报流程性要求。最后，明确了监督检查及考核的流程、各级监督人员的职责。

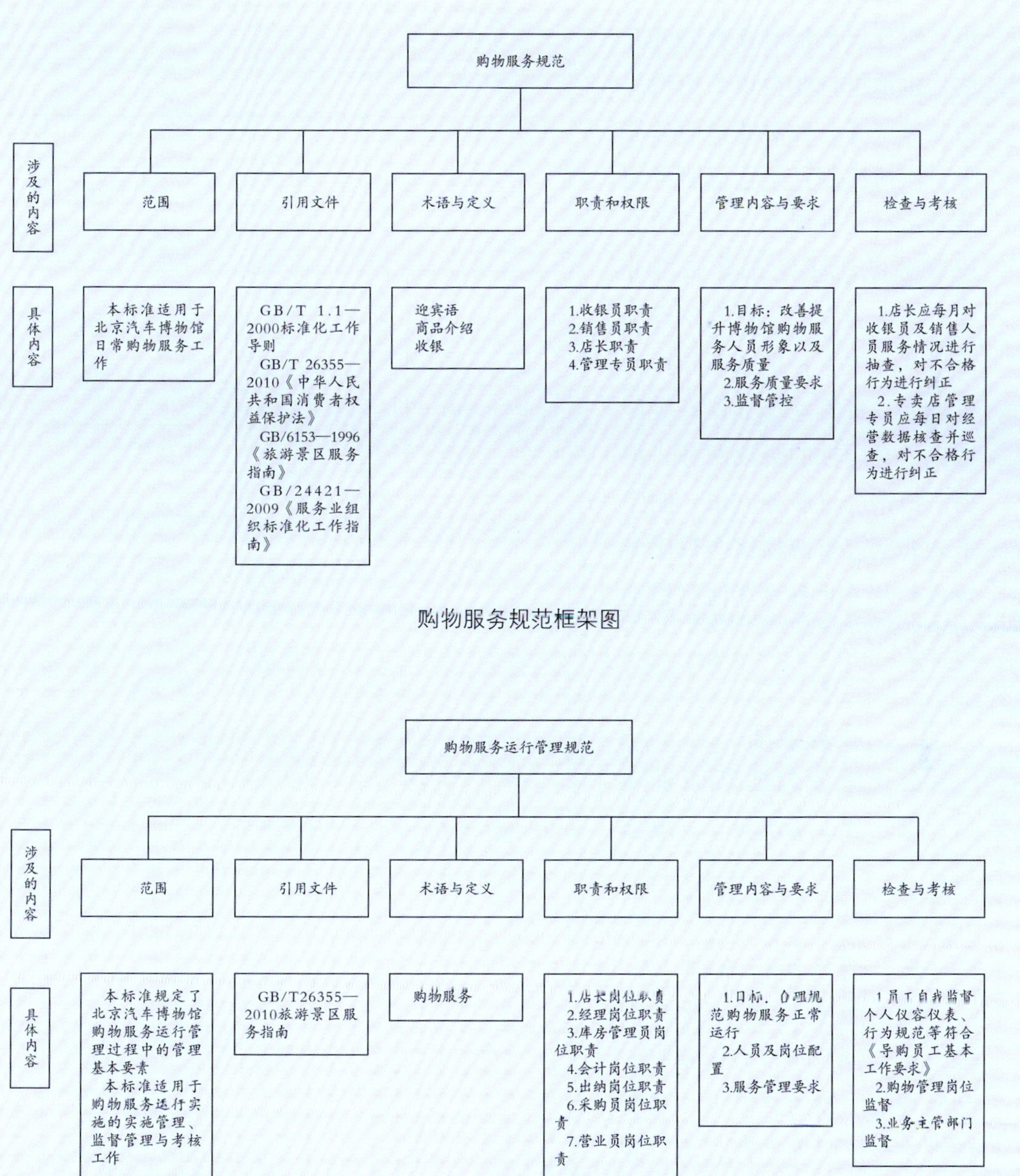

购物服务规范框架图

购物服务运行管理规范框架图

第十三节 会议服务

一、服务特点

汽博馆为汽车专题类博物馆，不仅仅承担对社会公开开放，也承担行业会议、论坛、活动等服务，针对此类服务需求，汽博馆制订了会议服务规范及运行管理规范。汽博馆会议服务以新闻发布会、推介会、座谈会以及一般会议等会议形式为主，分别在新闻厅、报告厅、贵宾室、会议室等区域提供对应性的会议服务，根据汽博馆会议服务需求，制定了《北京汽车博物馆会议服务规范》及《北京汽车博物馆会议服务运行规范》。

二、服务事项

会议服务包括新闻发布会、推介会、座谈会、一般会议。

三、服务运行流程

汽博馆会议服务批次很多，定位也不同，为达到服务品质规范一致的总需求，需要认真将会议服务进行分类，并根据不同类别确定服务内容与流程、标准，根据服务前、服

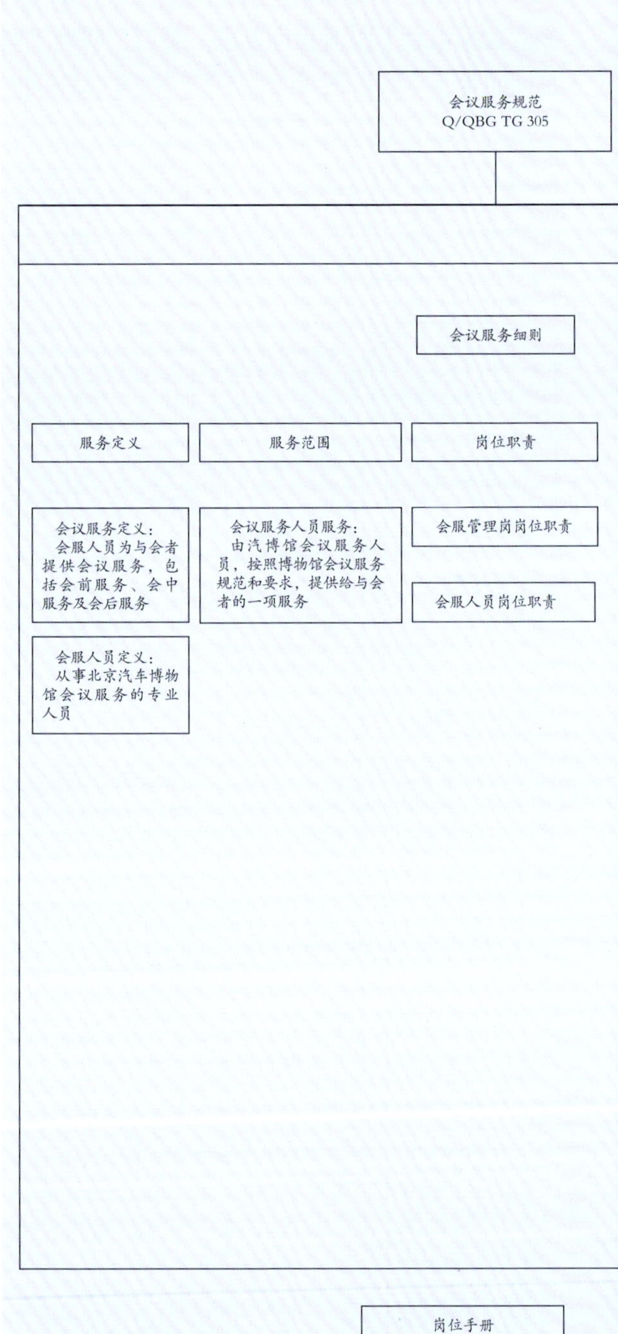

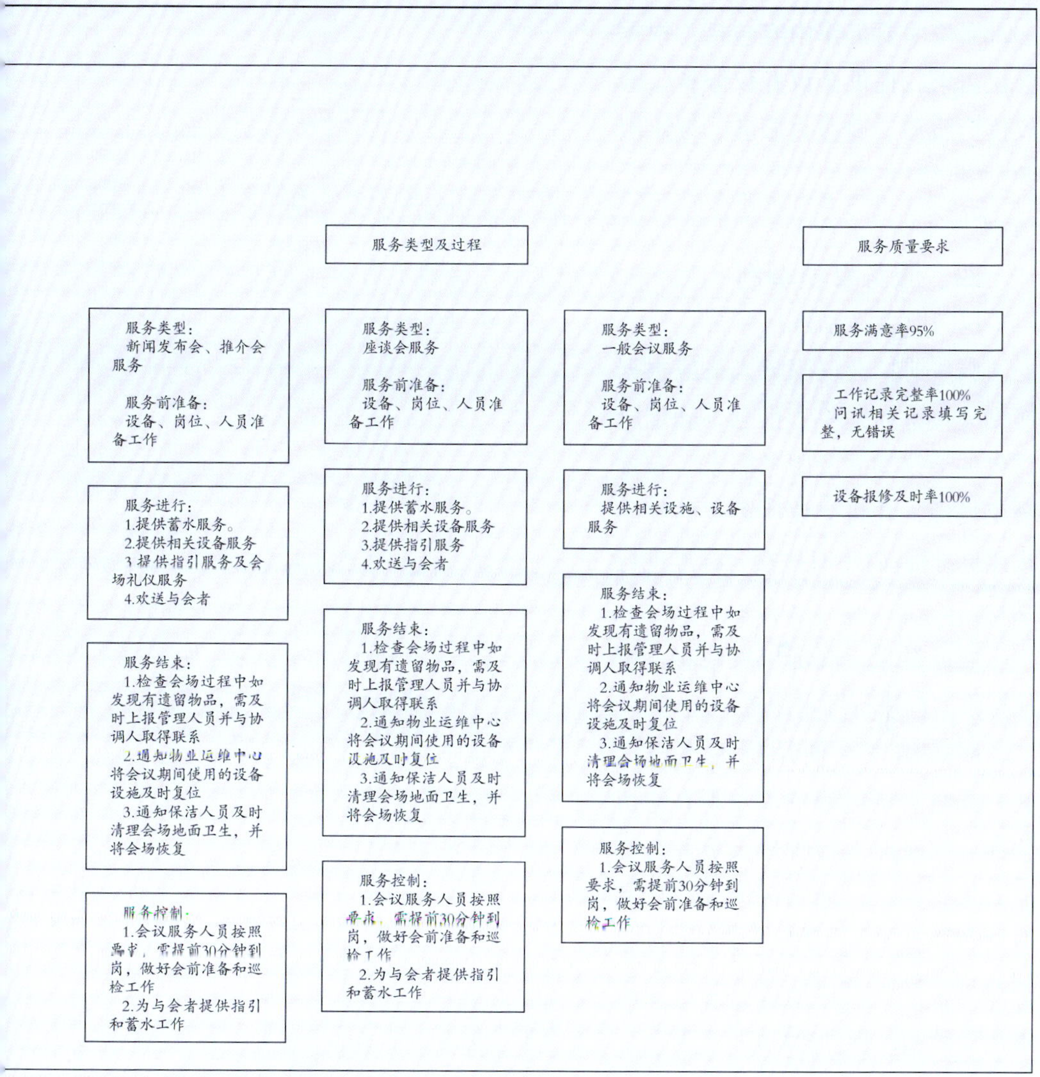

服务类型及过程

服务类型：
新闻发布会、推介会服务

服务前准备：
设备、岗位、人员准备工作

服务进行：
1.提供蓄水服务。
2.提供相关设备服务
3.提供指引服务及会场礼仪服务
4.欢送与会者

服务结束：
1.检查会场过程中如发现有遗留物品，需及时上报管理人员并与协调人取得联系
2.通知物业运维中心将会议期间使用的设备设施及时复位
3.通知保洁人员及时清理会场地面卫生，并将会场恢复

服务控制：
1.会议服务人员按照要求，需提前30分钟到岗，做好会前准备和巡检工作
2.为与会者提供指引和蓄水工作

服务类型：
座谈会服务

服务前准备：
设备、岗位、人员准备工作

服务进行：
1.提供蓄水服务。
2.提供相关设备服务
3.提供指引服务
4.欢送与会者

服务结束：
1.检查会场过程中如发现有遗留物品，需及时上报管理人员并与协调人取得联系
2.通知物业运维中心将会议期间使用的设备设施及时复位
3.通知保洁人员及时清理会场地面卫生，并将会场恢复

服务控制：
1.会议服务人员按照要求，需提前30分钟到岗，做好会前准备和巡检工作
2.为与会者提供指引和蓄水工作

服务类型：
一般会议服务

服务前准备：
设备、岗位、人员准备工作

服务进行：
提供相关设施、设备服务

服务结束：
1.检查会场过程中如发现有遗留物品，需及时上报管理人员并与协调人取得联系
2.通知物业运维中心将会议期间使用的设备设施及时复位
3.通知保洁人员及时清理会场地面卫生，并将会场恢复

服务控制：
1.会议服务人员按照要求，需提前30分钟到岗，做好会前准备和巡检工作

服务质量要求

服务满意率95%

工作记录完整率100%
问讯相关记录填写完整，无错误

设备报修及时率100%

会议服务规范框架图

务中、服务结束进行细化分解，对不同会议进行不同的服务提供，在现场服务中均做到按照会议接待要求明确分工、责任到人，以此确保会议服务品质、效率。

岗位主要工作内容包括：根据会议需求，提供会议礼仪服务、会议摆台服务、迎送宾服务、续水服务、引导服务等。

四、服务事项举例

以一般会议为例。

服务前：会议服务人员应根据接到《接待通知单》信息，确定所需要的会议物品及服务需求。布置会议场地，并将会议所需要的物品按照标准提前1小时按摆台标准进行摆台。

服务过程：规定位置迎宾，按照标准时间进行续水服务。

服务结束：使用标准术语送宾。检查会场过程中如发现有遗留物品，需及时上报管理人员并与协调人取得联系。通知环境部人员及时清理会场地面卫生。会服人员将会场恢复并将桌椅摆放整齐，关闭电源及照明，锁好会场门。

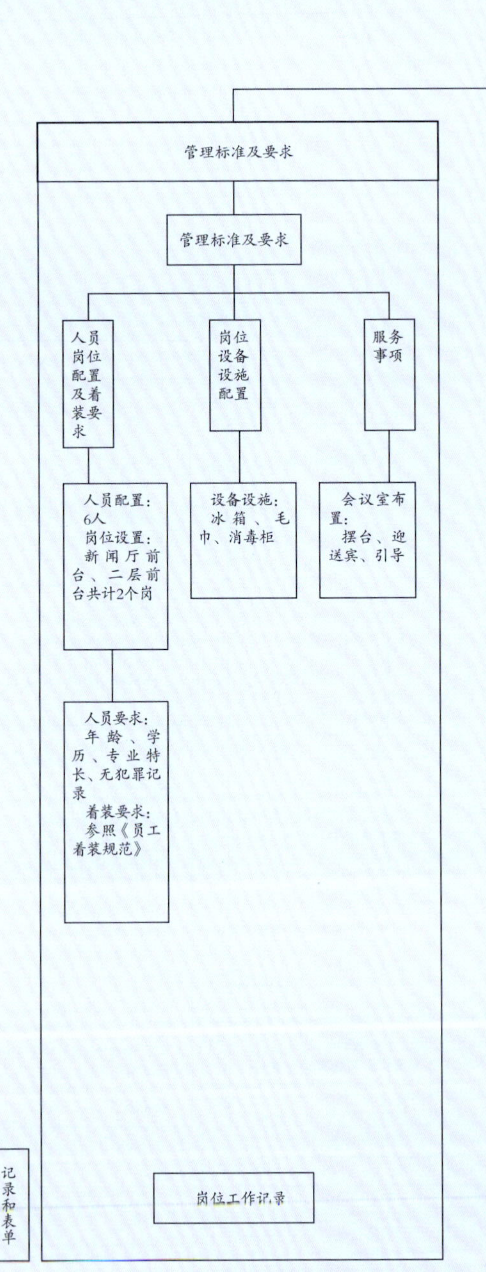

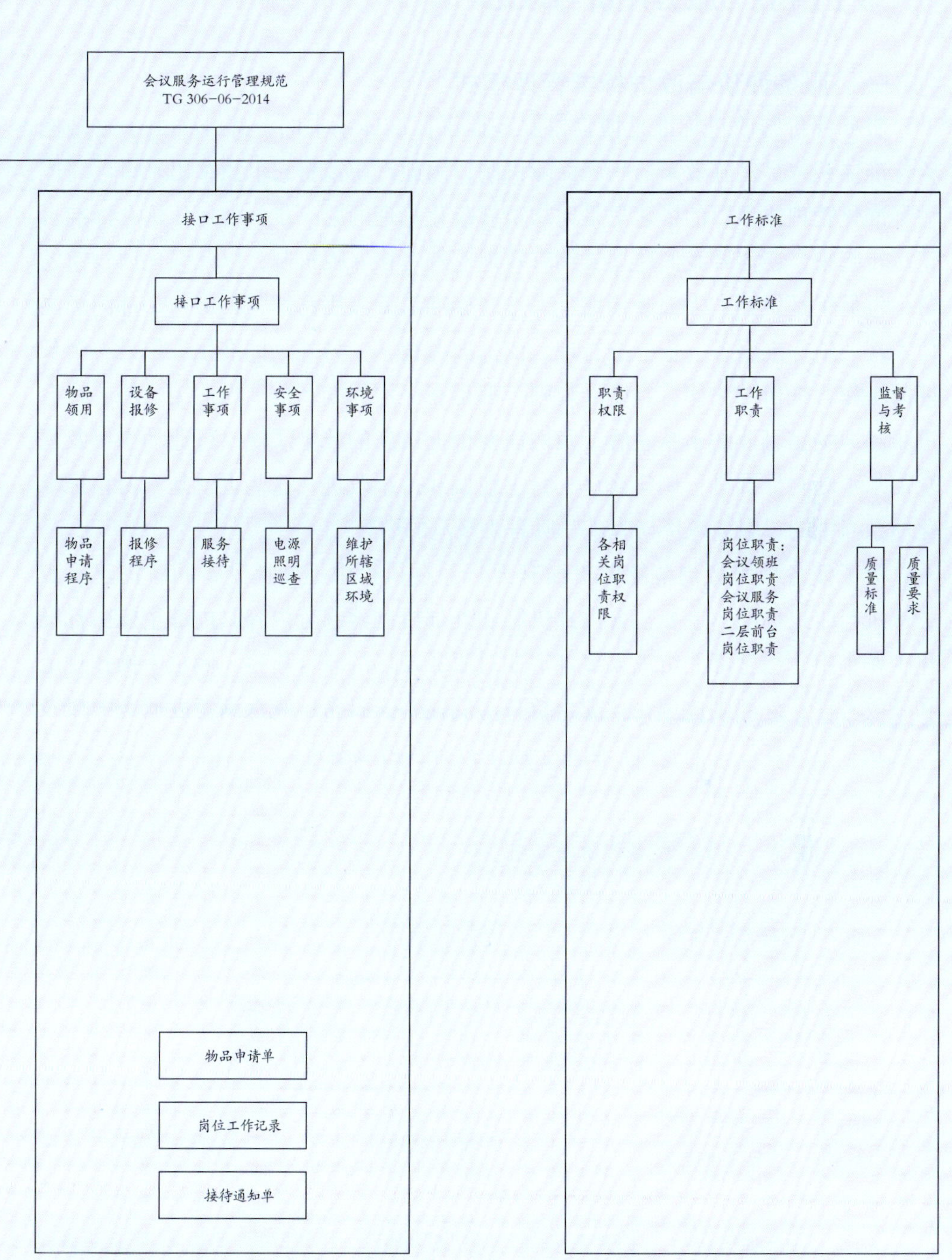

会议服务运行管理规范框架图

第十四节 服务评价与改进

一、服务评价与改进标准管理模式

服务评价与改进标准是博物馆服务提供标准体系中的一部分，由于它是检验标准体系宣贯实施效果的一套保障机制，因此汽博馆将它单独拿出来讲。完成“标准化管理体系”的搭建只是博物馆规范化管理的第一步，如何让这套标准真正运转起来，还需要我们建立长期有效地监督考核保障机制，以此强化博物馆的每一位员工都做到“人人懂标准、人人守标准、人人用标准”，每一个部门和岗位实现“依标准服务、依标准管理、依标准考核”。另外，标准化工作是一个长期的工作，任何“法律、制度、规则”都是在一定周期和范围内适用，随着社会进步和博物馆事业的不断发展，我们需要根据最新的政策法规、行业动态以及观众需求不断对标准进行调整修订、自主纠偏和持续改进。这些也就是汽博馆标准化体系当中的“服务评价与改进”所需要规范的内容。

为了使各项服务规范能够贯彻有力，并在执行中不断提升，同时搭建了服务评价与改进标准，主要包含内部机制和外部机制两部分内容，内部主要由标准化工作小组、综合部、组织人事部定期对服务现场的联合质检，侧重于操作规范和绩效考评；外部则体现在“观众留言与反馈”、日常“观众满意度调查”以及“观众专项调查”三个方面，侧重于质量提升和持续改进。

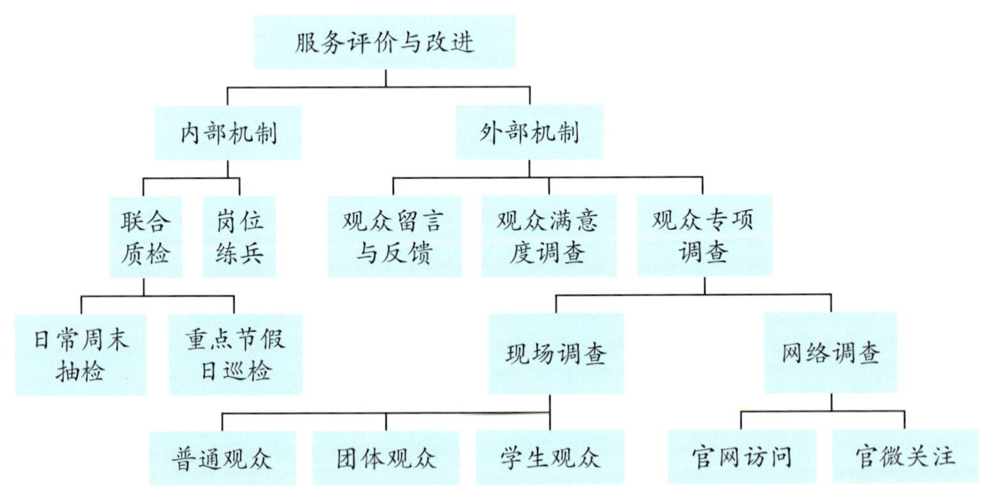

服务评价与改进要素框架图

二、服务评价与改进标准内部机制

内部机制主要是指博物馆“岗位练兵”以及标准化工作小组联合人事部门定期对于服务现场的联合质检。

岗位练兵是为全面提高一线员工的综合素质和技能水平，营造员工爱岗敬业、钻研技能、强化服务意识的氛围，博物馆每年年初就结合岗位标准化手册启动的一项全馆性活动。所有一线岗位都将在一年中接受在岗培训和在岗考核，同时严格按照岗位手册进行上岗服务，年底博物馆通过一线岗位技能展示竞赛及管理岗位演讲，用以检验各岗位标准化宣传贯彻及执行情况，同时考核基层管理岗的管理能力。

联合质检机制是针对博物馆一线服务岗位的服务质量、人员配置、处置联动，以及场馆展项运行状态等方面的综合性现场检查。检查的方式分为日常周末抽检和重点节假日巡检两种方式；检查的内容包含了员工形体礼仪、文明用语、岗位职责与服务流程、场馆功能区域以及博物馆特定展览和活动信息等；检查人员的组成主要是博物馆节假日值班负责人、标准化工作小组以及博物馆人事部门。对于每次检查中发现的问题，联合质检小组将要求现场进行整改，并根据问题的严重程度及整改难易度发放《整改通知单》，限期整改并复查。联合质检机制能够很好地检查博物馆各个岗位标准化执行以及工作职责与流程的落实情况，督促所有员工真正按照《作业指导书》来上岗服务。

“观众留言与反馈”是针对每日来馆观众收集参观留言，博物馆“问讯服务”岗位的员工每日留言按照赞同、疑问和投诉进行分类与分析，简单咨询问题当日完成回复，较为复杂或者专业性的问题将通过内部信息传递机制转达至相关部门或负责人进行回复，对于投诉类留言将由相关的管理岗人员进行后续处理。一般留言回复及处理周期不能超过一周。例如，汽博馆北广场面朝南四环路竖立了一个9米×16米的LED显示屏，每日7:00—19:00播放，冬季对面小区的居民致电汽博馆觉得显示屏过亮。对于这样的电话，汽博馆都有专门的“电话记录单”，电话接线员将记录单详细填写后转交设备部门进行详细分析与测试，报主管领导审核和现场查验后对屏幕亮度进行调试，最后由电话接线员致电居民询问改进效果，获取居民认可。这样就构成了一个完整的投诉电话处理流程。

三、服务评价与改进标准外部机制

外部机制体现在“观众留言与反馈”“观众满意度调查”以及“观众专项调

附录 C（规范性附录）　联合质检检查记录

时间：2017 年 9 月 17 日（星期日 ）　编号：【2017 】　巡检人（手写签字）：[illegible] [illegible] 李运 郭文龙 [illegible] [illegible]
标准化小组：

检查内容及检查标准	服务事项	责任部门	服务过程中的问题（岗位手册执行情况）	标准文件与实际工作是否吻合	限期完成整改时间	受检部门负责人手写签字
1、仪容仪表、行为规范、标准用语； 2、岗位手册； 3、服务流程；	停车服务	后勤保卫及服务部（首华）	情况正常	基本吻合		郭文龙
	售票服务	财务部	情况正常	基本吻合		[illegible]
	检票服务	后勤保卫及服务部（首华）		微信购票操作流程图建议摆放在入口其他位置，避免检票入口堵塞。	限期整改	郭文龙
	问讯服务	后勤保卫及服务部（首华）	情况正常	基本吻合		郭文龙
	导览（司梯）服务	后勤保卫及服务部（首华）	情况正常	基本符合		郭文龙
	寄存服务	后勤保卫及服务部（首华）	情况正常	基本符合		郭文龙
	讲解服务	藏品管理部（首华）	情况正常	基本符合		曾红娟
	助览及互动体验服务	后勤保卫及服务部（首华）	情况正常	基本符合		郭文龙
	餐饮服务（快餐区）	文化产业部		1. 快餐厅前台上方装饰灯的照明问题未整改到位，建议进一步督促整改落实；2. 保洁人员环境卫生意识有待加强，建议开展安全卫生学习培训；3. 咖啡轩储物通道存在消防安全隐患，建议定期整理；	限期整改	[illegible]
	购物服务（专卖店）	文化产业部		1. 展柜底端表面有黏胶未清理干净，影响美观，建议及时清除；2. 展示柜照明灯饰的电线绝缘缠绕胶带已经开裂，存在安全隐患，建议及时更换整改	限期整改	[illegible]
1、岗位手册； 2、工作流程； 3、安全检查； 4、环境卫生；	场馆设备实施运行	运行保障部	情况正常	基本符合		
	展览设备设施运行（包含导览）	展览展示部	情况正常	基本符合		[illegible]
	环境保洁（包含卫生间）	后勤保卫及服务部（首华）		1. 售票处东侧公共卫生间提示灯字体显示不全，建议安排检修；2. 其中一处卫生间暂停使用期间未设置提示牌。	限期整改	郭文龙
	展区公示信息	公众教育部		展示牌内容未及时更新，建议按实际情况落实更新	限期整改	[illegible]
	展区消防设备	后勤保卫及服务部（首华）	情况正常	基本符合		郭文龙
	办公区环境	后勤保卫及服务部（首华）	情况正常	基本符合		郭文龙

备注：展示公示信息一项中的内容建议由公众教育部及后勤保卫及服务部协调落实。

发挥外部机制工作用表

查”三个方面。

“观众满意度调查”是每季度针对来馆观众随机进行的一种问卷调查，这也是国家级4A旅游景区所必须进行的调查项目及服务项目。调查内容包含外部交通、参观流线、导览标示、讲解服务、宣传资料、服务设施、餐饮购物等十六项内容。“观众满意度调查”能够帮助博物馆从硬件及软件多方面根据观众意见持续改进提升。

“观众专项调查”是针对特定群体进行的博物馆专项服务调查。调查的形式分为现场问卷和网络调查两种。现场调查群体主要针对普通观众、团体观众、学生观众（科普活动参与者），网络调查群体主要针对汽博馆官网访问者和官方微信关注者。专项调查进行了博物馆之夜、讲解服务、科普课程三项内容。“观众专项调查”是根据观众的人员结构、参观目的、参观特点及喜好、参观方式及对博物馆的满意度及期待等信息进行调查分析，为博物馆今后工作的开展提供数据参考，并对提升服务质量的针对性措施提供合理化建议。如，对于“科普课程”的专项调查，分别针对学生、亲子家庭和成人，调查的内容包含年龄，职业，文化程度，对课程安排、教师课程效果的意见，对未来课程期望等多个方面。经过后期的数据分析，观众对于汽博馆的科普课程内容满意率在95%，对授课教师和授课效果的满意率为100%，此外我们还将观众希望参与的课程类型进行梳理研究，排进汽博馆科普课程开发计划当中，逐步满足观众的授课需求。

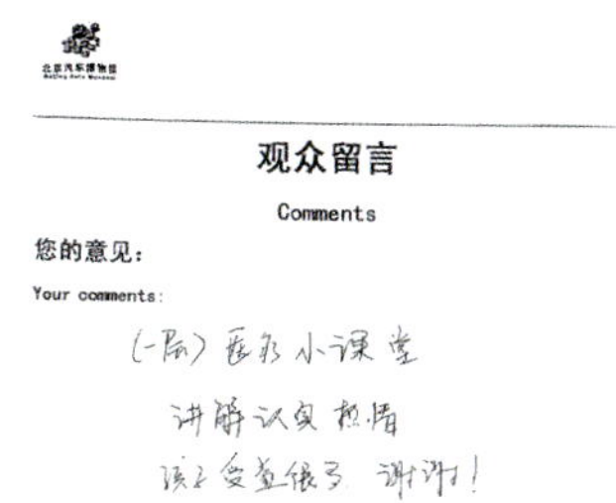

观众留言

Comments

您的意见：

Your comments:

留言时间：2017年 月 日 时 分
Time：

留言楼层：□5 □4 □3 □2 □1
Floor：

您的姓名：
Your name：

联系电话：
Tel：

通讯地址：
Address：

电子邮件：
E-mail：

是否需要反馈处理意见： 是□ Yes 否□ No
Is feedback needed?

旅游景区游客意见调查表

QUESTIONNAIRE

尊敬的游客：

非常感谢您在珍贵的旅游过程中填好这份意见调查表，您的宝贵意见将作为评定本旅游景区质量等级的重要参考依据。

谢谢您的配合支持，祝您旅游愉快。

中华人民共和国国家旅游局

Dear guest:

We would be very grateful if you would take a few minutes to complete this questionnaire. Your comments will be taken as reference for the tourism attraction's quality rating.

Thank you for your efforts, we hope you enjoy the tourism attraction.

China National Tourism Administration

调查项目 Items	很满意 Very satisfactory	满意 Satisfactory	一般 Fair	不满意 Unsatisfactory
外部交通 accessibility				
内部游览线路 Inner itinerary				
观景设施 facilities for sightseeing				
路标指示 Signs for directions				
景物介绍牌 introduction board				
宣传资料 information material				
导游讲解 [illegible]				
服务质量 service quality				
安全保障 safety & security				
环境卫生 environmental hygiene				
厕所 Toilet				
邮电服务 phone & post service				
商品购物 souvenir and shopping				
餐饮或食品 Food & beverage				
旅游秩序 public order				
景物保护 scenery & relic protection				
总体印象 overall impression				

姓名 Name　　国（省、市）名 Country

发挥外部机制工作用表

第六章

服务保障标准体系构建与应用

第一节　服务保障体系构建思路

服务的提供需要一系列其他保障性措施进行支撑。服务保障标准体系对服务过程中涉及的关键环节和因素进行管理和控制，为保证体系的顺利运行提供支持。GB/T 24421.2—2009《服务业组织标准化工作指南 第2部分：标准体系》列出包括环境管理标准、能源管理标准、安全与应急管理标准、职业健康管理标准、信息管理标准、财务管理标准、设备设施及用品管理标准、人力资源管理标准及合同管理标准9个子体系。但博物馆并非传统服务业，同时也是文物保护机构、文化机构，有其自身的构成特点。汽博馆进行服务保障体系建设时，在参考国标的基础上根据本馆的实际工作需要又进行了补充。新添加交通管理标准、工程管理标准、项目管理标准、公共关系和资源管理标准、藏品管理标准、采购管理标准、综合管理标准、党建管理标准、宣传管理标准、经营管理标准和展览管理标准11个子系统，与国标推荐的9个子系统共同组成北京汽车博物馆服务保障标准体系，共形成20类标准，146个标准文件。

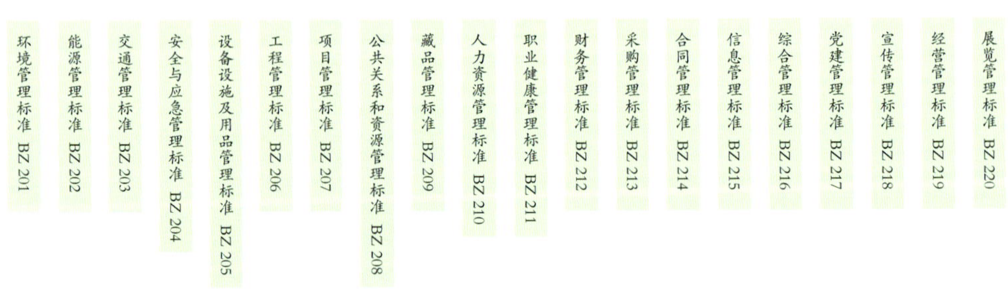

服务保障标准体系框架图

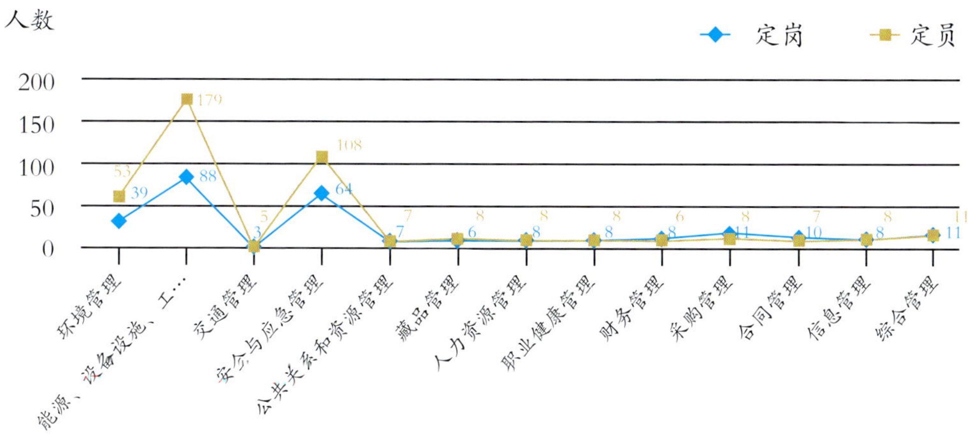

服务保障体系定员439人，占员工总数的77.7%。

服务提供与服务保障人数的配置比例为1：4。

服务保障标准体系人员分布情况

标准体系名称	参考和引用的国标、行标、地标名称	依据的文件（法律法规、政策规划、方针目标）
环境标准	《城市生活垃圾封雷及其评价标准》CJJ/T102—2004 《高处作业分级》GB/T 3608-2008 《旅游景区服务指南》GB/T26355-2010 《文化娱乐场所卫生标准》GB 9664-1996	
能源标准		
交通管理标准	道路交通标志和标线GB 5768-2009	中华人民共和国道路交通安全法（2004年5月1日） 北京市机动车停车管理办法（2014年1月1日）
安全与应急标准	企业安全生产标准化基本规范AQ/T 9006-2010 北京市旅游业安全标准化规范 第二部分：A级景区 建筑消防设施的维护管理GA 587-2005 人员密集场所消防安全管理GA 654-2006 建筑物防雷设计规范GB 50057-2010 安全用电导则GB/T 13869-2008 变配电室安全管理规范DB11/527-2008 生产经营单位安全生产事故应急预案编制导则AQ/T 9002-2006 生产安全事故应急演练指南AQ/T 9007-2011	中华人民共和国安全生产法（2014年12月1日） 北京市安全生产条例（2011年9月1日） 国家安全生产监督管理总局令第44号 安全生产培训管理办法（2012年3月1日） 国家安全生产监督管理总局令第16号 安全生产事故隐患排查治理暂行规定（2008年2月1日） 中华人民共和国国务院令第421号 企事业单位内部治安保卫工作条例（2004年12月1日） 北京市等级旅游景区安全管理规范（2008年4月20日发布） 中华人民共和国消防法（2009年5月1日） 北京市消防条例（2011年9月1日起施行） 机关、团体、企业、事业单位 消防安全管理规定（2002年5月1日） 中华人民共和国特种设备安全法（2014年1月1日起施行） 中华人民共和国食品安全法（2009年6月1日起施行） 《中华人民共和国文物保护法》（2002年版）（2002年10月28日，第76号主席令公布。） 《中华人民共和国文物保护法实施条例》中华人民共和国国务院令第377号（2003年5月13日公布，自2003年7月1日起执行。） 《博物馆安全保卫工作规定》（公安部、文化部联合制定，1985年1月25日，国家文物局文物字（85）第59号通知） 中华人民共和国突发事件应对法（2007年11月1日施行） 北京市旅游安全事故报告制度规定（2005年1月14日施行） 生产安全事故报告和调查处理条例（2007年6月1日起施行） 北京市旅游安全事故报告制度规定（2005年1月14日施行）

服务保障参考法规与引用标准示例图

第二节 环境管理标准

一、科学分析，大环境观思考管理内容

环境管理标准，以质量目标为导向，并根据汽博馆建筑实体情况进行细化分析，参考国内有关法律法规、标准和规范，结合汽博馆实际情况建立、健全《环境管理制度与规范》，实现涵盖管理范围和层级的环境管理准则。

根据GB/T 24421—2009关于环境标准条款及释义，汽博馆环境标准体系包括环境质量、监测及保护；日常经营管理和活动中废气废水及有害物质、垃圾等排放及处理；日常环境管理标准等相关内容。结合汽博馆实际情况，在搭建环境管理标准体系中，充分分析馆内日常工作，将环境标准体系细分为3个子体系：环境管理、卫生清洁管理、环境氛围管理，形成管理文件4个：《环境管理规范》《高空保洁管理规范》《区域清洁管理规范》《环境氛围营造管理规范》。

环境管理涵盖环境保护、环境监测及废气废水垃圾处理等内容，编制为BZ201-01《环境管理规范》，包括9项内容：生活饮用水卫生检测管理、空气温度监测管理、公共场所噪声控制管理、照明监测管理、污水排放控制、垃圾分类管理、化粪池清掏管理、虫控消杀管理、绿化养护管理。

卫生清洁管理涵盖高空保洁管理及日常馆内各区域保洁管理相关内容，编制为BZ201-02《高空保洁管理规范》和BZ 201-03《区域清洁管理规范》。其中，

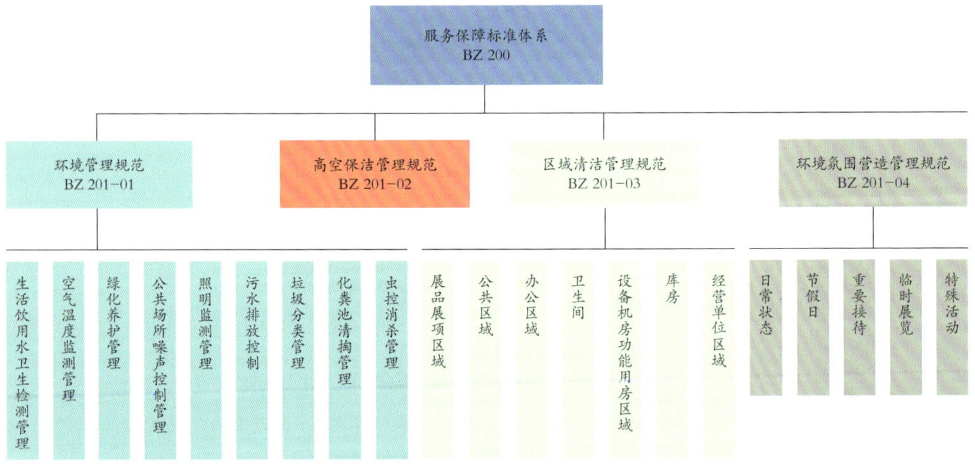

环境管理标准框架图

区域清洁管理规范根据博物馆实际物理空间划分为7类区域：展品展项区域、公共区域、办公区域、卫生间、设备机房及功能用房区域、库房、经营单位区域。在标准编写时根据7类区域的不同分别制定了相应标准。

环境氛围营造管理是在充分结合汽博馆实际工作情况下，对GB/T 24421—2009的引申，主要梳理了汽博馆日常状态、节假日、重要接待、临时展览及特殊活动的不同特点，结合汽博馆建筑、室内外环境、背景装饰等，在保证安全的前提下最大限度地起到突出主题、迎合节日氛围需要的实际效果，编制为BZ 201-04《环境氛围营造管理规范》。

二、打造愉悦参观环境

汽博馆环境管理规范指明了对环境管理各项工作的具体要求和规定，重点对环境管理中的管理事项、执行事项、应急事项进行了梳理、整合、分类和完善，细化了环境管理中的落实环节及执行程序。

例如在区域清洁管理方面共涉及规定121条，主要分为卫生质量规定89条，卫生管理规定32条，另含清洁计划1个，工作细则5个，表单8个。通过规范的管理与实施，有效保障了开馆运行中环境清洁工作顺利扎实开展。因汽博馆周末客流具有客流量大、观众类型丰富的特点，结合标准化文件的实施进一步完善制定了保洁应急处理办法，并在一线岗位进行实际开展。截至目前，共进行保洁应急处理2470次，确保了快速应对大客流期间因各类突发性污染引起的环境问题，为保障博物馆整体环境质量，为每一位游客提供高质量的参观环境提供了强有力保障。结合博物馆的物理特性，在区域清洁管理规范中完善了周期性养护计划，截至目前共进行30次专项清洁，使博物馆的展区及公共区域的卫生质量得到了较大改善。在区域清洁管理规范中涉及的《保洁药剂使用细则》，明确规定了药剂的配置及用量，通过规范的执行，规范了保洁人员的药剂使用，有效避免出现配比不合理造成的浪费，大大降低了使用成本，且保证了清洁质量。

在高空保洁管理方面共涉及规定58条，管理表单5个。众所周知，高空保洁工作不仅强调保洁质量，更要强调安全。自施工准备阶段起，环境管理部门与物业服务单位严格按照标准化流程对第三方实施单位进行过程管理及检查。在执行进度、执行项目上有效明确了人员的职责及作业流程，如发现不符合标准化规范作业的情况，将直接叫停所有作业项目，并进行现场整改。通过落实《高空清洁管理规范》，使高空清洁作业在组织、审核、安全防控、作业、检查、质量验收等方面充分得到了细化执行，有效落实了各项防护措施降低了作业风险，提高了清洁效率。

在环境氛围营造管理方面共涉及规定55条，表单2个。通过执行规范，环境氛围营造工作由提出方案、方案审核、方案修改、方案确定、实施方案五部分组成，每一步都有相应管理人员把关，确保最终形成的环境氛围布置工作紧贴博物馆活动主题，达到以视觉效果、宣传效果与活动内容相统一的展示结果。以“金戈铁马话军车”主题展为例，在得知活动开展的48小时内，汽博馆环境氛围布置及时、有效开展，重点在氛围营造中把控组织、实施、验收等各环节的规范管理，确保布展前全部到位，效率与主题得到一致。

三、持续改进，以观众需求为导向

标准化是一个动态循环的建设过程，需要根据工作情况的变化不断对标准文件进行修订。为提高博物馆的服务质量，满足公众对高质量的环境要求，汽博馆也在不断地改进并修订环境标准。在现有环境管理规范中，加入了大气PM2.5的监控与防治、垃圾分类管理、环境监管职责等管理规范，切实有效地对环境管理进行改进。如环境监管中，加入了《北京汽车博物馆环境维护审批表》与《北京汽车博物馆环境维护承诺书》，加强对活动与施工进行监管，使得环境监管切实有效地进行与实施。还针对环境卫生考核表进行了重新修订，对一些难点问题增加权重，优化分值，让环境卫生考核列项更加能够体现问题，纠正问题。

通过标准化贯宣，环境管理人员的管理水平有了较大幅度提高，通过环境管理规范学习，使绿化、保洁及高空清洁作业，绿化氛围营造工作从管理到质量均得到了较大提升。

“有问题找标准。”以前环境管理规范中没有明确对造成环境影响的事件如何处置和管理，根据实际情况，及时增加了监督管理责任和申报处置流程，配套形成相关的承诺书，在汽博馆的施工和活动需要进行报备和提出环境保护方案，经确认后方可进行。同时，管理人员也会多次到场进行复验，确保不产生环境影响。标准化带给我们的不仅是文字和规范，更是效率与实操的提升。

四、参考法规和引用标准

1. Q/QBG BZ 201-01-01—2014《环境管理规范》

CJJ/T 102—2004《城市生活垃圾分类及其评价标准》

GB 3095—2012《环境空气质量标准》

《中华人民共和国行业标准》，由中华人民共和国建设部于2004年8月18日颁布，2004年12月1日实施。

《北京市公共厕所运行管理规范（试行）》市政容函（2015）510号，由北京市市政市容管理委员会于2015年12月28日颁布。

2. Q/QBG BZ 201-02-01—2014《高空保洁管理规范》

GB/T 3608—2008《高处作业分级》

《中华人民共和国国家标准》，由中国国家标准化管理委员会于2008年10月30日颁布，2009年6月1日实施。

JGJ 168—2009《建筑外墙清洗维护技术规程》

3. Q/QBG BZ 201-02-02—2014《区域清洁管理规范》

GB/T26355—2010《旅游景区服务指南》

GB 9664—1996《文化娱乐场所卫生标准》

《中华人民共和国国家标准》，由中国国家标准化管理委员会于2011年1月14日颁布，2011年6月1日实施。

《中华人民共和国国家标准》，由中国国家技术监督于1996年1月29日颁布，1996年9月1日实施。

环境管理规范
Q/QBG BZ 201-01—2014

	范围	术语和定义	职责和权限	管理内容与要求	检查与考核	规范性附录
涉及的内容	范围	术语和定义	职责和权限	管理内容与要求	检查与考核	规范性附录
具体内容	本标准规定了北京汽车博物馆环境管理工作的职责与权限、内容与要求、检查与考核等 本标准适用于北京汽车博物馆环境管理工作	可回收垃圾 不可回收垃圾	环境管理涉及的部门和权限 环境管理涉及的岗位和权限	生活饮用水卫生管理 空气温度监测管理 公共场所噪声控制管理 照明管理 污水排放控制 PM2.5的监控与防治 垃圾分类管理 化粪池清掏管理 虫害消杀管理 绿化养护管理 环境监管	物业管理及运维中要求 展陈管理及运维中要求 物业服务中心要求 物业服务部要求	附录A（规范性附录） 北京汽车博物馆物业管理及运维中心月度专项考核表 附录B（规范性附录） 北京汽车博物馆展陈展项运营工作月度专项考核表 附录C（规范性附录） 物业管理及运维中心测温湿度表 附录D（规范性附录） 生活水箱巡视记录表附录E（规范性附录） 生活水箱钥匙使用登记表 附录F（规范性附录） 环境专项工作检查记录 附录G（规范性附录） 第三方监管日记录汇总表 附录H（规范性附录） 环境专项作业验收单 附录I（规范性附录） 环境整改通知单 附录J（规范性附录） 绿化养护工作检查标准与方法

环境管理规范框架图

环境氛围营造管理规范
Q/QBG BZ 201-04—21014

	范围	术语和定义	职责和权限	管理内容与要求	检查与考核	规范性附录
涉及的内容	范围	术语和定义	职责和权限	管理内容与要求	检查与考核	规范性附录
具体内容	本标准规定了北京汽车博物馆环境氛围营造工作的职责与权限、内容与要求、检查与考核等 本规范适用于北京汽车博物馆环境氛围营造工作	日常环境氛围营造 节假日、重大活动环境氛围	物业服务部职责 物业服务中心职责 业务部门职责 外包环境专业服务单位职责	环境氛围的分类 日常环境氛围营造管理 节假日、重大活动环境氛围营造管理 氛围营造工作流程	展板制作验收 绿植摆放验收 装饰品的验收	附录A（规范性附录）环境专项作业验收单 附录B（规范性附录）活动氛围营造展板主题内容预定单

环境氛围营造管理规范框架图

第三节 能源管理标准

一、以“节能降耗、科学管理、合理使用、经济运行”为能源管理方针，构建能源标准化管控体系

能源管理是汽博馆管理的核心。构建能源管理标准旨在统一能源管理流程，加强能源管理规范化、标准化，建立科学、高效、有序的能源管理体系，通过加强能源管理工作，规范能源管理行为，完善能源计量分析，提高用能设备经济运行标准，科学用能，严格监督，合理安排各类能源消耗，实现提高能源使用效益，为北京汽车博物馆安全、稳定运行提供保障。

《能源管理标准》是以能够保证场馆基本运营能耗为前提，以节约优先为原则，结合场馆的运行特点、规律，从汽博馆现行能源管理工作的角度出发，划分出各部门的职责，对于国家强制管理的能源计量器具进行严格管理，并将电、水、气、油四类能源的使用制定要求及标准，采取能源消耗定期统计、分析的方法，对重点的能耗设施设备进行重点把控，始终将节能降耗这一概念贯穿整个体系，旨在统一能源管理流程，规范能源管理行为，提高能源使用效益。汽博馆始

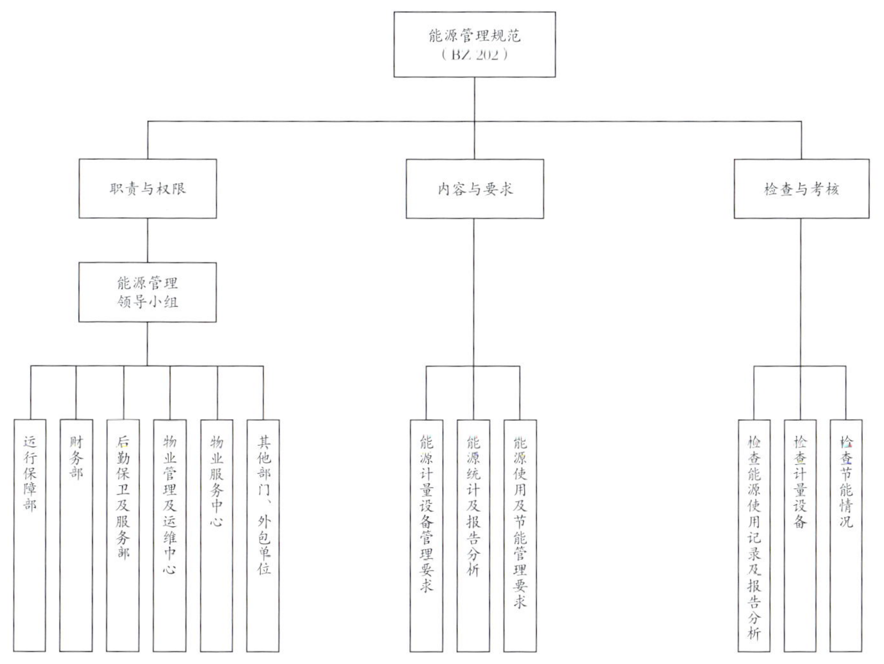

能源管理规范框架图

终以“节能降耗、科学管理、合理使用、经济运行”为能源管理方针，坚持源头控制与存量挖潜，依据国家相关法规进行能源的管理、使用、控制工作。

《能源管理规范》根据GB 17167—2006《用能单位能源计量器具配备和管理通则》、《公共建筑室内温度控制管理办法》，规定了能源管理的职责与权限，管理内容及要求，监督与控制机制。规范规定了能源管理领导小组是场馆能源管理的决策机构，研究决策年度能源任务，贯彻执行国家的能源法律、方针、政策和技术标准。规范规定了运行保障部、财务部、后勤保卫及服务部、物业管理及运维中心、物业服务中心及其他部门、外包单位的职责和权限。汽博馆各部门、各外包单位必须贯彻执行能源管理方针目标，协助能源管理领导小组完成能源管理的具体工作。同时，规范规定了能源计量设备管理要求，能源统计及报告分析，水、电、气、油等能源使用及节能管理要求。

以临时用电审批为例，建立了《运维中心临时用电申请表》《临时用电审批流程图》。

运维中心临时用电审批单

编号：

<table>
<tr><td colspan="2">申请单位/部门</td><td colspan="2">工程名称</td></tr>
<tr><td>安装位置</td><td colspan="3"></td></tr>
<tr><td>用电负荷</td><td></td><td>安装日期</td><td>年 月 日</td></tr>
<tr><td>安装人</td><td></td><td>计划终止日期</td><td>年 月 日</td></tr>
<tr><td>安全交底人</td><td></td><td>实际拆除日期</td><td>年 月 日</td></tr>
<tr><td>安全检查人</td><td></td><td rowspan="3">备 注</td><td rowspan="3"></td></tr>
<tr><td>安全监护人/负责人</td><td></td></tr>
<tr><td>联系电话</td><td></td></tr>
<tr><td colspan="2">物业管理及运维中心意见</td><td colspan="2">运行保障部意见</td></tr>
<tr><td colspan="2"></td><td colspan="2"></td></tr>
<tr><td colspan="2">年 月 日</td><td colspan="2">年 月 日</td></tr>
</table>

通过开馆运行6年来在设备运行管理方面总结的经验，汽博馆在保证安全、稳定、节能、环保运行的前提下，水、电、气、油能源消耗方面总结出了一套适合汽博馆特点并行之有效地节能降耗措施。在能源管理工作中，结合场馆实际标

准需求和馆外环境、气候的变化，始终贯彻“节能降耗、科学管理、合理使用、经济运行”的方针，坚持源头控制与存量挖潜、依法管理与政策激励、突出重点与全面推进相结合，进行能源的管理、使用、控制工作。

能源管理

通过值守和巡视人员收集的设备运行数据与环境变量产生的数值来灵活调整设备的运行时间、频次及参数，定期对设备运行产生的各项数据进行阶段性整理分析，及时调整运行方案，达到设备输出功率的高效可利用化，避免浪费（例如在夏季直燃机关机后循环水泵延后2小时关闭，这样就能充分利用管路里的余温保持空调系统的温度，避免能量的浪费）。通过增加传感器、数据记录器、智能控制器以及对部分设备进行功能结构方面的优化改造，实现对能源数据的及时、准确、全面的收集，为制定能源管理方案提供科学、有效的数据支撑，为设备的稳定、安全、高效运行创造有利条件（例如增加的计量电表、水表、热风幕增加的时控器、冷却塔布水盘的改造、会议室增加的温湿度传感器等）。通过更换节水设备、节电器具、技术节能改造（如更换的节水红外感应冲水器、厨房增加的风机现场控制器、车库照明调整）等一系列节能降耗的技术措施进行精准调控和实时控制管理，达到对馆内空调、通风、照明、动力及生活用水方面进行科学有效的调控，从而实现场馆能源消耗6年来呈山峰形态稳中有降的良好态势。

二、参考法规和引用标准

Q/QBG BZ 202—2014《能源管理规范》

GB 17167—2006《用能单位能源计量器具配备和管理通则》

《公共建筑室内温度控制管理办法》（2008年7月1日）由中华人民共和国住房和城乡建设部于2008年6月25日颁布，2008年7月1日实施。

临时用电审批流程图
阶段
流程
事项及内容
执行单位及人员
临时用电需求
填写工作联系单
临时用电需求说明
临时用电需求部门或单位
填写临时用电审批单
1.项目名称；2.安装位置；3.安装日期；4.使用终止日期；5.拆除日期；6.用电负荷；7.安全监护负责人
临时用电需求部门或单位
5台设备或50KW以上
1.用电设计方案；2.电气图纸；3.电器位置图；4.用电设备清单；5.施工人员资质
临时用电需求部门或单位
编写报审文件
1.安全用电技术措施和电气防火措施；2.电气图纸；3.电器位置图；4.用电设备清单；5.施工人员资质
临时用电需求部门或单位
5台设备或50KW以下
不合格
临时用电审批
初审
1.需求情况；2.方案情况；3.资质情况
运行保障部场馆工程师
现场核实
1.供电设备情况；2.用电设备情况；3.现场安装布置情况；4.安全情况
物业管理及运维中心
批准实施
最终审批
运行保障部部长
临时用电实施使用监督管理
实施交底
1.三方现场勘查；2.施工准备；3.安全措施；4.核对表底；5.注意事项；6.施工临电使用
运行保障部场馆工程师、物业管理里及运维中心技术人员
实施监管
1.自身监察；2.施工标准；3.施工安全；3.成品保护；4.人员资质；5.现场情况；6.文明施工
实施单位现场安全员、需求部门、运行保障部场馆工程师、物业管理里及运维中心技术人员
检查验收
1.完工自查；2.现场清洁；3.申请验收
实施单位负责人、需求部门、运行保障部场馆工程师、物业管理里及运维中心技术人员
竣工送电
1.计量表底核对；2.试供临电；3.正式供临电；4.签字确认
实施单位负责人、需求部门、运行保障部场馆工程师、物业管理里及运维中心技术人员
巡查
1.设备运行情况；2.线路负荷情况；3.安全用电检查；4.检查记录
物业管理里及运维中心技术人员
使用监管
自查
1.设备使用情况；2.清场设备断电
实施单位现场安全员、需求部门
申请延期
延期使用
临电拆除
1.核对用电量；2.拆除；3.三方现场检查
实施单位负责人、需求部门
延期使用（超过15天）办理延期手续
实施单位负责人、需求部门、运行保障部场馆工程师、物业管理里及运维中心技术人员
文件归档
1.报审文件；2.检查记录；3.电量确认记录；4.延期申请文件
运行保障部、物业管理及运维中心

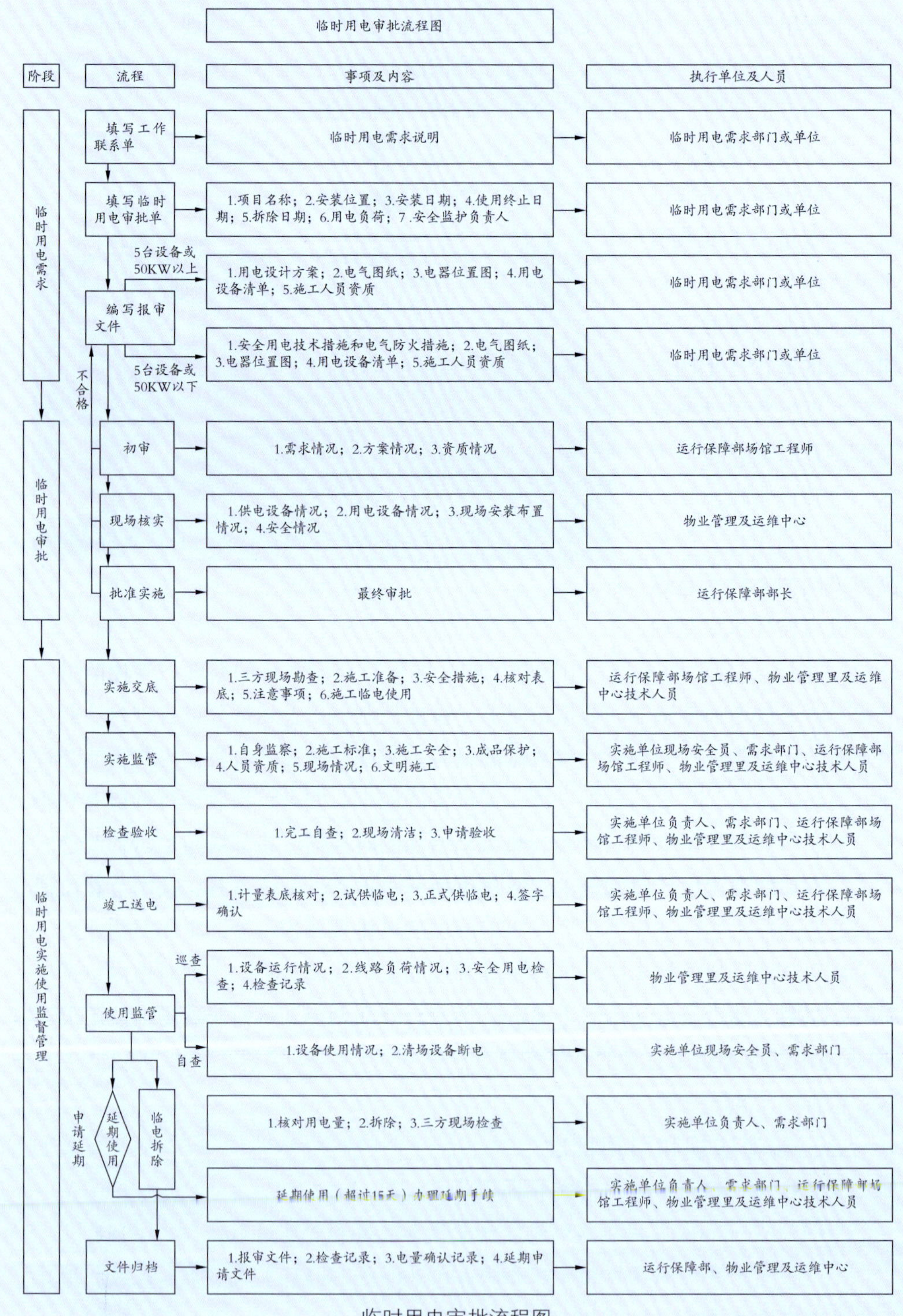

临时用电审批流程图

第四节 安全与应急管理标准

一、从安全目标、支撑、保障、防控、操作五个方面入手，构建一套符合运行特性健全有效地安全管控机制

汽博馆在开馆之初安全工作就树立了“重大安全和消防事故为零”的安全目标，可见安全工作在保障整体开放运行中的重要意义和使命。构建好博物馆的安全与应急管理体系，是确保安全有序运行的重要因素，是强化安全管理和提高安全控制能力的客观要求，必须要具有较强的合规性、实用性和可操作性，并能通过自我检查、自我纠正、自我完善这一动态循环的管理模式。

《安全与应急标准》是以国家相关安全法规和AQ/T 9006—2010《企业安全生产标准化基本规范》标准为基本依据，结合GB/T 24421.2《服务业组织标准化工作指南 第2部分：服务保障标准体系》和《北京市旅游业安全标准化规范 第2部分：等级景区》标准要素与汽博馆实际情况编写而成。《安全与应急管理标准》体系分为《安全管理》和《应急管理》两类，其中安全管理标准包含11个子文件，应急管理标准包含2个子文件。

汽博馆安全标准体系涵盖了安全工作的全局，不仅是开展安全工作的基本要求和衡量尺度，同时也是加强安全管理的重要方法和手段。在创建中结合自身的特性从安全目标、支撑、保障、防控、操作五个方面将安全工作开展涉及的安全管理事项、安全执行事项、安全应急事项进行了全方位的细致梳理、整合及分类，并参考国内有关法律法规、标准和规范以及实际运行管理情况，按照“横向到边，纵向到底” 的基本原则，有效划分了管理和执行层级。整个体系文件把握了整体性和逻辑性，包括馆级、部门级和岗位级相关的安全文件标准，每一个标准规范在范围、规范性引用文件、职责和权限、管理内容与要求、检查与考核、规范性方面上详细进行管理规定。

安全与应急标准注重各项管理事项要素分解，明确了以核心要素管理为主的纵向管理和以事项为主的横向管理。《安全与应急管理规范》中安全的核心管理内容是：安全管理目标、组织机构和职责、安全管理责任制、安全投入、安全会议、教育培训、隐患排查、检查与考核、危险源监控、建设项目“三同时”、应急救援、事故报告调查和处理等。这些管理内容统一纳入在《安全管理通则》与《应急管理通则》范畴中，确立了安全与应急管理工作的开展主线和基本大纲，规范了汽博馆安全主体责任落实的各级管理责任、管理流程及管理标准，突出了

安全工作在开展中的管理重心和中心。同步，在横向管理中结合汽博馆运行的特性，针对服务提供和服务保障中各类安全重点管理内容：服务安全、设备设施安全、电气安全、消防安全、治安保卫、食品安全、作业安全、藏品安全、信息安全、反恐安全共10类专项安全制定了管理规范，10类安全覆盖管理事项64个，规范了汽博馆各业务部门在开展业务中涉及人、机、物、环等事项中的安全管理标准和执行操作标准，体现了“一岗双责”的落实要求。

二、强化责任落实，确立“一个目标、三级管理、三项责任”的安全管理机制，将“一岗双责”落到实处

汽博馆安全标准体系的管理与应用，确立了“一个目标、三级管理、三项责任”的安全管理机制，为服务与保障工作提供了可以明确执行的安全依据和准则，从而为工作“有法可依、有法必依”打下了基础，也使安全工作的管理执行力得到了保证。在落实安全与应急管理标准的规范执行中，严格实行安全生产小组监督管理，安全专职机构专项管理，业务部门责任管理，建立了一套行之有效地、更加具体化、规范化、可操作性的安全管理责任机制。按照“谁主管、谁负责”“管业务必须管安全”“管生产经营必须管安全”和“分级负责、属地为主”的原则，完善《“党政同责、一岗双责”安全管理开展事项指引》，明确了各级年度安全事项开展的制度依据、执行时间和具体要求，明确落实了部门安全责任制的三种责任，即按部门职责分工的安全管理责任；按部门管理区域的安全检查责任；按部门管理事项的安全防控责任。在严格落实安全监管责任和主体责任的同时，进一步对以部门、区域、事项类型界定的安全责任管理和检查进行深化分解，改进完善了汽博馆《危险源防控手册》，共涉及18个区域4类危险源，明确了82个潜在风险点及46项防控责任措施。

标准的执行既是标准化建设的基本要求，其自身也是检验标准化建设成效的重要标准。《安全与应急管理规范》就是汽博馆在安全标准化创建中以保护观众与员工生命和财产安全为目的，以服务提供和服务保障的过程为内容，收集、制定的安全标准体系。为了能更准确地、科学地评价及改进日常安全管理状况，针对各部门管理特性，规范中还制定了部门安全检查标准和部门安全考核标准。在检查上统一将各个部门的安全检查项目进行了业务定制，并将检查的时间周期、方式方法、记录表单、档案存档等控制过程和管理建立在同一个规范标准上执行，用同一把管理尺度去衡量部门所负责的安全责任检查事项完成状况，有效

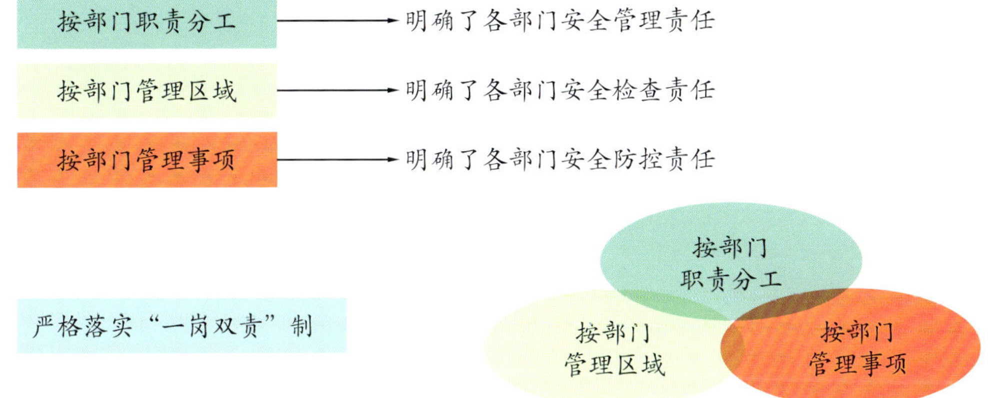

安全与应急管理责任示例图

地对部门安全检查细项和操作程序给予指引，并在每次安全检查或安全会议结束后，都会进行检查分析和问题通报，采取相应的措施进行整改，进而解决了各部门安全员在对安全责任检查时，往往不知道从何下手，或者不知道检查什么的问题，同时部门任何一名员工也都可以将《部门安全检查表》作为日常的检查标准，从而有效地预防、控制和排除了存在的安全隐患。

在考核上，坚持贯彻“一岗双责”及“管业务必须管安全，管生产经营必须管安全”的原则，按照《部门安全考核细则》定期对各部门所属业务的安全管理工作进行对标评定，重点对目标达成、责任制落实、培训开展、隐患检查与整改、安全员履职等管理落实方面进行现场核查，同时提出相应安全管理意见，最后通过考核得分和排名达到呈现各部门安全管理的真实状况，增强了全员、全过程、全方位、全天候的管理。

三、有效管控安全风险，实现自开馆至今重大安全和消防事故为“零”的安全目标，持续进行管理评价与改进执行

通过安全管理标准贯彻实施和持续改进，在服务和保障的各个岗位上，《安全与应急管理规范》变成了可以明确遵照执行的规章和操作规程，克服了工作的随意性，规范了安全行为，改善了安全条件，提升了一线事故防范能力和安全保障能力，“有问题找标准”也相应变成在岗前培训和岗中培训时的内容和过程，从而使得各项工作有了可以一以贯之、加以遵循的安全准则，也最大限度地避免了工作中人为因素容易造成的安全不确定性，从“要我安全逐步转变成为我要安全”。

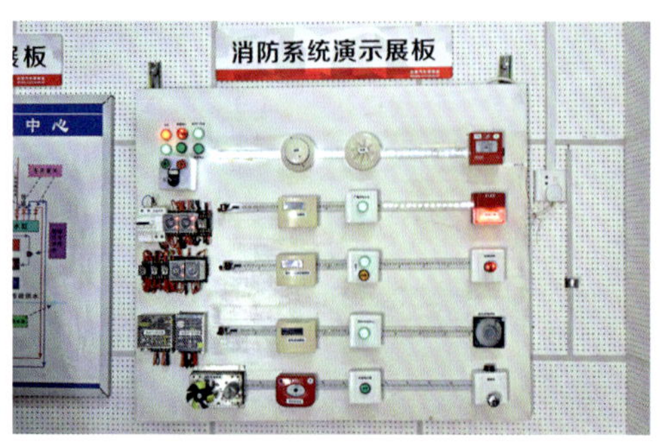

消防系统演示展板

安全设备——微型消防站装备柜

2015年7月汽博馆按照《北京市旅游业安全标准化规范 第2部分：等级景区》开展了旅游业安全生产标准化二级达标单位的创建工作，着重对服务业标准化中的安全标准体系进行了差距查找和持续改进，2016年12月21日正式通过北京市旅游委专家组安全标准化“二级达标”复核，2017年2月被正式授牌成为安全生产二级达标单位。在创建旅游业安全生产标准化的过程中，汽博馆始终以遵守国家相关的法律法规为依据，牢固树立“以人为本、安全发展”的理念，重视日常职工安全健康知识培训和普及教育，不断提高自我防护能力和对突发安全生产事故的应急处理能力，并在北京市2015年度“安康杯”竞赛中，荣获“全国优胜单位”奖项。

另外，随着国际恐怖形式的发展，和我国面临的恐怖威胁的情况，国家旅游局与国家反恐怖工作领导小组办公室联合制定了《旅游景区反恐怖防范规范》，为旅游业反恐怖防范工作提供了遵循和依据。为贯彻落实国家反恐怖工作领导小组办公室和北京市反恐怖工作领导小组办公室通知要求，汽博馆结合工作实际，制定完善了汽博馆《反恐怖防范管理规范》，该规范对汽博馆反恐怖防范目标等级、防范重点部位、常态反恐怖防范、非常态反恐怖防范、应急管理、检查与考核等做了具体规定，对推动汽博馆建立反恐怖防范长效机制，提高反恐怖防范能力水平，加强反恐怖防范工作，为来馆观众提供安全的旅游环境具有重要意义。

四、参考法规和引用标准

1. Q/QBG BZ 204-01—2017《安全管理通则》

《北京市旅游业安全标准化规范 第二部分：A级景区》

《北京市等级旅游景区安全管理规范》由北京市旅游发展委员会于2013年8

月18日发布，2013年11月19日起实施。

《中华人民共和国安全生产法》由全国人民代表大会常务委员会于2014年8月31日颁布，2014年12月1日起施行。

GB/T 33000—2016《企业安全生产标准化基本规范》由国家质量监督检验检疫总局与国家标准化管理委员会于2016年12月13日颁布，2017年4月1日起实施。

《北京市安全生产条例》由北京市人民代表大会常务委员会于2004年7月29日颁布，2011年9月1日起施行。

《中华人民共和国特种设备安全法》由全国人民代表大会常务委员会于2013年6月29日颁布，2014年1月1日起施行。

《中华人民共和国文物保护法》由全国人民代表大会常务委员会于2013年6月29日颁布，2013年6月29日起施行。

《博物馆条例》由国务院于2015年1月14日颁布，2015年3月20日起施行。

《中华人民共和国消防法》由全国人民代表大会常务委员会于2008年10月28日颁布，2009年5月1日起施行。

《企事业单位内部治安保卫工作条例》由国务院于2004年9月13日颁布，2004年12月1日起施行。

《劳动防护用品监督管理规定》由国家安全生产监督管理总局于2005年7月8日颁布，2005年9月1日起施行。

《中华人民共和国旅游法》由全国人民代表大会常务委员会于2013年4月25日颁布，2013年10月1日起施行。

《中华人民共和国食品安全法》由全国人民代表大会常务委员会于2009年2月28日颁布，2009年6月1日起施行。

《安全生产培训管理办法》由国家安全生产监督管理总局于2011年12月31日颁布，2012年3月1日起施行。

《安全生产事故隐患排查治理暂行规定》由国家安全生产监督管理总局于2007年12月22日颁布，2008年2月1日起施行。

《北京市生产安全事故隐患排查治理办法》（北京市人民政府第266号令）由北京市人民代表大会常务委员会于2015年11月24日颁布，2016年7月1日起施行。

《北京市等级旅游景区安全管理规范》由北京市旅游发展委员会于2008年4月20日颁布，2008年4月20日起实施。

《旅游安全管理办法》由国家旅游局于2016年9月7日颁布，2016年12月1日起施行。

2. Q/QBG BZ 204-02—2017《治安保卫管理规范》

《企事业单位内部治安保卫工作条例》由国务院于2004年9月13日颁布，2004年12月1日起施行。

《北京市等级旅游景区安全管理规范》由北京市旅游发展委员会于2008年4月20日颁布，2008年4月20日起实施。

3. Q/QBG BZ 204-03—2017《消防安全管理规范》

GA 587—2005《建筑消防设施的维护管理》

《中华人民共和国消防法》由全国人民代表大会常务委员会于2008年10月28日颁，2009年5月1日起施行。

GA 654—2006《人员密集场所消防安全管理》

《北京市消防条例》由北京市人民代表大会常务委员会于2011年5月27日颁布，2011年9月1日起施行。

《机关、团体、企业、事业单位消防安全管理规定》由公安部于2001年11月14日颁布，2002年5月1日起施行。

4. Q/QBG BZ 204-04—2015《设备安全管理规范》

《中华人民共和国特种设备安全法》由全国人民代表大会常务委员会于2013年6月29日颁布，2014年1月1日起施行。

5. Q/QBG BZ 204-05—2015《电气安全管理规范》

GB 50057—2010《建筑物防雷设计规范》

GB/T 13869—2008《安全用电导则》

DB11/527—2008《变配电室安全管理规范》

6. Q/QBG BZ 204-06—2015《食品安全管理规范》

《中华人民共和国食品安全法》由全全国人民代表大会常务委员会于2009年2月28日颁布，2009年6月1日起施行。

7. Q/QBG BZ 204-08—2015《藏品安全管理规范》

《中华人民共和国文物保护法》由全国人民代表大会常务委员会于2013年6月29日颁布，2013年6月29日起施行。

《博物馆安全保卫工作规定》由国家文物局于1985年1月25日颁布，1985年1月25日起施行。

8. Q/QBG BZ 204-09—2017《作业活动安全管理规范》

《北京市旅游业安全标准化规范 第二部分：等级景区》

9. Q/QBG BZ 204-11—2017《反恐怖防范管理规范 》

《旅游景区反恐怖防范规范》由国家旅游局、国家反恐怖工作领导小组办公室于2015年6月15日颁布，2015年6月15日起施行。

10. Q/QBG BZ 204-12—2017《应急管理通则》

AQ/T 9002—2006《生产经营单位安全生产事故应急预案编制导则》

《中华人民共和国突发事件应对法》由全国人民代表大会常务委员会于2007年8月30日颁布，2007年11月1日起施行。

AQ/T 9007—2011《生产安全事故应急演练指南》

《北京市旅游突发事件报告制度规定》由北京市旅游局于2009年1月5日颁布，2009年1月5日起施行。

11. Q/QBG BZ 204-13—2017《应急预案》

AQ/T 9002—2006《生产经营单位安全生产事故应急预案编制导则》

《中华人民共和国突发事件应对法》由全国人民代表大会常务委员会于2007年8月30日颁布，2007年11月1日起施行。

AQ/T 9007—2011《生产安全事故应急演练指南》

《生产安全事故报告和调查处理条例》由国务院于2007年3月28日颁布，2007年6月1日起施行。

《北京市旅游突发事件报告制度规定》由北京市旅游局于2009年1月5日颁布，2009年1月5日起施行。

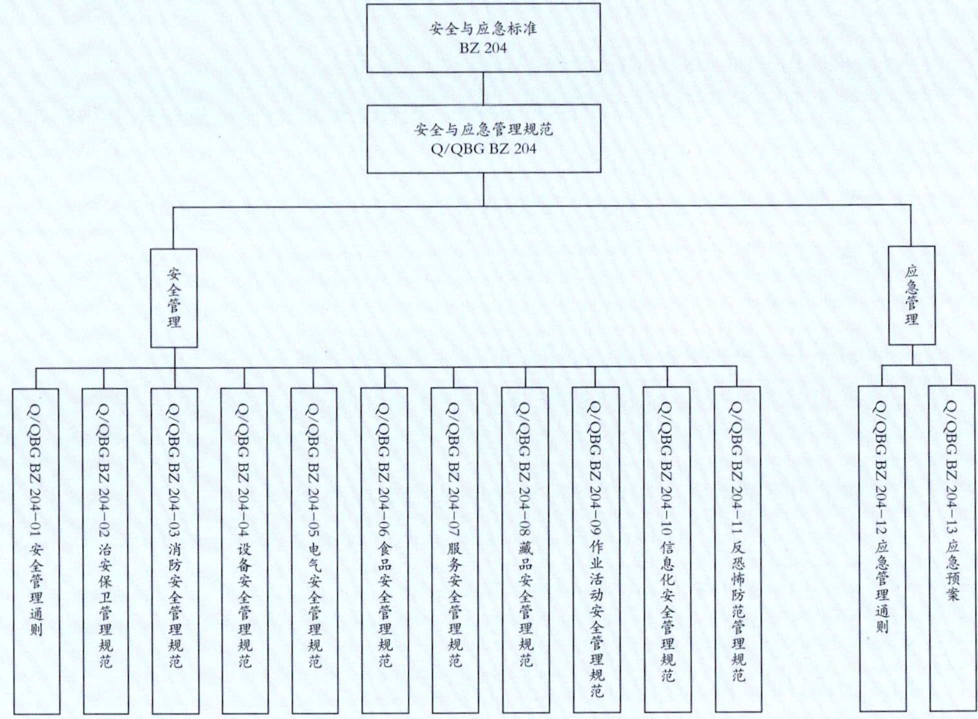

安全与应急管理标准框架图

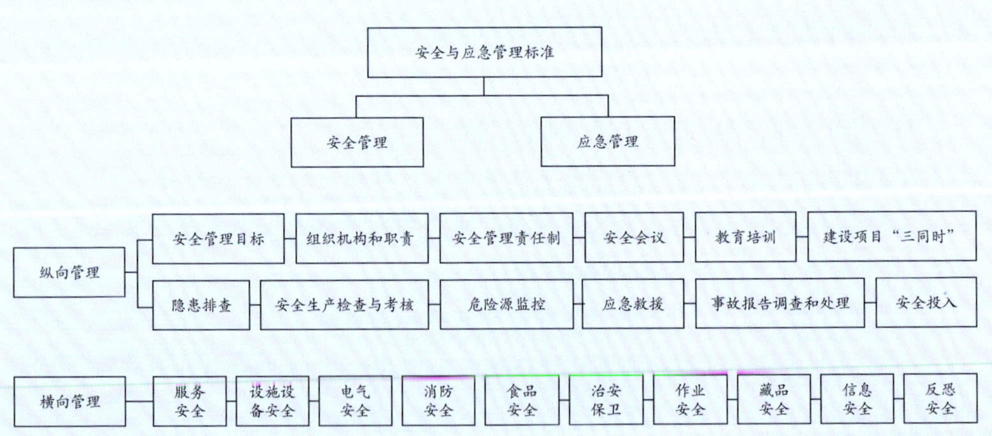

安全与应急管理示例图

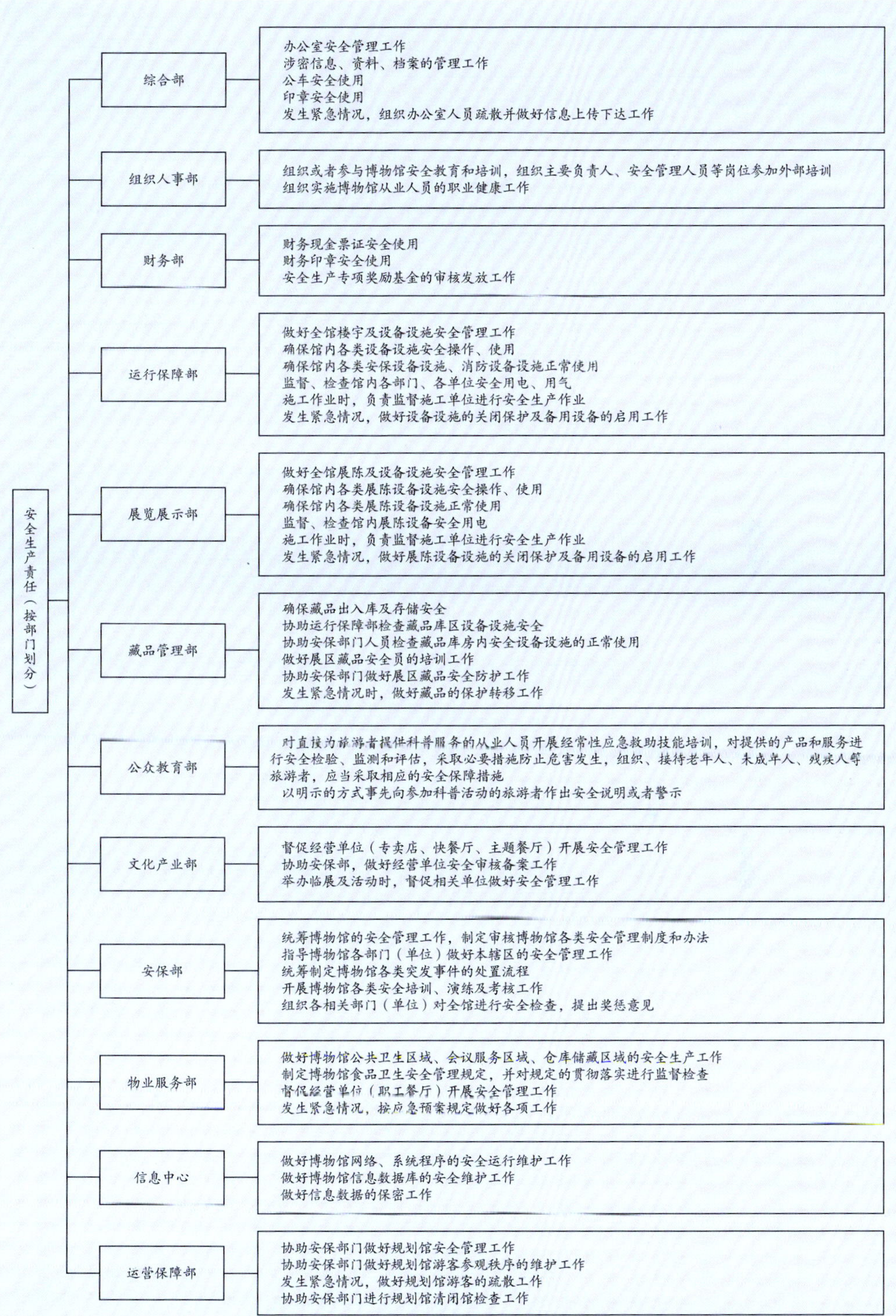

安全生产责任划分（按部门划分）体系

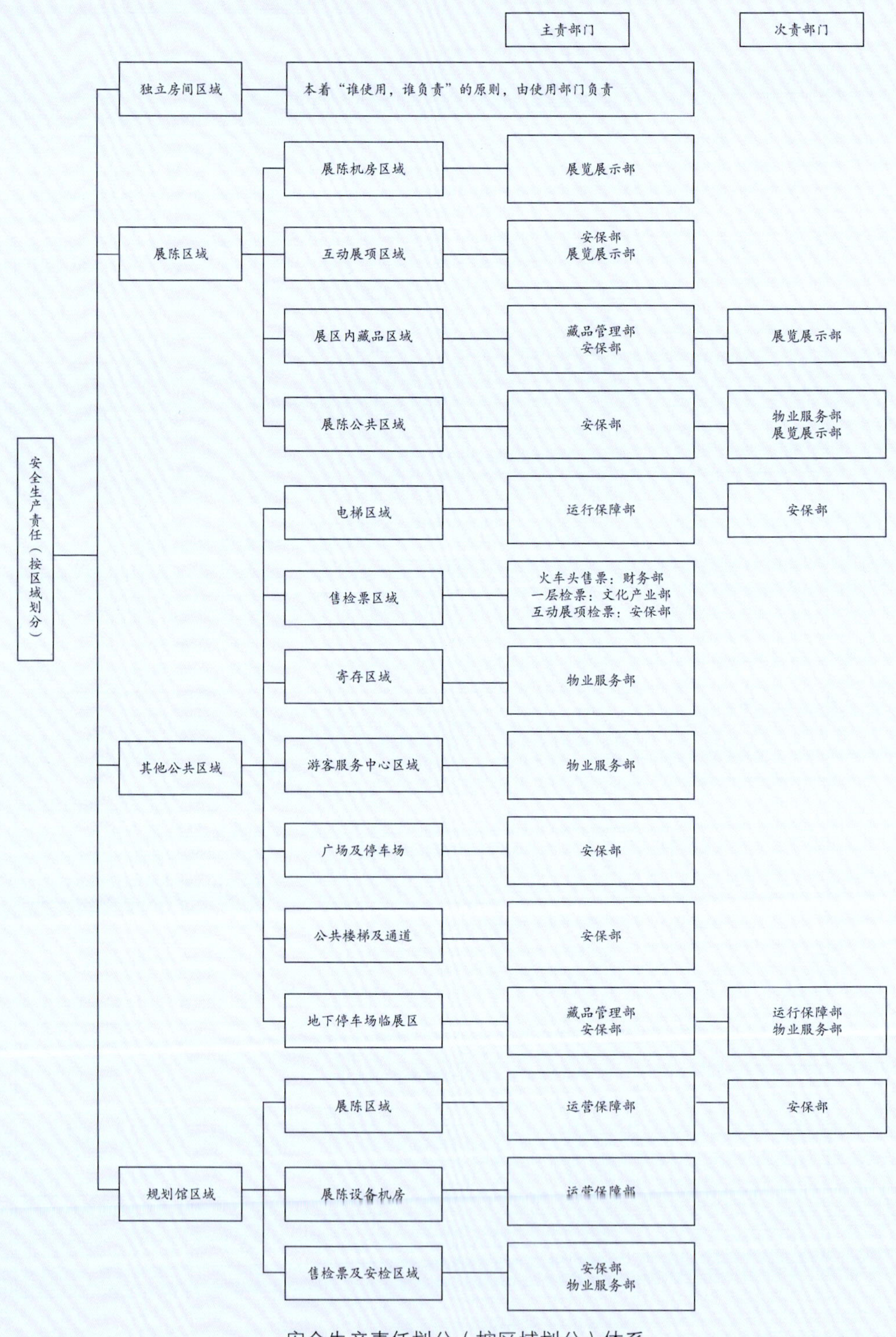

安全生产责任划分（按区域划分）体系

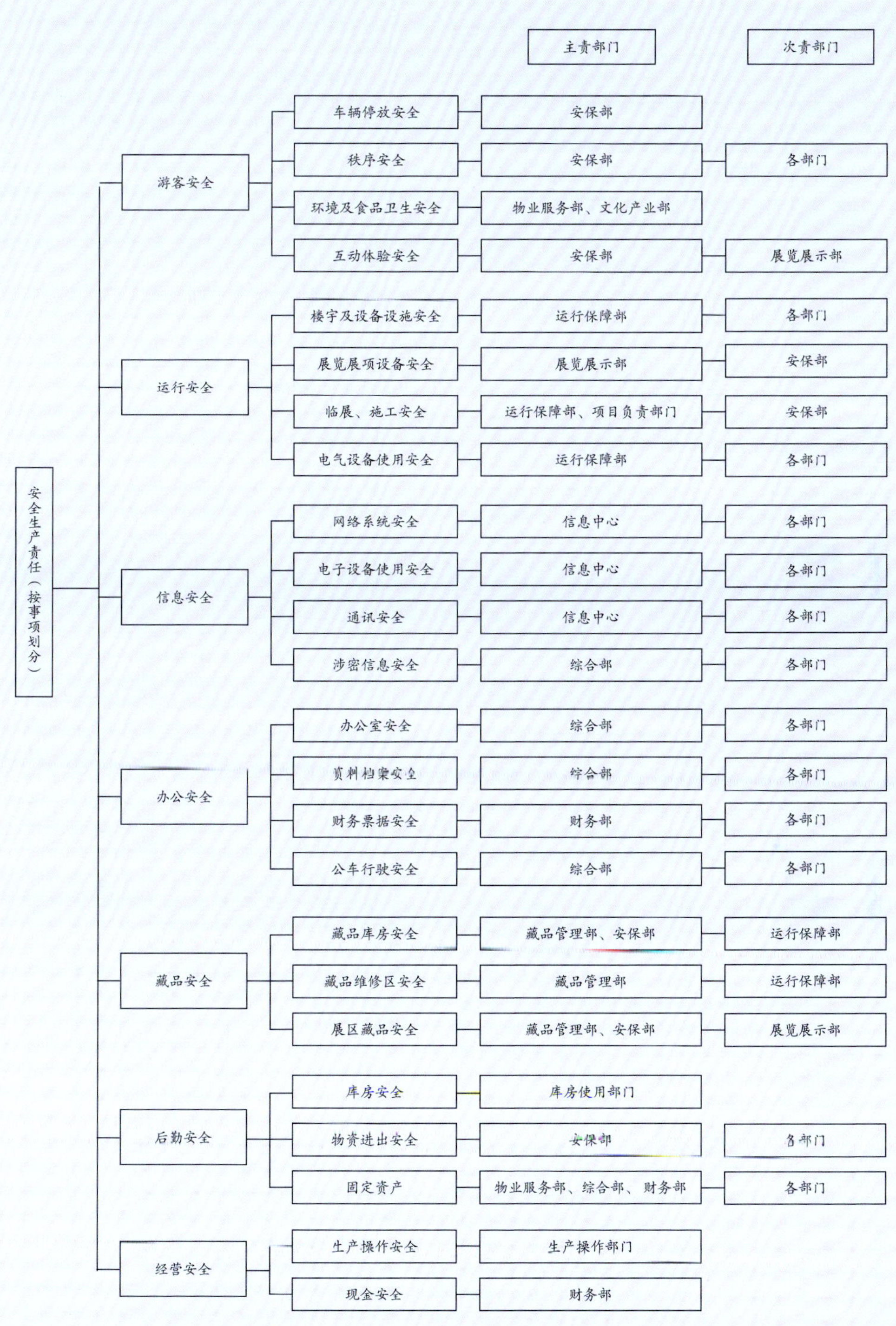

安全生产责任划分（按事件划分）体系

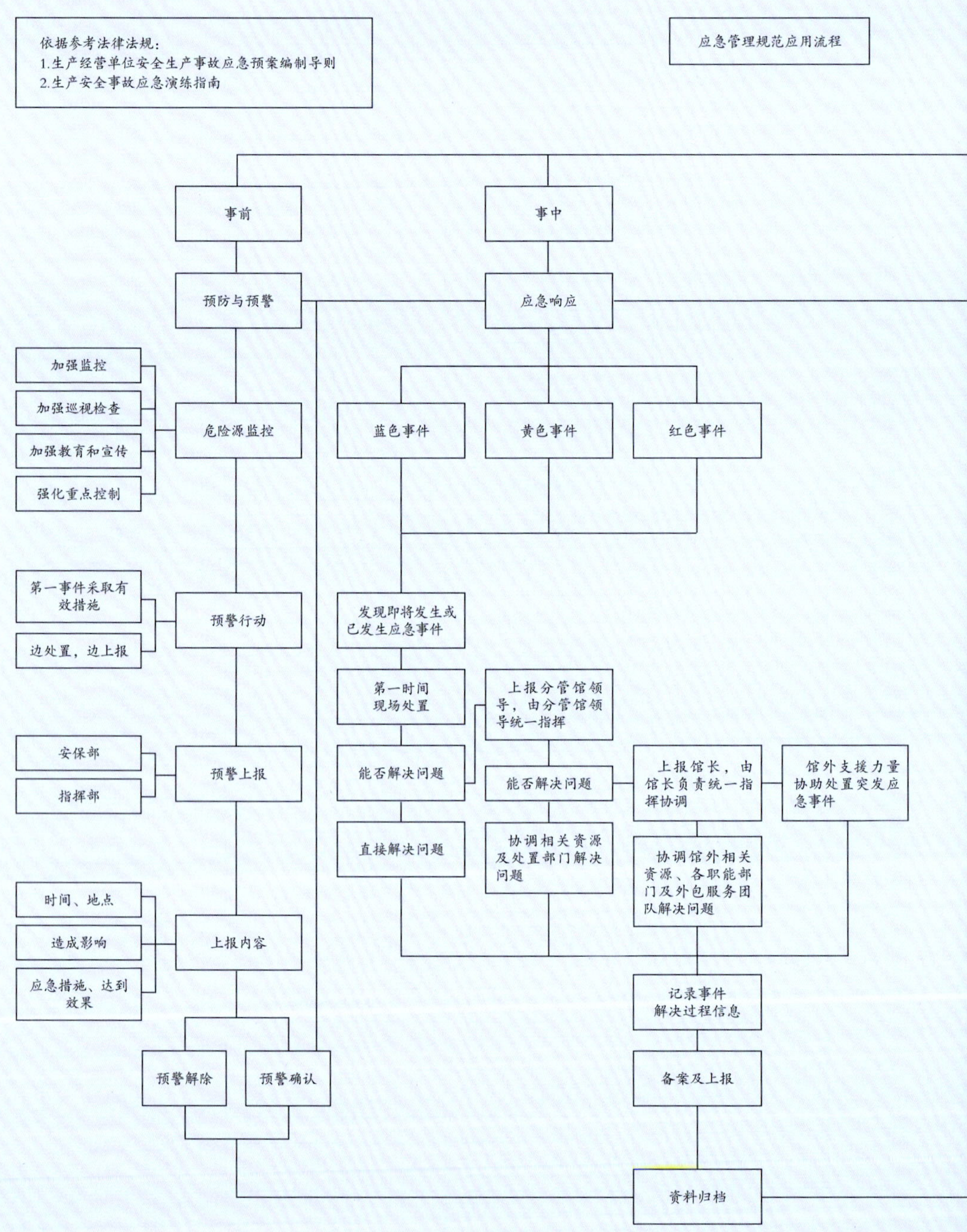
依据参考法律法规：
1.生产经营单位安全生产事故应急预案编制导则
2.生产安全事故应急演练指南
应急管理规范应用流程
事前
事中
预防与预警
应急响应
加强监控
加强巡视检查
加强教育和宣传
强化重点控制
危险源监控
蓝色事件
黄色事件
红色事件
第一事件采取有效措施
边处置，边上报
预警行动
发现即将发生或已发生应急事件
第一时间现场处置
上报分管馆领导，由分管馆领导统一指挥
安保部
指挥部
预警上报
能否解决问题
能否解决问题
上报馆长，由馆长负责统一指挥协调
馆外支援力量协助处置突发应急事件
直接解决问题
协调相关资源及处置部门解决问题
协调馆外相关资源、各职能部门及外包服务团队解决问题
时间、地点
造成影响
应急措施、达到效果
上报内容
记录事件解决过程信息
预警解除
预警确认
备案及上报
资料归档

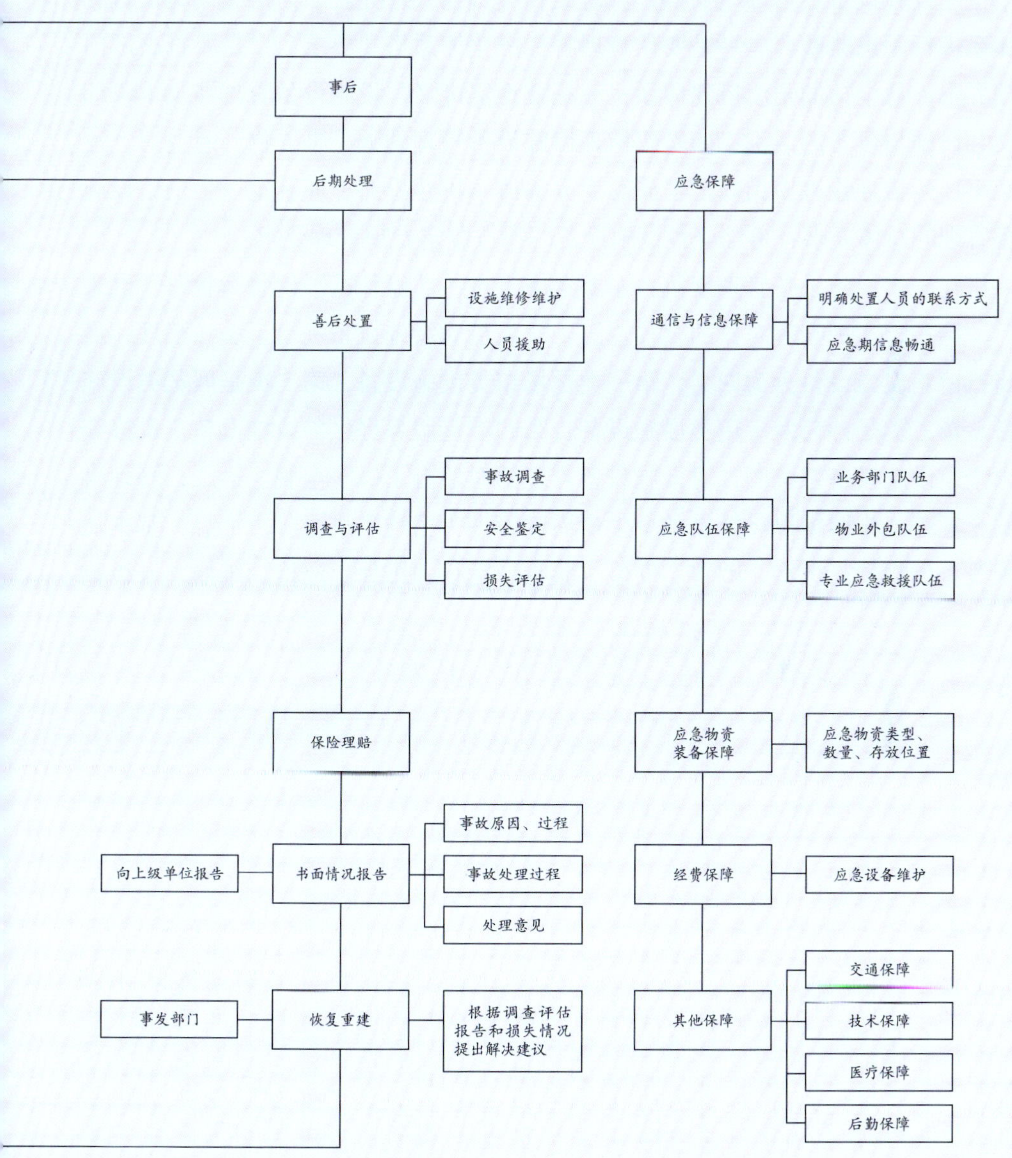

应急管理运行规范应用流程图

第五节 设施设备及用品管理标准

一、构建以“安全、稳定、节能、环保”为运行管理目标的全生命周期设施设备标准化管控体系

搭建设施设备管理体系初期，汽博馆相关责任人首先就如何搭建设施设备管理体系进行了思路整合，一是要认真理解标准化体系搭建要求；二是要打破部门管理界限，从全馆的角度搭建体系；三是要稳定定义，设施设备管理涉及术语的定义和设施与设备的区别；四是要梳理设施设备管理的人、事、物。通过对上述相关事项的梳理让汽博馆确定了先总后分的体系搭建思路，即制定一个全馆设施设备管理的总体要求，再结合各设施设备的特点制定专项管理要求。

搭建全馆设施设备管理规范，主要考虑三点，“管什么”“怎么管”“谁来管”。第一，实现管理对象的全覆盖。工作人员对设施设备进行了统一整理，最终将汽博馆设施设备分为四类，第一类是场馆类设施设备，第二类是展览类设施设备，第三类是办公及专用类设施设备，第四类是服务提供类设施设备。最终编制出全馆设施设备系统图，对设施设备管理的对象有了一个全貌。第二，管理事项的全覆盖。汽博馆以设施设备全生命周期管理为主线来进行分析汇总，基本从设施设备的规划、选型、购置、安装、验收、运行、维保、巡检、维修、升级改

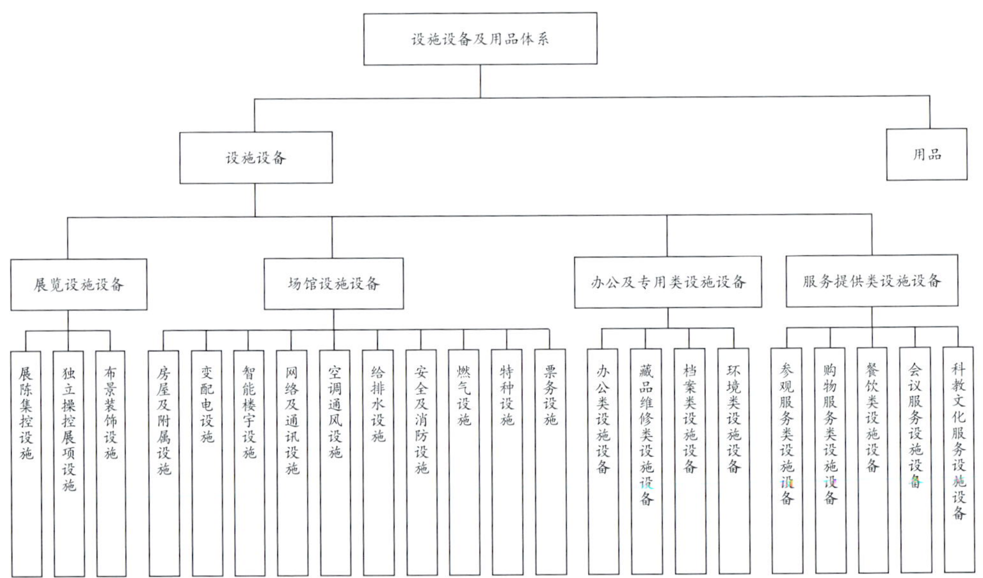

北京汽车博物馆设施设备系统图

造、直至停用、报废等全过程进行管理，以获得设施设备生命周期最经济、综合产能最高的目标。第三，管理人员的全覆盖。汽博馆将外包物服团队组建的项目部作为博物馆的一部分纳入标准化管理范畴，使得标准化能系统地、全过程地进行统一管理。通过对上面情况的全面梳理，最终形成了汽博馆设施设备管理的总

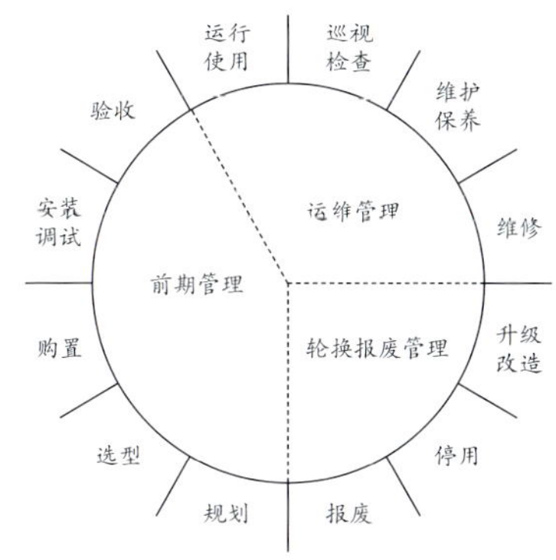

设备全生命周期管理

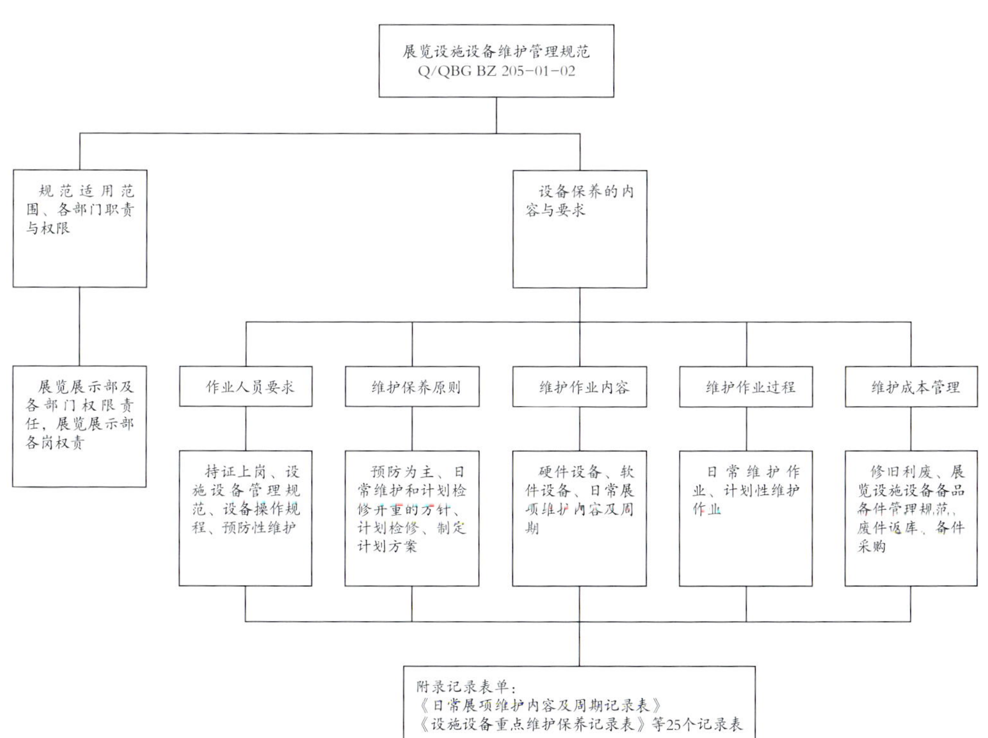

展览设施设备维护管理规范框架图

则，即《设施设备管理规范》。

专项管理则针对四大类别设施设备管理特性分别编制管理文件，主要是针对运行、保养、维修三大项，同时考虑到备品备件管理与设施设备管理的密切关系，将其纳入设施设备管理体系中。专项管理规范以一线实际工作为基础，逐一梳理工作事项、工作要求、工作记录等，先框架后编写，最终形成标准文件。

二、按照“统筹管理、谁使用谁维护”的设施设备管理原则，强化管理责任落实，确立设施设备安全运行管理机制

（一）搭建全馆设施设备体系，实现设施设备全覆盖标准化管控

1. 场馆设施设备

汽博馆开馆6年场馆设备完好率98%、返修率1%。通过对实地现有场馆类设施设备进行全面统计梳理，建立了以ISO9001质量管理体系为基础的场馆类设施设备体系，场馆类设施设备体系按照类别、设施、系统（子系统）、设备进行逐步细化，形成场馆类设施设备系统图，实现管理对象全覆盖。运行保障部根据每台设备的实际情况，给每台设备建立编制了一套的独立“身份证明”——设备档案卡、设备标识卡及设备台账。通过这套设备管理体系，可以掌握设备资产状况，反映各种设备的品类、拥有量、设备分布等基本属性信息，以及该设备维护维修及其变动情况的变更信息。这套设备管理全覆盖体系也为后续设施设备的维护、维修、改造、报废等相关工作提供了有力支撑，使得在实际对设备管理工作中，达到一对一的精准性运行、区别性保养、针对性维修的设备管控机制，并且这一庞大的统计工作为汽博馆后期设施设备科学管理奠定了基础，同时为资产管理提供了管理依据。

梳理全馆设施设备，按照类别、设施、系统、设备的层次搭建了全馆设施设备体系，涉及场馆设施设备、展览设施设备、办公及专用类设施设备和服务提供类设施设备4大类别。场馆基础设施设备根据功能、类别的不同分为变配电系统、空调系统、通风系统、给排水系统、特种设备、安防、消防、会议及楼宇自控等共计41个系统，每个系统根据设备的型号和安装位置不同都进行了详细的信息登记，形成了全套的设备管理台帐、动态管理的设备档案卡11188张、满足实际运行需要的作业手册包含100项各类管理规范、制度、规程，19项应急预案，24项工作程序，形成数以万页的各类运行记录，实现管理对象全覆盖。例如空调

系统涉及设备369台套、通风系统涉及设备214台套，等等，为汽博馆设施设备科学管理奠定了基础、为资产管理提供了依据，是设备运行管理三大件中不可或缺的一部分。在建设期，管理部门就有针对性的对场馆各系统进行了统计整理，逐一建立了台帐，该台账为汽博馆设施设备科学管理奠定了基础、为资产管理提供了依据。设备台账、设备档案卡、作业手册，汽博馆在正式开馆前就已将这三大要素全部实施到位，为开馆后的运行打下了良好的基础。另外，在接管验收阶段，共计查找施工问题多达千余项，绝大多数都在开馆前整改完毕。

2. 展览设施设备

汽博馆将展陈展项设施设备分为展陈集控设施、独立操控展项设施、布景装饰设施三大类。展陈集控设施又分为集控系统、视频设备、音频设备、灯光设备、导览设备；独立操控展项设施按各自独立展项范围划分下属设备设施；布景装饰设施又分为场景、背景、图文、装饰、影片等。基于以上划分，设备的主管部门能够更加科学有效的对设施设备进行统筹管理。

基于科技类博物馆以集控系统集中控制和独立互动展项本地控制相结合的运行特点，整个展陈展项运行维护工作可划分为展陈设备集控、互动设备操作、综合周界巡检、设备设施维修等工作模块，形成了完整的工作闭环和标准化运行工作流程。展陈设备集控模块通过在集控机房对全馆的各类声光电等终端设备的标准化管理，对整个系统进行统一的操作运行、实时监控、巡检记录，使系统达到安全正常的开馆要求。互动设备操作模块通过在本地对大型互动展项的精准控制，严格依照互动展项运营模式和相关规范，安全稳定地操作管理互动展项设备，最大限度地满足观众，服务观众。周界巡检模块不仅规范了展陈展项设备运行标准，并且能够不间断地检查发现并督促解决展览过程中出现的任何问题，及时通知设备设施维护模块，保证系统信息的及时性和有效性，最大限度地保证展览效果。设备设施维护模块主要负责展览设备的抢修、日常检修、设备管理和配合展陈展项的改造施工，当接到报修后，第一时间赶到现场对设备故障进行排查检修，确保展览展示系统的完整性和贯通性。

（二）按照“处处有流程、事事有标准、物物有人管、岗岗有考核、日日有坚持、时时有创新”的工作机制强化设施设备管理责任落实

标准化的管理不是目的，而是一种科学的管理手段，最终达成工作目标。标准化的实施，明确了工作职责、理清了工作程序、细化了工作要求，使得场馆

设施设备的运行、维护、维修、备品备件及能源管理等都有标准可依、有要求可查，切实有效地提升了工作质量和工作效率，同时留存了大量的工作记录，实现可追溯、可借鉴。根据设施设备体系编制了管理责任表，明确各类设施设备主管部门、使用部门和维修单位，也实现了“处处有流程、事事有标准、物物有人管、岗岗有考核、日日有坚持、时时有创新”的工作机制。从能源使用到备品备件使用，从设施设备运行到维保维修，实现了运维过程各个重要环节的有效控制，标准化在各个工作环节独立存在，而又将各个环节整体贯穿。部门自实施标准化以来，始终以目标管理为关注点，贯彻执行标准化，实现2014—2016年房屋完好率高于98%、场馆设备完好率高于95%、展项设备故障率低于6%、场馆维修及时率达到100%、展项维修及时率达到96%，返修率低于1%的年度设施设备运行管理指标要求，同时，设施设备状态良好，未发生重大安全生产事故。标准化的实施在规范管理的同时也提升了运行保障部作为一个技术部门的专业性以及团队的凝聚力。2015年运行保障部获得了“北京市模范集体”的荣誉称号。

三、依据标准化实施与持续改进，实现场馆自2011年开馆至今100%满载开放

标准化管理是一种提升管理水平的手段，而不是为了通过标准化而去做标准化，因此标准化的实施非常重要。2014年汽博馆标准化实施以来，汽博馆不断加强标准化在实际设施设备管理工作中的执行落实。通过标准化不断提升常态化设施设备运行保障工作的稳定性，同时也通过标准规范的落实检验标准文件的合理性。

当然在标准化实施中也反映出一些问题。在执行标准化前期，经常有人员反

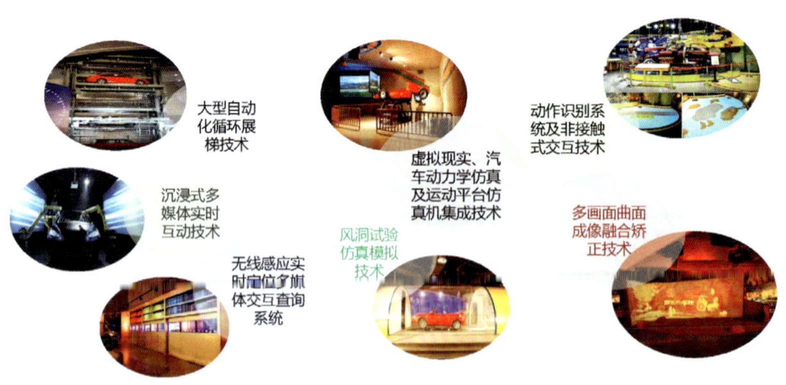

展项设备管理示例图

映按标准文件要求的没法落实、执行不畅，因为在编制标准的时候难免考虑不全面；有些流程执行起来或者影响工作效率，或者管理上有缺失漏洞，或者还有些环节没有纳入标准。这些问题都可以通过持续改进来予以解决，汇总一段时期反映出的问题进行标准文件统一修订，使得标准化管理越来越顺畅，工作效率不断提高，管理水平不断加强。

四、强化备品备件及巡检管理

（一）制定依需求定库存，以库存定采购的备品备件管理原则

北京汽车博物馆为政府主导的汽车专题科技类博物馆，是全国科普教育基地及国家4A 级旅游景区，集博物馆、科技馆、展览馆三馆合一，场馆基础设施设备损耗量大。为保证开馆，满足广大观众的参观需求，必须提升设施设备维修及时率，做好保养和维修工作。而做好保养维修工作，又必须建立科学、合理的场馆备品备件管理机制，因此在标准化建设初期，考虑到备品备件管理在运行保障工作中的重要性，建立《场馆备品备件管理规范》，并制定了依需求定库存，以库存定采购的备品备件管理原则。为此北京汽车博物馆备品备件管理按照类型进行了分类，分别是金属耗材、塑料耗材、胶漆油料、电气电料、五金机械等共计11个类型，且每类物品为了便于管理和采购都制定了明确的定义和种类详单。对备件耗材进行统计和管理，每个类型的备品备件分为三级分类管理，例如电气电料（一级）里包含了插座、灯具，在二级分类中又包括了不同型号的单品，仅电气电料一项就涉及二级分类21项，涉及备件耗材414种（三级）。通过五年来的开馆运行，汽博馆备品备件的品类和数量也在逐年递增，截至目前已经通过审价登记在册的备品备件达1336项，备品备件的科学规范管理为日常设备设施的运行保障工作奠定了基础。

展览运行涉及大量非标定制类设备，必须针对汽博馆展览设备的使用特点，找出物耗趋势规律，力争做到库存合理科学，减低不必要的库存。对于易于采购的常规性备品备件，将数量控制在最低水平；对于非标定制类备品备件，采用紧急采购流程启动定制采购，尽最大可能提高展览维修及时率。针对展览设备设施运行特点，建立《展览备品备件管理规范》，规范了展览备品备件由到货验收到报废的全过程，完善了库存盘点账目管理，做到科学合理，分类清晰，各方数据统一，物、账、记录详细准确，形成一整套系统。目前展览备品备件已达14168项，为展览的正常运行提供了有力保障。

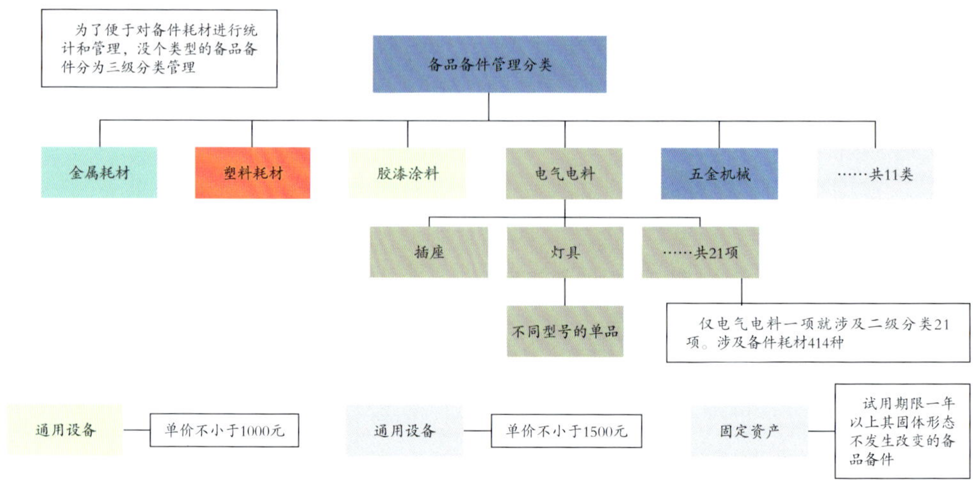

场馆备品备件管理规范示例图

（二）以强化巡检发现设施设备隐患，实现预防性维修，降低突发性故障率

场馆设备巡检是有效保证设备运行安全和稳定的一项基础工作。通过巡检掌握设备运行状况及周围环境的变化，发现设施缺陷和危及安全的隐患，及时采取有效措施保证设备的安全和系统稳定。自2011年开馆运营至今，随着设备数量的逐年递增和设备运行状况的逐步趋于老化，场馆日常巡检工作也从2012年的8121件增加至2015年的10510件，工作量同比增加了近29%。巡检工作的增加主要有两方面原因：其一就是对新增设备安装后增加的巡视工作，例如能源中心新增真空脱气机后的巡视检查、幕墙门改自动门后的检查以及2F自动提款机新增独立监控设备的巡视等等，这些工作都是为了确保设备的稳定运行，通过巡视提前发现并解决故障隐患。再有就是设备的使用年限较长，运行的稳定性有所下降，这就需要汽博馆对此类设备加强关注，在日常巡视上有计划地增加检查频次和调整检查重点，这样就能随时掌握设备的运行状况，在设备只是出现故障苗头的时候及时发现及时控制。

目前汽博馆场馆设备采取的巡视工作总体可分为3类，分别是开馆前、开馆期间以及闭馆后的巡检。在开馆前，巡检人员会重点对展区涉及的设施设备状况进行分项检查并现场维修，例如卫生间设施的检查、展区窗帘的检查、公共广播系统的检查、直扶梯设备的检查以及基础照明灯具方面的检查等。之所以把这些工作放在开馆前来完成，主要是考虑这些设施设备都属于观众的直接接触点，它

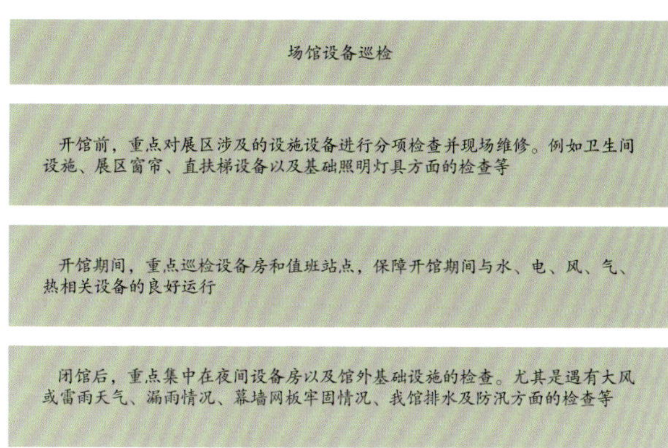

场馆设备巡检示例图

们的好坏将直接影响到参观效果，所以汽博馆要求在开馆前必须完成上述工作。

在开馆期间巡检人员的巡视重点主要放在设备机房和值班站点，因为运维中心主要担负着场馆水、电、风、气、热的运行保障工作，供水设备的运行状态监测、供电系统的检查与计量、通风空调设备的运行状态检查、天燃气的使用与定期检测以及汽博馆的能源中心冷热源设备的运行管理，这些设备的运行状况都与开馆运行保障有着密切的关系。

随着场馆的准时闭馆，各个系统的设备也随之计划性关闭，这时巡检人员的巡视重点主要集中在夜间设备机房以及馆外基础设施的检查上，尤其是遇有大风或雷雨天气，漏雨情况检查、幕墙网板牢固情况检查、室外广场刀旗的检查以及汽博馆排水及防汛方面的检查等，都是巡检人员的检查重点。

综合周界巡检成为展项运维工作中不可或缺的一环。综合周界巡检工作模块是北京汽车博物馆的一大特色。北京汽车博物馆作为科技类博物馆，在设计上更多运用到新媒体、机电一体等高科技手段，设备多样化、大型化，在展览展示设备种类繁多、数量庞大的情况下，设备故障频发在所难免。综合周界巡检模块具体做到了以下几点：① 确定和规范了展陈展项设备运行标准和效果标准，使展项在维护维修工程中有标准可依；② 在日常工作中能够不间断地检查发现并督促解决展览过程中出现的任何问题，发现展项设备故障第一时间通知设备设施维护工作模块及时进行维修处理，确保了展项持续良好的运行；③ 在设备运行过程中，综合周界巡检工作模块还能不断总结积累设备运行规律，为次年编制维保计划提供合理化建议，保证系统信息的及时性和有效性，最大限度地保证展览效果。

设施设备管理

五、梳理工作流程，管人、管物、管事，保质增效安全运维

搭建全馆设施设备管理总则时，应考虑管理人员的全覆盖，全面梳理汽博馆设施设备的管理人员。汽博馆工作人员整体架构是由馆方人员和外包服务团队组成的，因此标准化涉及的管理和工作人员也将由这些人组成，这也是汽博馆的一大特点，即外包服务团队组建的项目部作为博物馆的一部分纳入标准化管理范畴。比如，由物业服务团队组建的物业服务中心，物业管理团队组建的物业管理及运维中心，展览运维团队组建的展陈管理及运维中心，汽博馆的大量一线服务及保障工作均由这些团队负责，将他们纳入标准化管理也是非常必要的，使得标准化能系统性、全过程地进行统一管理。

在《设施设备管理规范》这个总则的基础上，结合汽博馆设施设备运维实际工作，对运行、维护、维修和备品备件管理工作进行深度展开，制定了相应的管理规范。编制每个标准文件时，先是梳理相关的工作流程，列出涉及部门和人员、管理内容、管理要求和工作相关表单，按照标准化文件格式搭建文件框架，然后在框架内填入流程、要素和表单。以《展览设施设备运行管理规范》为例，这个标准文件主要涉及展览设施设备运行和巡检工作，汽博馆按照从开馆到闭馆进行了全面的梳理。首先是一线操作管理，都有谁参与展览设施设备运行管理，运行管理都涉及什么工作，什么时间开什么设备，各岗位对操作人员有什么要求，对操作过程有什么要求，如何进行操作，对机房管理有什么要求，还有汽博馆为加强展览设施设备维修及时率而特别设置的巡检管理等等。经过对管理内容的梳理，结合标准化文件格式，基本搭建出了标准文件的骨架，填入相关要素，最终形成标准文件。

此外，北京汽车博物馆在运行过程中，不断总结工作经验，修正管理方法，结合博物馆自身特点和运行规律，将非标性工作标准化，建立了标准化运行管理体系。主要内容包括：划分设备体系、建立标准规范、形成工作闭环、完善运维措施、制定应急响应。标准规范的建立能够有效地对展项运行管理工作进行全面指导，通过对标准规范的实施，也进一步加强了展项运行工作监控和风险防范。

“有问题找标准。”通过标准化的贯彻实施，明确了工作职责、理清了工作程序、细化了工作要求，使得设施设备的运行、维护、维修、备品备件管理等都有标准可依、有要求可查，切实有效地提升了工作质量和工作效率，同时留存了大量的工作记录，实现可追溯、可借鉴。在汽博馆客流量不断增多、设备老化不断加剧的情况下，通过标准化的贯彻实施，展览设备故障率、维修率等年度指标

均能达标，并且实现安全生产事故为零。

六、参考法规和引用标准

1. Q/QBG BZ 205.1.2《展览设施设备维护管理规范》

Q/QBG BZ 205.1.3《展览设施设备维修管理规范》

JGJ 46—2005《施工现场临时用电安全技术规范》

GB/T 2900.58—2008《电工术语 发电、输电及配电 电力系统规划和管理》

Q/SY 1244—2009《临时用电安全管理规范》

GB/T 13869-92《用电安全导则》

GB 15579.11—1998《弧焊设备安全要求》

GB/3787—2006《手持电动工具操作规程》

GB/T 127.16—2007《砂轮机使用标准》

GB/T 3787—2006《手持式电动工具的管理、使用、检查和维修安全技术规程》

《特种设备作业人员监督管理办法》由国家质量监督检验检疫总局于2011年5月3日颁布，2011年7月1日实施。

《特种设备安全监察条例》由国务院于2009年1月14日颁布，2009年6月1日实施。

《北京市安全生产条例》

《北京市有限空间作业安全生产规范》

2. Q/QBG BZ 205-1—2014《设施设备管理通则》

Q/QBG BZ 212-20—2014《资产管理规范》

《北京市城镇住宅楼房大、中修定案标准》（京房地修字〔1999〕第930号）由北京市房屋土地管理局于1999年9月20日颁布，1999年9月20日实施。

3. Q/QBG BZ 205-01-04—2017《场馆设施设备运行管理规范》

GB 6220—2009《呼吸防护用品实用性能评价》

GB/T 23465—009《呼吸防护用品实用性能评价》

GB 6095—2009《安全带》

GB 24543—2009《坠落防护安全绳》

GB 2811—1989《安全帽》

GB 23469—2009《坠落防护连接器》

GB 2893—2001《安全色》

GB 2894—1996《安全标志》

GBZ 158《工作场所职业病危害警示标识》

GB 20653—2006《职业用高可视性警示服》

GB 3836.1《爆炸性环境第1部分：设备通用要求》

GB/T 13869—2008《用电安全导则》

AQ 3028《化学品生产单位受限空间作业安全规范》

GB 15579.1—2013《弧焊设备、焊接电源》

GB 4674-84《磨削机械安全规程》

GB/3787—2006《手持式电动工具的管理、使用、检查和维修安全技术规程》

JGJ 46—2005《施工现场临时用电安全技术规范》

GB 13955—2005《剩余电流动作保护装置安装和运行》

《特种设备作业人员监督管理办法》由国家质量监督检验检疫总局于2011年5月3日颁布，2011年7月1日实施。

《特种设备安全监察条例》由国务院于2009年1月14日颁布，2009年6月1日实施。

4. Q/QBG BZ 205-01-06—2017《场馆设施设备维修管理规范》

《北京市有限空间作业安全生产规范》（试行）由北京市安全生产监督管理局于2009年1月5日颁布，2009年1月23日实施。

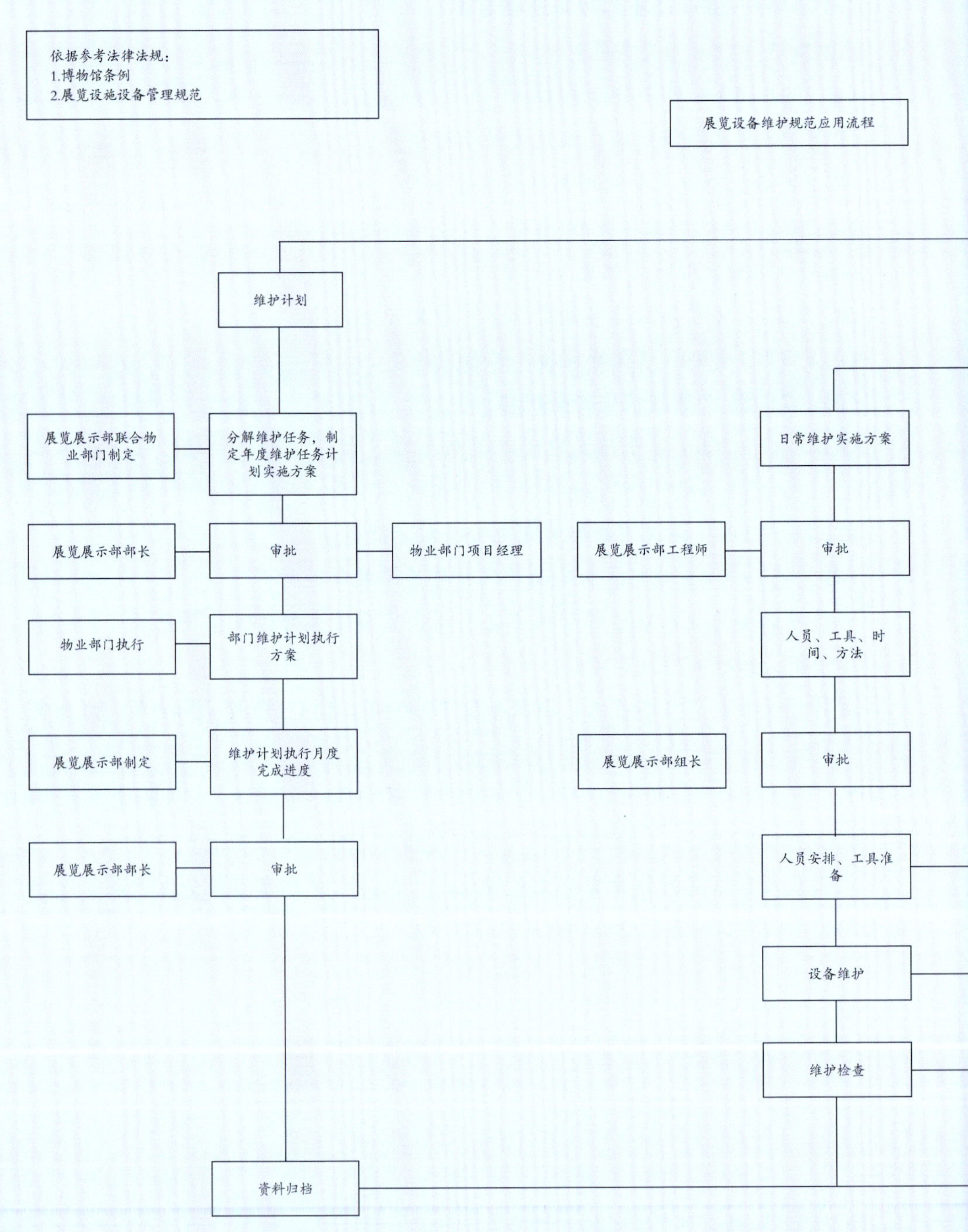
依据参考法律法规：
1.博物馆条例
2.展览设施设备管理规范
展览设备维护规范应用流程
维护计划
展览展示部联合物业部门制定
分解维护任务，制定年度维护任务计划实施方案
展览展示部部长
审批
物业部门项目经理
物业部门执行
部门维护计划执行方案
展览展示部制定
维护计划执行月度完成进度
展览展示部部长
审批
资料归档
日常维护实施方案
展览展示部工程师
审批
人员、工具、时间、方法
展览展示部组长
审批
人员安排、工具准备
设备维护
维护检查

维护实施
维护验收
计划性维护实施方案
物业部门部长
设备维护项目记录表
审批
展览展示部工程师
审批
维护计划执行进度、维护计划执行方案
联动执行
审批
展览展示部部长
验收完成情况确认
展览展示部工程师
展览展示部审核、物业部长检查
方案落实、登记备案
展览展示部部长
审批
物业部门履行
设备维护
相关部门联合验收
维护项目验收
资料归档
资料归档

展陈设备维护流程图

第六节　项目管理标准

一、按照“部门申报、财务评估、会议决策”的管理原则，进行项目库管理

汽博馆自实行项目制以来，通过不断积累项目制管理的经验，逐步形成了项目管理的流程和规定，结合项目管理内容和“三重一大”等管理要求，最终组成了《项目管理规范》的内容。对于项目管理来说，国际和国内都有很多、很成熟的体系，在《项目管理规范》中将重点放在汽博馆内部特色管理上。

汽博馆项目管理规范主要适用于包括工程项目、展览项目、活动项目、宣传项目、合作交流项目、外事活动项目、学术研究项目、政策研究项目等）。项目

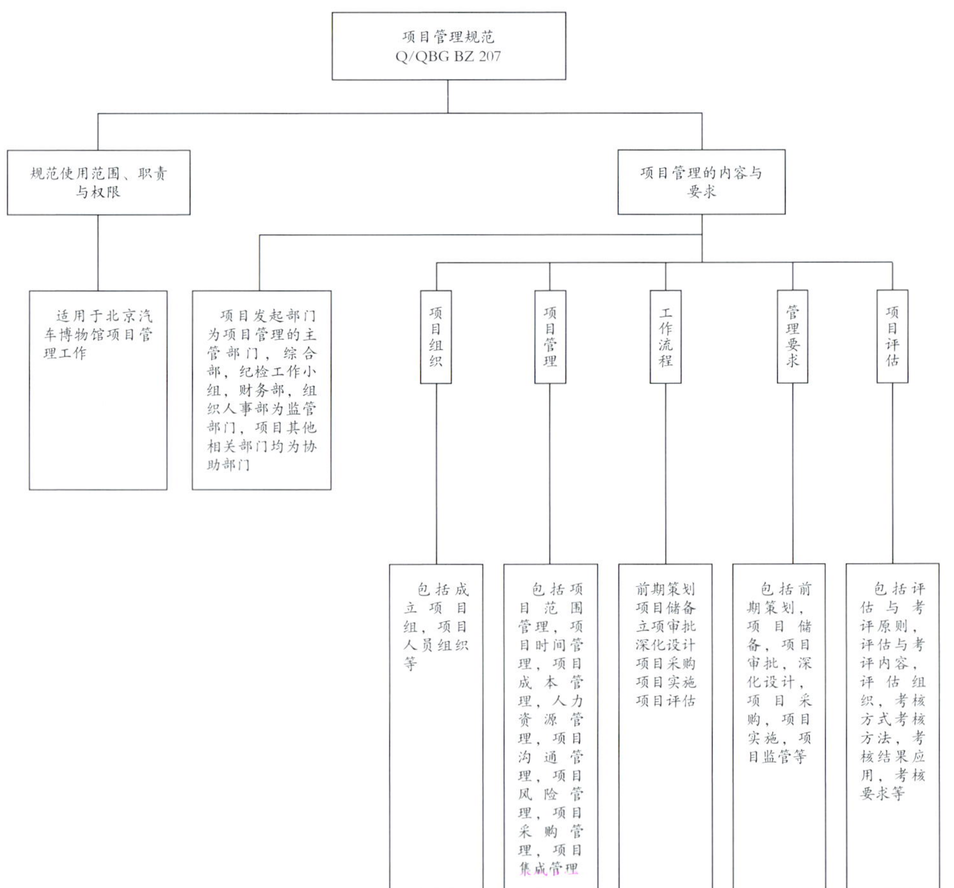

项目管理规范框架图

发起部门为项目管理的主管部门，综合部、纪检工作小组、财务部、组织人事部为监管部门，项目其他相关部门均为协助部门。

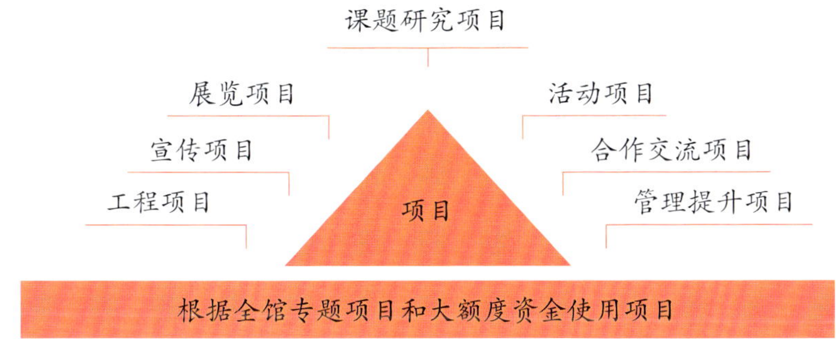

项目类别图

按照项目管理的流程，分为前期策划、项目储备、深化设计、项目采购、项目实施、项目档案、项目监管等内容。其中又以项目储备为重点，汽博馆建立了部门项目库、全馆项目库、财务项目库。项目首先进入部门项目库，经主管领导同意且上会审批正式立项后进入全馆项目库，如果需要资金的，要报财务部审批进入财务项目库做资金安排。在项目实施完毕后，引入项目考评机制，评估项目绩效，建立以结果为导向长效人才激励机制，通过项目目标任务的考核，提高认识，统一思想，凝聚力量，充分调动员工的积极性，扎实推进年度工作部署各项重点工作，有效促进汽博馆的全面、协调、可持续发展。

项目库的建立按照“部门申报、财务评估、会议决策”的管理原则：滚动管理，统筹安排；分级管理，保障重点；有效实施，绩效考核。项目主管部门在项目发起时成立项目组，重大项目成立领导小组及工作组。领导小组成员一般由馆领导担任，项目组（工作组）组长一般由项目主管部门部长担任，项目组成员由组长选定，但应征得项目组成员所在部门的同意。项目管理是指为了确保项目最终按时完成的一系列管理过程。它包括具体活动界定、活动排序、时间估计、进度安排及时间控制等项工作。立项等程序性工作遵守《项目管理规范》，采购工作遵从《采购管理规范》，合同签订遵从《合同管理规范》。项目管理工作流程：前期策划→项目储备→立项审批→深化设计→项目采购→项目实施→项目评估。大部分项目均可按上述流程执行操作，个别项目可适当增减。

根据汽博馆各项工作的实际需要，各部门可发起项目。项目主管部门应提前启动项目前期策划，并充分考虑到项目审批、资金落实和项目实施等所需的时间。对于需使用财政资金的项目，一般在项目实施前一年度发起，并在财政预算提交前完成项目审批；对于使用专项资金的项目，可根据专项资金审批时间提前安排项目发起；对于不涉及资金问题的项目，一般在上一年度年底前发起，以便于及时列入下年度重点工作计划中。总项目库中有资金需求的项目还需在财务部报备，提供项目预算清单，纳入资金项目库。财务部对业务部门申报项目进行严格论证、审核后，根据项目的不同情况，分别采用不同的方式进行排序，根据项目的轻重缓急、择优遴选后进行排序。每年1—8月为入库项目申报期，业务部门负责提交项目相关资料，财务部进行统筹管理，其他时间原则上不接收入库项目（9—10月为年度预算申报期，11—12月为项目收尾期）。年度内已完成的项目做出库核减，未能安排资金的项目滚动转入以后年度进行滚动管理。项目资金以申报财政性资金为主、非财政性资金为辅的筹集方式。入库项目在年度预算申报、年中追加预算、申请专项项目资金时进行优先考虑，统筹保障重点项目、已入库项目，未入库项目原则上不予优先考虑。

党组会、馆长办公会	研究决定未来发展规划、发展目标 研究决定项目的立项、可行性研究、申报资金的决定
财务部	负责项目库管理规范的制定工作 负责对业务部门申报的项目进行预算审核、初步评估 负责项目库的建立、管理工作 负责配合业务部门多渠道筹集资金的财务支持工作
业务部门	负责项目项目立项书的编制及项目预算金额的测算工作 负责项目立项的上会申请工作 负责多渠道筹集资金，编制相关业务申报资料

示例说明：

项目库的建立按照“部门申报、财务评估、会议决策”的管理原则：滚动管理、统筹安排；分级管理、保障重点；有效实施、绩效考核。

财务部按照规定设计全馆总项目库，业务部门负责设立本部门项目库。

对超过三年尚未安排资金的项目财务部门通知业务部门做退库处理。

项目库管理规范示例图

二、建立以“结果为导向”长效激励机制，逐步完善项目评估体系

建立以结果为导向的长效人才激励机制，通过项目目标任务的考核，提高认识，统一思想，凝聚力量，充分调动员工的积极性，扎实推进年度工作部署各项重点工作，有效促进汽博馆的全面、协调、可持续发展。

按照科学全面、客观公正的原则，采取量化分制，每个项目的基本分为100分，根据项目工作情况，可适当加分。考核内容包括：项目进度（15分）、项目质量（25分）、资金管理（20分）、组织协调（10分）、信息管理（10分）、档案管理（10分）、安全生产管理（10分）。

成立评估组织，汽博馆重大项目考核领导组，由汽博馆馆长任考核组组长，领导班子其他成员任组员，领导组在下设工作小组，分管组织人事工作领导及项目负责部门分管领导任组长，评估各分项负责部门部长任组员。考核采取查阅资料与现场考核相结合的方式，对重大项目完成情况进行考核，并将考核结果上报考核领导小组，以此作为激励的依据。

第七节 公共关系和资源管理标准

一、以共享、共用、业务主导的原则，构建公共关系体系

依据国家、市、区相关法律法规，按照GB/T 24421.2的要求，科学分析，结合汽博馆对外交流的实际需要，在服务保障标准体系中 9 类标准之外，国际交流部搭建了公共关系和资源管理标准体系（BZ 208）。而公共关系和资源管理标准是汽博馆结合博物馆自身发展和日常交流的需要，增加的标准类型。汽博馆从“是否必要”“是否有意义”“是否可行”等方面进行了全面权衡，将其确定为新增标准的依据。标准的制定经历了分析—梳理—搭建—编制—实施—改进的全过程，最终形成了公共关系和资源管理标准体系，体系下设《公共关系和资源管理规范》《接待管理规范》《外事管理规范》三个标准文件。

二、以业务条线梳理公共关系条线，开展资源整合和聚集，建立管理标准

公共关系是博物馆品牌扩展与延伸的基础，是运用标准化的手段，也是输出优质的服务的重要途径。随着博物馆的日益发展，博物馆内外沟通需要桥梁。很多资源与博物馆开门办馆之间蕴藏着很多机会和联系，面对优势联系，作为

博物馆对外推广和引入文化产品的重要窗口，将外部资源引入内部团队，便尤为重要。以汽博馆现有公共关系资源为基础，建立公共关系体系。按照各部门的业务条线，梳理开馆以来积累的资源，对博物馆资源进行梳理、分类汇总，形成资源库，优化对接流程。通过整合资源，全面提升汽博馆的接待服务水平和服务效率，规范了与公众环境之间的沟通与联络关系。利用来参观的优势资源，推广汽博馆的品牌形象。将区域发展和汽博馆发展紧密联系在一起，按照各部门的业务条线进行资源的汇总与划分，形成《公共关系和资源管理规范》，内容涵盖公共关系维护、业务对接方向及管理监督机制等。按照汽博馆的实际业务需求，梳理了九大类公共关系，分别为汽车行业、博物馆行业、科技馆行业、教育行业、旅游行业、传媒行业、体制内其他职能单位、国际交流、其他行业。通过统筹博物馆公共关系与资源管理，推动各部门的资源对接形成合力，拓展博物馆与社会的沟通和交流，提升博物馆的品牌影响力，从而更好地为公众提供社会服务。《公共关系和资源管理规范》在管理方面规定了统一的机制，全馆上下所有的对接资源都可以有效地集中和公开，有效地避免了在交流过程中资源的流失现象。且在馆内人员流动时，可以有效地保障公共关系的有序维护与对接。以汽博馆为例，这里接待了来自美国、英国、法国、德国、捷克、日本、韩国等几十个国家的国际友人，接待后按照《公共关系和资源管理规范》规定的内容对公共关系进行维护，通过交流与各个外国机构分别策划了中法汽车文化展览及沙龙、中美汽车文化展览及沙龙、中俄汽车文化展，在法国、意大利、德国等地举办了多场汽车文化展览及活动，建立起与美国、丹麦、匈牙利等国家开展汽车文化交流的基础。

三、按照资源服务于业务开展，制定接待管理规范，稳定接待流程

《接待管理规范》规定了在日常工作中为开展各类业务和其他各项活动需要而产生的接待活动，以及各个业务对口单位的来访。接待管理规范的作用是将现有的服务标准有机地串联在一起，使得接待时各个服务事项之间无缝衔接。标准的修订是由上到下，由下到上，再由上到下不断持续、循环上升的过程。这一过程的各个环节，有些关键控制点需要注意。在标准实施中，应注意动员全员参与，通过宣贯、培训、动员等多种方式营造标准实施的良好氛围。此外，要注重对实施效果的评价，不断总结实施经验，持续提升和改进标准的质量和水平。自标准下发以来，截至目前按照标准的要求共执行接待1300余次，其中接待标准

化调研40余次，启动应急预案10余次。在执行的过程中，当遇到问题时，员工从“有问题找领导”逐渐过渡为“有问题找标准”。其中包括物资、人员、信息和环境等方面应具备的条件，和与其他部门接口处的协调措施。接待工作遍布全馆的各个一线岗位，标准的宣贯变得尤为重要，每一名一线人员要掌握接待标准的内容。每一批次的接待都以任务通知单的形式向全馆各部门下发，每个部门按照通知单的内容安排接待任务。比如接待单中接待的性质和类别分为三种。通过分类标准的实施，减少了接待过程中的人力、物力资源的消耗，减少了口头转达的环节，有效地明确了每个环节、转换过程中各项因素由谁干，干什么，干到什么程度；何时何地，怎么干；如何控制，以及所要达到的要求，如发生任何例外或特殊情况该如何处理等方面。

四、围绕中心工作完善管理机制，发挥国际文化平台作用

博物馆的文化交流与合作是展示国家形象、提高文化软实力的有效手段之一，完善博物馆国际交流与合作的标准、确定博物馆国际合作与交流的指导思想、实施计划和保障措施等十分必要。在向国外推广中国文化的同时，也要能让中国观众有机会欣赏到更多国外的精品展览，“走出去”“请进来”并重，形成双向良性互动。除展览之外也可以拓宽对外交流合作渠道，例如藏品资料库共享、文创产品开发、文物修复、沙龙活动等方面，均可尝试开展合作，进一步发挥博物馆文明对话平台作用。为了规范这一系列活动的开展，需要建立外事管理规范。《博物馆条例》的出台规范了博物馆行业在涉外交流交往、借展、办展等相关工作的方向，对外事工作流程进行了规范，因而制定《外事管理规范》，对博物馆的涉外工作进行细化和规范是十分必要的。在规范中对涉外藏品使用管理、涉外展览、涉外合作、翻译、涉外接待费用管理和开支标准、人员出访等进行了规范。外事无小事，在标准中还规范了在外事活动中应注重的细节，讲究规矩和流程，建立可行的外事接待工作标准，梳理外事服务流程，进行全流程把控，完善外事接待人员的仪容仪表、言行举止等，使汽博馆在若干方面达到国际化博物馆的外事礼仪水平，全面提升外事接待服务质量。

五、参考法规和引用标准

1. Q/QBG BZ 208-01—2015《公共关系和资源管理规范》

GB/T 26355—2010《旅游景区服务指南》由国家质量监督检验检疫总局、

中国国家标准化管理委员会于2011年1月14日颁布，2011年6月1日实施。

《博物馆条例》（国务院令659号）由国务院于2015年2月9日颁布，2015年3月20日实施。

2. Q/QBG BZ 208-02—2017《接待管理规范》

Q/QBG BZ 208-01—2017《公共关系与资源管理规范》

Q/QBG BZ 208-03—2017《外事接待管理规范》

Q/QBG BZ 212-11—2017《公务经费管理规范》

Q/QBG TG 305-01—2014《会议服务规范》

《博物馆条例》（国务院令659号）由国务院于2015年2月9日颁布，2015年3月20日实施。

《北京市党政机关国内公务接待管理办法》由北京市人民政府于2014年3月14日颁布，2014年4月1日实施。

3. Q/QBG BZ 208-03—2017《外事管理规范》

GB/T 30240.4—2017《公共服务领域英文译写规范》

4. Q/QBG BZ 208-02—2015《接待管理规范》

Q/QBG BZ 212-11—2014《公务经费管理规范》

《博物馆条例》（国务院令659号）由国务院于2015年2月9日颁布，2015年3月20日实施。

《北京市党政机关外宾接待经费管理办法》（京财党政群〔2014〕175号附件）

《北京市党政机关国内公务接待管理办法》由北京市人民政府办公厅于2014年3月14日颁布，2014年4月1日实施。

《丰台区关于进一步加强和规范局级以下国家工作人员因公临时出国管理的办法》（丰政外文〔2015〕14号）

公共关系和资源管理标准
Q/QBG BZ 208
Q/QBG BZ 208—01—2017 公共关系管理规范
Q/QBG BZ 208—02—2015 接待管理规范
Q/QBG BZ 208—03—2017 外事管理规范

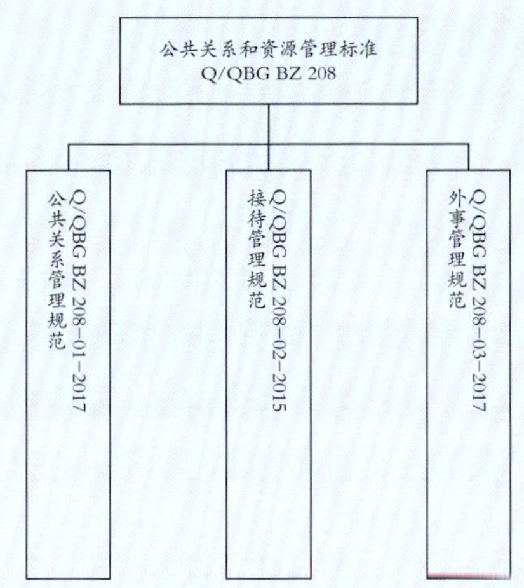

公共关系和资源管理标准框架图

公共关系和资源管理标准
Q/QBG BZ208
汽车行业
博物馆行业
科技馆行业
教育行业
旅游行业
传媒行业
体制内其他职能单位
国际交流
其他行业
涉及的内容
各部门
各部门
公教部、文产部
公教部、文产部
综合部、文产部
公教部、文产部
各部门
藏品部、国际交流部、文产部
各部门
汽车行业：汽车工程学会、汽车工业协会等协会和各个品牌车企等
文物局、文物交流中心、博物馆协会等、国内场馆：各省、市博物馆
科委、科协、自然博协、科普机构、科研机构等
教委；合作大、中、小学；各个街、乡、社区
旅游委、旅游景区、游行业协会、合作旅行社
宣传部、电视媒体、平面媒体、网络媒体、新媒体（微信、微博等）
国家、各省市、区职能单位
国外知名车企、国外博物馆、国外知名汽车博物馆等
如各个标准化试点单位、各个合作单位等
涉及对接部门和资源单位
主管馆领导审批
馆长办公会审议
汇总留存
审批存档

公共关系和资源管理规范应用流程图

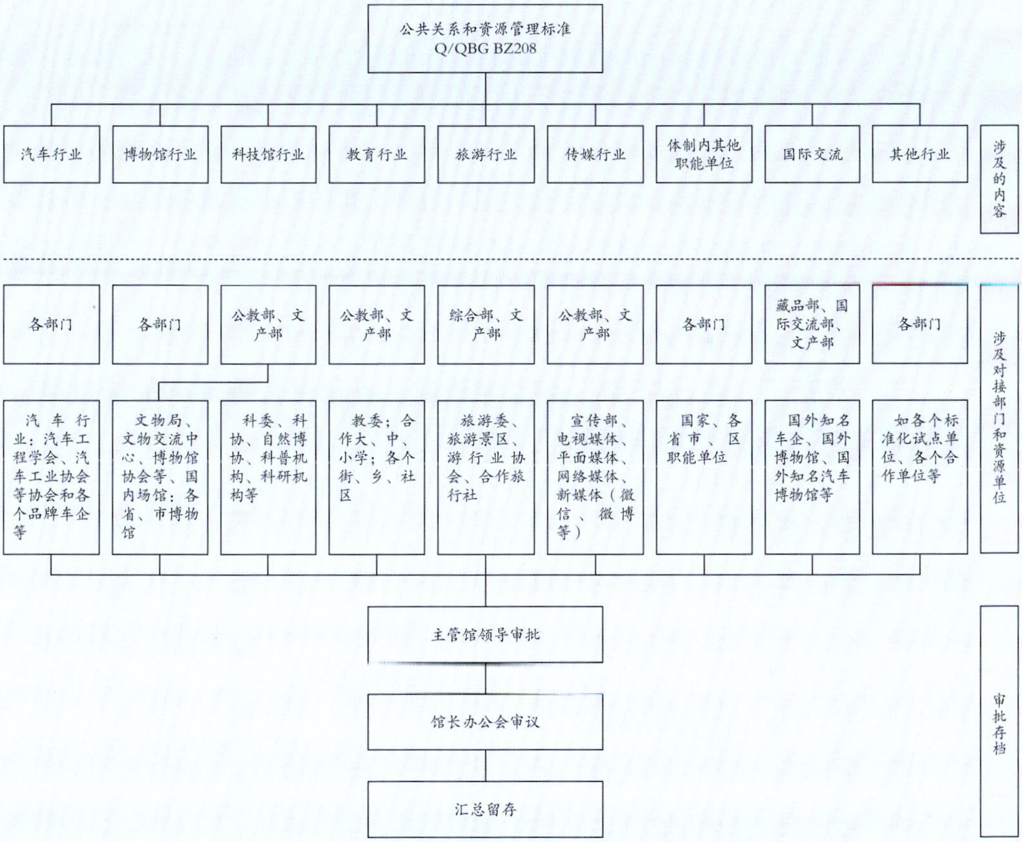

第八节 藏品管理标准

一、根据近现代藏品特征和专题性藏品特点构建藏品管理标准

结合汽博馆特点，规范明确了本馆藏品的定义，并具体区分了藏品、参考品、复制品的概念。藏品是馆藏文物、自然标本的总称。参考品是属于藏品范围，未鉴定或经鉴定不够文物级别，但有保存价值的。复制品是依照原物的体量、形制、质地、纹饰、文字、图案等历史信息，基本采用原技艺方法和工作流程，制作的与原物相同的制品。在明确概念的基础上，根据藏品的性质将藏品分为车辆类、构成类、文献类、模型类、票牌类、杂项类6个类型，构成分类保管的前提。规范对藏品总账号和藏品分类号的编写方式做出明确规定，形成制度明确、账目清晰、查用方便的账号登记簿。

《藏品管理通则》中对藏品管理工作的基本原则和内容予以明确，原则中规定了博物馆应根据本馆的性质和任务搜集藏品，且藏品必须具有历史的、艺术的或科学的价值，另外将藏品的保管尤其是藏品的安全提上了高度，规定藏品保管应有馆长分工负责领导，且必须设立专门保管部门或配备专职保管人员，保管人员实行岗位责任制。为保证藏品安全，工作原则中还对调拨和移交文物的流程做了相关规定。在内容方面，规范中指出藏品管理工作的内容有藏品征集、藏品鉴定、藏品保管、车辆类藏品维护保养和车辆类藏品修复复制五部分，并明确了各项内容的具体业务，形成使各项业务能有效实施的原则性指导标准。

二、规范了从藏品征集、鉴定到登记、入藏保管等环节的全过程，确保藏品与财务资产管理相对应

在《藏品征集管理规范》中明确规定了藏品征集的范围、方式和流程，并对岗位的职责有具体描述和界定。藏品征集工作包括国内征集和国外征集，方式有购买、接受捐赠、依法交换及法律以及行政法规规定的其他方式。在《藏品征集管理规范》中还形成了购买、捐赠、调拨、交换等征集方式的具体业务流程，同时将藏品征集与财务资产进行对接，将新征集藏品登记账向财务部进行备案，形成藏品、资产管理相对应的模式。

藏品的鉴定工作主要有藏品的定名和定级，全面准确地反映藏品的主要内容和本质特征是藏品定名的最重要原则，定名的要素主要包括年代、特征、器物通称等，定名时一般按照时代、特征、通称顺序排列。根据藏品的历史、科学、艺

术价值，一般将藏品分为一级文物、二级文物、三级文物和一般文物。规范对定级的工作流程做出了具体规定。

藏品的保管包括账目管理、保管管理、档案管理。账目管理主要是藏品总登记账和分类账，并附有具体岗位职责和账目表单，使藏品的账目工作有据可依；藏品的保管，主要指藏品的库房管理，对藏品库房的保存环境及藏品入库、出库的工作流程、注意事项等做出严格规定。根据汽车博物馆的藏品主要为汽车的特点，还要将库房的概念扩展到展厅，对展厅车辆类藏品的保管单独分离，形成了

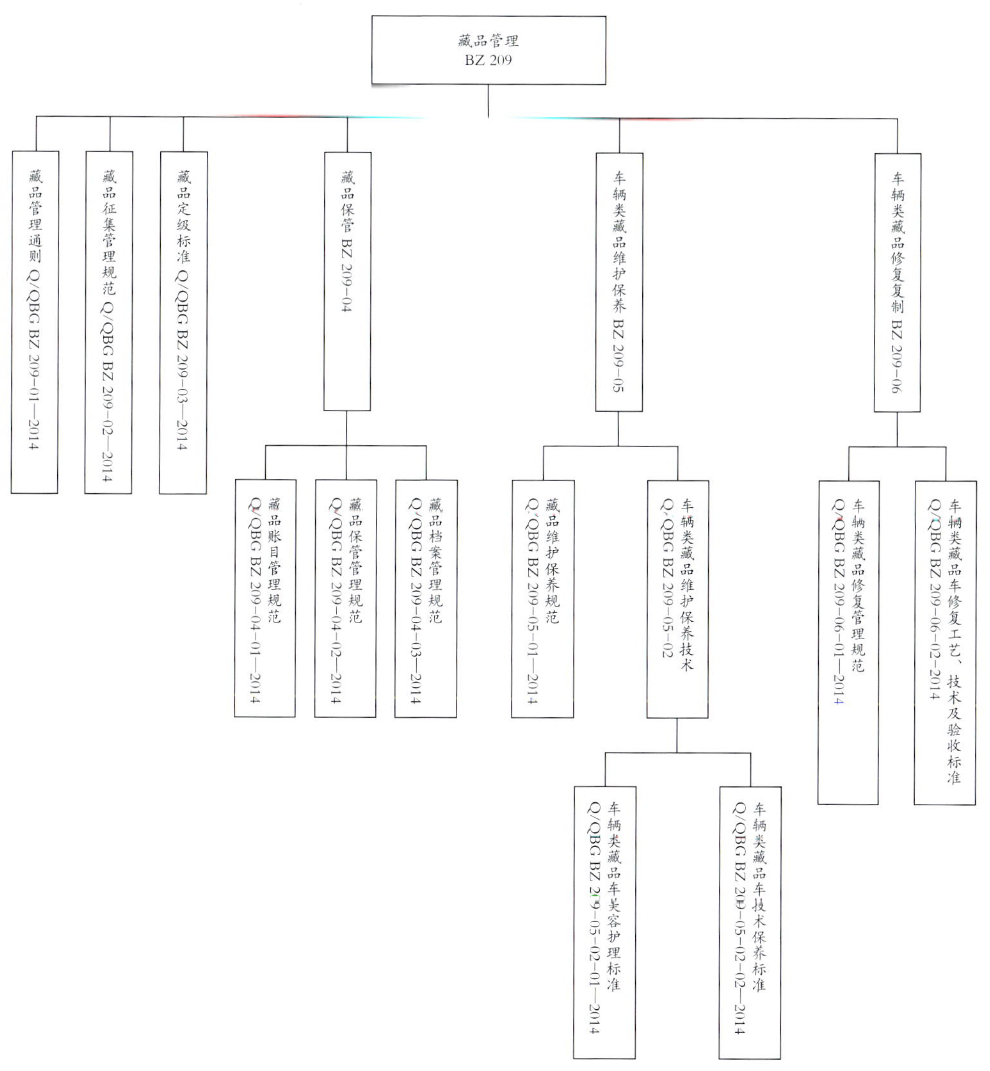

藏品管理体系框架图

车辆类藏品保管的一系列规范。藏品档案管理主要为藏品所形成的档案资料管理。

三、以“修旧如故”修复理念，逐渐摸索形成藏品修复流程的标准化规范

根据汽博馆“修旧如故”修复原则，车辆类藏品修复工作在实际修复过程中积累了丰富的车辆历史资料和技术数据，并参考国家、地方及行业等相关法规制定出《车辆类藏品修复工艺、技术及验收标准》。该标准的实施促进车辆类藏品修复工作从最初的摸索修复模式和流程逐渐发展为探索车辆各系统在材质、型号、工艺等方面的原厂技术标准，逐步打通相应零部件供应渠道，摸索出再制造工艺、方法，通过5年6辆车的修复积累，修复后的车辆类藏品能够达到良好的运行状态，全车状态基本恢复到原车出厂水平，原装率基本达到95%以上。

四、制定藏品维护保养规范，确保此项工作规范化、常态化操作实施

汽博馆车辆类藏品维护保养工作启动至今已有5年时间，作为常态化开展项目，制定《车辆类藏品维护保养规范》对于工作效率和质量的提升至关重要，该规范主要针对车辆类藏品美容护理、技术保养和非车类藏品维护保养三项业务，明确了三项业务的工作流程、内容、岗位职责及考核要求。通过对标准内容的完善和修订，维护保养管理流程更加规范，工作重点逐步落在维保方案的制定及检查考核环节，进一步提高了工作效率和质量。

五、依托藏品各项业务及讲解服务提升，积极开展汽车文化的研究工作，实现研究成果的有效利用

藏品工作的最终目的是要对藏品进行研究利用，并有向公众进行宣传教育的义务。为规范和提升讲解服务的质量，汽博馆提出“讲解员向研究员发展”的人才培养目标。在保证观众得到科学、准确、一流的讲解服务的同时，培养讲解员学习和研究汽车文化的能力，形成了《讲解服务规范》和《讲解服务运行管理规范》。《讲解服务规范》将讲解服务的概念细化为定时讲解、预约讲解和团队讲解，并对每一类型讲解服务的服务流程和服务质量做出明确规定；《讲解服务运行管理规范》是对讲解团队进行管理的规范，其中对讲解员的人员素质要求做

了具体规定，提出以人为本、服务至上、言辞规范、形象专业、因人施讲的讲解服务原则。讲解员的考核采取星级评定的方式，注重对讲解员学习研究能力的培养，并根据国别、品牌，确定研究方向，形成汽车文化的研究体系，将研究成果应用于博物馆的展览展示、教育传播、文创开发等方面。

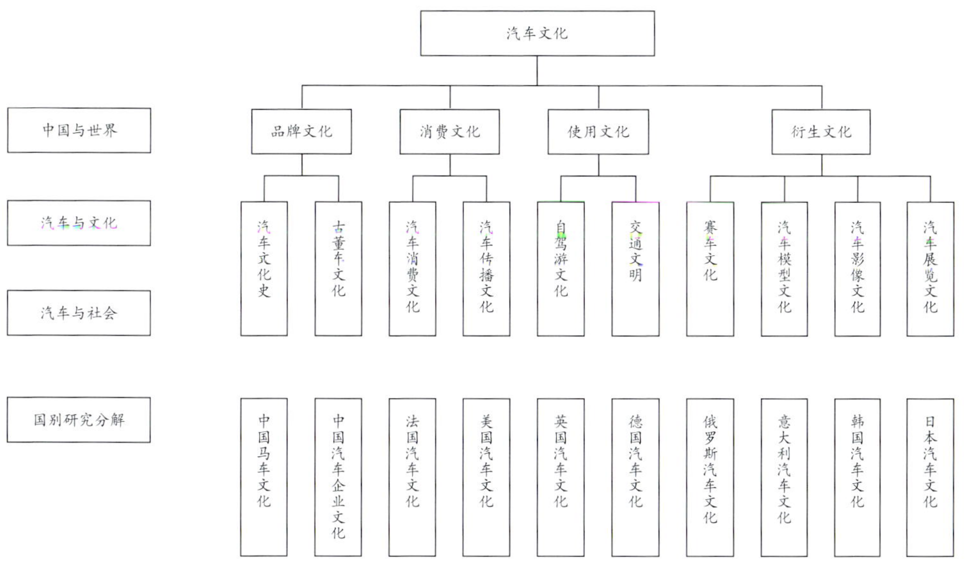

汽车文化研究体系框架图

六、参考法规和引用标准

1. Q/QBG BZ 209-01-2014《藏品管理通则》

《中华人民共和国文物保护法》由全国人民代表大会常务委员会于2015年4月24日颁布，2015年4月24日实施。

《博物馆管理办法》由文化部于2005年12月22日颁布，2006年1月1日实施。

《博物馆藏品管理办法》由文化部于1986年6月19日颁布，1986年6月19日实施。

《博物馆条例》由国务院常务会议于2015年1月14日颁布，2015年3月20日实施。

2. Q/QBG BZ 209-02-01—2014《藏品征集管理规范》

《中华人民共和国文物保护法》由全国人民代表大会常务委员会于2015年4

月24日颁布，2015年4月24日实施。

《中华人民共和国文物保护法实施条例》由国务院常务会议于2013年12月7日颁布，2013年12月7日实施。

《博物馆管理办法》由文化部于2005年12月22日颁布，2006年1月1日实施。

《博物馆藏品管理办法》由文化部于1986年6月19日颁布，1986年6月19日实施。

《北京市博物馆条例》由北京市第十一届人民代表大会常务委员会于2000年9月22日颁布，2001年1月1日实施。

《博物馆条例》由国务院常务会议于2015年1月14日颁布，2015年3月20日实施。

3. Q/QBG BZ 209-03-02—2014《藏品定级标准》

《文物藏品定级标准》由国家文物局于2001年4月9日颁布，2001年4月9日实施。

《中华人民共和国文物保护法实施条例》由国务院常务会议于2013年12月7日颁布，2013年12月7日实施。

《博物馆藏品管理办法》由文化部于1986年6月19日颁布，1986年6月19日实施。

《中华人民共和国文物保护法》由全国人民代表大会常务委员会于2015年4月24日颁布，2015年4月24日实施。

《博物馆条例》由国务院常务会议于2015年1月14日颁布，2015年3月20日实施。

4. Q/QBG BZ 209-04-01—2014《藏品账目管理规范》

《博物馆藏品保管试行办法》由国家文物局于1978年1月20日颁布，1978年1月20日实施。

《博物馆条例》由国务院常务会议于2015年1月14日颁布，2015年3月20日实施。

5. Q/QBG BZ 209-04-02—2014《藏品保管管理规范》

《博物馆藏品管理办法》由文化部于1986年6月19日颁布，1986年6月19日实施。

《博物馆条例》由国务院常务会议于2015年1月14日颁布，2015年3月20日实施。

6. Q/QBG BZ 209-04-03—2014《藏品档案管理规范》

WW/T 0020—2008《文物藏品档案规范》由国家文物局于2009年2月16日颁布，2009年2月16日实施。

《博物馆管理办法》由文化部于2005年12月22日颁布，2006年1月1日实施。

《博物馆条例》由国务院常务会议于2015年1月14日颁布，2015年3月20日实施。

7. Q/QBG BZ 209-05-01—2014《藏品维护保养规范》

GB/T 5624—2005《汽车维修术语》由中华人民共和国国家质量监督检验检疫总局，中国国家标准化管理委员会于2005年7月21日颁布，2005年12月1日实施。

《博物馆藏品管理办法》由文化部于1986年6月19日颁布，1986年6月19日实施。

《中华人民共和国文物保护法》由全国人民代表大会常务委员会于2015年4月24日颁布，2015年4月24日实施。

《博物馆管理办法》由文化部于2005年12月22日颁布，2006年1月1日实施。

GB/T18344—2001《汽车维护、检测、诊断技术规范》由国家质量技术监督局于2001年3月26日颁布，2001年12月1日实施。

8. Q/QBG BZ 209-05-02-01—2014《车辆类藏品美容护理服务标准》

QC/T 639—2004《车用橡胶密封条》由国家发展和改革委员会于2004-10-20日颁布，2005年4月1日实施。

QC/T 641—2005《汽车用塑料密封条》由国家发展和改革委员会于2005年2月14日颁布，2005年7月1日实施。

9. Q/QBG BZ 209-05-02-02—2014《车辆类藏品技术保养服务标准》

GB/T 18344—2001《汽车维护、检测、诊断技术规范》由国家质量技术监督局于2001年3月26日颁布，2001年12月1日实施。

10. BZ 209-06-01-01—2014《车辆类藏品修复管理规范》

GB/T 5624—2005《汽车维修术语》由中华人民共和国国家质量监督检验检疫总局，中国国家标准化管理委员会于2005年7月21日颁布，2005年12月1日实施。

GB/T 3730.1—2001《汽车和挂车类型的术语和定义》由中华人民共和国国家质量监督检验检疫总局于2001年7月3日颁布，2001年7月3日实施。

《博物馆藏品管理办法》由文化部于1986年6月19日颁布，1986年6月19日实施。

11. Q/QBG BZ 209-06-02-01—2014《车辆类藏品修复工艺、技术及验收标准》

GB/T 15746—2011《汽车修理质量检查评定方法》由中华人民共和国国家质量监督检验检疫总局和中国国家标准化管理委员会于2011年07月20日颁布，2011年12月01日实施。

GB/T 5624—2005《汽车维修术语》由中华人民共和国国家质量监督检验检疫总局，中国国家标准化管理委员会于2005年7月21日颁布，2005年12月1日实施。

GB/T 3730.1—2001《汽车和挂车类型的术语和定义》由中华人民共和国 国家质量监督检验检疫总局于2001年7月3日颁布，2001年7月3日实施。

GB/T 18344—2001《汽车维护、检测、诊断技术规范》由国家质量技术监督局于001年3月26日颁布，2001年12月1日实施。

《博物馆藏品管理办法》由文化部于1986年6月19日颁布，1986年6月19日实施。

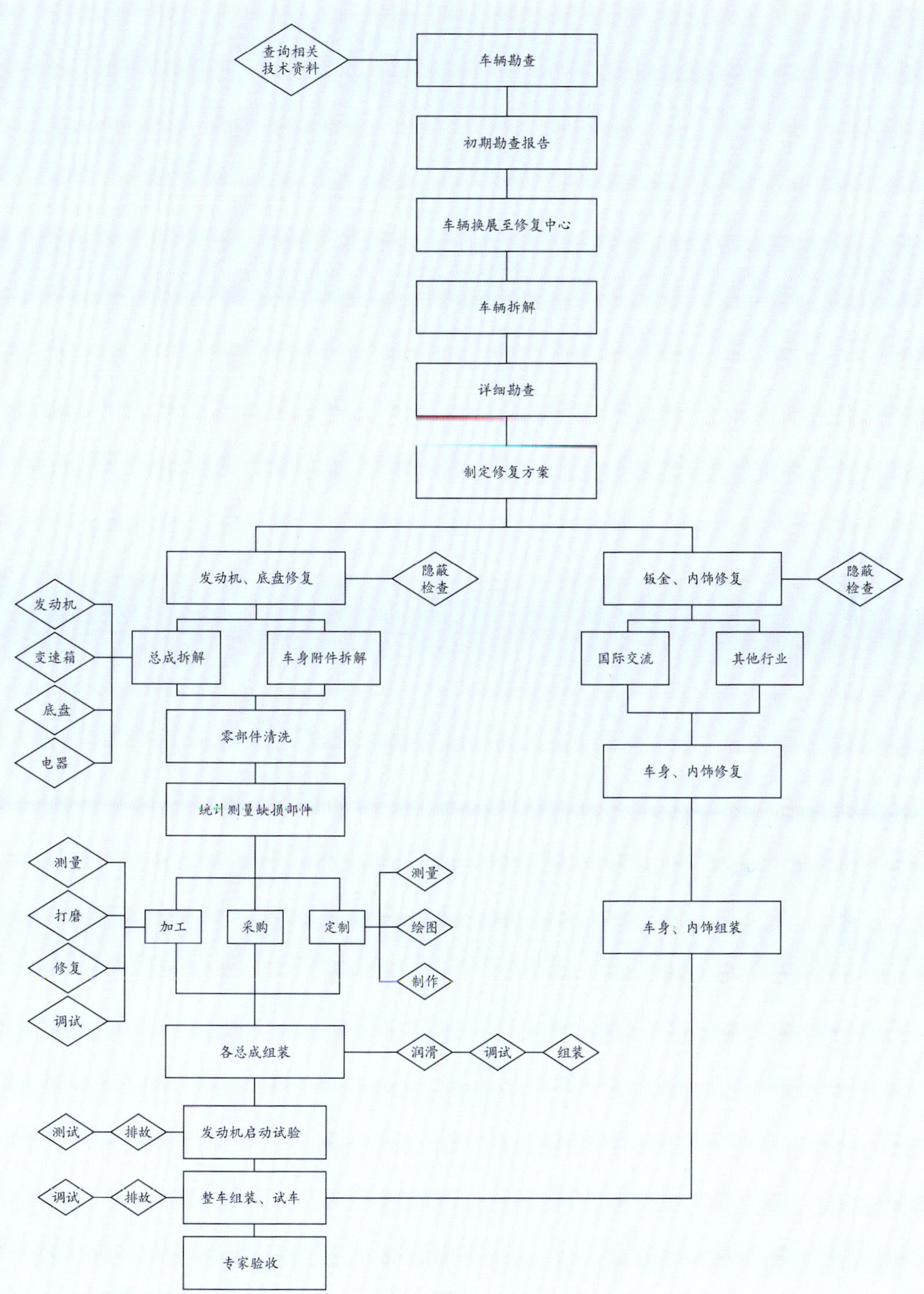

车辆类藏品修复验收流程图

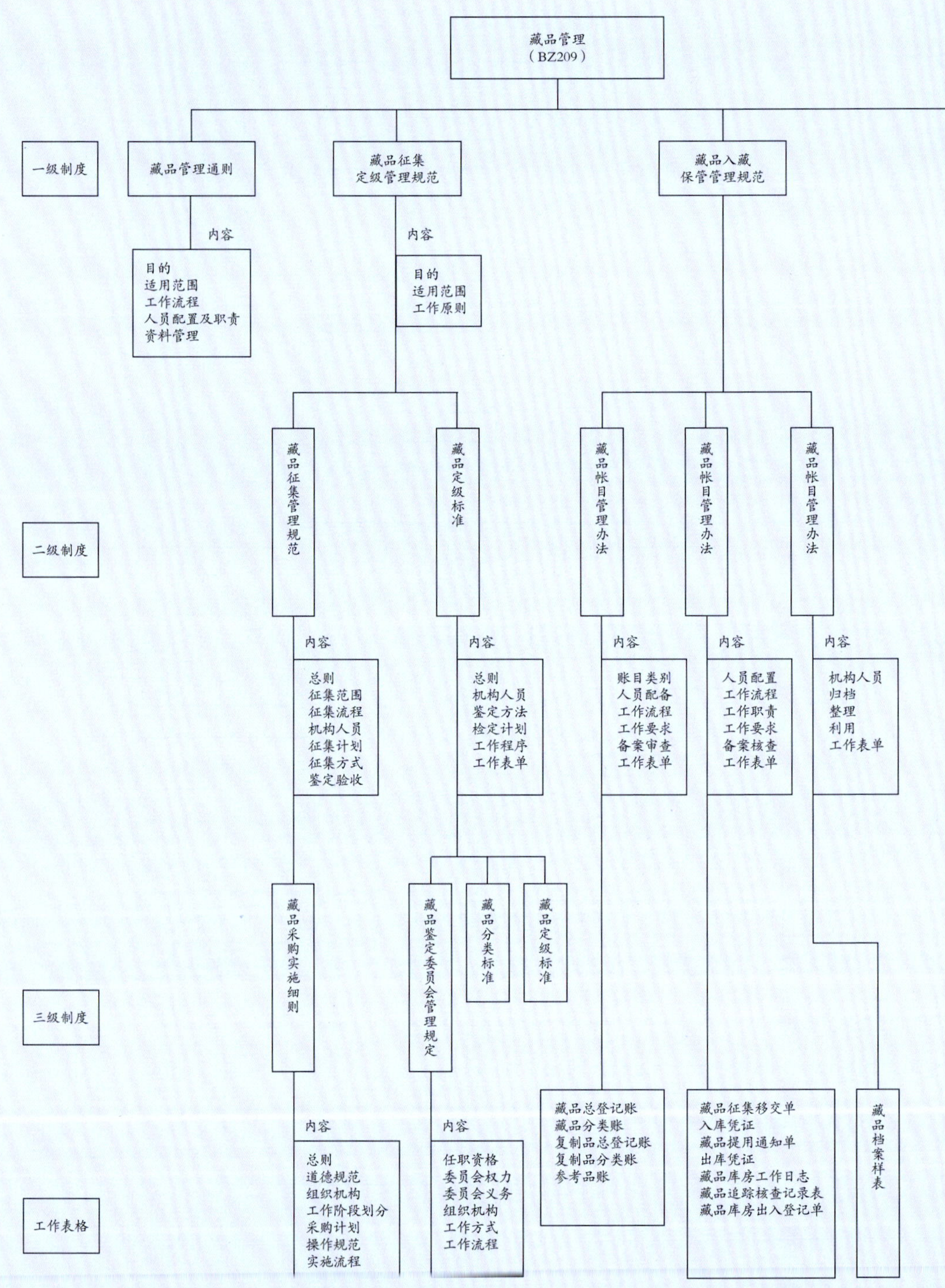
藏品管理
（BZ209）
一级制度
藏品管理通则
内容
目的
适用范围
工作流程
人员配置及职责
资料管理
藏品征集
定级管理规范
内容
目的
适用范围
工作原则
藏品入藏
保管管理规范
二级制度
藏品征集管理规范
内容
总则
征集范围
征集流程
机构人员
征集计划
征集方式
鉴定验收
藏品定级标准
内容
总则
机构人员
鉴定方法
检定计划
工作程序
工作表单
藏品帐目管理办法
内容
账目类别
人员配备
工作流程
工作要求
备案审查
工作表单
藏品帐目管理办法
内容
人员配置
工作流程
工作职责
工作要求
备案核查
工作表单
藏品帐目管理办法
内容
机构人员
归档
整理
利用
工作表单
三级制度
藏品采购实施细则
内容
总则
道德规范
组织机构
工作阶段划分
采购计划
操作规范
实施流程
藏品鉴定委员会管理规定
内容
任职资格
委员会权力
委员会义务
组织机构
工作方式
工作流程
藏品分类标准
藏品定级标准
工作表格
藏品总登记账
藏品分类账
复制品总登记账
复制品分类账
参考品账
藏品征集移交单
入库凭证
藏品提用通知单
出库凭证
藏品库房工作日志
藏品追踪核查记录表
藏品库房出入登记单
藏品档案样表

藏品维护
保养管理规范
内容
目的
适用范围
工作原则
藏品修复
管理规范
内容
目的
适用范围
工作原则
藏品维护保养管理规范
车辆类藏品维护保养
车辆类藏品修复管理规范
车辆类藏品修复工艺、技术及验收标准
内容
总则
维保内容
管理职责
维保流程
验收内容
验收标准
资料归档
附则
内容
总则
维保原则
管理职责
维保方法及流程
验收标准
资料归档
附则
内容
总则
修复原则
管理职责
修复流程
验收内容
验收标准
资料归档
附则
内容
总则
修复原则
管理职责
修复方法及流程
验收标准
资料归档
附则
美容护理管理规定
技术保养管理规定
工具耗材管理规定
内容
总则
组织机构及职责
内容及规范
工具耗材使用
内容
总则
组织机构及职责
内容及规范
工具耗材使用
内容
适用范围
分配流程
使用规范及检查
附则
车辆类藏品履历卡
车辆类藏品技术保养记录表
车辆类藏品技术保养检查表
车辆类藏品美容护理记录表
修复车况检查表
修复方案
修复方案报审表
修复工作日志
修复隐蔽检查记录表
修复工作联系单
修复项目验收记录表
工具使用
检查表藏品
维护保养消
耗品领取表
维保工具
领用登记表

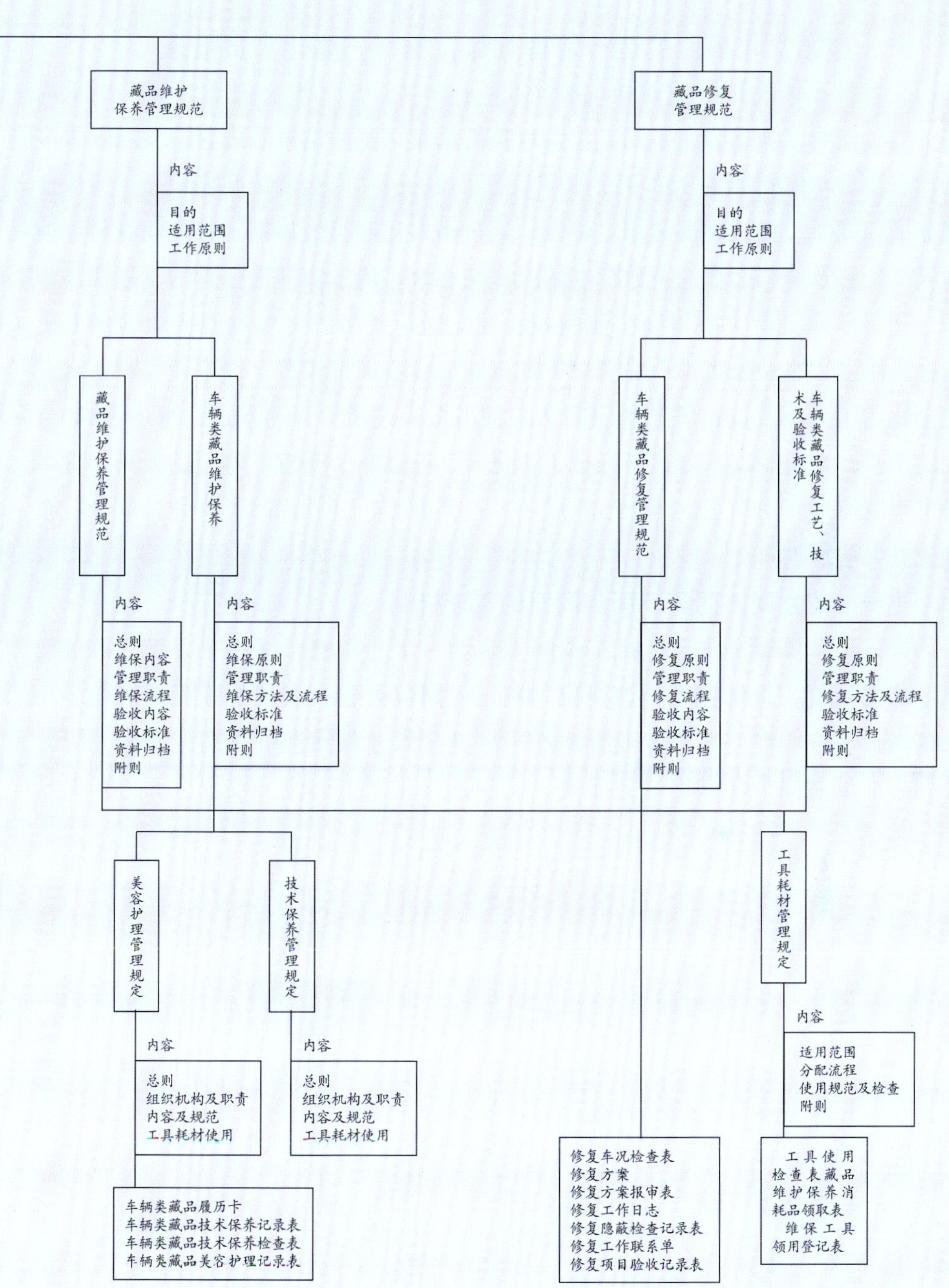

藏品管理框架图

第九节 人力资源管理标准

一、遵循文化事业的运行管理规律，推行一体化人员管理

北京汽车博物馆展馆建筑面积约5万平方米，与一般文博类场馆，展示内容、展示实物以静态为主不同，作为科技类场馆，汽博馆展示内容、展示效果多以动态、参与体验为主，单位面积用工指标较一般文博类场馆明显偏高。为保证事业平稳发展、保持人员的相对稳定，通过横向比照类似规模、服务职能博物馆的人员配置及单位面积的人数标准情况，结合汽车博物馆开馆运营的实际任务需求，积极争取支持突破体制机制瓶颈，建立适应政策条件和发展要求的用人机制，采用了“小马拉大车”的管理方式，完成核心岗位设置，以事业编制人员、社会化用工人员及技术服务外包团队三种用人模式相结合的方式，组建了500余人的团队，并通过以下方式增强员工责任感、归属感，实现一体化的人员管理。通过系统梳理，明确了汽博馆展览展示、公共教育、开放保障、文化产业和行政管理五大基本职能。

（一）建立同工同酬、同奖同罚的管理机制

依据单位体制及丰台区机构编制委员会对于北京汽车博物馆关于内机机构及职能的批复，系统梳理全馆岗位，制定《岗位设置及人员配置管理规范》，依据岗位工作职责、所需专业技术水平、社会人才稀缺性进行岗位划分，统筹规划事业编制岗位和聘用劳务派遣人员的社会化用工岗位。根据区人力社保局

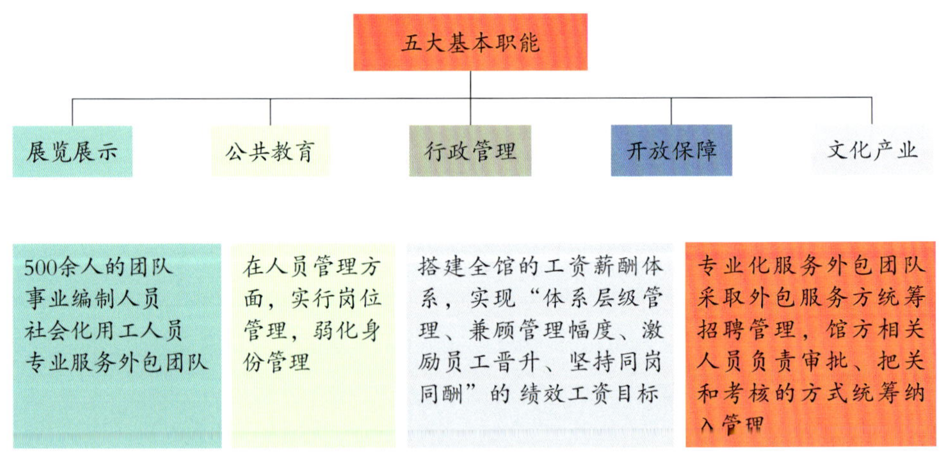

人力资源管理规范框架体系图

确定的绩效工资总额控制的原则，制定相关薪酬管理规范，对于劳务派遣的社会化用工人员，根据岗位的任职、职称和学历要求，结合博物馆行业的社会平均薪酬水平予以核定工资标准，建立一套“科学设置、以岗定薪、岗变薪变、合同管理、市场机制”、与事业编制人员收入水平相当的薪酬机制，积极贯彻落实国家关于深化事业单位收入分配制度改革的总体部署及实施绩效工资的要求，完成绩效工资改革，通过对操作型、技术型以及管理型不同类别近百个岗位的梳理和测算，建立了适合博物馆特点的岗位设置和薪酬标准，搭建了全馆的工资薪酬体系，实现了“体现层级管理、兼顾管理幅度、激励员工晋升、坚持同岗同酬”的绩效工资目标，建立适宜人才的保障机制。同时辅以同等的岗位调整、360度绩效考核、奖惩机制，实现不同身份人员的同一标准管理，强化员工的责任意识。

（二）实施以人员培养为核心的人才蓄水池的激励机制

北京汽车博物馆是集科技馆、展览馆、博物馆为一体的现代科普类场馆，有着行业的特殊性，很多岗位又有专业性的特点，因此有经验的专业人才往往在事业单位公开招聘中难以直接获得。以劳务派遣为用工方式的社会化用工人员既是对事业编制人员的有效补充，也是事业编制人员的人才蓄水池，制定《事业编制工作人员聘用管理规范》《社会化用工人员聘用管理规范》，通过内部人员培养，吸纳有能力、有潜力的人员考入事业编制，通过竞聘上岗选拔优秀员工走上管理岗位，形成“以事业编制人员为核心力量，带动劳务派遣人员”的激励机制，从而增强了劳务派遣员工的归属感。

（三）以三级管理模式，带动物业团队的人员管理

目前在北京汽车博物馆服务的物业派遣员工超过员工总数的75%，并且多集中于基层一线服务及运行保障岗位。如何有效管理物业派遣人员，使之成为博物馆强有力的服务品牌形象代言，是物业人员管理的一个难题。北京汽车博物馆通过三级人员管理模式，即组织人事部门对物业团队人员管理制定管理规则，业务主管部门实施监督管理，物业项目组实施直接管理的方式，通过发挥组织人事部门的管理职责，拉动业务主管部门业务实力，带动物业项目组的人员管理。对于物业员工，采用“考核与选拔并重”的机制，通过业务部门每月牵头的物业团队绩效考核，及时反馈物业服务水平，通过考核成绩指导物业团队人员选聘、培训等人员管理基础工作；同时建立定期选拔优秀的服务人员、管理人员进入馆方团队的工作机制，形成对物业团队的动态管理与人员激励。

通过实现对三种身份人员的一体化管理，建立了以事业吸引人、以公平的机制感召人、以发展激励人的职业氛围，使员工摒弃了身份差异，增强了员工的主人翁意识。

二、采用“层层负责”机制，优化内控流程

组织人事管理是一个有机的整体，既要制定和实施与单位发展战略相匹配的人事政策，促进单位发展战略的实现，又要合理保障人事管理内部的信息沟通顺畅，建立内部监督机制，合理保证人事管理符合国家政策法规，规避用工风险与劳动风险。面对形式多样的用工方式，在组织人事内部，进行了人事日常业务流程梳理，通过建立有效的人员甄选流程、入职流程、人员信息管理流程、薪酬核定流程、离职流程等五大流程，推行“业务联动、岗位负责”制，形成层层审核、层层把关、层层负责的内部监控机制，确保严把人员入口关、严守人员管理关。同时，形成组织人事部门内部信息共享、流程优化，提高组织人事管理效率，促进业务部门人员管理效能的提升，从而提高人事管理效果。

三、创建人员全生命周期管理的人员管理规范

在服务业组织标准化工作指南（GB/T 24421.2）、国家事业单位人事管理政策法规和“系统思维、整体构建”的管理思路指导下，结合北京汽车博物馆的管理实际，逻辑上按照“从整体到局部，从指导原则到具体操作”的思路，经过充分碰撞和研究，形成理性的、清晰的、可操作的工作思路和规则，并在深化研究中不断优化，构建人力资源标准框架，再根据框架系统构建涵盖全面清晰的管理范围和内容，搭建了从组织构建到人员管理、从人员流入到人员流出的人员全生命周期管理，从内部组织人事工作操作规范到外部人事管理政策的人力资源管理规范。通过借鉴全馆标准化建设分别面对不同服务对象，将服务提供体系与服务保障体系分开搭建的工作思路，系统梳理出相关人事管理规则中，哪些是属于人事内部掌握的管理规范，哪些是属于面对员工，便于员工理解和遵照执行的管理规则，从而找到人事管理体系合理分类构建的渠道。最终通过相关流程及工作表单、关键词的整理，厘清工作思路，明确标准文件框架。按照各业务范围及分工搜集相关国家、行业、地方标准及相关法律、法规、规章，特别关注与博物馆业务相关领域内容进行深入研究，通过梳理涉及人事操作各环节操作规范，界定人事与其他相关部门及人事内部各岗位之间工

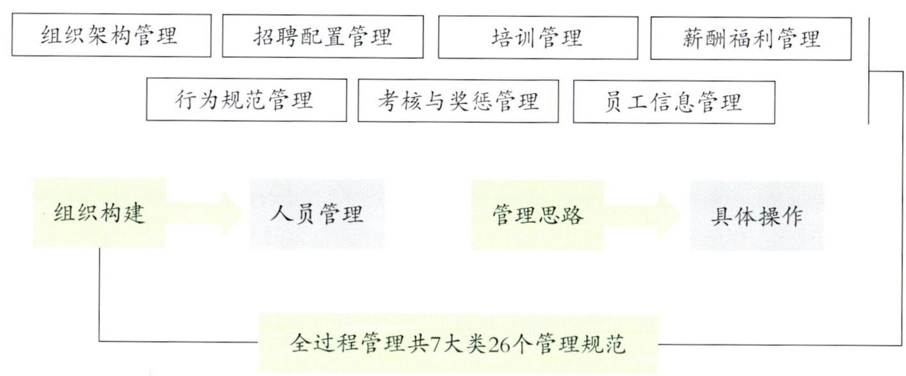

人力资源管理规范体系示例图

作界面，进一步明确管理规则和体现管理规则的程序、表单，最终完善标准文件。

汽博馆结合管理实际，搭建了共包括组织架构管理、招聘配置管理、培训管理、薪酬福利管理、行为规范管理、考核与奖惩管理、员工信息管理七大模块，内容涉及从组织构建到人员管理、从管理思路到具体操作的全生命周期共26个管理规范的人力资源管理规范体系。并通过岗位手册，规范了每个岗位的任职资格、职责与权限、岗位操作要求、岗位工作时间和岗位考核要求，形成了组织人事政策有规可循、人事业务有标准可依、岗位操作有手册可查的立体化管理框架。创建标准化，汽博馆实现了组织人事管理上的精细化、体系化、规范化。

四、参考法规和引用标准

1. Q/QBG BZ 210-01-01—2014《单位体制管理规范》

关于调整北京国际汽车博览中心建设办公室机构编制有关事项的批复》（丰编函〔2016〕8号）由丰台区机构编制委员会于2016年6月21日颁布、实施。

2. Q/QBG BZ210-01-02—2014《机构职能管理规范》

《关于北京国际汽车博览中心建设办公室加挂丰台区规划展览馆牌子的批复》（丰编函〔2011〕8号）由丰台区机构编制委员会于2011年5月9日颁布、实施。

《北京市丰台区机构编制委员会办公室关于调整北京国际汽车博览中心建设办公室（北京汽车博物馆）内设机构和人员编制的批复》（丰编办函〔2014〕33号）由丰台区机构编制委员会于2014年11月6日颁布、实施。

《关于调整北京国际汽车博览中心建设办公室机构编制有关事项的批复》（丰编函[2016]8号）由丰台区机构编制委员会于2016年6月21日颁布、实施。

《北京市丰台区机构编制委员会办公室关于调整北京汽车博物馆内设机构和人员编制的批复》（丰编办函[2016]34号）由丰台区机构编制委员于2016年9月28日颁布、实施。

3. Q/QBG BZ 210-01-03—2014《岗位设置及人员配置规范》

《事业单位岗位设置管理试行办法》（国人部发〔2006〕70号）由人事部于2006年7月4日颁布，2006年7月4日实施。

《北京市事业单位岗位设置管理实施意见》（京政办发〔2007〕35号）由北京市人民政府办公厅于2007年5月18日颁布，2007年5月18日施行。

4. Q/QBG BZ 210-02-01—2014《事业编制工作人员聘用管理规范》

《关于在事业单位试行人员聘用制度的意见》（国办发〔2002〕35号）由国务院办公厅于2002年7月6日颁布。

《北京市事业单位聘用合同制试行办法》（京政办发〔2002〕50号）由北京市人民政府办公厅于2002年11月20日颁布，2002年12月1日实施。

《事业单位公开招聘人员暂行规定》（中华人民共和国人事部令 第6号）由人事部于2005年11月16日颁布，2006年1月1日实施。

《北京市事业单位公开招聘工作人员实施办法》（京人社专技发〔2010〕102号）由北京市人事局于2010年4月19日颁布，2010年6月1日实施。

《事业单位人事管理条例》（中华人民共和国国务院令第652号）由国务院于2014年4月25日颁布，2014年7月1日实施。

5. Q/QBG BZ 210-02-02—2014《社会化用工人员聘用管理规范》

《中华人民共和国劳动合同法》于2007年6月29日颁布，2008年1月1日实施。

《劳务派遣暂行规定》（中华人民共和国人力资源和社会保障部令第22号）由人力资源社会保障部于2014年1月24日颁布，2014年3月1日实施。

6. Q/QBG BZ 210-02-03—2014《物业派遣人员聘用管理规范》

《中华人民共和国劳动合同法》于2007年6月29日颁布，2008年1月1日实施。

《劳务派遣暂行规定》（中华人民共和国人力资源和社会保障部令第22号）由人力资源社会保障部于2014年1月24日颁布，2014年3月1日实施。

7. Q/QBG BZ 210-02-04—2014《专家聘用管理规范》

《中华人民共和国劳动合同法》于2007年6月29日颁布，2008年1月1日实施。

8. Q/QBG BZ 210-02-05—2014《志愿者管理规范》

《中国注册志愿者管理办法》于2006 年 11 月 7 日颁布。

9. Q/QBG BZ 210-02-06—2014《实习生管理规范》

《中华人民共和国劳动合同法》于2007年6月29日颁布，2008年1月1日实施。

《中华人民共和国劳动合同法实施条例》由人力资源社会保障部于2008年9月3日颁布，2008年9月18日实施。

10. Q/QBG BZ 210-02-07—2014《人才引进管理规范》

关于印发《北京市人才引进公开招聘管理办法的通知》由北京市人力资源和社会保障局于2012年2月27日颁布、实施。

《关于在留学人才引进工作中界定海外高层次留学人才的指导意见》由中国人力资源和社会保障部于2005年3月22日颁布、实施。

《北京市关于引进人才工作补充规定的通知》由北京市人力资源和社会保障局于2007年7月5日颁布、实施。

《北京市人民政府关于印发〈北京市鼓励海外高层次人才来京创业和工作暂行办法〉和〈北京市促进留学人员来京创业和工作暂行办法〉的通知》由北京市人民政府于2009年5月13日颁布、实施。

11. Q/QBG BZ 210-02-08—2014《岗位调整管理规范》

关于印发《事业单位岗位设置管理试行办法》的通知（国人部发〔2006〕70号）由中华人民共和国人力资源和社会保障部于2006年7月4日颁布，2006年7月4

日实施。

党政机关竞争上岗工作暂行规定（中办发〔2004〕13号）由中共中央办公厅；于2004年4月颁布，2004年4月施行。

12. Q/QBG BZ 210–02–09—2014《职称管理规范》

《北京市职称评审专家管理暂行办法》（京人社专技发〔2013〕33号）由北京市人力资源和社会保障局于2013年1月31日颁布、实施。

13. Q/QBG BZ 210–03–01—2014《培训管理规范》

《中国共产党党委（党组）理论学习中心组学习规则》由中共中央办公厅。于2017年3月30日颁布。

《北京市专业技术人员继续教育规定》由北京市第十届人民代表大会常务委员会于1995年6月8日颁布，1995年10月1日实施。

14. Q/QBG BZ 210–04–01–2014《事业编制人员薪酬管理规范》

《北京市关于推进其他事业单位实施绩效工资工作的意见》（京人社事发〔2010〕286 号）由北京市人力资源和社会保障局、北京市财政局 于2010年10月颁布、实施。

15. Q/QBG BZ 210–04–02—2014《社会化用工人员薪酬管理规范》

《北京市关于推进其他事业单位实施绩效工资工作的意见》（京人社事发〔2010〕286 号）由北京市人力资源和社会保障局、北京市财政局于2010年10月颁布、实施。

16. Q/QBG BZ 210–04–03—2014《福利管理规范》

《北京市基本养老保险规定》（北京市人民政府令第183号 ）由北京市人民政府于2006 年 12 月 4 日颁布、实施。

《北京市基本医疗保险规定》（北京市人民政府[2001]第68号令）由北京市人民政府于2001年 4 月 1 日颁布、实施。

《北京市失业保险规定》（市政府令〔2007〕190号）由北京市人民政府于2007年6月14日颁布、实施。

《北京市企业职工生育保险规定》（北京市人民政府令第154号）由北京市人民政府于2005年7月1日颁布、实施。

《北京市实施〈工伤管理条例〉办法》（北京市人民政府令第140号）由北京市人民政府于2004年1月1日颁布、实施。

《住房公积金管理条例》（中华人民共和国国务院令第350号）由中华人民共和国国务院于2002年3月24日颁布、实施。

《北京市实施〈工伤管理条例〉办法》（北京市人民政府令第140号）由北京市人民政府于2004年1月1日颁布、实施。

17. Q/QBG BZ 210-04-04—2014《人工成本管理规范》

《事业单位岗位设置管理试行办法》（国人部发〔2006〕70号）由人事部于2006年7月4日颁布，2006年7月4日实施。

《中华人民共和国劳动合同法》于2007年6月29日颁布，2008年1月1日实施。

《中华人民共和国劳动合同法实施条例》由人力资源社会保障部于2008年9月3日颁布，2008年9月18日实施。

18. Q/QBG BZ 210-05-05—2014《考勤管理规范》

《中华人民共和国劳动法》（中华人民共和国主席令第二十八号）由中华人民共和国主席于1994年7月5日颁布，1995年1月1日实施。

19. Q/QBG BZ 210-05-06—2014《考勤管理实施细则》

《中华人民共和国劳动法》（中华人民共和国主席令第二十八号）由中华人民共和国主席于1994年7月5日颁布，1995年1月1日实施。

《职工带薪年休假条例国务院》（第198次常务会议通过）由中华人民共和国主席于2008年1月1日颁布、实施。

《机关事业单位工作人员带薪年假实施办法》（中华人民共和国人事部令第9号）由中华人民共和国人事部于2008年2月15日颁布、实施。

《北京市各级国家行政机关工作人员请假暂行办法》（京政发〔1982〕11号）由北京市人民政府于1982年10月28日颁布、实施。

《女职工劳动保护特别规定》（中华人民共和国国务院令第619号）由中华人民共和国国务院于2012年4月28日颁布、实施。

《北京市人口与计划生育条例》由北京市人民代表大会常务委员会于2016年3月24日颁布、实施。

《北京市实施〈工伤管理条例〉办法》（北京市人民政府令第140号）由北京市人民政府于2004年1月1日颁布、实施。

20. Q/QBG BZ 210-06-01—2014《绩效考核管理规范》

《事业单位人事管理条例》（中华人民共和国国务院令第652号））由国务院于2014年4月25日颁布，2014年7月1日实施。

《北京市事业单位工作人员考核暂行办法》（京人社专技发〔2014〕272号）由北京市人力资源和社会保障局于2014年12月5日颁布，2014年12月5日实施。

《事业单位工作人员处分暂行规定》（人保部、国监部令第18号）由中华人民共和国人力资源和社会保障部、中华人民共和国监察部于2012年8月20日颁布，2012年9月1日实施。

21. Q/QBG BZ 210-06-02—2014《员工奖惩管理规范》

《事业单位工作人员处分暂行规定》（人保部、国监部令第18号）由中华人民共和国人力资源和社会保障部、中华人民共和国监察部于2012年8月20日颁布，2012年9月1日实施。

22. Q/QBG BZ 210-07-01—2014《员工信息管理规范》

《干部档案工作条例》由中共中央组织部、国家档案局于1991年4月2日颁布、实施。

全馆各部门培训需求调查
《北京汽车博物馆培训管理规范》
编制员工培训年度计划（草案）
未通过
未通过
通过
馆长办公会审批
分管领导审核
通过
上级主管单位、业务相关的参训通知
确定全馆年度培训计划
中心组学习（党组）
培训费用预算
读书分享会（团委）
确定参训人员
培训课程设定、参训范围、时间安排
按期参加培训
确定培训老师、培训费用及准备课件
省外培训参考《出差管理规范》
综合部发布通知
通过
相关业务部门盒和主管领导审批
起草培训通知
未通过
培训报告/课件
预约培训训场地、准备设备设施
组织人事部通过OA办公平台预订培训场地，由物业服务中心、运行保障部配合完成培训场地与设备设施的准备
培训签到与培训效果评估
了解学员对培训班、培训讲师及培训机构的改进建议，监督考查培训讲师及培训机构的培训质量
登记培训档案
建立培训台账
包括员工参加各次培训的培训内容、培训学时、培训方式的记录
年终总结

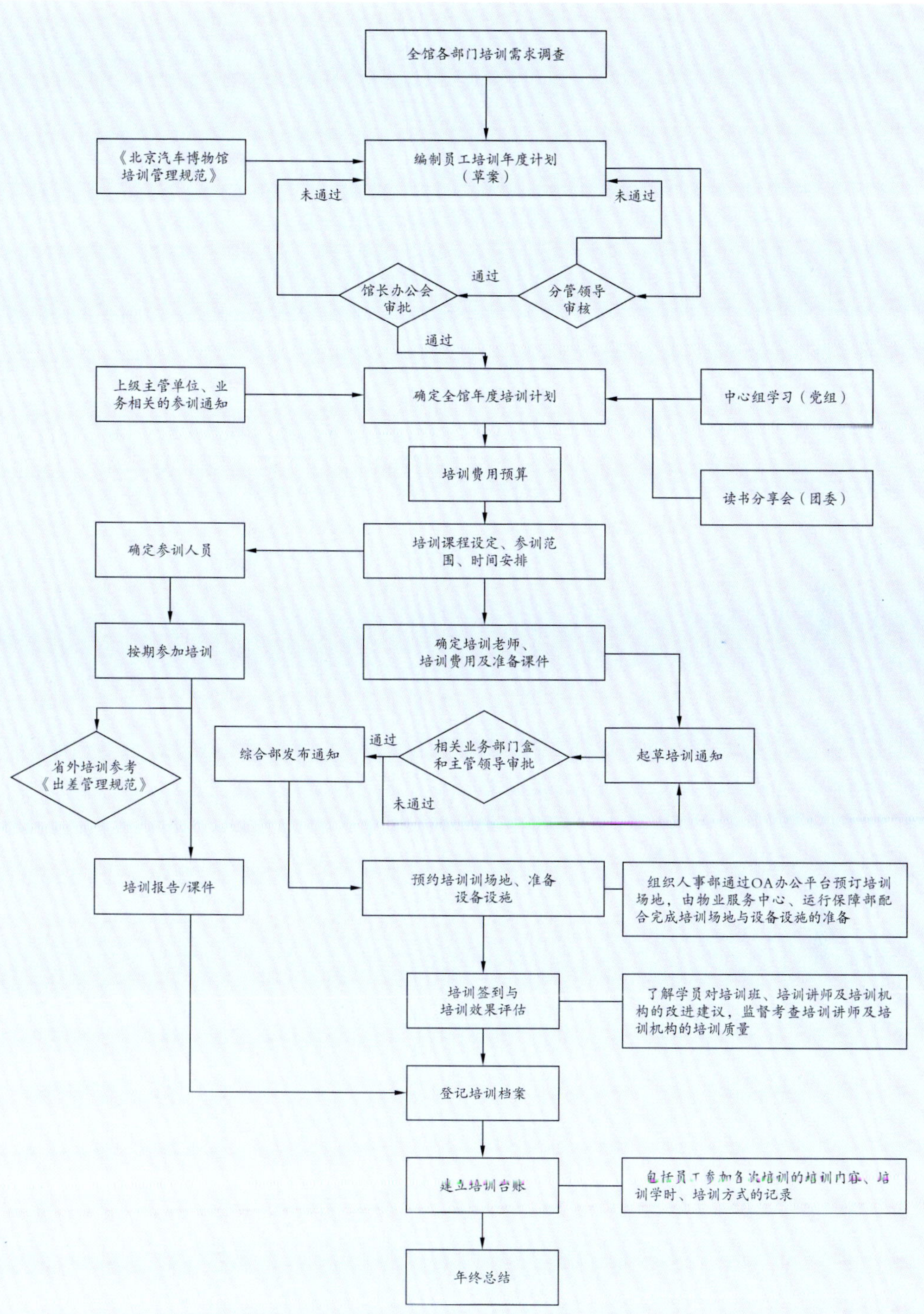

培训工作流程图

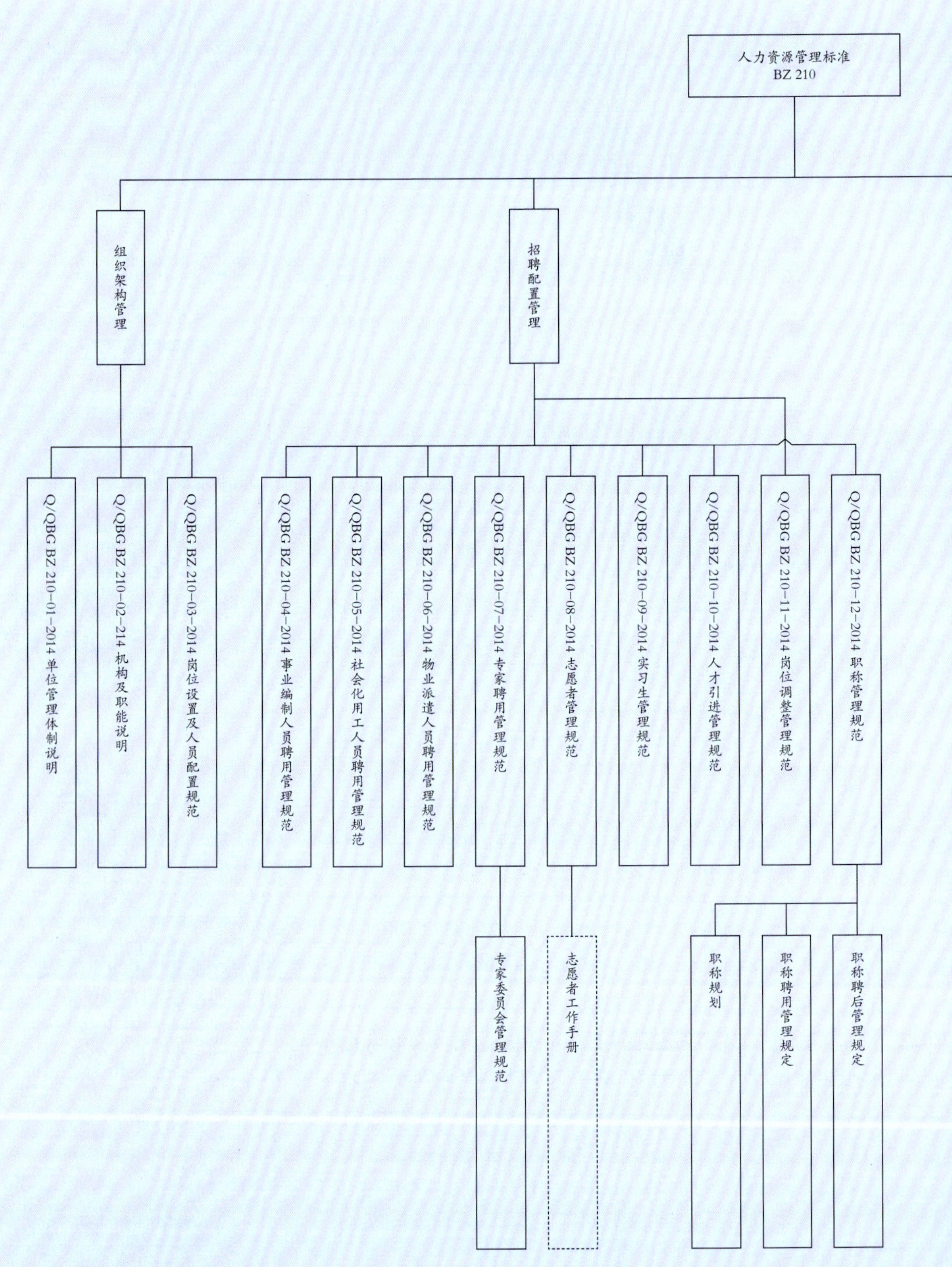
人力资源管理标准
BZ 210
组织架构管理
招聘配置管理
Q/QBG BZ 210–01–2014 单位管理体制说明
Q/QBG BZ 210–02–214 机构及职能说明
Q/QBG BZ 210–03–2014 岗位设置及人员配置规范
Q/QBG BZ 210–04–2014 事业编制人员聘用管理规范
Q/QBG BZ 210–05–2014 社会化用工人员聘用管理规范
Q/QBG BZ 210–06–2014 物业派遣人员聘用管理规范
Q/QBG BZ 210–07–2014 专家聘用管理规范
Q/QBG BZ 210–08–2014 志愿者管理规范
Q/QBG BZ 210–09–2014 实习生管理规范
Q/QBG BZ 210–10–2014 人才引进管理规范
Q/QBG BZ 210–11–2014 岗位调整管理规范
Q/QBG BZ 210–12–2014 职称管理规范
专家委员会管理规范
志愿者工作手册
职称规划
职称聘用管理规定
职称聘后管理规定

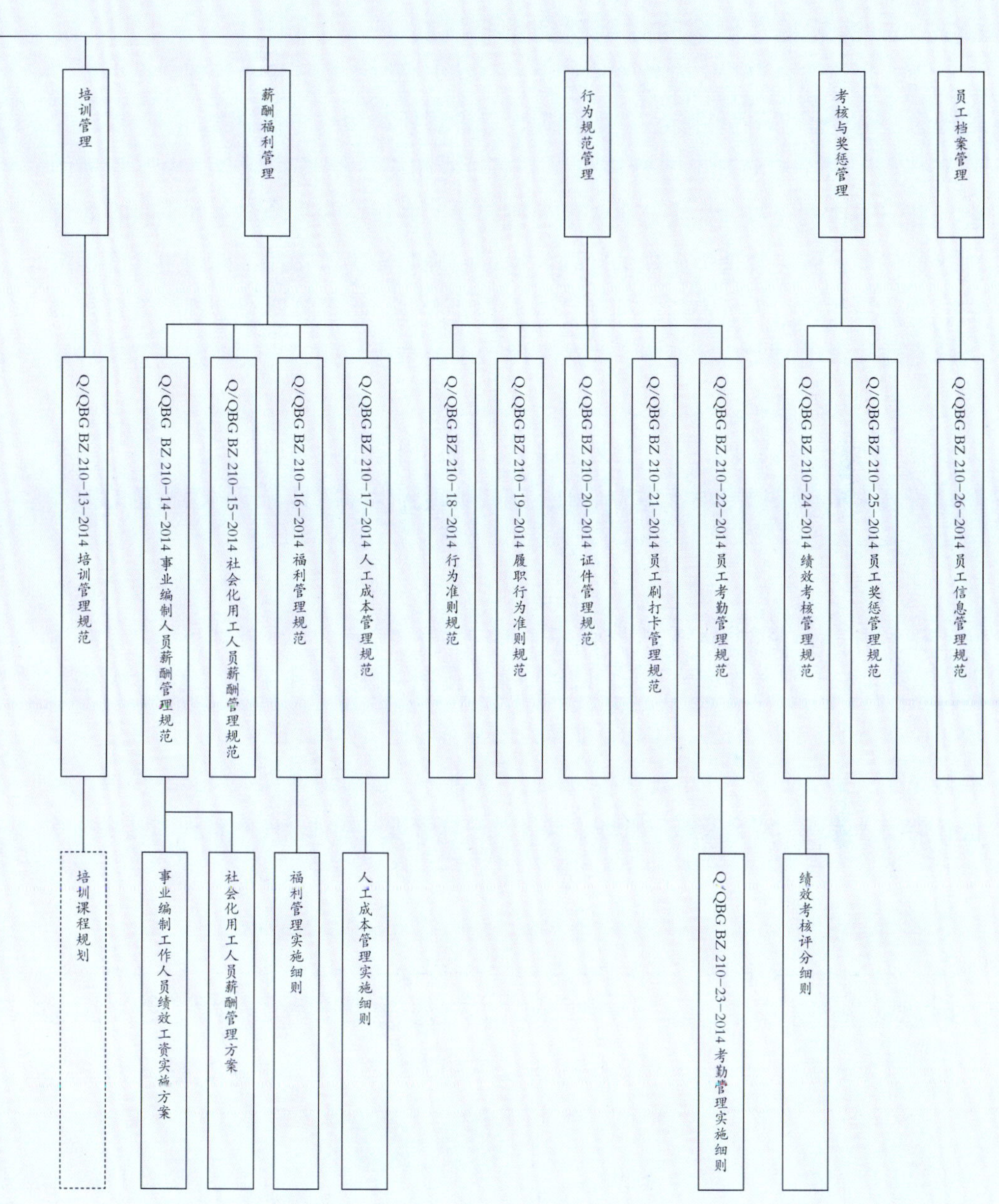

人力资源管理标准框架图

第十节　财务管理标准

一、构建“一个目标、三级管理、三种责任”和“一套制度、一个模式、一套规程”健全有效地财务管控机制

强化预算资金安全、有效管控意识，全馆牢固树立预算资金管理“无小事”的理念，构建了“一个目标、三级管理、三种责任”和“一套制度、一个模式、一套规程”健全有效地财务管控机制。通过党组会、馆长办公会、中层管理例会、部门工作例会等方式统筹决策层、执行层、操作层各自的资金安全、有效管理目标任务，解决管理中出现的问题。通过明确领导决策责任、部门主管管理责任、具体操作执行人员责任三种预算资金管理责任，将预算资金管理绩效考核纳入整个博物馆绩效考核体系中，与各个岗位绩效考核挂钩，为实现财务管理目标建立良好的运行机制，以此制定实施一套健全有效的财务管理标准规范。形成了以预算管理、采购管理、资产管理、会计管理、内部审计管理“五位一体”动态联动管理为重点，以专项管理为基础，部门管理为保障的具有博物馆特色的财务管理标准化体系。

按照北京汽车博物馆服务标准化创建工作统一部署，根据《服务业组织标准化工作指南》（GB/T 24421.2）等标准要求，本着“全面统筹、整体思维、系统构建、持续改进”的管理思路，依据国家、市、区相关财经法律法规，搭建了科学合理、层次分明、满足需要、体现行业特点的具有专题类博物馆特色的《财务管理标准体系》（BZ212），并于2014年3月起下发执行。包括预算收入及支出管理、其他各类收入管理、资金及账户管理、会计及核算管理、票证及印章管理、监督及专

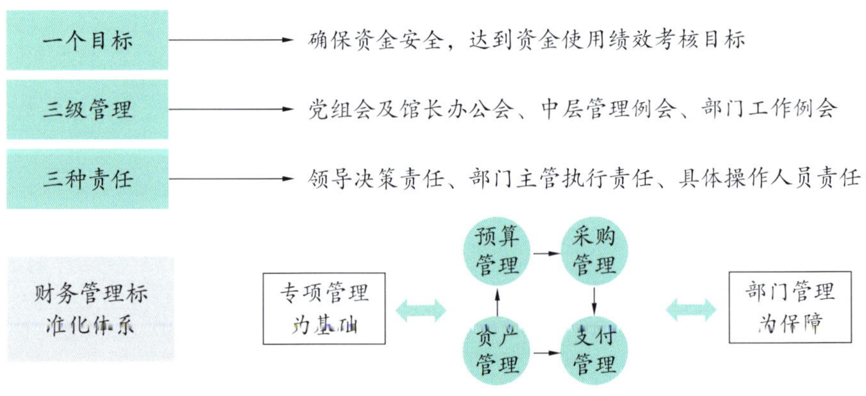

财务管理规范示例图

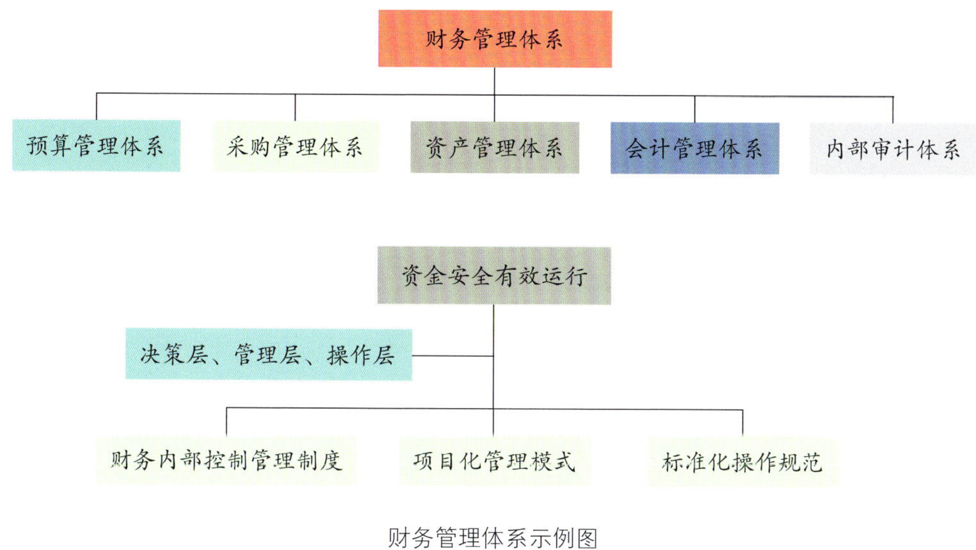

财务管理体系示例图

项管理、资产管理七类管理标准、21个要素框架图和21个财务管理标准规范文件，覆盖到12个工作岗位，分别为部长岗、副部长岗、采购管理岗位、内部审计管理岗位、预算管理岗位、经营收支管理岗位、会计管理岗位、票务管理岗位、采购审价管理岗位、出纳岗位 、内业岗位、资产管理岗位等。

二、建立“一切管理皆可为项目”全过程项目化管理模式

汽博馆的运行不同于一般事业单位，是一个系统工程，对各方面工作都是一个新挑战，也是新考验，尤其对财务管理工作提出了新挑战和新要求，倒逼财务管理实现创新管理。项目管理是指从项目的投资决策开始到项目结束的全过程进行计划、组织、指挥、协调、控制和评价，以实现项目的目标。按照阶段化管理、量化管理和优化管理三个层次探索建立了“一切管理皆可为项目”的全过程项目管理模式，形成了许多行之有效的管理办法和举措。构建了“一支笔不等于一把手，一支笔等于一套管理规程”的资金审批管理机制，确定了“立项预算为控制中心、合同造价为控制重点、支付管理为控制手段”的财务预算资金管理体系；推行了外部与内部、上级与下级、部门与部门、部门与个人相互牵制的项目化预算资金管理模式，通过制度和表单明确各自的管理责任，监督制约各自的行为，促成财务管理目标实现。汽博馆的财政绩效考核基本达到全优，得到财政系统的好评。

岗位与标准对照表

	序号	编号	名称	主责岗位	主要规定内容
财务管理标准	1	Q/QBG BZ 212-01—2017	同级财政补助收支预算管理规范	预算管理岗位	财政补助收支预算管理组织、预算内容和执行部门、预算编报、预算批复与下达、预算执行、预算执行采购、采购资产、预算资金支付、预算追加与调整、预算分析与报告、预算档案、预算考核等
	2	Q/QBG BZ 212-02—2017	非同级财政补助收支预算管理规范		非同级财政补助收支预算管理组织、编报、审批、下达、执行、调整、报告、支付、决算等管理行为
	3	Q/QBG BZ 212-03—2017	非财政补助收支预算管理规范		上级补助收支预算管理组织、编报、审批、下达、执行、调整、报告、支付、决算等行为
	4	Q/QBG BZ 212-04—2017	事业收入管理规范		事业收入管理组织、涉及部门及职责和权限、涉及岗位及职责和权限、事业收入范围、分类、结算、交存、核算、统计、报告、资料归档、监督、考核等应遵守的相关规定
	5	Q/QBG BZ 212-05—2017	经营收入管理规范		自主经营收入、合作经营收入应遵守的相关规定
	6	Q/QBG BZ 212-06—2017	其他收入管理规范		银行存款利息收入、捐赠收入、现金盘盈收入、存货盘盈收入等其他收入进行规范
	7	Q/QBG BZ 212-07—2017	资金管理规范	出纳岗位	资金管理职责和权限、管理内容和要求、报告和记录、监督和检查内容
	8	Q/QBG BZ 212-08—2017	银行账户管理规范		银行账户管理的职责和权限、银行账户的开立、变更和撤销、年度检查等内容
	9	Q/QBG BZ 212-09—2017	公务卡管理规范		公务卡申请、领用、还款、变更、注销等行为
	10	Q/QBG BZ 212-10—2017	会计核算管理规范	会计管理岗位	会计核算职责和权限、原则和机制、内容和要求、监督和检查内容
	11	Q/QBG BZ 212-11—2017	公务经费管理规范		公务经费管理职责和权限、管理内容和要求、监督和检查
	12	Q/QBG BZ 212-12—2017	财务报告和财务分析管理规范		财务报告和财务分析职责、权限、范围、工作内容、流程等
	13	Q/QBG BZ 212-13—2017	财务决算管理规范		财务决算职责和权限、决算管理内容和要求、监督和检查、报告和记录内容

续表

	序号	编号	名称	主责岗位	主要规定内容
财务管理标准	14	Q/QBG BZ 212-14—2017	票据管理规范	出纳岗位	票证管理的职责和权限、管理内容和要求、监督和检查
	15	Q/QBG BZ 212-15—2017	印章管理规范	出纳岗位	法人人名章、财务专用章、发票专用章、票务专用章等财务印章的刻制、领用、交接、保管等
	16	Q/QBG BZ 212-16—2017	内部审计管理规范	内部审计管理岗位	内部审计工作组织、职责、权限、程序、档案应遵守的相关规定
	17	Q/QBG BZ 212-17—2017	保险业务管理规范	会计管理岗位	保险业务涉及的部门及职责和权限、涉及的岗位及职责和权限、投保计划管理、保单及合同管理、理赔管理、档案管理应遵守的相关规定
	18	Q/QBG BZ 212-18—2017	涉税业务管理规范		涉税业务管理职责和权限、计划管理、申报管理、报表管理、缴纳管理、档案管理应遵守的相关规定
	19	Q/QBG BZ 212-19—2017	会计档案管理规范		会计档案管理的职责和权限、管理内容、会计档案查阅、借阅的规定、保管期满的会计档案销毁程序
	20	Q/QBG BZ 212-20—2017	资产管理规范	资产管理岗位	资产管理职责和权限、管理内容、管理流程等
	21	Q/QBG BZ 212-21—2017	经营监督管理规范	经营收支管理岗位	开展文化事业服务、活动等经营管理的组织、实施、涉及部门的职责权限、涉及管理流程的监督、考核等应遵守的相关管理规定
采购管理标准	22	Q/QBG BZ 213-01—2014	采购一般管理规范	采购管理岗位	采购预算、采购计划及规定采购方式及范围等采购一般管理规定
	23	Q/QBG BZ 213-02—2014	采购程序管理规范		采购预算、采购计划及规定采购方式及范围等采购一般管理规定

三、建立“预算编制有目标、预算执行有监控、预算完成有评价、评价结果有反馈、反馈结果有应用”的全过程预算绩效管理机制

在博物馆的财务管理标准中，还有一块非常重要的内容就是绩效评价管理。绩效评价是指财政部门和预算部门根据设定的绩效目标，运用科学、合理的绩效评价指标、评价标准和评价方法，对财政资金支出的经济性、效率性和效益性进行客观、公正的评价。汽博馆的绩效评价管理是博物馆整体内控管理环节之一，评价结果向党组及办公会汇报，向区财政进行报告，由区财政向区长办公会汇报，并将评价结果应用于年度预算审批。

2013年绩效评价项目8个，7个优秀（90分以上），1个优良（75~90分）。

2014年自评项目6个，5个优秀，1个优良。

2015年绩效评价项目3个，3个优秀。

2016年绩效评价项目1个，1个优秀。

2017年绩效评价项目3个，2个优秀，1个优良。

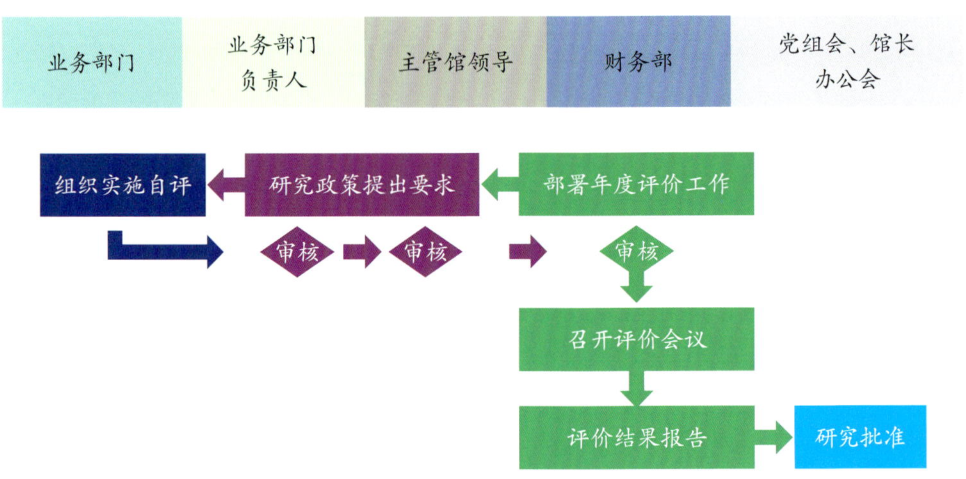

绩效评价工作流程图

四、实现了全生命周期资产管理

依据国家及市、区事业单位资产管理相关法律法规，结合博物馆实际工作，建立了馆长办公会领导下的“归口管理、分工负责”的管理机制，即财务部归口管理，财务部门、使用部门和管理部门分工负责的管理架构。制定并实施了《资产管理规范》（QBG/BZ 212.20），以资产管理与预算管理相结合，资产管理与财务管理相结合，实物管理与价值管理相结合为原则，以建立健全各项管理制度和管理标准规范，促使资产合理配置和有效利用，保障资产安全和完整，实现资产保值与增值管理目标。通过实施计划与购置、入库与领用、使用与保管、盘点与监督、处置与核销全生命周期管理，明确管理内容与要求，采取“谁使用、谁保管、谁维护、谁负责”的管理举措，明确各自管理责任。建立了预算管理与采购管理、采购管理与资产管理、资产管理与会计管理、会计管理与预算管理闭合管理模式，相互协调，相互勾稽。

按照汽博馆特色的资产管理规范，党组会和馆长办公会负责审议批准资产管

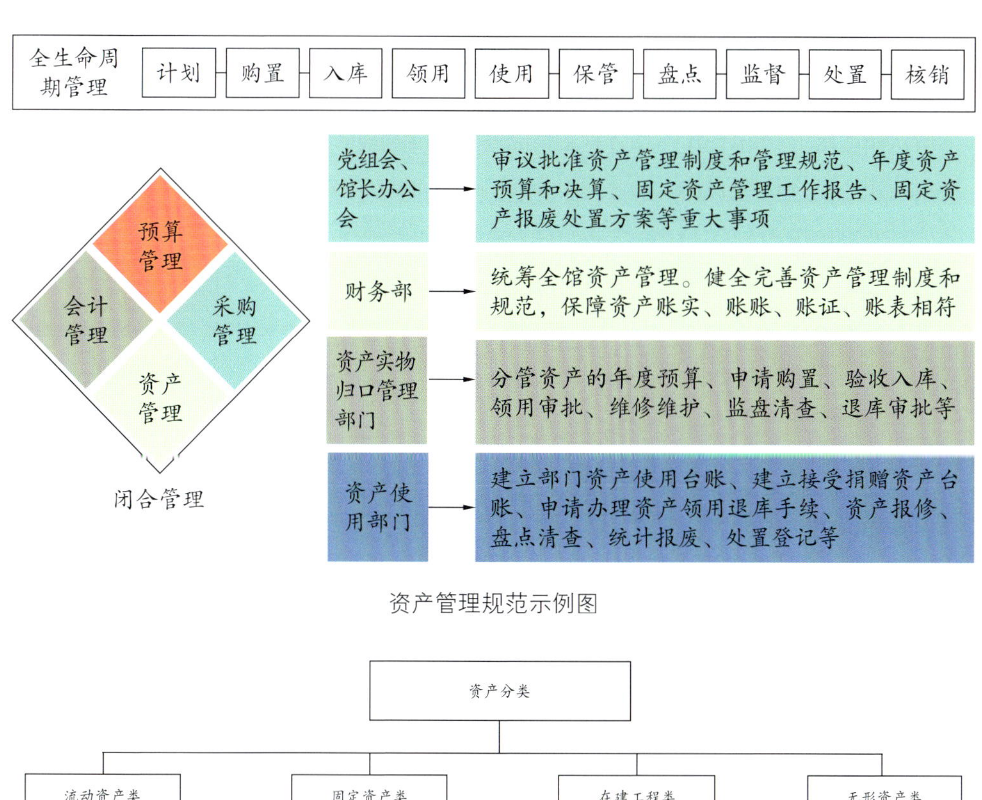

资产管理规范示例图

资产分类图

理制度和管理规范、年度资产预算和决算、固定资产管理工作报告、固定资产报废处置方案等重大事项；财务部统筹全馆资产管理。健全完善资产管理制度和规范，建立健全“五位一体”管理机制，实现资产预算与资产采购、资产采购与资产核算、资产核算与资产预算信息共享、协调联动工作机制，保障资产账实、账账、账证、账表相符。资产实物归口管理部门，负责分管资产的年度预算、申请购置、验收入库、领用审批、维修维护、监盘清查、退库审批等工作；资产使用部门，负责建立部门资产使用台账、建立接受捐赠资产台账、申请办理资产领用退库手续、资产报修、盘点清查、统计报废、处置登记等工作。

五、参考法规和引用标准

1. Q/QBG BZ 212-01-01—2014《同级财政补助收支预算管理规范》

Q/QBG BZ 212-01-02—2014《非同级财政补助收支预算管理规范》

Q/QBG BZ 212-01-03—2014《非财政补助收支预算管理规范》

《博物馆条例》（国务院令659号）由国务院于2015年2月9日颁布，2015年3月1日实施。

《中华人民共和国预算法》（主席令第12号）由全国人大常委会于2014年8月31日颁布，2015年1月1日实施。

2. Q/QBG BZ 212-02-01—2014《事业收入管理规范》

Q/QBG BZ 212-02-02—2014《经营收入管理规范》

《博物馆条例》（国务院令659号）由国务院于2015年2月9日颁布，2015年3月1日实施。

《事业单位会计制度》（财会〔2012〕22号）由财政部于2012年12月19日颁布，2013年1月1日实施。

3. Q/QBG BZ 212-02-03—2014《其他收入管理规范》

《事业单位会计制度》（财会〔2012〕22号）由财政部于2012年12月19日颁布，2013年1月1日实施。

4. Q/QBG BZ 212-03-01—2014《资金管理规范》

《现金管理暂行条例》（国务院令第12号）由国务院于1988年10月1日颁布，1988年10月1日实施。

5. Q/QBG BZ 212-03-02—2014《银行账户管理规范》

《人民币银行结算账户管理办法》（中国人民银行令[2003]第5号）由中国人民银行于2002年8月21日颁布，2003年9月1日实施。

6. Q/QBG BZ 212-03-03—2014《公务卡管理规范》

《北京市市级行政事业单位公务卡管理暂行办法》（京财国库〔2007〕3293号）由北京市财政局于2007年10月1日颁布，2007年10月1日实施。

《丰台区区级行政事业单位公务卡管理暂行办法》（丰财国库〔2012〕393号）由北京市丰台区财政局于2012年1月1日颁布，2012年1月1日实施。

7. Q/QBG BZ 212-04-01—2014《会计核算管理规范》

《博物馆条例》（国务院令659号）由国务院于2015年2月9日颁布，2015年3月1日实施。

《中华人民共和国会计法》（主席令第24号）由全国人大常委会于1999年10月31日颁布， 2000年7月1日实施。

《事业单位会计制度》（财会〔2012〕22号）由财政部于2012年12月19日颁布，2013年1月1日实施。

《会计基础工作规范》（财会字〔1996〕19号）由财政部于1996年6月17日颁布，1996年6月17日实施。

《事业单位财务规则》（国函〔1996〕81号）由财政部于2012年2月7日颁布，2014年4月1日实施。

8. Q/QBG BZ 212-04-02—2014《公务经费管理规范》

《因公临时出国经费管理办法》（京财党政群〔2014〕127号）由财政部、外交部于2013年12月20日颁布，2014年1月1日实施。

《关于调整北京市党政机关差旅住宿费标准等有关问题的通知 》（京财党政群〔2015〕2317号）由北京市财政局于2015年11月30日颁布，2016年1月1日实施。

《丰台区区级党政机关事业单位培训费管理办法》（丰财预〔2017〕1024号）由北京市财政局、中共丰台区委组织部、北京人力资源和社会保障局于2017年8月22日颁布，2014年1月24日实施。

《党政机关事业单位会议费管理办法》（京财预〔2014〕211号）由丰台区财政局于2017年8月22颁布，2017年8月22日实施。

《在华举办国际会议费用开支标准和财务管理办法》（京财党政群〔2014〕478号）由北京市财政局于2014年3月12日颁布，2014年3月12日实施。

《北京市党政机关外宾接待经费管理办法》（京财党政群〔2014〕175号）由北京市财政局于2014年1月26日颁布，2014年1月26日实施。

中共中央政治局2012年12月4日召开会议，审议中央政治局关于改进工作作风、密切联系群众的八项规定。

9. Q/QBG BZ 212-04-03—2014《财务报告和财务分析管理规范》

Q/QBG BZ 212-04-04—2014《财务决算管理规范》

《事业单位财务规则》（国函〔1996〕81号）由财政部于2012年2月7日颁布，2014年4月1日实施。

10. Q/QBG BZ 212-05-01—2014《票证管理规范》

《中华人民共和国票据法》（主席令第二十二号）由全国人大常委会于2004年8月28颁布，2004月8月28日实施。

11. Q/QBG BZ 212-05-02—2014《印章管理规范》

《会计基础工作规范》（财会字〔1996〕19号）由财政部于1996年6月17日颁布，1996年6月17日实施。

12. Q/QBG BZ 212-06-01—2014《内部审计管理规范》

《博物馆条例》（国务院令659号）由国务院于2015年2月9日颁布，2015年3月1日实施。

《中华人民共和国审计法》（主席令第48号）由全国人大常委会；于2006年2月28日颁布，2006年2月28日实施。

《审计署关于内部审计工作的规定》（审计署令第4号）由审计署于2003年2月10日颁布，2003月5月1日实施。

《北京市内部审计基础工作规范》（试行）（京审内发〔2013〕14号）由北京市审计局于2013年1月29日颁布，2013年1月29日实施。

财政违法行为处罚处分条例（国务院令第427号）由国务院于2004年11月30日颁布，2005年2月1日实施。

13. Q/QBG BZ 212-06-02—2014《保险业务管理规范》

《中华人民共和国保险法》（主席令第十一号 ）由全国人大常委会于2014年8月31日颁布，2015年8月31日实施。

14. Q/QBG BZ 212-06-03—2014《涉税业务管理规范》

《博物馆条例》（国务院令659号）由国务院于2015年2月9日颁布，2015年3月1日实施。

《中华人民共和国个人所得税法》（主席令第48号）由全国人大常委会于1911年6月20日颁布，2011年9月1日实施。

《中华人民共和国企业所得税法》（主席令第63号）由全国人大常委会于2007年3月16日颁布，2008年1月1日实施。

《中华人民共和国营业税暂行条例》（国务院令第540号）由全国人大常委会于2008年11月5日颁布，2009年1月1日实施。

15. Q/QBG BZ 212-06-04—2014《会计档案管理规范》

《会计档案管理办法》（中华人民共和国财政部、国家档案局令第79号）由财政部、国家档案局于2015年12月11日颁布，2016年1月1日实施。

16. Q/QBG BZ 212-07-01—2014《资产管理规范》

《博物馆条例》（国务院令659号）由国务院于2015年2月9日颁布，2015年3月1日实施。

《现金管理暂行条例》（国务院令第12号）由国务院于1988年8月16日颁布1988年10月1日实施。

《事业单位国有资产管理暂行办法》（财政部令第36号）由财政部于2006年5月30日颁布，2006年7月1日实施。

《丰台区行政事业单位国有资产管理暂行办法》（丰财综〔2007〕329号）由丰台区财政局于2007年9月10日颁布，2007年9月10日实施。

《丰台区行政事业单位国有资产处置管理暂行办法》（丰财综〔2007〕330号）由丰台区财政局于2007年9月10日颁布，2007年9月10日实施。

北京市审计局关于印发《北京市内部审计人员教育培训管理办法（试行）》的通知由北京市审计局于2015年4月20日颁布，2015年4月20日实施。

北京市财政局关于转发《政府采购竞争性磋商采购方式管理暂行办法》（京财采购〔2015〕171号）由北京市财政局于2015年2月9日颁布，2015年2月9日实施。

《行政事业单位内部控制规范》（财会〔2012〕21号）由财政部于2012年11月29日颁布，2014年1月1日实施。

（注：部分区级法规文件省略）

依据参考法律法规：
1.中华人民共和国会计法
2.中华人民共和国预算法
3.中华人民共和国政府采购法
4.中华人民共和国政府采购法实施条例
5.中华人民共和国招投标法
6.中华人民共和国审计法
7.中华人民共和国企业所得税法
8.中华人民共和国个人所得税法
9.中华人民共和国保险法
10.博物馆条例

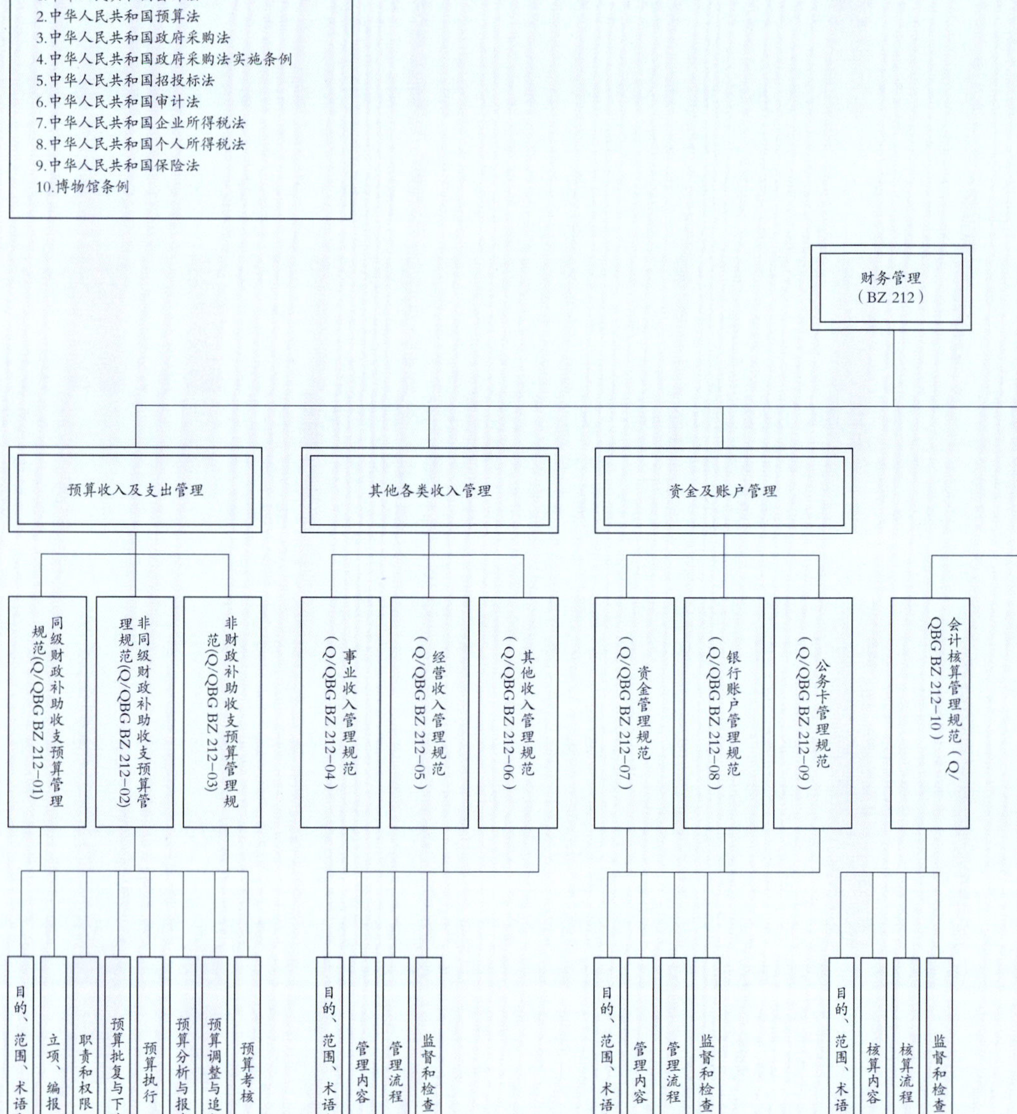

财务管理体系：

1.实行“统一归口管理，分级负责实施”的财务管理体制

2.执行“收支两条线”财政管理政策。所有收入纳入财政预算管理，所有支出通过申请预算经费解决

3.实行有计划的预算资金管理，严格执行“一支笔不等于一把手，等于一套管理规程”管理制度，构建系统思维、目标导向、分工明确、权责对应、分离制约的放权授权与制约监督，会议议事决策与执行检查改进相衔接的制度体系，实现制度化管理、规范化运行

4.健全和完善预算管理、采购管理、支付管理、资产管理“四位一体“的闭合稽核管理模式。即：按预算批复安排执行采购、按采购内容验收入库资产、按验收入库资产安排资金支付、按资金支付复核预算执行的闭合稽核模式

5.按照专项项目资金统一预算申报、单独核算、专款专用的原则，有效使用专项项目资金

6.建立资产日常管理和定期清查机制，采用资产入库记录、实物保管维护、账实核对盘点、申报处置清理全生命周期管理模式，确保资产保值增值

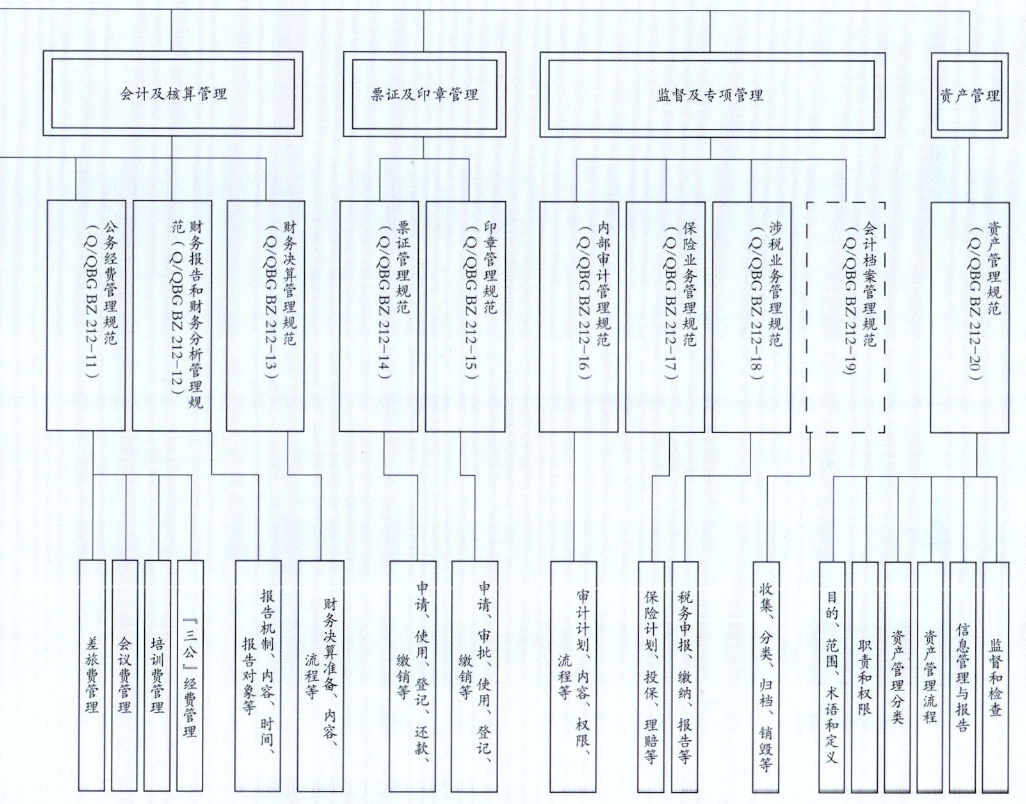

财务管理框架图

第十一节　采购管理标准

一、实现“批、管、办、检”职能分离、相互监督、有效制衡、运行顺畅的采购管理体系

采购管理按照公平、公开、公正及执行采购管理与有计划预算管理及有效资产管理相结合的原则，按预算价格控制资金，按技术需求控制质量，确保整体采购工作按进度计划推进。按照《政府采购法》《招投标法》有关法律法规，制定了《采购管理制度》《采购一般管理规范》《采购程序管理规范》等内部控制制度。规范了采购预算与计划管理、采购活动管理、验收管理等采购业务流程。依据预算批复要求，将全年预算项目细化分解为各部门的具体采购项目和任务，由财务部归口统筹管理，并按照“谁使用、谁负责”原则，由采购需求部门作为采购任务执行部门。每一个采购项目形成由主管业务馆长、主管部门负责人、财务人员、业务（技术）人员和合同管理专员参与的采购小组，该小组接受廉政风险防控管理工作领导小组的日常监督，财务部门负责商务、经济及整体项目统筹，业务部门负责技术需求和资格审查等工作，合同管理人员进行合法性审核。同时，特别加大对预算、采购、验收、支付等管理环节的稽核力度，主管业务馆长一岗双责，把控采购管理的入围单位选择、比选谈判、合同签署等环节。这些责

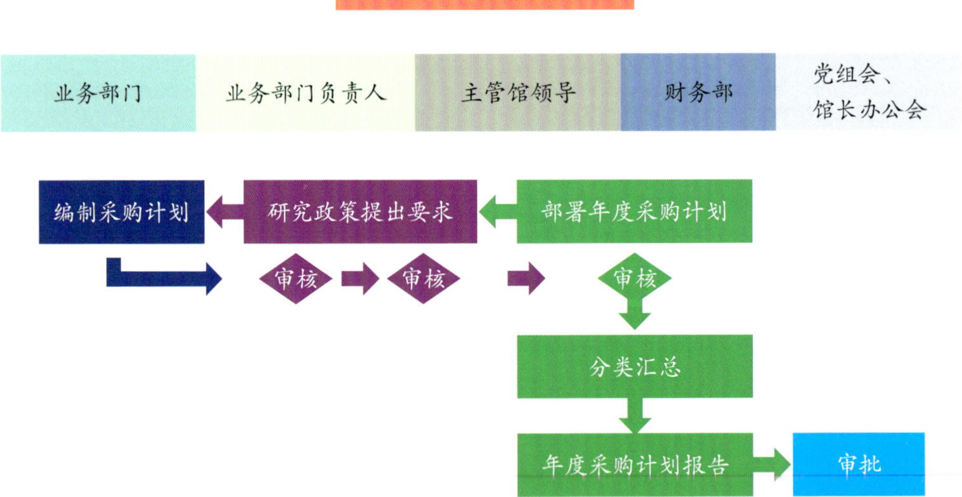

采购计划流程图

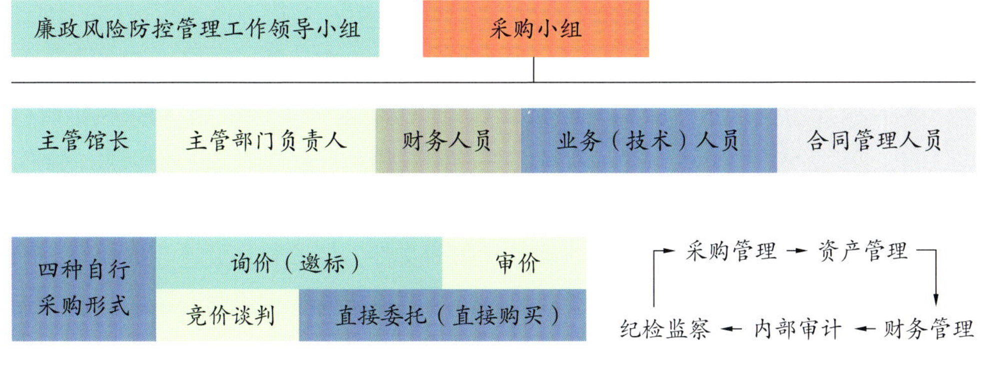

采购管理规范示例图

任关系的界定有效地保证了工作开展，又确保了将风险纳入有效地监督与管理之中。

根据采购任务、金额、特点不同，除按照政府采购的公开招标、协议（定点）采购等采购方式外，还对依据相关规定执行自行采购的项目规定了询价（邀标）、审价、竞价谈判、直接委托（直接购买）等采购方式。在实际采购中，对金额较大、过程较复杂、风险管理点较多等项目严格按照计划、准备、发标、招标、评标、定标、公示、合同签订、履行、验收、考核等程序执行。还对采购数量多、金额较大的采购任务列出项目管理监控重点，按照采购管理的11个步骤，共梳理出8个主要工作环节，确定了6个廉政风险防控关键环节和17个风险点，并有针对性地制定了防控措施共计48条，从细节上进一步完善了采购管理工作机制，实现了采购决策权、管理权、执行权、监督权的分离，保障了合法、合规、安全使用每一项采购资金。通过梳理职权运行及防范风险点，建立了事前审批、事中监督、事后考评的管理模式，建立了采购管理、资产管理、财务管理、内部审计、纪检监察等部门相互协调、相互制约的机制，实现了“批、管、办、检”职能分离、相互监督、有效制衡、运行顺畅的组织体系。

按照归口管理、分工实施的原则，对采购业务事项、涉及部门、业务流程、政策要求等梳理、分类，构建了基于“集中管理、分类采购、分项实施、逐项验收”的采购业务管理规范标准，包括《采购一般管理规范》（BZ 213-01）和《采购程序管理规范》（BZ 213-02）两个标准。

二、构建风险防控项目化管理的管理思路

在采购管理中我们构建风险防控项目化管理的管理思路：一是认真细致地梳理采购资金使用项目职权目录和业务流程，通过查找与相关部门、相关岗位研讨工作中可能出现的风险点，提出有针对性的防控措施；二是跟踪采购项目，在实践中检查是否有遗漏的风险点，检验针对风险点提出的风险防控措施是否科学、合理、有效；三是采购每一环节，都形成书面文件，保留管理痕迹，方便检查监督。并搭建了针对供应商的考核管理机制、采购中合同管理机制、采购验收及支付管理机制。

三、参考法规和引用标准

Q/QBG BZ 213—01—2014《一般采购管理规范》

Q/QBG BZ 213—02—2014《采购程序管理规范》

《中华人民共和国政府采购法》（主席令第六十八号）由全国人大常委会于2014年8月31日修订，2003年1月1日实施。

《中华人民共和国招标投标法》（主席令第二十一号）由全国人大常委会于1999年8月30日颁布，2000年1月1日实施。

《中华人民共和国政府采购法实施条例》（国务院令第658号）由国务院于2015年1月30日颁布，2015年3月1日实施。

采购管理标准
BZ 213
采购一般管理规范 Q/QBC-BZ 213-01
采购程序管理规范 Q/QBC BZ 213-02
采购管理的目的定义和范围
采购的管理职责、权限与组织管理
采购的预算与计划管理
采购方式管理
采购方案及采购文件管理
供应商管理
采购流程管理
采购文档及信息管理
采购纪检监督管理
政府采购
自行采购
公开招标
协议采购
谈判采购
询价采购
审价采购
直接委托
供应商选择
供应商考核
样品封样
退换货
供应商资质

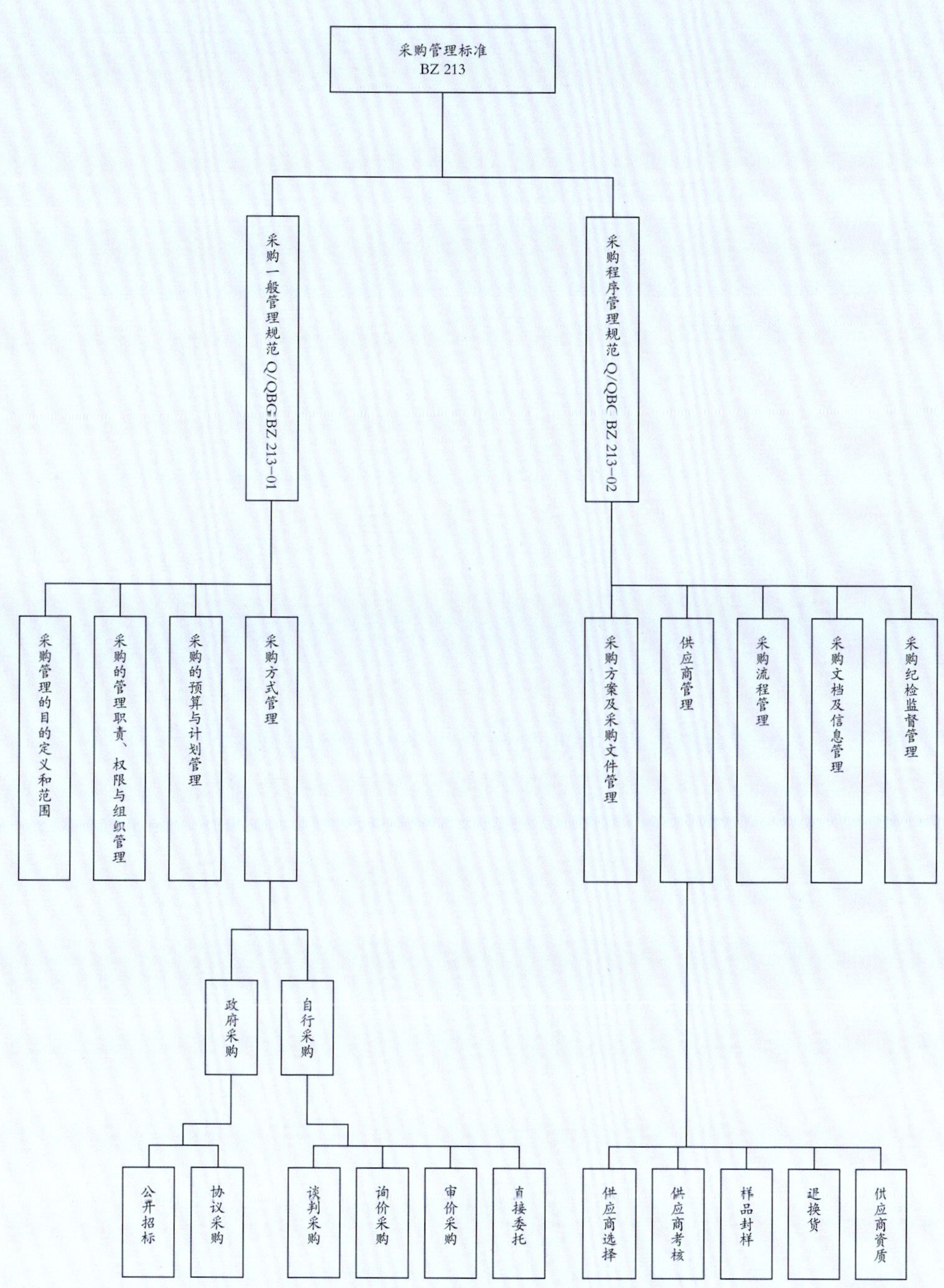

采购管理标准框架图

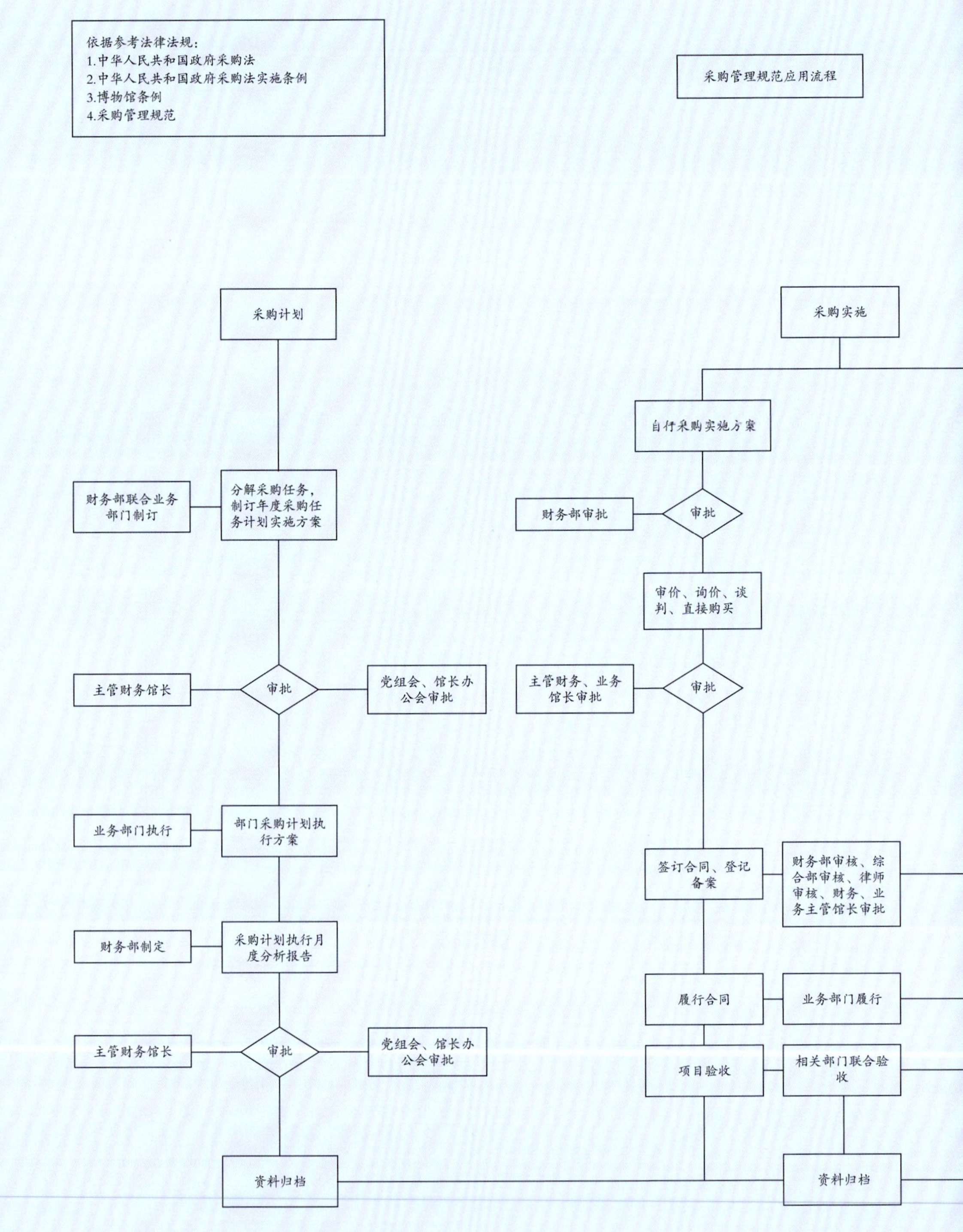
依据参考法律法规：
1.中华人民共和国政府采购法
2.中华人民共和国政府采购法实施条例
3.博物馆条例
4.采购管理规范
采购管理规范应用流程
采购计划
财务部联合业务部门制订
分解采购任务，制订年度采购任务计划实施方案
主管财务馆长
审批
党组会、馆长办公会审批
业务部门执行
部门采购计划执行方案
财务部制定
采购计划执行月度分析报告
主管财务馆长
审批
党组会、馆长办公会审批
资料归档
采购实施
自行采购实施方案
财务部审批
审批
审价、询价、谈判、直接购买
主管财务、业务馆长审批
审批
签订合同、登记备案
财务部审核、综合部审核、律师审核、财务、业务主管馆长审批
履行合同
业务部门履行
项目验收
相关部门联合验收
资料归档

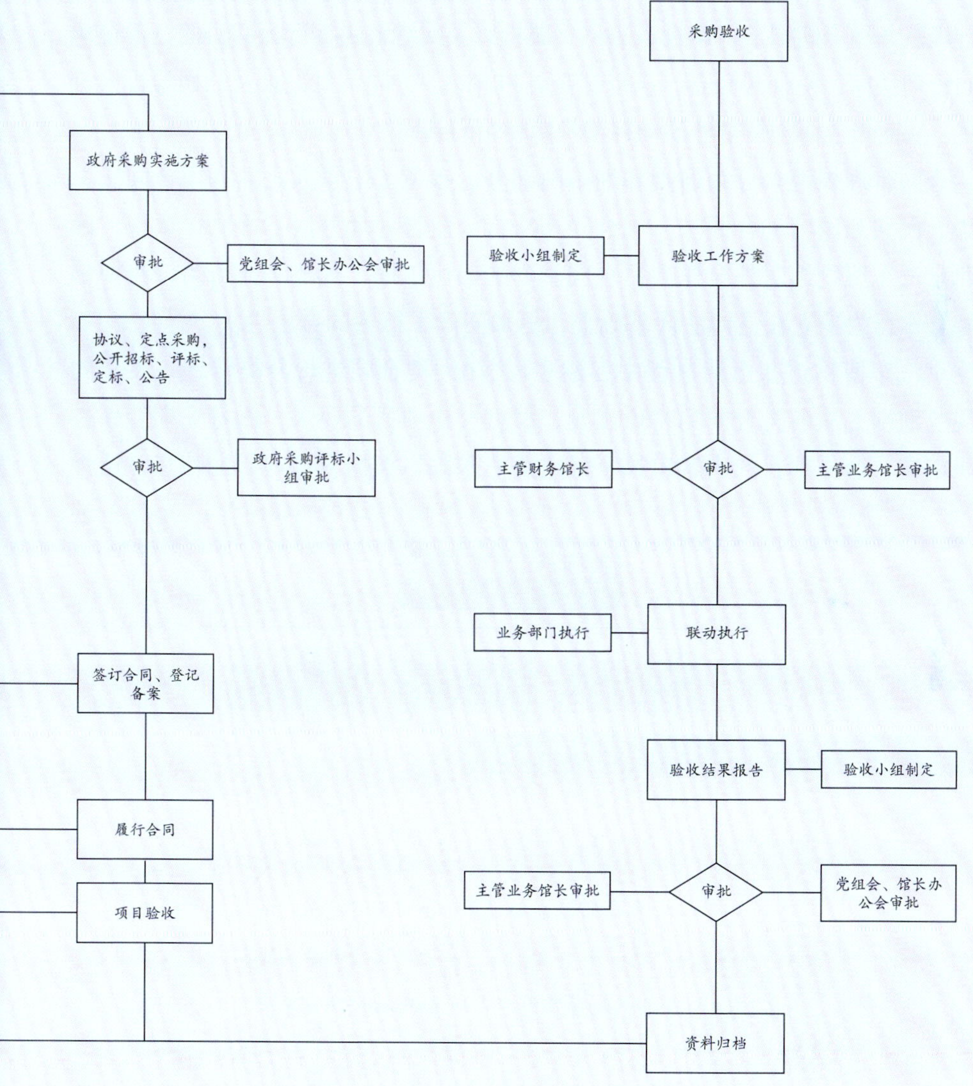
财务管理体系：
1.实行“统一归口管理，分级负责实施”的财务管理体制
2.执行“收支两条线”财政管理政策。所有收入纳入财政预算管理，所有支出通过申请预算经费解决
3.实行有计划的预算资金管理，严格执行“一支笔不等于一把手，等于一套管理规程”管理制度，构建系统思维、目标导向、分工明确、权责对应、分离制约的放权授权与制约监督，会议议事决策与执行检查改进相衔接的制度体系，实现制度化管理、规范化运行
4.健全和完善预算管理、采购管理、支付管理、资产管理、内部审计与绩效评价“五位一体“的闭合稽核管理模式。即：按预算批复安排执行采购、按采购内容验收入库资产、按验收入库资产安排资金支付、按资金支付复核预算执行，内部审计检查和绩效评价预算执行情况的动态预算管理模式
5.按照“批、管、办、检”不相容岗位相互分离的原则，提高采购工作质量和效率
6.建立资产管理与预算管理相结合制度，采用资产采购预算、入库记录、实物保管维护、账实核对盘点、申报处置清理全生命周期管理模式，确保资产保值增值
政府采购实施方案
审批
党组会、馆长办公会审批
协议、定点采购，公开招标、评标、定标、公告
审批
政府采购评标小组审批
签订合同、登记备案
履行合同
项目验收
采购验收
验收小组制定
验收工作方案
主管财务馆长
审批
主管业务馆长审批
业务部门执行
联动执行
验收结果报告
验收小组制定
主管业务馆长审批
审批
党组会、馆长办公会审批
资料归档

采购管理流程图

第十二节　合同管理标准

一、将对外合作行为建立在具体法律基础上，分门别类对照运营规律梳理合同类型，搭建合同管理体系

在北京汽车博物馆标准化管理工作中，合同管理规范是依法办馆、规范流程的重要部分。规范规定了合同定义为以北京博物馆名义与其他平等民事主体之间设立、变更、终止民事法律义务关系的协议。《合同管理规范》以加强博物馆的合同管理，规范各种合同拟定、审批、签订、履行以及纠纷解决等行为的目的，旨在建立合同管理秩序，使合同订立、执行、变更和解除、合同信息记录及归档等行为有效运转，从而规范博物馆对外活动，维护博物馆的利益。

《合同管理规范》分为通则和细则两部分，参考《中华人民共和国合同法》《中华人民共和国劳动合同法》《合同违法行为监督处理办法》等法律法规，确定了北京汽车博物馆对外合作项目合同基本的法律依据，规范法律行为，将博物馆对外合作行为建立在具体法律基础上，更加明确了行为的合法性。

北京汽车博物馆在运营过程中，逐步形成6大类合同进行分类管理。《合同管理规范细则》从各类合同的特点出发，根据合作项目的要求，做好先期合作方的资质审核，合作项目的内容审核，确定法律基础，根据合作项目的特点，选择

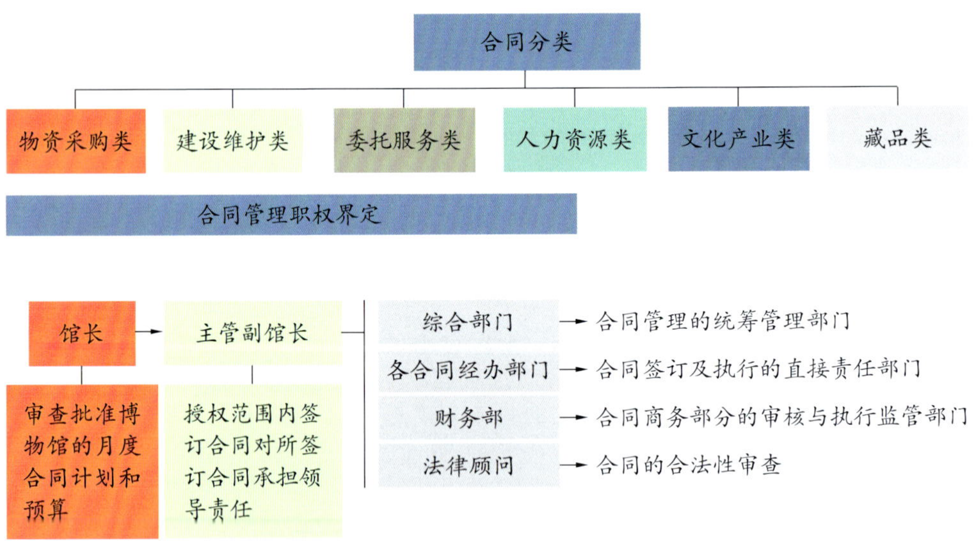

合同分类图

合理的合同类别，有针对性地展开合同管理工作。

资产采购类合同是以采购物及其价值为标的，涉及全馆各部门，也关系到几乎全馆的每一项工作。根据采购资产的不同属性，又分为固定资产采购、低值易耗类采购、办公用品采购、维保设备采购。在资产采购类合同管理中，一般北京汽车博物馆作为邀约人，有明确的采购意图，而另一方作为承诺人，要有足够的资格与北京汽车博物馆进行采购项目合作，这也是资产采购类合同成立的先决条件。在资产采购类合同管理中，要明确采购物品的规格、型号以及数量，特殊的物品还要确定材质及组合技术手段。在合同内容中，要明确供货时间、周期，供货地点以及运输方式等，交货方式以及验收条件和验收周期等。在过程中，主要有业务部门和法律部门对双方在履行过程中是否有违规行为等特殊情况实时监管。

建设维保类合同是以建设工程和设备设施维保为主要标的，在北京汽车博物馆主要涉及运行保障部和信息中心。根据项目合同内容的不同，还分为建设工程、维保服务和网络信息建设。在建设维保类合同管理中，建设工程类合同，对承办建设项目方进行资格资质审核，并要求对方出具符合国家标准的建设方案，同时要求严格依照方案进行原料采购、施工建设及技术应用，并依据相关的国家规定进行验收。在合同订立过程中，对主要建设材料、建设技术及人员资质要求等要进行明确规定。维保服务合同，依据维保项目的不同，制定相关标准技术要求及时间周期、设备及零部件的使用周期，并对阶段性验收和阶段性付款进行规定，合同管理的相关部门对维保特殊条款的合法性及实用性进行审核。网络信息建设，由于网络信息的特殊性质，对于对方的安全保密资质和技术要有明确的要求，并对网络安全的保障和设备软件技术进行专门规定，保障信息设备及网络安全有效防范。

委托服务类合同目前主要涉及三大委托服务包，即物业管理（服务包）、物业管理（技术包）及展陈管理。在多年的运营管理中，三大物业服务委托项目基本成熟，涉及的法律关系及相关的法律技术服务也比较稳定。在此之外，汽博馆每年还有部分专项委托服务，针对不同的委托项目，相关部门会对受委托方进行资质及技术能力、人员配置的审核，将项目标准列入合同中，明确双方的权利义务内容，保证项目工作的有效实施。

文化产业类合同，分为知识产权类、展览推广类、营销经营类和合作开展类等。北京汽车博物馆作为重要的文化单位，直接面向广大人民群众，也肩负着向社会输送优质文化产品和文化服务的责任。依法加强文化产品和知识产权的保护，也是汽博馆保护自身利益和维护文化产品发展的重要工具。依照法律程序对各类无形的文化产品进行登记，分门别类对各种产品加以管理。在对外使用中，严格依照《知识产权法》《商标法》等，签订文化产品授权、使用等合同。由于文化产品的特殊性，对于这种无形资产的使用要特别关注，坚决避免由于条款不明造成文化产品滥用带来的损失及影响。在各类文化合作中，严格界定产品使用界限及使用方式、技术手段等，对预期效果进行评估把控，严控授权使用的周期，防止知识产权、商标、文化产品的盗用、滥用带来的产权价值下降，名誉受损等情况。在合作过程中，严格审核对方在使用文化产品过程中是否有违反合同内容的行为，对于变动的情况要重新确立合同条款。在授权及使用到期后，相关管理部门及法务，要对授权文化产品进行市场检查，以确保对方已停止使用。

藏品管理类合同，在汽博馆的合同管理中占有非常重要的地位。藏品管理项目主要有藏品征集合同、藏品保护合同及藏品利用合同。藏品征集类合同还分为有偿和无偿两类。藏品的规格、型号、收藏的意义以及相关的资料都应完整地收录在征集类合同中。在藏品保护合同中，应明确保护的条件、技术、使用材料等，以及藏品保护的效果和周期，明确修复应达到的预期效果，若在工作过程中对藏品造成破坏，要有明确的赔偿和修复措施。在藏品利用合同中，除对标的的规定外，还要考察对藏品的保护，以确保藏品的完好，同时注意衍生品的归属及授权的确认。

人力资源类合同则要依照国家《劳动法》《劳动合同法》等法律，做好汽博馆人力资源法律保障。人力资源类合同可分为劳务服务合同、劳动合同及劳务派遣合同，依照不同的分类进行管理。劳动合同、劳务派遣合同主要为综合部人事管理，依照国家劳动法进行管理。针对特殊的劳务服务合同，进行专门的合同管理，劳务服务合同主要是专家服务合同及特殊工种的服务合同，需要严格审核服务提供人的资质，并明确要求对涉及北京汽车博物馆的信息进行保密，服务人也有责任履行北京汽车博物馆提出的特殊服务的技术保密要求。

二、对合同订立所涉及各方的职责与权限进行流程管控，明确职权界定

流程控制是对合同订立所涉及各方的职责与权限的控制，结合明确的职权

界定制定了合同的起草、流转、会商登记、格式审核、评审、签订的完整订立流程，确保合同严的谨性。从合同订立、合同执行、合同变更及解除、合同信息档案管理四方面对每份合同的产生执行进行管理，全面覆盖合同的订立、审核、执行以及各类合同特点。对每一项合同管理过程进行记录，确定内容，把控法律风险点，以立体的管理系统，规范的工作流程，确保合同管理的有效执行，保障了合同履行的合法性和有效性。

流程控制是对合同订立全过程的监督控制。综合部为合同管理的统筹管理部门，汇总全馆合同订立计划，组织经办部门、财务部及法律顾问召开合同评审会，并对合同执行过程进行指导和监督，确保各方履行相应的合同管理义务，确保合同的订立、执行符合馆内管理规范。合同签订及执行的直接责任部门为合同经办部门，拟订本年度需求情况及本部门的月度合同计划，负责合同流转，解决在合同签订过程中遇到的问题，对所签订的合同承担责任。财务部为合同商务部分的审核与执行监督部门，负责审核计划内（外）合同的金额、支付方式，并落实资金收入支出管理。聘请长期法律顾问对全馆合同事宜的合法性进行审查，与法律顾问综合部共同起草各类合同范本，与合同经办部门共同起草合同范本以外的其他合同，对任何与合同签订有关的咨询给予答复，必要时提供书面法律意见，参与合同签订过程中的谈判或见证合同签订。主管馆领导在授权范围内签订合同，并对所签订的合同承担领导责任。馆长负责审查批准博物馆的月度合同计划和预算，解决博物馆合同签订过程中遇到的重大问题。

结合明确的职权界定制定了合同的起草、流转、会商登记、格式审核、评审、签订的完整订立流程，确保合同严谨性。合同流转即是对上述各相关部门合同审核职责的确认，流转签字不齐全不能签订合同，保证了合同审核的完整性和严肃性。合同评审是对合同内容审核、修订最高效的组织形式，综合部每周定期组织召开合同评审会，合同经办人及部门负责人、财务部负责人及法律顾问参加，主管领导视情况参加，由经办人或部门负责人介绍合同签订的背景情况和主要内容，相关人员将预先审核的意见统一阐述，对业务内容及法律条款双重把关，经办人逐一记录并及时进行修改后，相关人员（含相关部门负责人）对修改定稿的合同文本进行确认并签字。

合同签订完毕并不意味着合同管理完结，对合同的动态管理及档案管理也是十分重要的。汽博馆需要留存的合同一般情况是一式四份，如遇其他单位需要备案的相应增加签订份数，其中正本交由中心档案室长期存档，其他三份副本分别交由经办部门、财务部及合同管理员。经办部门按合同约定落实各合同事项。财务部从预算资金管理角度监管合同执行进度并严格按照合同约定进行资金支付，应签订合同而未签订的或者未达合同付款要求的，一律不予支付。合同管理员则紧密关注合同履行的全过程及过程中发现的问题，对于过程中出现的风险要及时提醒经办部门、主管馆领导，重视往来公文、传真、会议纪要甚至是电子邮件的收集整理，客观向法律顾问反馈情况并采取相应措施，涉及合同变更、终止、争议解决等问题，必须组织经办部门与法律顾问进行会商，避免合同风险进一步扩大，通过一系列动态管理措施，确保合同正常履行，将合同风险降到最低，如遇诉讼情况，通过动态管理环节所掌握的素材也可做到快速应对，避免由于合同管理混乱造成被动局面。

全馆合同管理体系涉及法律专业知识、流程控制、动态管理及档案管理多个专业，包括各项合同管理工作职责及工作权限。在合同审核流程中，相关部门岗位应严格执行审核职责，从合同订立管理开始，全面系统地把控合同起草程序，通过经办部门及经办人与合作方洽谈，确定标的及合同条款，全面对合同技术条款进行审核。综合部及法律顾问对合同的合法性及法律条款审核，确保合同法律的有效性。财务部应对商务条款进行审核，以保障博物馆资产的有效使用。财务主管领导与业务主管领导对合同进行全面审核，综合部对合同签订的有效性进行合同签订前的终审。合同管理工作从合同起草起，至盖章终，流程均有审核。

综合部作为全馆合同管理统筹部门，全面监督合同订立、审核流程，每月依据全馆工作计划，制订合同计划，业务部门依据计划开展工作并签订合同。以计划先行为原则，树立工作开展的计划性和先期方案性。合同管理工作记录开展台账管理及档案管理，规范全馆合同台账记录，记录全馆合同工作情况，依照合同台账开展合同管理及存档工作。全馆合同存档由综合部依照档案管理规范，统一向档案中心室移交合同档案。各部门参照全馆合同台账制定部门合同台账，不定期对部门台账进行更新和完善。

在合同成立之先，作为合作的双方，要先行确立各方的权利义务内容，确保合同内容的合法性，对有严重违反公平原则的条款进行协商解决，以保证合同内容的真实有效。在一般性条款审核时，要参考现行的法律合同文本，同时考虑法律成本，以保证博物馆合法利益的有效实现。在合同流转过程中，各部门各司其职，确保合同经济条款、业务条款、一般性法律条款的准确有效。在合同成立后，法律部门、财务部门及相关业务部门对合同的履行情况进行动态审核，保证条款的有效落实。合同是博物馆开放运营的法律依据，依照档案管理规定，要进行专门存档，并做好实时记录，以保证日后查找。

合同执行管理，由经办部门依照工作开展，对合同履约情况进行记录并考核合作方合同行为。涉及支付合同，由财务部与综合部审核经办部门合同履行记录，并依据合同商务条款进行合同支付。履行过程严格执行并有记录可查。

在遇到合同解除或变更的情形，以补充协议的形式对原合同中需要变更的条款进行调整，补充协议按照合同的要求进行审核。合同履约按照更改后的条款履行，补充协议与原合同共同存档备查。

三、参考法规和引用文件

Q/QBG BZ 214-01—2017《合同管理规范》

GB/T 24421.2—2009《服务业组织标准化工作指南》

《中华人民共和国合同法》由全国人民代表大会常务委员会于1999年3月15日颁布，1999年10月1日实施。

《中华人民共和国劳动合同法》由全国人民代表大会常务委员于1994年7月5日颁布，2012年12月28日修订，2013年7月1日实施。

《合同违法行为监督处理办法》由中华人民共和国国家工商行政管理总局于2010年10月13日颁布，2010年11月13日实施。

《财政部关于政府采购合同监督暂行办法》由财政部于1999年7月3日颁布，1999年7月3日实施。

《合同争议行政调解办法》由中华人民共和国国家工商行政管理局于1997年11月3日起颁布1997年11月3日。

《北京市政府采购合同管理暂行规定》2001年9月17日颁布，2001年9月17日实施。

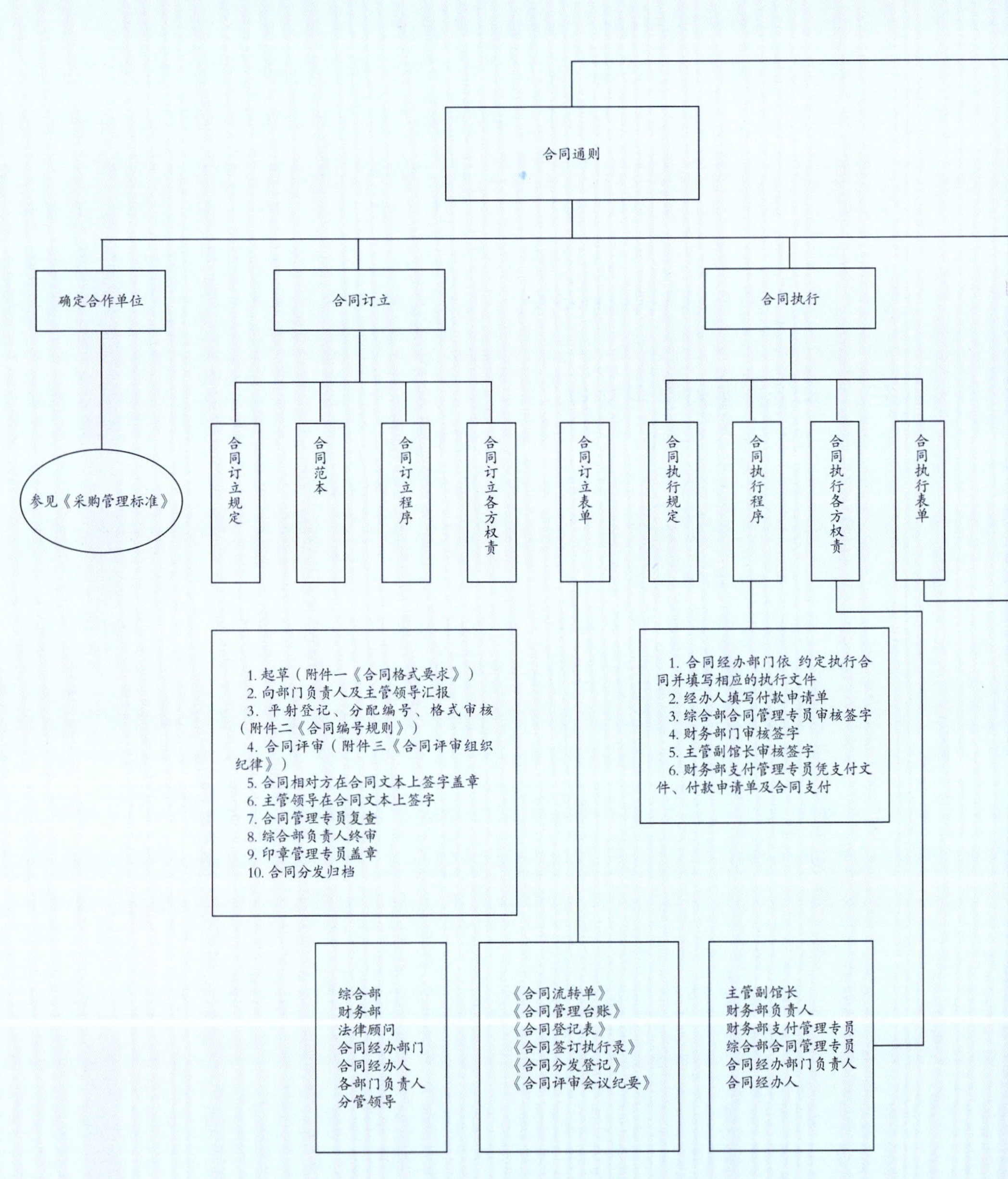
合同通则
确定合作单位
合同订立
合同执行
参见《采购管理标准》
合同订立规定
合同范本
合同订立程序
合同订立各方权责
合同订立表单
合同执行规定
合同执行程序
合同执行各方权责
合同执行表单
1. 起草（附件一《合同格式要求》）
2. 向部门负责人及主管领导汇报
3. 平射登记、分配编号、格式审核（附件二《合同编号规则》）
4. 合同评审（附件三《合同评审组织纪律》）
5. 合同相对方在合同文本上签字盖章
6. 主管领导在合同文本上签字
7. 合同管理专员复查
8. 综合部负责人终审
9. 印章管理专员盖章
10. 合同分发归档
1. 合同经办部门依 约定执行合同并填写相应的执行文件
2. 经办人填写付款申请单
3. 综合部合同管理专员审核签字
4. 财务部门审核签字
5. 主管副馆长审核签字
6. 财务部支付管理专员凭支付文件、付款申请单及合同支付
综合部
财务部
法律顾问
合同经办部门
合同经办人
各部门负责人
分管领导
《合同流转单》
《合同管理台账》
《合同登记表》
《合同签订执行录》
《合同分发登记》
《合同评审会议纪要》
主管副馆长
财务部负责人
财务部支付管理专员
综合部合同管理专员
合同经办部门负责人
合同经办人

合同管理规范
合同细则
合同变更、解除
合同信息及档案管理
合同变更、解除规定
合同变更、解除程序
合同变更、解除表单
合同信息管理
合同档案管理
资产采购类合同
维保建设类合同
委托服务类合同
藏品管理类合同
文化产业类合同
人力资源类合同
合同变更程序
通知
协商
签订补充协议
合同解除程序
通知
协商
签订解除协议
移交
合同月报、台账管理
合同档案类型
合同档案管理规定（保存、借阅、归档）
每类合同资质审核、合同评审、执行记录及部分合同范本
表单：
《合同借阅登记表》
《付款申请单》
《合同变更/解除通知函》

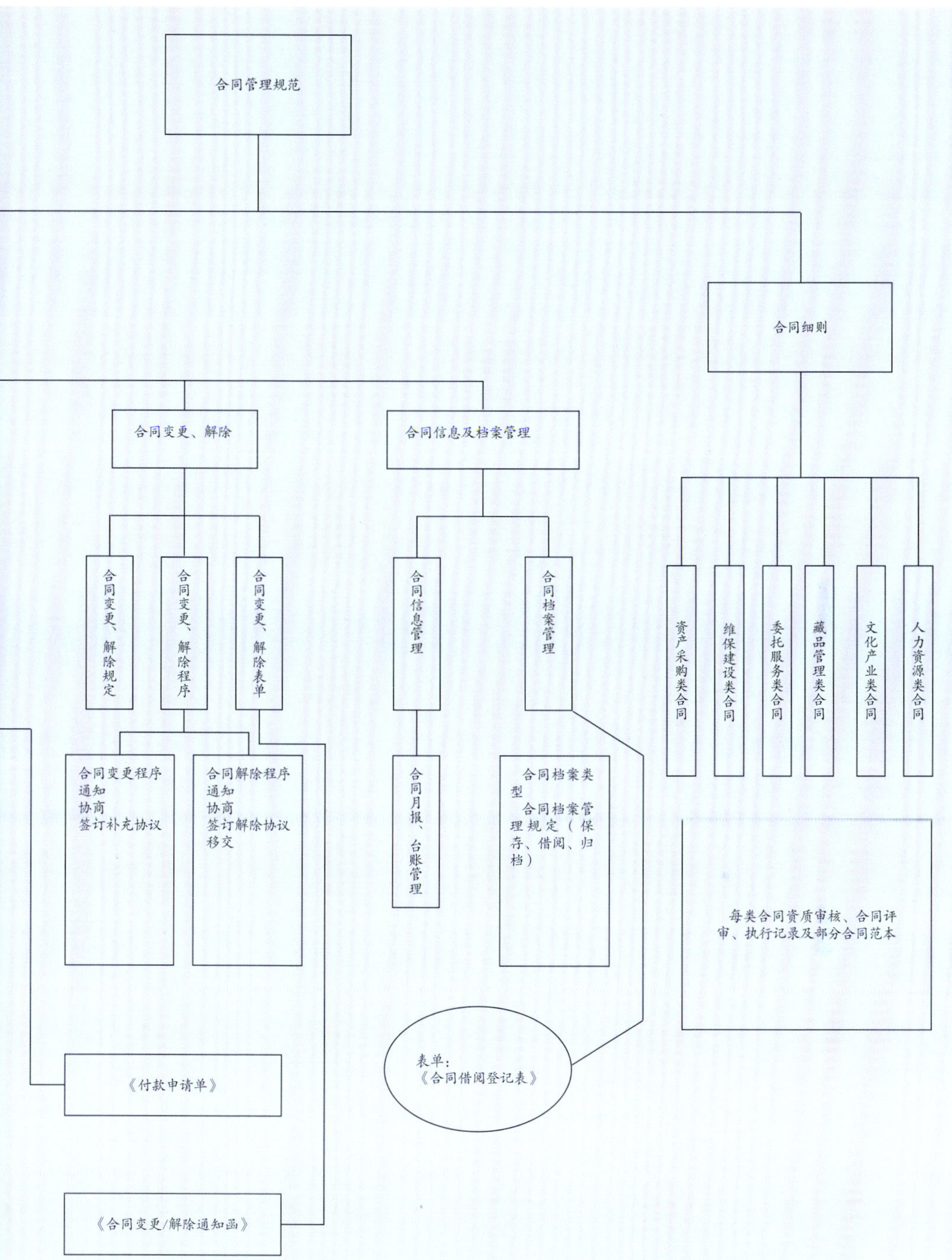

合同管理规范流程图

依据参考法律法规：
1.中华人民共和国合同法
2.中华人民共和国劳动合同法
3.合同违法行为监督处理办法
4.财政部关于政府采购合同监督暂行办法
5.合同争议行政调解办法
6.北京市政府采购合同管理暂行规定
合同计划
部门根据馆内年度预算情况、部门工作开展情况制定年度合同计划
财务部审批
合同计划每月报综合部汇总，形成全馆每月合同计划
部门按照合同计划进行合同签订工作，并形成合同台账
综合部制定部制定
综合部根据业务部门签订情况制定全馆合同台账
审批
党组会、馆长办公会
资料归档
合同签订
依据采购方案起草合同文本
财务部及相关部门审合同相关条款
审批
法律顾问审核合同法律条款
财务主管领导、业务主管领导对合同内容进行确认审核
签订合同、登记备案
综合部审核合同签订情况
合同履行
项目验收
业务部门对项目进行绩效考核
资料归档

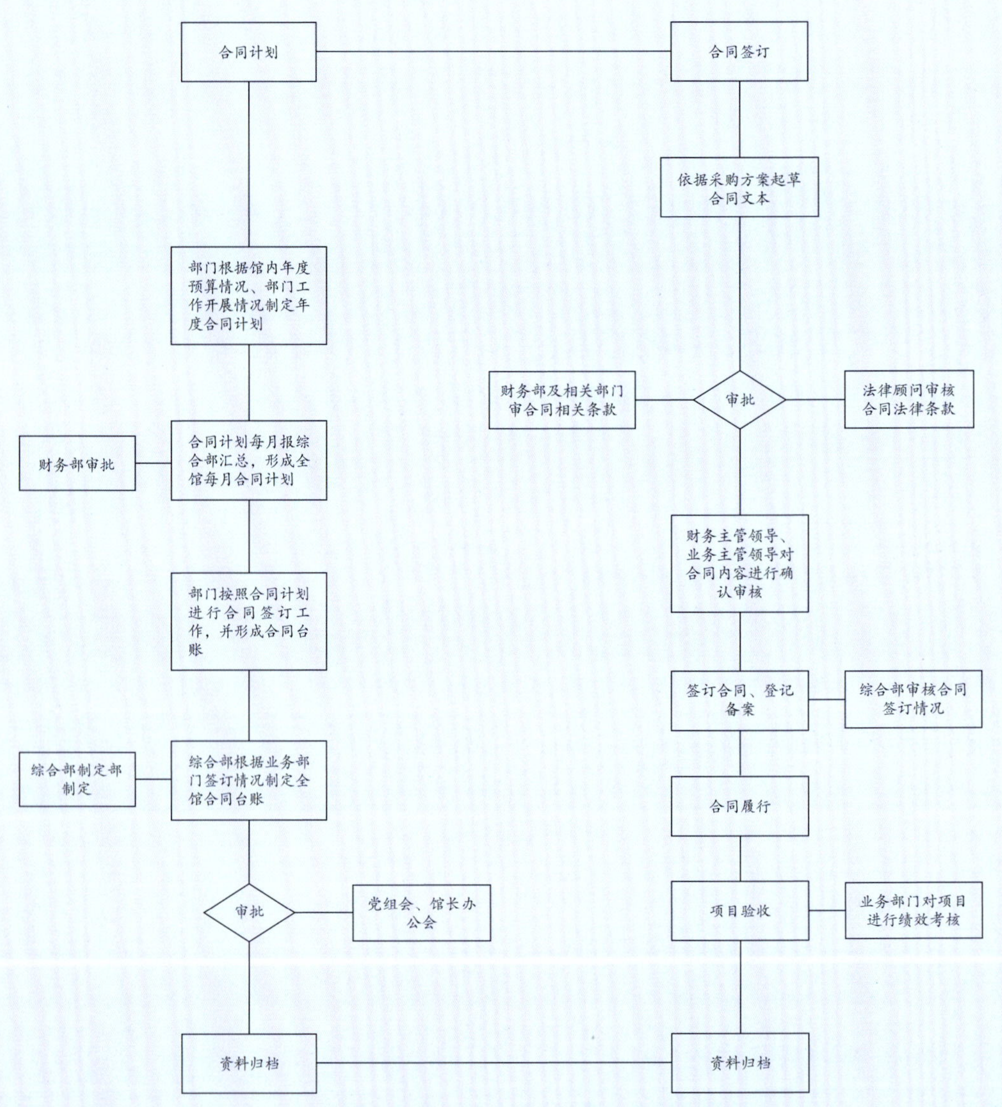

合同规范应用流程图

第十三节　档案管理标准

一、对工作有查考利用价值的档案按一定规律集中保存管理

结合汽博馆业务特征档案管理的主要任务：① 建立各项制度，规范档案管理活动；② 采用一定的方法，使档案形成一定的体系，使其有序化，便于保管和提供利用；③ 不断地改进管理的手段，提高管理效益；④ 提高社会的档案意识。

档案分为文书档案、科技档案、专业档案、声像档案、实物档案、电子档案6大类别，其中科技档案和专业档案具有独特性和创新性（见图 6-13-1）。科技档案包括了基建档案、工程档案、设备档案和采购档案，其中汽博馆立项期及建设期属于基建档案，运营期的展项改造、新增项目属于工程档案，各阶段办公设备档案均归入科技档案。由于开办运营以来每年都有将近百项的政府采购项目产生，汽博馆特在科技档案下增加了采购档案类，采购档案按照年度—项目进行组卷归档。专业档案包含了会计档案、人事档案和藏品档案。藏品档案是博物馆核心业务工作产生的专业档案，即藏品档案是藏品在征集、鉴定、登记、管理、

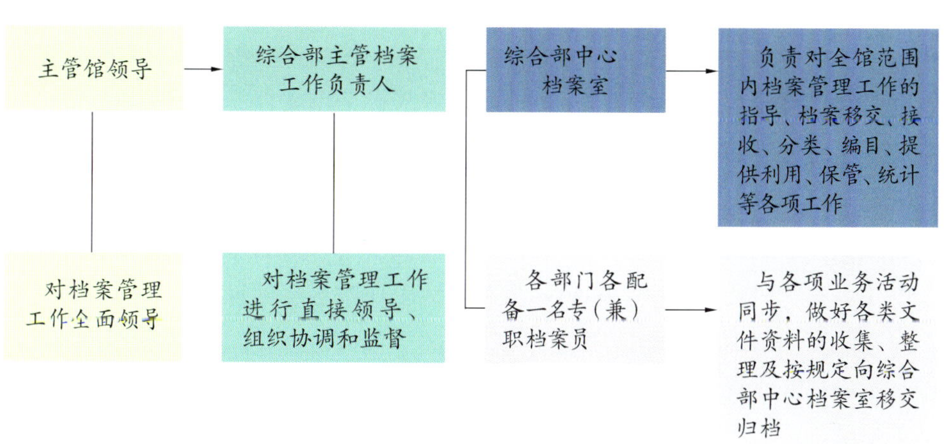

档案管理运行机制图

保护、研究、利用等一系列活动中的真实记录。它既是围绕着藏品而建立的数据系统，又是藏品的历史、科学、艺术价值在实际工作中的具体体现。博物馆在完成自身任务的过程中往往会形成各类别的档案，而其中围绕着藏品所开展的各项业务活动所形成的、具有查考、利用及保存价值的文件材料（包括文字、图表、照片、声像等）称为藏品档案。汽博馆根据档案和文博专业的规定，特别制定了《藏品档案管理规范》纳入藏品管理标准体系。

档案是汽博馆从立项建设到开馆运行一系列活动中的真实历史记录，又是汽博馆实际工作中历史、科学、艺术价值的具体体现。如何更好地做好档案管理工作，充分发挥博物馆档案的利用价值，已成为博物馆业务工作的重要课题。

二、以发挥博物馆档案的利用价值为导向，构建档案管理标准体系

档案是汽博馆建设及运营过程中重要信息的一种载体，包含着各个阶段、各个业务部门的重要工作内容和成果。根据GB/T 24421.2的要求和工作流程图中的各项服务和管理内容搭建了服务标准体系框架图和结构图，包括总框架图和服务通用基础标准体系、服务保障标准体系、服务提供标准体系和岗位手册的结构图，确定标准化对象，编制标准体系明细表。

在构建汽博馆标准体系时，将档案管理纳入到服务保障标准体系下信息管理标准体系之中。档案管理标准依据汽博馆工作管理情况及相关规章制度建立，结合机关单位文件特点和文博管理工作要求，建立了符合汽博馆特点的档案管理标准化体系。《档案管理规范》（Q/QBG BZ 215-04—2014）通过9部分对汽博馆档案管理工作进行要求，分别是：①范围；②规范性引用文件；③职责和权限；④档案管理；⑤电子档案管理；⑥档案库房安全管理；⑦档案安全应急预案；⑧汛期档案安全保管应急预案；⑨附录：档案管理表格。

在编写标准的过程中遵循“写我所做、做我所写”，制定因地制宜、量体裁衣、细化可执行的管理标准，避免标准和实际工作两层皮的现象。《档案管理规范》对各门类档案不同的归档要求、归档时间、归档范围及保管期限做了介绍，确保各类型档案在移交、接收、分类、编目、提供利用、保管、统计等各项工作环节中的标准统一，提高档案管理质量，做到规范整编、排列上架、安全存放、科学利用。

三、形成以领导层、档案管理人员、专(兼)职档案员“三位一体”的管理体系

建立档案管理责任制，责任到人、分级管理，为档案管理工作的顺利开展提供强有力的组织保证。分管档案工作的主管馆领导负责对档案管理工作全面领导，并指定综合部主管档案工作的负责人对档案管理工作进行直接领导、组织协调和监督，综合部中心档案室具体负责对全馆范围内档案管理工作的指导、档案移交、接收、分类、编目、提供利用、保管、统计等各项工作，各部门各配备一名专(兼)职档案员，与各项业务活动同步，做好各类文件资料的收集、整理及按规定向综合部中心档案室移交归档。以此工作网络为基础，加强档案管理知识的学习以及对各部门专兼职档案员有针对性的业务指导，切实发挥全馆档案管理体系的作用，提高档案归档的质量和效率，层层落实档案管理职责，形成自上而下齐抓共管的运行机制。

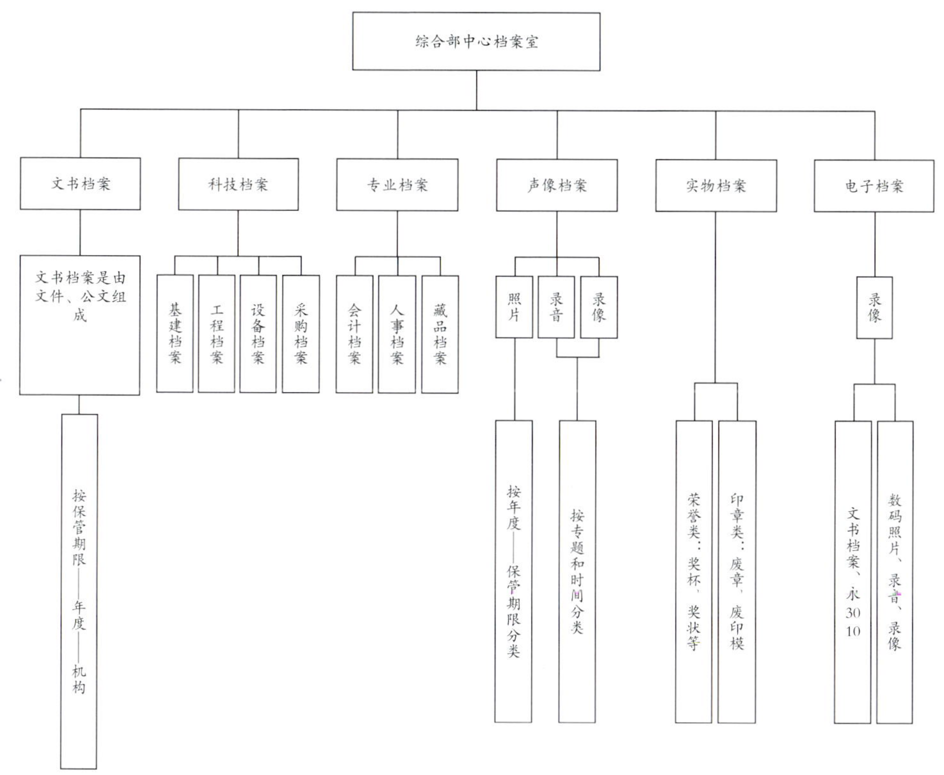

档案分类明细图

实现档案标准化管理的常态化。标准从管理的整体出发，科学地划分管理工作的层次和界线，合理规划管理标准的类别、数量，使管理的各个方面都有相应的标准规定。

四、不断改进档案管理标准，发挥档案的作用

标准制定了不是一成不变的，是有实效、是需要不断改进的。在档案管理的实际工作中，每年工作计划的第一项工作便是对全馆专兼职档案员进行档案管理标准化培训，根据工作重点、难点有针对性地进行培训。比如：2016年重点对文书档案、声像档案和采购档案的归档工作流程、工作内容、注意事项等进行培训，为全年各门类档案能够按照规范和工作计划完成提供良好基础。

另外，实际工作中档案管理结合实际也在不断改进工作流程、方式、要求等，同时档案管理规范也根据改进意见进行调整修订、自主纠偏和持续改进。2016年汽博馆对于声像档案中数码照片档案的归档流程进行了重新梳理，经过多方研究给出了最佳数码照片的存档流程，关于数码照片存档流程也将对《档案管理规范》中相关内容进行调整和修订。标准化是一个持续改进的过程，需要不断发现问题并制定有的放矢的持续改进措施。档案管理将标准和实际紧密结合，使档案管理规范能贯彻有力并得到不断提升，持续推进档案管理标准化工作。

五、参考法规和引用标准

Q/QBG BZ 215-04—2017《档案管理规范》

《中华人民共和国档案法》于1987年9月5日由第六届全国人民代表大会常务委员会第二十二次会议通过，2016年11月7日全国人民代表大会常务委员会第二十四次会议修正。

《中华人民共和国档案法实施办法》由国务院于1990年10月24日颁布，2017年3月1日修订。

《北京市实施〈中华人民共和国档案法〉办法》于1997年10月16日由北京市第十届人民代表大会常务委员会第四十次会议通过，2001年8月3日北京市第十一届人民代表大会常务委员会第二十八次会议修订。

《机关档案工作条例》。

档案管理规范
涉及的内容
档案管理
电子档案管理
档案库房安全管理
档案安全应急预案
汛期档案安全保管应急预案
1.总则
2.档案的收集与归档：归档时间、归档要求、归档范围及保管期限表
2.1文书档案
2.2工程档案
2.3设备档案
2.4会计档案
2.5声像档案
2.6实物档案
2.7电子档案
3.档案鉴定销毁
4.档案提供利用
5.档案提供利用
6.档案检查、档案保密
1.电子档案保管
2.电子档案维护
3.电子档案保密
4.电子档案提供利用
1.档案库房管理的总则
2.档案库房管理的目的
3.库房管理“八防”具体规定
4.对档案管理人员要求
5.库房定期检查流程
1.总则
1.1编制目的
1.2编制依据
1.3工作原则
1.4适用范围
2.组织领导
3.处置程序
4.处置措施
5.处置要点
6.善后措施
1.适用范围
2.组织体系
3.汛期预防预警
4.汛期应急抢险
5.汛期应急保障
具体内容
相关标准
GB/T11822-2000《科学技术档案案卷构成的一般要求》
DA/T28-2002《建设项目文件归档要求与档案整理规范》
《中华人民共和国档案法》
《中华人民共和国档案法实施办法》
《北京市实施<中华人民共和国档案法>办法》
《机关档案工作条例》
涉及表单
《北京汽车博物馆档案工作检查评分表》《北京汽车博物馆文书档案归档范围及保管期限表》《北京汽车博物馆工程档案归档范围及保管期限表》《北京汽车博物馆设备档案归档范围及保管期限表》《北京汽车博物馆会计档案归档范围及保管期限表》《档案借阅申请表》《档案借阅登记表》《档案利用效果登记簿》《档案库房出入登记簿》

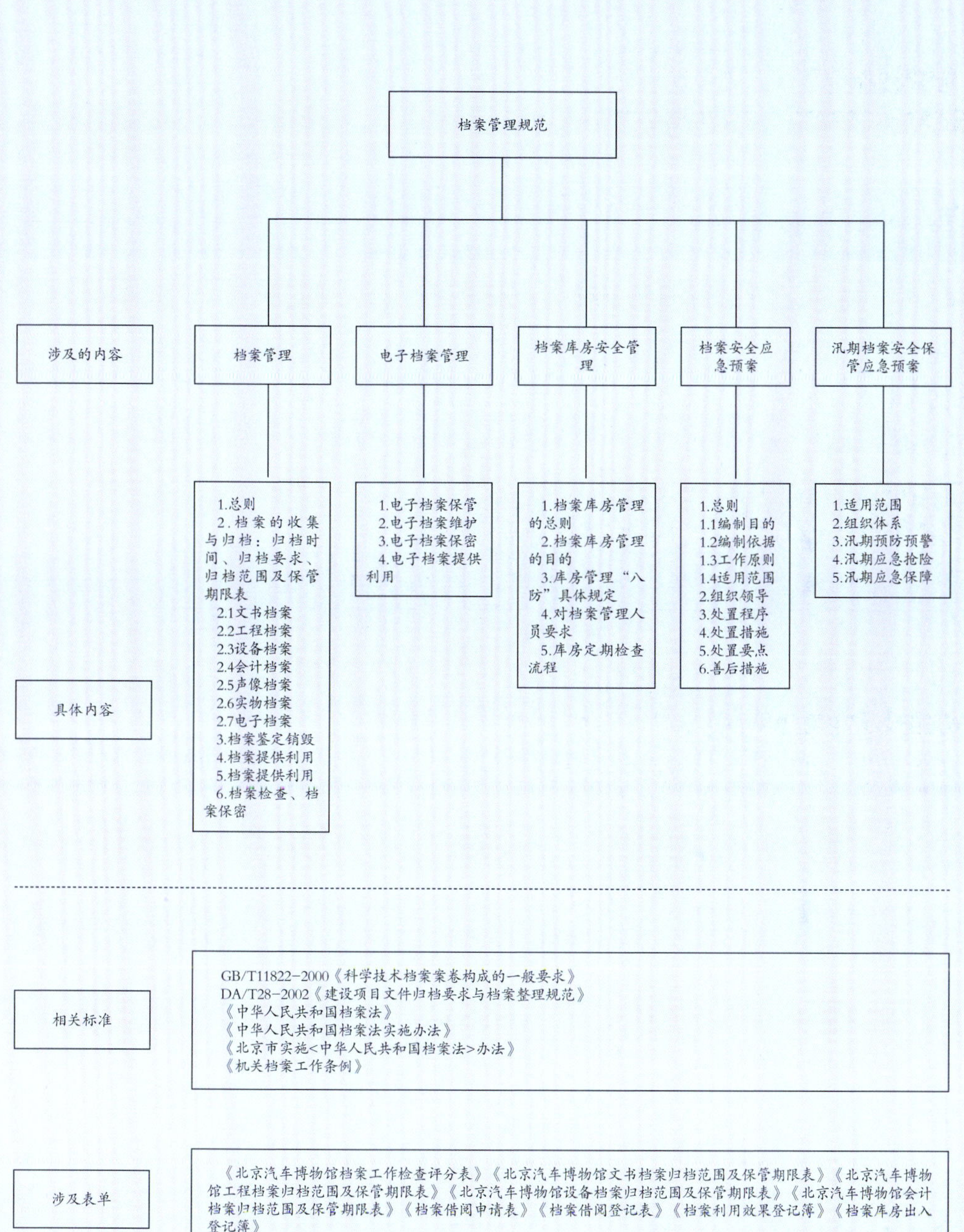

档案管理规范框架图

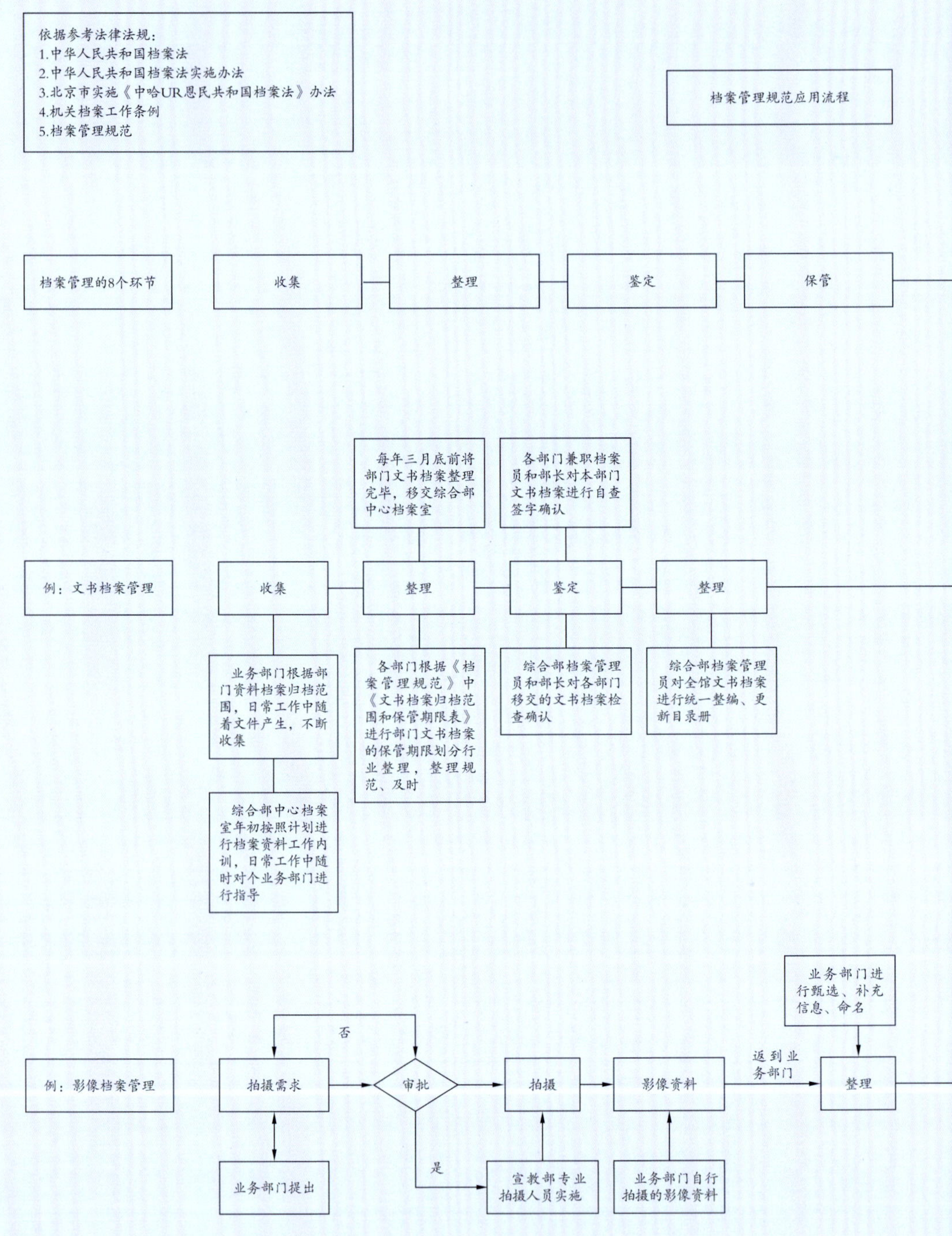
依据参考法律法规：
1.中华人民共和国档案法
2.中华人民共和国档案法实施办法
3.北京市实施《中哈UR恩民共和国档案法》办法
4.机关档案工作条例
5.档案管理规范
档案管理规范应用流程
档案管理的8个环节
收集
整理
鉴定
保管
每年三月底前将部门文书档案整理完毕，移交综合部中心档案室
各部门兼职档案员和部长对本部门文书档案进行自查签字确认
例：文书档案管理
收集
整理
鉴定
整理
业务部门根据部门资料档案归档范围，日常工作中随着文件产生，不断收集
各部门根据《档案管理规范》中《文书档案归档范围和保管期限表》进行部门文书档案的保管期限划分行业整理，整理规范、及时
综合部档案管理员和部长对各部门移交的文书档案检查确认
综合部档案管理员对全馆文书档案进行统一整编、更新目录册
综合部中心档案室年初按照计划进行档案资料工作内训，日常工作中随时对个业务部门进行指导
业务部门进行甄选、补充信息、命名
否
例：影像档案管理
拍摄需求
审批
拍摄
影像资料
返到业务部门
整理
是
业务部门提出
宣教部专业拍摄人员实施
业务部门自行拍摄的影像资料

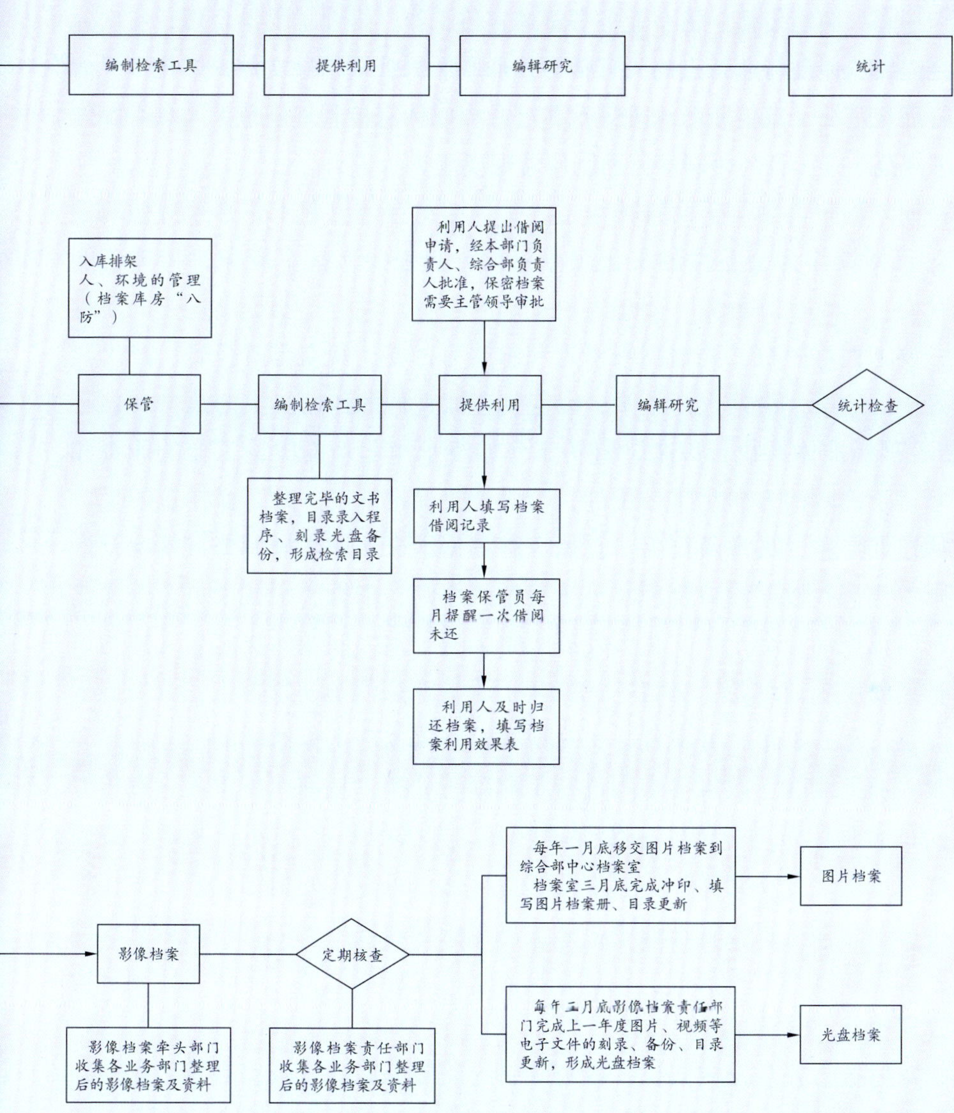

档案管理规范应用流程图

第十四节 宣传管理标准

一、围绕党建工作、意识形态、舆情传播、核心业务四方面，形成具有舆论先行、舆情管控的宣传推广管理体系

结合汽博馆宣传传播管理工作的实际情况，公众教育部根据汽博馆党建工作、意识形态、舆情传播、核心业务等整体宣传工作，搭建了科学合理、层次分明、满足需要、体现行业特点的《宣传管理通则》为管理指导文件，细化出《信息报送管理规范》《宣传队伍管理规范》《社会媒体宣传管理规范》《自有媒体宣传管理规范》《影音与印刷宣传品制作管理规范》。

坚持团结稳定鼓劲、正面宣传为主，是汽博馆宣传思想工作必须遵循的重要方针。汽博馆作为公益性的文化服务机构，必须要弘扬主旋律，传播正能量，在社会上树立良好形象。要想发出正确的声音，关键是要提高宣传的质量和水平，要把握好时机，要增强吸引力和感染力，要让观众爱听爱看、产生共鸣，讲好中国故事，讲好汽博故事，以起到正面宣传的作用。汽博馆自2014年3月宣传管理标准体系执行以来，宣传工作始终承担起新闻舆论工作的职责和使命，坚持正确政治方向是第一位的，与党中央保持高度一致，弘扬正能量，树立汽博馆新形象，展现新作为。自始至终依据国家法律法规制修订情况及汽博馆实际工作，并按照归口管理、分工实施的原则，依据《中共中央关于深化文化体制改革推动社会主义文化大发展大繁荣若干重大问题的决定》《博物馆事业中长期发展规划纲要（2011—2020年）》《北京汽车博物馆十三五发展规划》《北京汽车博物馆一号文件》，对博物馆宣传推广工作涉及的指导思想、部门职责、业务流程、政策要求等进行了梳理、分类，从部门负责人、宣传专员等岗位的管理职责与权限、宣传管理内容、方法和要求,构建了基于“集中管理、逐项审批、分项实施”的可规范、可操作、可量化的精细化宣传工作管理规范标准。包括《宣传管理通则》《信息报送管理规范》《宣传队伍管理规范》《社会媒体宣传管理规范》《自有媒体宣传管理规范》《影音与印刷宣传品制作管理规范》6个规范。

博物馆肩负为公众提供知识、教育和引导欣赏的职能，吸引观众走进博物馆参与展览及各项活动的重要手段，是提高汽博馆知名度、扩大社会影响的重要且必要工作之一，更是汽博馆宣传教育工作过程中不可缺少的重要环节。为进一步发挥汽博馆的宣传传播职能，根据专业化的原则以及博物馆发展的需求，针

对宣传传播业务的细化工作，对岗位进行统一专业调整，由原来的“新媒体运营”“影像管理”等岗位统一为“宣传专员”岗位，形成了“专业突出、一岗多能”的岗位设置，从而更全面、有效地开展宣传工作。

二、规范汽博馆传播活动、宣传活动从策划到传播推广归档的全过程，形成宣传传播总括性指导文件

在落实宣传管理工作中，我们始终以新闻宣传是联系博物馆和社会公众的重要桥梁，是社会公众了解博物馆的主要渠道为指导思想，为实现这个指导思想，需要宣传部门提高自身水平和服务质量，扩大对外宣传、协调各方关系以服务好博物馆事业的发展。为此，《宣传管理通则》规定了汽博馆宣传管理的内容及过程、服务控制、服务质量要求，明确了宣传主管、宣传专员、影像管理等相关岗位职责。从传播内容的策划，到传播活动方案制定、自媒体内容发布的审核、组织实施、总结归档，规范了博物馆对内对外传播的全过程，形成对树立品牌形象、传播汽车文化有效实施的原则性指导标准。为确保做到文化传播的质量与效果，在《宣传管理通则》中，着重从岗位设置、人员编制、岗位职责、监督管理层面的考核标准进行规范，以此达到传播事项有专人负责，运行有流程把控，结果有过程记录，推动汽车文化传播体系的构建，提升管理质量。

三、增加了相关工作数据统计，为宣传传播数据分析与工作提升提供支撑

汽车文化宣传传播是汽博馆的核心工作之一，制定相关管理规范对于工作效率和质量的提升至关重要。尤其是对外发挥社会媒体的传播效果、对内有效管理自媒体，《社会媒体宣传管理规范》中针对媒体资源库的建立与选择、更新与维护进行数据统计，发挥其传播作用，明确了媒体采访的接待流程、拍摄要求以及新闻发布会等三项重要业务的工作流程、接待表单、内容跟踪等岗位职责。通过对标准内容的完善和修订，宣传传播管理流程更加规范，进一步提高工作效率和质量。同时新增的《合作拍摄协议书》《媒体采访拍摄申请表》等数据统计表单，为宣传传播数据分析以及工作提升提供了支撑。《信息报送管理规范》中针对信息报送表单进行了简化，由原先三种表单合并为一种，简化程序、提高效率。

四、依托标准化管理，树立博物馆品牌形象

宣传管理标准不断修订完善的过程，也是汽博馆宣传传播不断扩大、品牌形象不断提升的过程。在逐步规范宣传管理过程的同时，不断探索丰富多元的博物馆传播方式。聚焦公众需求，采用图文、音频、视频、ar\vr等多元内容，电视专题、网络直播创新传播内容表达方式，形成了面向不同受众群体的传播平台和传播内容。在自媒体平台方面目前已形成“官方网站”“官方微博”“官方微信”三大平台十余个传播栏目，在社会媒体方面积累近百家媒体资源，并与多家不同行业、不同受众的媒体签订了合作框架协议，形成了汽车博物馆特有的传播体系，为更好地传播汽车博物馆奠定了基础。

五、参考法规和引用标准

Q/QBG BZ 216-16—2017《宣传管理通则》

《中共中央关于深化文化体制改革推动社会主义文化大发展大繁荣若干重大问题的决定》

《博物馆事业中长期发展规划纲要（2011—2020年）》

《北京汽车博物馆宣传信息管理办法》

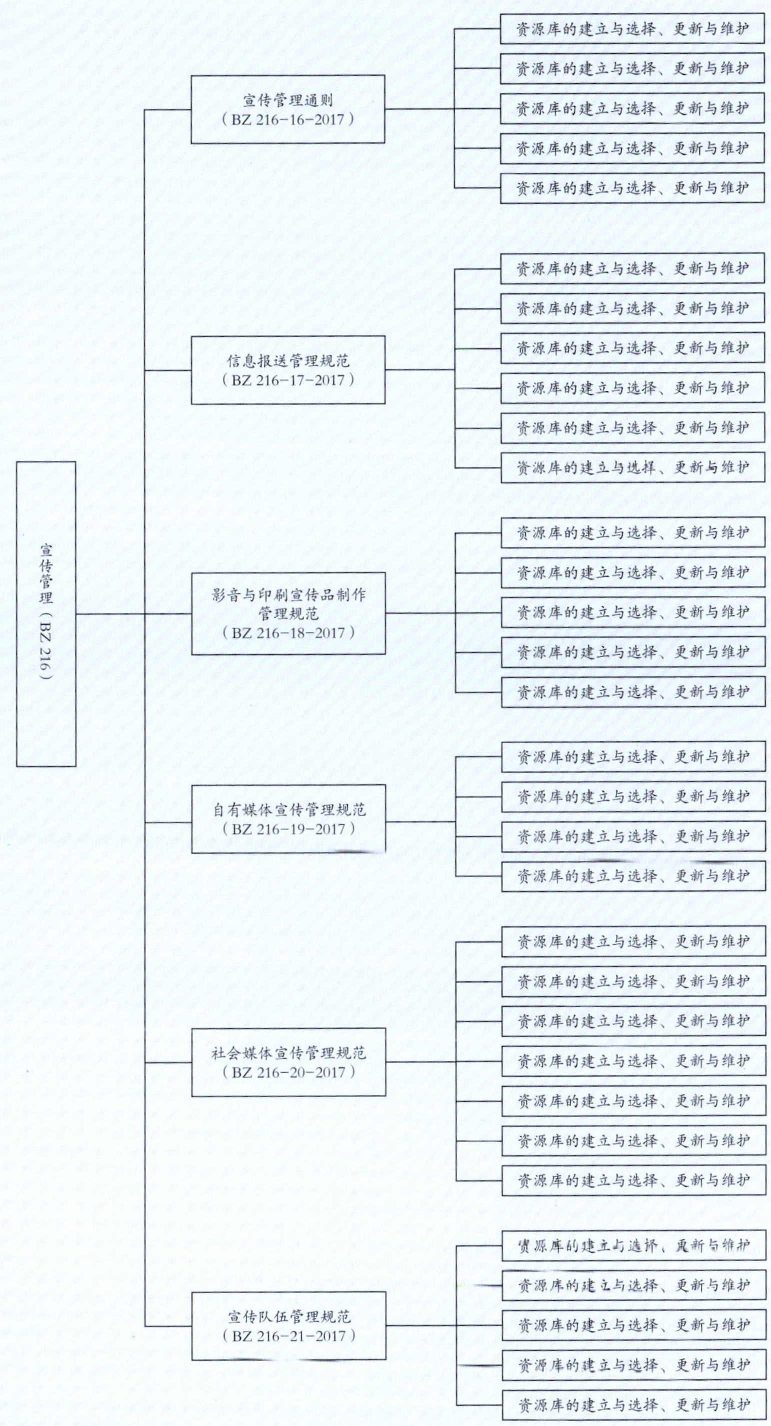

宣传管理体系框架图

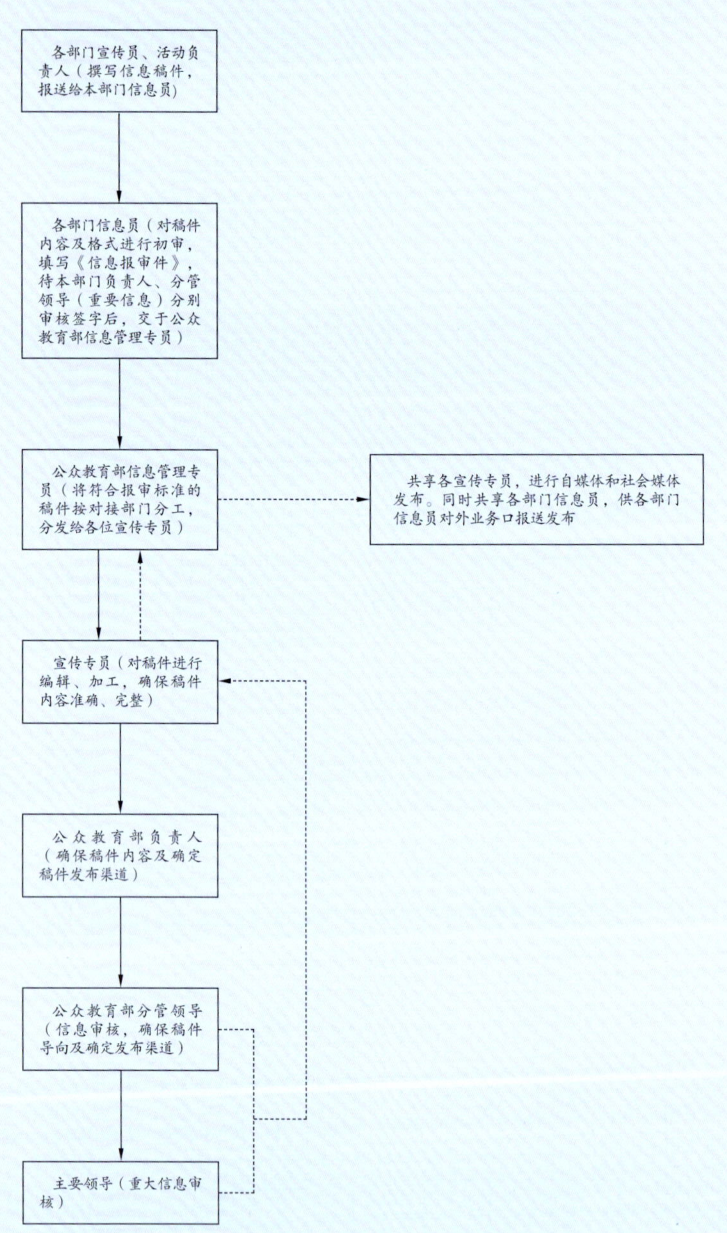
各部门宣传员、活动负责人（撰写信息稿件，报送给本部门信息员）
各部门信息员（对稿件内容及格式进行初审，填写《信息报审件》，待本部门负责人、分管领导（重要信息）分别审核签字后，交于公众教育部信息管理专员）
公众教育部信息管理专员（将符合报审标准的稿件按对接部门分工，分发给各位宣传专员）
共享各宣传专员，进行自媒体和社会媒体发布。同时共享各部门信息员，供各部门信息员对外业务口报送发布
宣传专员（对稿件进行编辑、加工，确保稿件内容准确、完整）
公众教育部负责人（确保稿件内容及确定稿件发布渠道）
公众教育部分管领导（信息审核，确保稿件导向及确定发布渠道）
主要领导（重大信息审核）

信息报送审批流程图

第十五节 经营管理标准

一、以公众需求为导向，提供多元化服务，围绕博物馆宗旨和使命，构建合情、合理、合规的经营管理体系

在“文化旅游”风潮的推波助澜下，全球的博物馆都参与到了跨领域活动中，越来越多的博物馆希望通过各种跨界活动确保教育推广更能融入人们的生活形态中。于是，博物馆的功能在休闲、服务里有越来越多的涉猎。

2015年3月20日正式施行的中国博物馆行业首个全国性法规文件《博物馆条例》中规定博物馆在不违背其非营利性属性、不脱离其宗旨使命的前提下，可以开展经营性活动。从国内外博物馆发展的实践案例中表明，博物馆文化产品开发，既是博物馆文化推广与宣传，满足公众多层次需求，又是博物馆促进其可持续发展的普遍做法。《博物馆条例》还规定，鼓励博物馆挖掘藏品内涵，与文化创意、旅游等产业相结合，开发衍生产品，增强博物馆发展能力。这一系列政策性文件无疑给作为非营利性公益文化机构存在的博物馆，在开展经营活动方面指明了方向，也给予了博物馆第六大服务功能的发展空间。

北京汽车博物馆现已连续6年以上100%满载开放运行，随着运行管理的不断深入，标准化管理模式已融入各项工作流程当中。结合汽博馆自身发展需要，在不断总结挖掘馆内各类营销活动开展的基本规律和原则的基础上，按照北京汽车博物馆服务标准化创建工作统一部署，依照服务业组织标准化工作指南（GB/T 24421.2）等标准要求，本着“全面统筹、整体思维、系统构建、持续改进”的管理思路，在国家、市、区相关法律法规及政策性指导文件的指引下，明确博物馆经营性活动功能定位及核心价值，搭建经营管理标准体系。

构建合情、合理、合规的经营管理标准体系，首先要找出全馆涉及的所有经营管理事项，再分析各经营管理事项所涵盖的具体业务及范围。根据各项经营性活动的具体功能定位，明确各项业务开展需遵循的核心价值，梳理其业务流程。经营管理业务主要包括：①票务营销，②合作经营单位管理，③文化衍生品开发，④经营性活动。

全馆秉承“传承、创新、合作、卓越、责任”的核心价值，将传承文化文明、创新驱动发展、加强多方合作、追求卓越服务、履行社会责任作为发展理念，明确了文化传播与服务保障双轮驱动的工作任务，致力于成为有活力、有文化、有内涵的现代化博物馆。在开展博物馆经营活动时，汽博馆将自身定位为向观众提供文化产品和文化服务的公益性文化机构，满足观众自我熏陶、兴趣培养、信息收集，甚

至是放松休闲的需求。希望通过博物馆的经营活动努力与观众产生共鸣，激发观众兴趣，在潜移默化中输出文化、输出理念、输出价值观，而非“教育”。

明确了博物馆经营活动的核心价值，根据已经分析出的主要经营事项，列出各经营事项所应重点梳理的控制点，摸索出各关键控制点有规律的业务流程，最终确立了经营管理规范所涵盖的6个子体系的内容：《经营管理通则》《票务管理规范》《合作经营单位引入规范》《经营单位管理规范》《授权管理规范》《空间管理规范》。

二、本着“一切经营行为有章可循，一切经营监管有法可依”的原则，梳理经营管理通则

《经营管理通则》确定了经营管理工作中的职责与权限、经营管理方针和目标、经营管理组织机构、经营管理例会、经营管理流程、经营管理考核等相关工作内容，确定了经营行为，规范管理过程和监督流程，使博物馆的经营行为有章可循，经营监管有法可依。

在制定《经营管理通则》时，参考了《博物馆条例》（2015年3月20日）、《中华人民共和国招标投标法》（2000年1月1日）、《中华人民共和国反不正当竞争法》（1993年12月1日）、《中华人民共和国公司法》（2013年12月28日）以及《关于推动文化文物单位文化创意产品开发的若干意见》等内容。根据汽博馆经营活动开展的核心价值，在各项法律法规的指引下，使博物馆参与社会经济的行为更加规范和有序，监管更加到位。《经营管理通则》确定了：①经营活动开展的方针、目标，②经营活动的内容，③经营活动的开展模式，④经营活动开展时各部门及合作机构的职责和权限，⑤经营活动监管基原则。

三、拓宽票务营销渠道，规范票务营销行为，制定票务管理规范

《票务管理规范》对全馆票务营销工作进行了全面梳理，首先对各票种的分类及价格进行规范，形成了《票种定义及分类规范》。为确保参观量地持续提升，汽博馆拓宽了票务营销的渠道，规范了票务营销渠道的经营环节，形成了《渠道票管理规范》；为了观众更积极地参与和支持博物馆活动，建立博物馆的会员体系显得尤为重要，为规范会员管理的全过程，形成了《会员管理规范》。

（一）票种定义及分类规范

随着博物馆的不断发展，为满足不同参观人群的需求，博物馆门票的票种逐

渐增多，购买方式及购买渠道也日渐增加。为了规范各销售渠道及营销人员的销售行为，北京汽车博物馆自2011年开馆前便开始研讨各票种分类、定义、适用范围及价格。结合社会经济的发展，涌现出越来越多的有别于传统销售方式的销售渠道，例如电子票和微信票等。《票种定义及分类规范》也随着市场环境的改变而不断进行修订，持续改进。票种定义及分类规范围绕博物馆观众日常购票需求进行制定，依照国家政策法规，对特定人群提供优惠免费票；为拓展票务销售渠道，设置电子票、微信票，并由电子票商配合销售；为参观博物馆的旅行社及社会团体提供团体票；结合博物馆现阶段发展需求，成立博物馆会员制并设置会员票。票务管理工作由文化产业部、财务部进行管理，综合部定期进行检查考核。票种定义及分类规范会不定期按照市场需求或者新颁发的国家相应政策进行修订，由文化产业部进行汇总并提请馆长办公会进行审议。通过此规范不断完善，规范博物馆票务管理工作，提高博物馆整体票务管理水平，为更多观众提供更优质的参观服务。

（二）渠道票管理规范

《渠道票管理规范》主要规定北京汽车博物馆渠道票管理过程中的基本要素，涉及博物馆日常接待工作中旅行社、社会团体、电子票三大主要销售渠道。旅行社渠道是博物馆稳定客流的基础，博物馆向旅行社提供优惠价格，需由票务营销人员对享受优惠政策的旅行社进行资质审核，每次参观与领队核实参观人数并进行结算。社会团体作为渠道市场的重要补充，有助于增强营销的主动性，参观前需由票务营销人员进行对接，按照社会团体优惠票价进行结算。电子票渠道既可丰富博物馆的销售平台，也可拓展博物馆的营销渠道。票务营销人员每年与电子票商进行合同签订并归档，定期进行全网筛查，严格执行电子票商合作合同的条款，把控合同规定的售卖价格，统计各电子票商全年销售情况。财务部人员需对各渠道票进行检查监督。以博物馆客流的不断增长为前提，形成可行的渠道票管理流程。

（三）会员管理规范

《会员管理规范》主要规定北京汽车博物馆会员管理过程中的基本要素，涵盖会员分类、会员办理及会员后期数据维护工作中需遵循的相关标准。《规范》规定了北京汽车博物馆会员管理工作中所涉及的岗位职责与权限。汽博馆会员通过前期市场调研及分析，确定票种，参考《票种定义及分类规范》进行定价，根据《渠道票管理规范》进行市场营销。观众成功购买汽博馆会员后便可享受相应汽博馆会员服务，服务内容涵盖进馆参观、会员专属活动，会员优惠促销等，由文化产业部进行统筹，各职能部门进行具体实施工作。设置专项人员对汽博馆会员数据资料进行统一管理。通过完善会员管理规范，成为汽博馆会员管理工作过程的可操作管理文件，并通过标准化文件的实施，加强会员管理工作水平，提高汽博馆会员满意度，让更多热爱汽车文化、汽车科普知识的观众了解北京汽车博物馆，热爱汽博馆。

四、完善博物馆专卖店业务、餐饮经营服务平台，促使第三方服务团队参与营销汽博馆品牌形象与价值的建立，控制和规范合作经营单位的引入及日常管理

北京汽车博物馆是非营利性的公益文化事业机构，由于其体制的限定，作为博物馆所提供给观众的基础服务项目的购物及餐饮服务职能只能由第三方合作经营单位来完成。而博物馆不同于旅游景点，博物馆内的商店和餐厅也应有别于单纯的纪念品买卖与止渴、果腹的功能。这些基础服务项目必须承载与博物馆相同的使命与功能——既能创造一致性的博物馆体验氛围，也能促进观众在博物馆消费，让观众能够把“博物馆带回家”，从而达到博物馆事业与经营企业的双赢。做好合作经营单位的引入及日常管理显得尤为重要。

根据现行国家、市区相关法律法规，结合汽博馆已规范和完善的内控管理机制，制定了适用于商店及餐饮经营单位引入时使用的《合作经营单位引入规范》。为了做好合作经营单位的日常管理，规范其工作人员的工作行为，监督其经营行为制定了《经营单位日常管理规范》。

（一）合作经营单位引入规范

《合作经营单位引入规范》主要规定北京汽车博物馆合作经营单位在招商和引入过程中的基本要求、实施方式及管理、监督等程序。根据国家相关法律法规，结合博物馆实际经营情况，深入理解需引入合作经营项目，制定引入机制及规范。

合作经营单位的引入应参照《中华人民共和国招投标法》《中华人民共和国采购法》等国家法律法规，结合汽博馆财务及采购管理规范相关内容，制定招商细则、编写招商方案的相关办法和规定，开展招投标细则，编写招标方案。《合作经营单位引入规范》确定了：①经营单位引入基本原则及方针，②经营单位引入工作方式，③经营单位引入工作流程，④经营单位引入监督机制。

（二）经营单位管理规范

《经营单位管理规范》主要规定合作经营单位日常经营管理、检查、监督、

考核、评估等行为规定。在日常管理过程中，本着“依标准管理”的原则，规范了：①经营单位的业务开展范围，经营单位经营目标；②经营单位考核方法，经营单位经营周期评估方法；③经营单位监管原则及方法。

五、推动以博物馆为内容的跨文创产业合作平台模式，为博物馆文化衍生品的开发创造条件，构建规范合理的文化衍生品开发规范体系

文化产业的发展应结合博物馆发展的宗旨和使命，确定发展定位，做足基础研究，跳出“传统工艺品”的包围圈，进行长期规划。2015年施行的《博物馆条例》明确提出，鼓励博物馆挖掘藏品内涵，与文化创意、旅游等产业相结合，开发衍生产品，增强博物馆发展能力。在博物馆大力开发文化衍生品的同时，涉及博物馆藏品及展品的知识产权保护与经营、授权机制与管理、设计创意使用、与生产制造厂商的结合种种事项都需要一一梳理和规范。这是一个全新的课题，需要我们在文创产品开发的过程中去不断地探索和规范。目前，结合汽博馆在开发文创衍生品实际操作过程中所需要规范的事项制定了《授权管理规范》。《授权管理规范》主要规定了：①衍生品授权开发模式，②衍生品授权开发内容，③衍生品授权开发申报流程，④衍生品授权经销模式，⑤衍生品授权经销申报流程，⑥知识产权保护。

授权以衍生品开发为主，以馆藏为核心，通过设计再创作的方式，形成博物馆的无形资产，并对无形资产的使用进行规范，确定合法的开发方式。以博物馆的文化发展为前提，参考市场情况及受众群体，形成可行的授权销售流程。授权管理规范通过相关部门间的审核流程、管理职责确定了授权过程的完整和准确。衍生品开发的成果文件作为授权项目资料备查，整体项目考核资料作为授权项目后续开展工作的参考和指导。

六、延伸博物馆教育与文化传播的功能，利用现有的服务性空间创造一致性的参观体验氛围，规范博物馆活动空间使用管理规范

为更大限度地利用博物馆现有空间，延伸博物馆教育与文化传播的职能，吸引更多的文化活动和科普课程走进博物馆，扩大博物馆的社会影响力，同时规范空间管理、提升使用效率，制定了《空间管理规范》。规范自2014年11月开始制定并进行研讨，2015年7月正式实施，并结合博物馆实际运行情况进行多次调整和修订。《空间管理规范》规定了：①活动空间范围，②活动空间使用基本原则，③活动空间定价标准，④活动空间使用和申请流程，⑤空间使用监管机制。

博物馆经营必须是以社会需求为导向，紧密围绕博物馆办馆宗旨和理念，把握核心价值观，构建行之有效的博物馆经营管理体系，规范经营管理工作流程机制，持续改进经营管理方式方法，从而实现博物馆典藏、研究、保存、展览、教育、休闲服务六大职能，使更多的群众喜欢博物馆、爱上博物馆。

七、参考法规和引用标准

1. Q/QBG BZ 219-01—2017《经营管理通则》

《博物馆条例》（2015年3月20日）

《中华人民共和国招标投标法》（2000年1月1日）

《中华人民共和国反不正当竞争法》（1993年12月1日）

《中华人民共和国公司法》（2013年12月28日）

《关于推动文化文物单位文化创意产品开发的若干意见》（2016年5月16日国务院）

2. Q/QBG BZ 219-04—2017《空间管理规范》

《行政事业性收费标准管理暂行办法》（2006年7月1日）

3. Q/QBG BZ 219-05—2017《授权管理规范》

《博物馆条例》（2015年3月20日）

《中华人民共和国招标投标法》（2000年1月1日）

《中华人民共和国反不正当竞争法》（1993年12月1日）

《中华人民共和国公司法》（2013年12月28日）

《关于推动文化文物单位文化创意产品开发的若干意见》（2016年5月16日国务院）

《中华人民共和国商标法》（1983年3月1日）

《中华人民共和国专利法》（2009年10月1日）

《中华人民共和国著作权法》（2012年3月31日）

4. Q/QBG BZ 219-06—2017《票种定义及分类规范》

《中华人民共和国老年人权益保障法》（2013年7月1日）

《军人抚恤优待条例》（2011年8月1日）

《国家发展改革委关于进一步落实青少年门票价格优惠政策的通知》（发改

价格[2012]283号）（2012年4月1日）

5. Q/QBG BZ219-07—2017《会员管理规范》

《中华人民共和国消费者权益保障法》（2014年3月15日）

6. Q/QBG BZ219-08—2017《渠道营销管理规范》

LB/T 062—2017《旅游产品在线交易基本信息描述和要求》

CB/T26355-2010 旅游景区服务指南

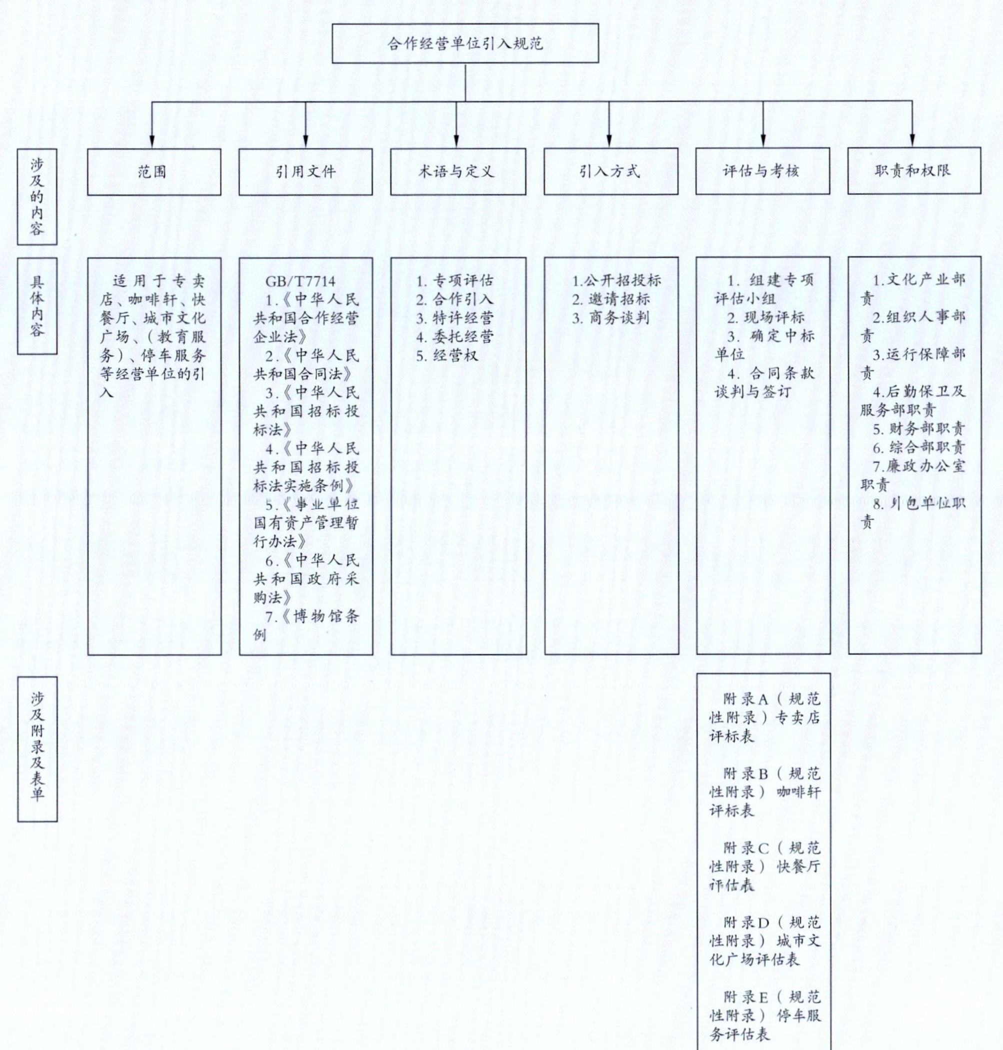

合作经营单位引入规范框架图

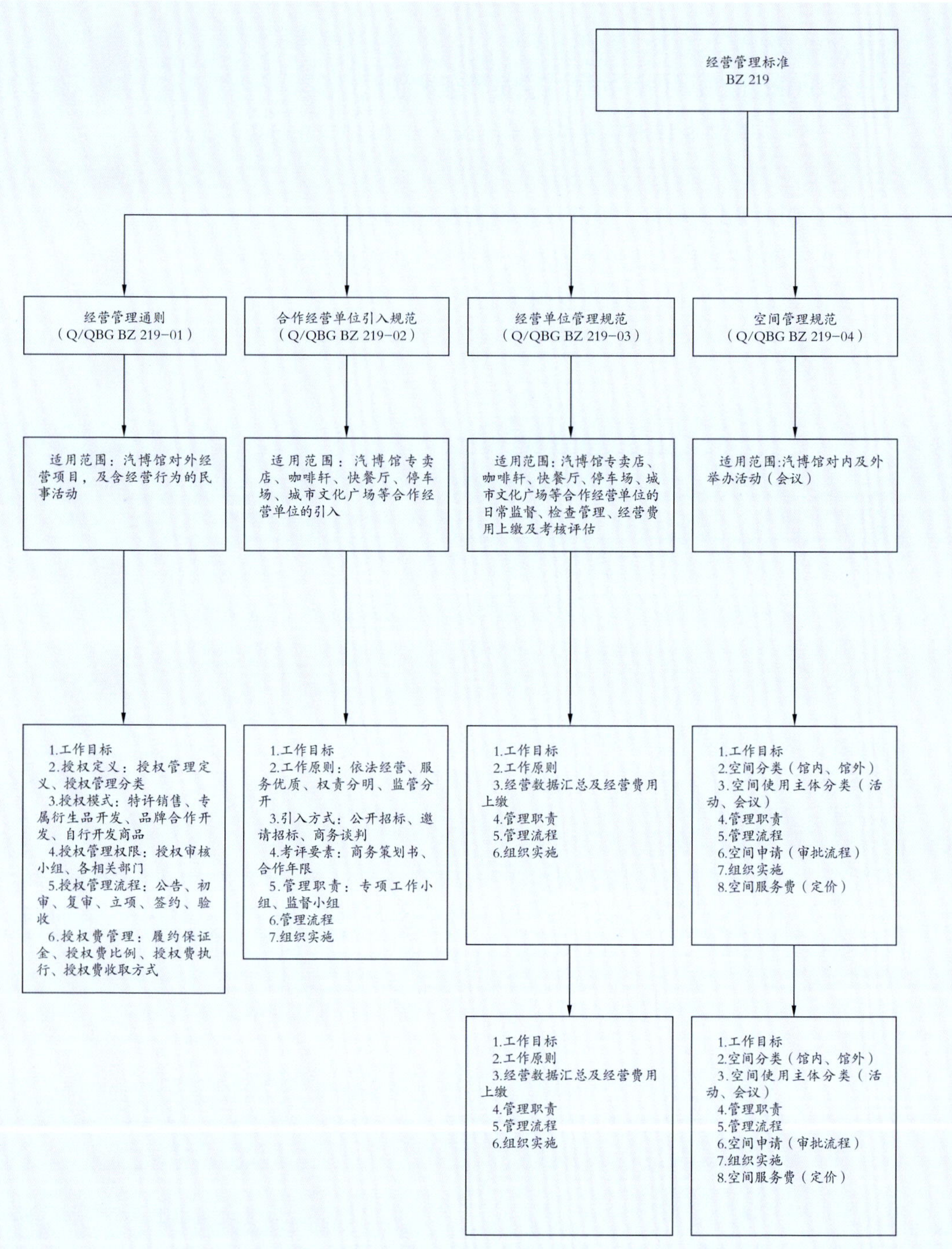

经营管理标准
BZ 219
经营管理通则
（Q/QBG BZ 219-01）
合作经营单位引入规范
（Q/QBG BZ 219-02）
经营单位管理规范
（Q/QBG BZ 219-03）
空间管理规范
（Q/QBG BZ 219-04）
适用范围：汽博馆对外经营项目，及含经营行为的民事活动
适用范围：汽博馆专卖店、咖啡轩、快餐厅、停车场、城市文化广场等合作经营单位的引入
适用范围：汽博馆专卖店、咖啡轩、快餐厅、停车场、城市文化广场等合作经营单位的日常监督、检查管理、经营费用上缴及考核评估
适用范围：汽博馆对内及外举办活动（会议）
1.工作目标
2.授权定义：授权管理定义、授权管理分类
3.授权模式：特许销售、专属衍生品开发、品牌合作开发、自行开发商品
4.授权管理权限：授权审核小组、各相关部门
5.授权管理流程：公告、初审、复审、立项、签约、验收
6.授权费管理：履约保证金、授权费比例、授权费执行、授权费收取方式
1.工作目标
2.工作原则：依法经营、服务优质、权责分明、监管分开
3.引入方式：公开招标、邀请招标、商务谈判
4.考评要素：商务策划书、合作年限
5.管理职责：专项工作小组、监督小组
6.管理流程
7.组织实施
1.工作目标
2.工作原则
3.经营数据汇总及经营费用上缴
4.管理职责
5.管理流程
6.组织实施
1.工作目标
2.空间分类（馆内、馆外）
3.空间使用主体分类（活动、会议）
4.管理职责
5.管理流程
6.空间申请（审批流程）
7.组织实施
8.空间服务费（定价）
1.工作目标
2.工作原则
3.经营数据汇总及经营费用上缴
4.管理职责
5.管理流程
6.组织实施
1.工作目标
2.空间分类（馆内、馆外）
3.空间使用主体分类（活动、会议）
4.管理职责
5.管理流程
6.空间申请（审批流程）
7.组织实施
8.空间服务费（定价）

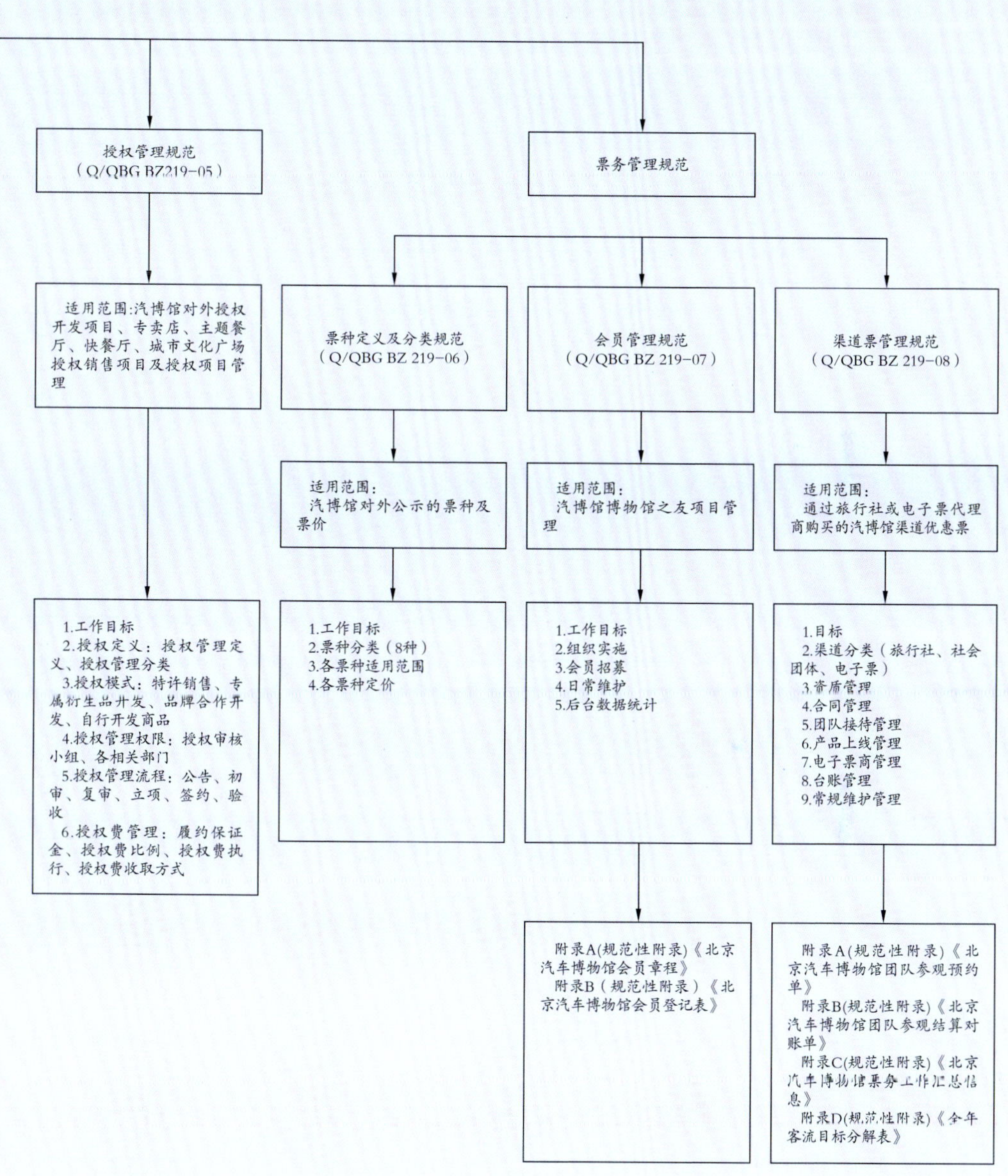
授权管理规范
（Q/QBG BZ219-05）
适用范围:汽博馆对外授权开发项目、专卖店、主题餐厅、快餐厅、城市文化广场授权销售项目及授权项目管理
1.工作目标
2.授权定义：授权管理定义、授权管理分类
3.授权模式：特许销售、专属衍生品开发、品牌合作开发、自行开发商品
4.授权管理权限：授权审核小组、各相关部门
5.授权管理流程：公告、初审、复审、立项、签约、验收
6.授权费管理：履约保证金、授权费比例、授权费执行、授权费收取方式
票务管理规范
票种定义及分类规范
（Q/QBG BZ 219-06）
适用范围：
汽博馆对外公示的票种及票价
1.工作目标
2.票种分类（8种）
3.各票种适用范围
4.各票种定价
会员管理规范
（Q/QBG BZ 219-07）
适用范围：
汽博馆博物馆之友项目管理
1.工作目标
2.组织实施
3.会员招募
4.日常维护
5.后台数据统计
附录A(规范性附录)《北京汽车博物馆会员章程》
附录B（规范性附录）《北京汽车博物馆会员登记表》
渠道票管理规范
（Q/QBG BZ 219-08）
适用范围：
通过旅行社或电子票代理商购买的汽博馆渠道优惠票
1.目标
2.渠道分类（旅行社、社会团体、电子票）
3.资质管理
4.合同管理
5.团队接待管理
6.产品上线管理
7.电子票商管理
8.台账管理
9.常规维护管理
附录A(规范性附录)《北京汽车博物馆团队参观预约单》
附录B(规范性附录)《北京汽车博物馆团队参观结算对账单》
附录C(规范性附录)《北京汽车博物馆票务工作汇总信息》
附录D(规范性附录)《全年客流目标分解表》

经营管理标准框架图

依据参考法律法规：

1.GB/T1.1-2000标准化工作导则

2.GB 14930《中华人民共和国食品安全法实施条例》食品工具、设备用洗涤卫生标准

3.GB 14934《中华人民共和国食品安全法》

4.中华人民共和国主席令（十一届第九号）

5.GB 16153-1996《饭馆（餐厅）卫生标准》

6.GB 17988-2008《食具消毒柜安全和卫生要求本标准》

7.GB 9985-2000《手洗餐具用洗涤剂》

8.GB/T 24421-2009服务业组织标准化工作指南

9.GB 28009冷库安全规程

10.GB/T 27306-2008《食品安全管理体系餐饮业要求》

11.GB 5749《生活饮用水卫生标准》

12.GB 7718-2011《预包装食品标签通则》

13.HJ 554-2010《饮食业环境保护技术规范》

14.HJ 458-2009《环境标志产品技术要求家用洗涤剂》

15.卫监督发〔2005〕260号《餐饮业和集体用餐配送单位卫生规范》

16.市政府令（2006）177号《北京市餐饮经17.营单位安全生产规定》

18.国办发〔2010〕36号《国务院办公厅关于加强地沟油整治和餐厨废弃物管理的意见》

19.国务院令第659号《博物馆条例》

20.GB/T1.1-2000标准化工作导则

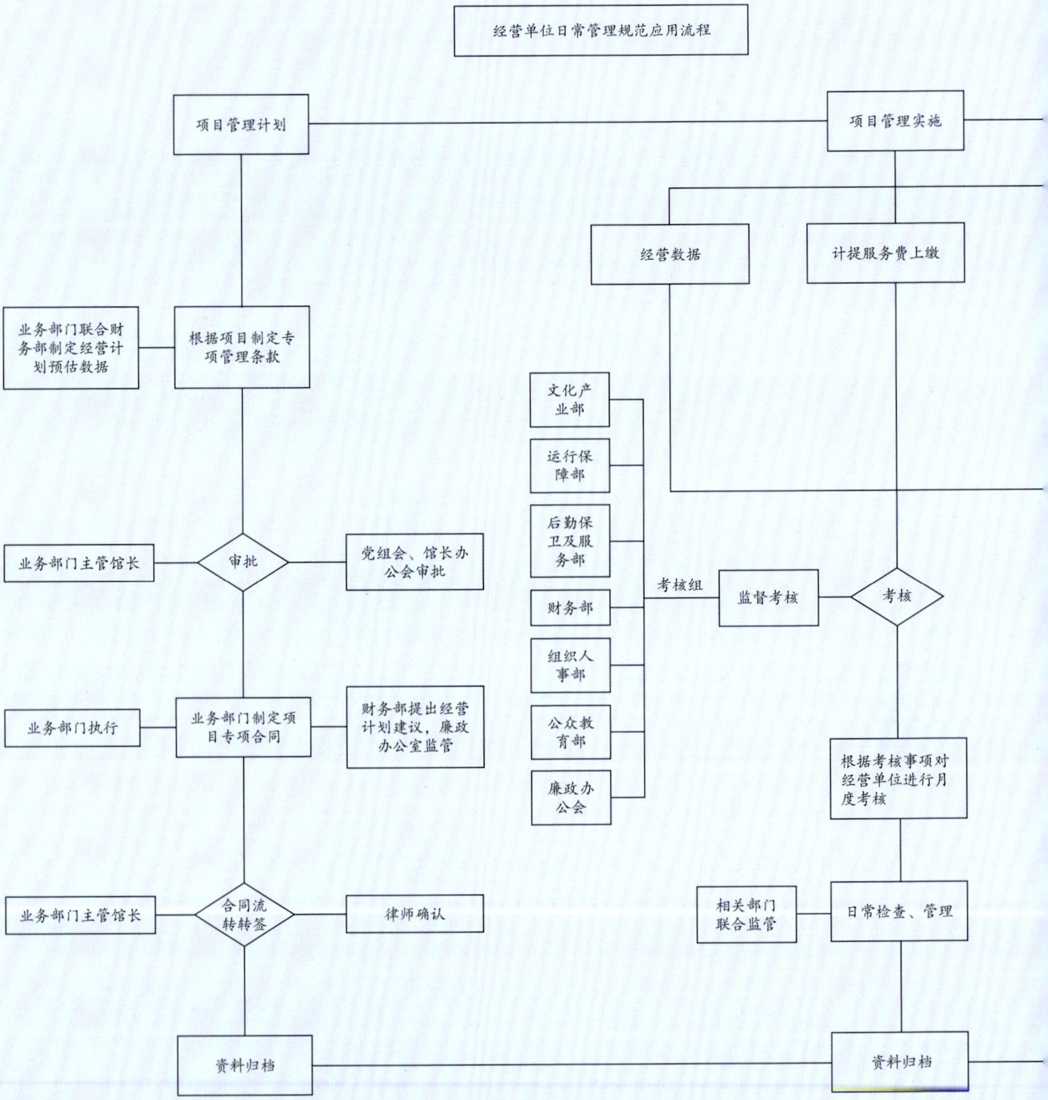

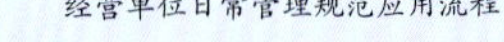

经营单位引入管理体系：

1.为了做好合作经营方引入管理工作，合理合法依规完成引入工作，对日常文化事业服务、活动等经营管理事项提供支撑和依据，特制定此工作方案。

2.按照功能定位和业务范围，依法组织文化事业活动，全面推广汽博馆文化产品，坚持“公平、公正、公开”原则，坚持正确公益方向，遵守“依法经营、服务优质、权责分明、监管分开”的原则。

3.工作小组：按照引入事项“一事一组”原则，由业务主管领导或财务主管领导担任组长，成员由文产部、综合部、财务部，共7人组成。

4.监督小组：由纪检主管领导及纪检人员组成，依据纪检监察法律法规进行全程纪检监督。

5.汽博馆合作经营方引入管理体系按照合理高效、有效监督、运行顺畅的原则进行构建。

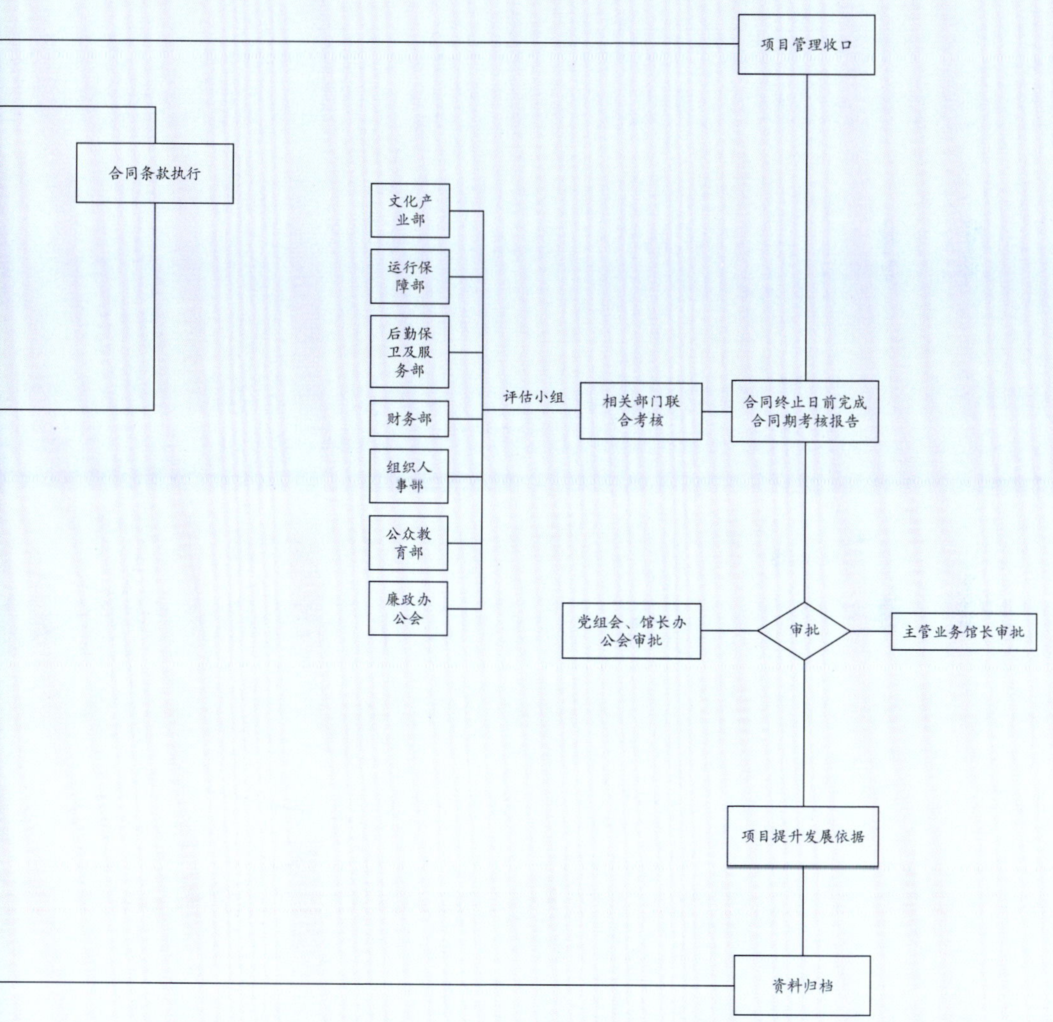

经营单位日常管理规范应用流程图

第七章

岗位手册的功能作用和设计思路

2012年至2014年，国家级服务业标准化和北京市旅游标准化创建工作在北京汽车博物馆同时展开，在《服务业组织标准化工作指南》（GB/T 24421.2）、国家事业单位人事管理政策法规和“系统思维、整体构建”的管理思路指导下，由汽博馆结合全馆的管理实际，梳理了从组织构建到人员管理、从人员流入到人员流出的员工全生命周期管理及各职能部门岗位设置，并通过建立全馆岗位工作规范，明确了每个岗位的任职资格、职责与权限、岗位操作要求、岗位工作时间和岗位考核要求，编制了全馆岗位操作手册，简称之为“口袋书”。岗位手册体系的建立和“口袋书”的便捷，为全馆员工操作培训与人员管理建立了实用的管理模板，为推动汽博馆规范化管理和可持续发展奠定了基础。在制订各岗位工作手册时，不是按部门梳理岗位，而是按照决策层、管理层、操作层这样的结构进行梳理。

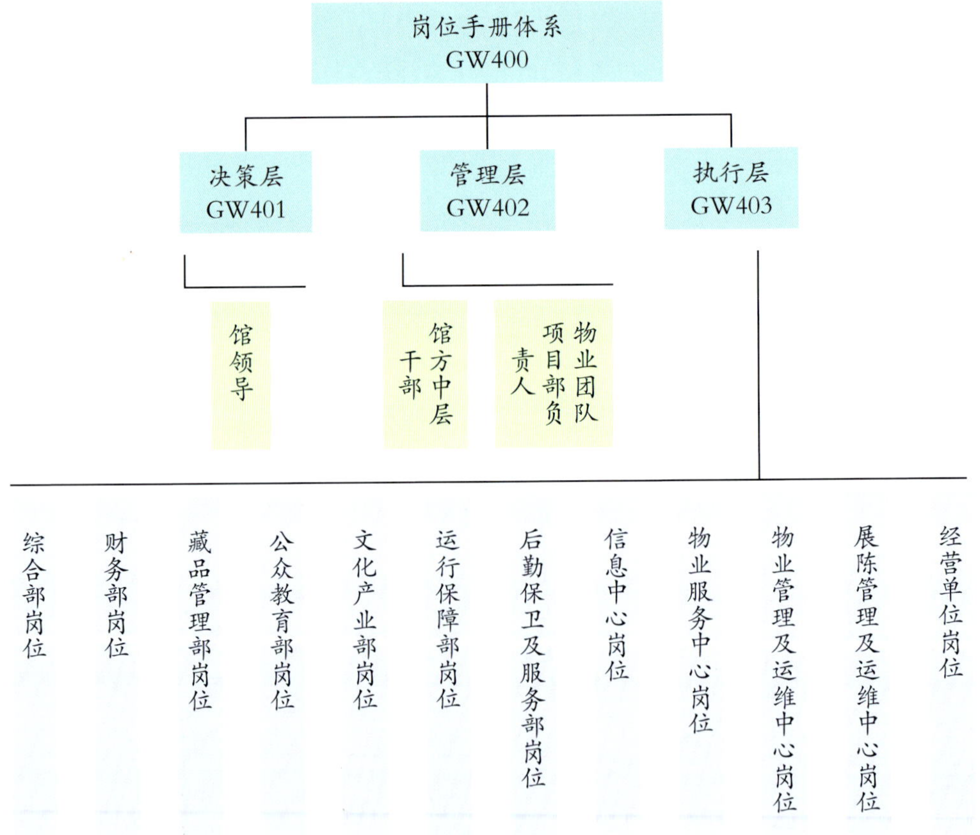

岗位手册体系图

一、岗位手册的功能作用

岗位手册是以书面形式对组织中各类岗位（职位）的工作性质、工作任务、责任、权限、工作内容和方法、工作环境和条件，以及本职务任职人资格条件所做的统一要求。一个名副其实的工作说明书必须包括该项工作区别于其他工作的信息，提供有关工作是什么，为什么做，怎样做以及在哪里做的清晰描述。

汽博馆岗位手册的功能是多方面的。对于岗位新手，岗位手册可以作为培训教材，通过对岗位手册的学习，使新手能够很快了解并熟悉岗位要求，尽快进入工作角色；对于在岗人员，岗位手册可以作为对照检查的标准，对照手册检查工作的不足和差距，不断提升工作能力；同时，对于绩效考核部门，岗位手册使岗位工作标准化、规范化、易掌握、易监督、易考核，因此成为对部门和员工进行绩效考核的有效依据。

二、岗位手册建立的依据

汽博馆的各项标准规范是单位建立岗位手册最重要的依据之一。单位在各项工作岗位上必须要严格按照理念系统的要求，约束每一个岗位的工作人员，使其表现出统一的企业精神、价值观、管理哲学和行为准则等。同时也要遵从精神理念的要求，将理念中对博物馆理念的定位与分析真正融进各岗位的工作之中。博物馆使命对单位来说是一种追求，一个目标，一项任务，但所有这些必然要转化为各岗位的分解目标和不同任务。只有将各岗位的任务全部得以确定和完成后，博物馆的使命才能真正地变成现实可及的追求。这也是落实在岗位手册中必须要有的内容。

三、岗位手册的编写思路

岗位手册，从结构上，依据《事业单位岗位设置管理试行办法》（国人部发〔2006〕70号）、《北京市人民政府办公厅关于印发〈北京市事业单位岗位设置管理实施意见〉的通知》（京政办发〔2007〕35号）、《北京市丰台区人民政府关于印发〈丰台区事业单位岗位设置管理实施办法〉的通知》（丰政办发〔2009〕15号）的相关规定，在管理岗、专技岗总量上按照3∶7比例，形成汽博馆的岗位架构。从内容上，通过工作分析，横向对比各岗位工作性质、技术复杂程度、在博物馆的工作特性，用规范的文件形式对最终结果进行书写，形成单位期望员工做些什么、规定员工应该做些什么、应该怎么做和在什么样的情况下履行职责的总汇；从形式上，注重文字简单明了，浅显易懂，内容具体，避免形式化、书面化。另外，在实际工作当中，随着汽博馆业务的不断扩大，岗位手册在制定之后，在一定的时间内，有必要给予一定程度的修正和补充，以便与供汽博馆的实际发展状况保持同步。具体编写思路如下。

（一）编写的参与者

岗位的直接承担者，岗位的直接管理者，人事部门的工作人员，与该岗位工作相关的部门或岗位人员参与分析和讨论。

（二）编写的内容

博物馆理念、使用范围、工作资格、工作职责、量化指标、考核依据、工作表单。

（三）编写方法

1. 组织架构和现有岗位的梳理

不同的单位，必然会有不同的现状，包括单位的组织架构和人员结构情况。搞清楚现状，并进行有效的分析，这是编写岗位手册的一个必要过程，也是编写取得成功的一个前提。

我们在编制过程中，结合了当时博物馆的组织架构，依据标准化体系建设的总体方针，将岗位层级分为“决策层→管理层→执行层”进行梳理，再根据现有岗位进行整合、优化，形成最终的岗位手册体系。

2. 岗位相关信息收集和分析

在这个环节，关键是信息量的收集一定要足够的全面，足够广。从操作上来说，岗位本身以及岗位的上级、下级甚至是其他部门的成员，都可以适度地吸纳参与进来。之所以要吸纳上下左右的人员都最好进来，是要避免原始材料出现关键点的缺失，避免分析出现盲点。一个工作任务的执行，从当事人来说也许这样操作是对的，但是如果站到其他部门或成员的角度，如此操作不一定正确，甚至可能会对整体带来负面的效应。所以，原始材料收集好后，一定不要过急，还应多分析材料信息是否已经充分，是否还有缺失的必要内容，进行认真工作分析和调查，了解每一个岗位的工作任务、工作目标、工作条件、上下级关系、对内对外的联系、任职资格等要素。

3. 工作分析

弄清楚岗位工作的最终职责目的，分析清楚岗位工作执行的流程环节及要点，进而得出管控简单的关键节点以及绩效考核的具体要点。同时，通过分析，理清楚可以优化和调整的地方，以便对岗位工作起到具体的指导意义。岗位分析的工作是人力资源部的事，也需要更多吸纳其他人员参与讨论，吸取意见，避免闭门造车。

4. 形成岗位说明书初稿

描述和说明一定要注意通俗易懂，简要明了，避免没有必要的专业术语，具有量化指标和可操作性。毕竟岗位说明书的最终目的是对岗位工作起到规范、指导的意义，不是学术化的摆设。

5. 单位和部门间的质询和讨论

参与范围要广，但是提前要注意分析哪些人参与进来是必要的，也是合理的，同时，在质询讨论过程中也需要注意分析相应人员提出的意见是否站在了合理的出发点上，还是仅只是站在方便自己的立场。

6. 形成岗位说明书定稿

最终定稿注意通俗易懂的同时要规范化，尽量避免必要内容或信息出现缺失，以便能有效起到单位规范文件的作用，避免文件不规范给单位的后续管理带来漏洞甚至是带来劳务方面的纠纷或麻烦。

（四）呈现形式

所有岗位手册的基本格式，全部采用统一标准，制成活页形式，便于携带、翻阅和更新。

就目前而言，汽博馆的岗位手册还相对简单，放在标准化体系中，将随着实际应用，使其内容更加丰富。

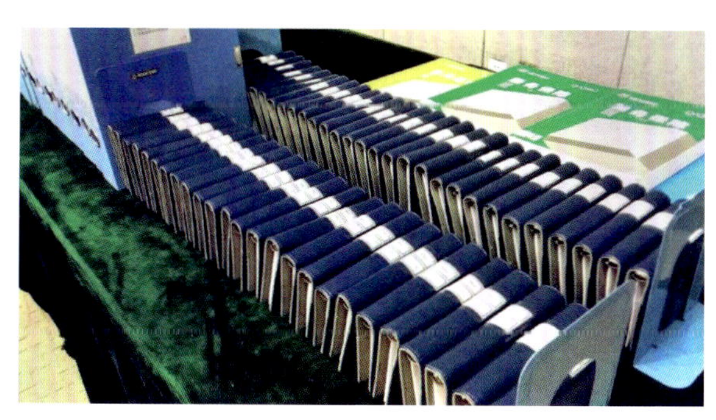

岗位手册

第三篇　访谈篇

访谈一

画出“红线”，规避风险
——标准化让博物馆财务工作更安心

被采访人：申瑾（北京汽车博物馆财务部部长）

弘博网（以下简称“弘”）：您先介绍一下您这个工作主要是负责哪个方面？

申谨（以下简称“申”）：我是北京汽车博物馆财务部部长。在我们馆，财务不仅仅是会计，给财务部的定位更多的是运营管理。我们需要利用资金流去促进整个馆的运营，所以我的工作就是带领我们部门为全馆运营提供预算保障、财务服务和绩效监督。

弘：经历第5年，对于标准化建设，您有什么特别深刻的感想或者体会吗？

申：我是从最初就参与到标准化小组的工作中了。5年间，我最大的体会就是——标准化是个好东西。

因为最开始标准化是自上而下的去编撰、去推行、去贯彻，这件事作为一把手工程来启动的，而现在是普通员工由下而上的，主动要求去贯彻标准化。因为一开始标准化是让从基层员工到高层管理基于每个人的切实工作出发进行总结和执行，下面对于初始阶段的工作量增加还有一定的不理解情绪，这是肯定的。但是执行过程中大家发现这其实对每个人来说是个好事。为什么说是个好事呢？因为有了标准化，我可以不用事事都去找领导了，不用什么事情都要再问一遍为什么、怎么办。因为很多事情在标准化体系中都明确规范了，那么什么人、什么岗位，在什么时间做什么事儿也就很清楚了，从而提高了工作效率，降低了工作强度。所以就在贯彻执行的过程中，形成了自下而上主动去贯彻落实的习惯。这是我这几年感受最深的。

弘：标准化对您的财务工作有什么改变吗？

申：其实从最一开始我就认为，财务是最应该执行标准化的一个部门。从2013年，我国开始全面要求从严治党、依法治国，在这样的大环境中，对资金尤其是财政性资金的管理和国家事业单位的运营规范逐步变得更加严格。这样的规范要求体现在财务方面就是进行标准化。这样就可以更清晰地知道哪些是规定动作，必须要执行；哪些是红线，是不能触犯的。那么自然而然地，就可以把一个复杂的空泛的管理理念变成一种可操作的具体行为。尤其对普通职工而言，拿着这个规范，就知道工作应该怎么去做，做到哪一步的时候应该去找谁，下一步应该怎么办。当然，他们同样也很清楚哪些事是不能做的。

现在有很多情况是，出了事情来追责的时候，都来反映当时不知道应该怎么办，也不知道这么办是不对的。其实如果执行标准化可能就不会造成这样的后果。如果整体贯彻了标准化，那么每个人都会知道，下一步可能不只是财务范畴内的事情了，而是涉及一个整体工作管理的内容。我认为这可能是财务最应该执行标准化的理由之一。

从我们部门和财务管理本身的角度出发，也希望通过标准化，给财务管理提出一个可操作性比较强的工作手段。因为之前我们需要不断地给大家灌输、提出要求，不断返工，因为基层的工作人员往往不知道每一件事情需要什么样的程序。但现在自然而然大家都知道了，这都是标准化、规范化的东西，所以我们的工作量能随之减少，工作效率就可以显著提升，工作水平也在不断提高。

弘：过去报销需要经过许多流程，单据需要一遍一遍审批，非常麻烦、那么从这方面来说，是怎样做到的标准化呢？

申：这其实是一个非常典型的案例，以前在没有执行标准化的时候，或者是我以前在其他单位做财务的时候，报销这件事可以说怨声载道，流程反复特别麻烦。现在在执行标准化之后，普通员工拿出材料，我们根据事项去查标准，准备齐全就可以了。因为不断地贯彻标准之后，每个人都可以按照自己所需的规范去做，这样就可以避免一遍一遍地返回重做，自然就可以提高效率，避免无用功。这就是标准化一个非常实用的方面。

弘：那现在的差旅或者报销最快或者说基本是一个什么样的处理周期呢？

申：一般快的话可能一天就能完成。因为标准和流程已经规定好了，那么经办人根据标准就很明白下一步如何做；而上层领导也首先要确定事项是否符合标准，才能最终签字。这就是所谓的“有问题，找标准”，能够有效减少大家沟通的成本。

不仅如此，当标准化成为全馆的工作规范，就形成了一个能够对整体进行把控的空间，而不仅仅是体现在报销这一个方面。规定动作之后，每个人都知道自己该怎么做了，就形成了全馆性的标准化理念。因为财务需要对馆内各方面的业务都有所涉猎，通过查询标准，就可以知道这些业务的执行规范大概是一个什么情况，下一步该怎么办。

我馆一直坚持财务和业务是不能分离的，如果财务和业务被割裂开来，那么在工作执行的过程中很容易发生纠纷。只有将财务和业务结合为一体，执行同样的标准，才能够实现项目化的管理，对大家都能有统一的处理。在这个统一的标准下，业务部门要明确钱能不能用，而财务部门要清楚经费是怎么使用的。这样就能实现简化审核环节，提高工作效率。

弘：您刚才提到了财务部门是对全馆工作进行项目化管理，那么财务工作是怎么和馆内项目组对接的呢？可以请您简单介绍一下吗？

申：其实最早在我们馆进行工程建设的时候有一句话叫“一切管理皆项目”，就是说，一切的业务都可以以项目化的这种方式去运营，由此演变过来的一种理念，就是项目化管理。

在我们财务内部，有三个基本要求，包括内控制度化、管理项目化、操作规范化。其中，项目化是指，把所有的事项都作为一种项目，以包装的形式让每个人都参与到项目中来，而不是将财务、业务、人事等要素分割开来。只要项目化，它一定是一个结合的整体的部分。财务会按照财务管理“六位一体”的闭合管理模式来参与到项目中来，就是每个项目都要从预算、采购、合同、资产、支付、内控六个环节逐步推进，通过步步促进、环环稽核来实现整体运作。具体到具体业务，财务会设置专人全程跟进项目，监督和负责项目中涉及的财务和服务保障的问题，随时了解项目进展，主动解决和提醒项目实施过程中出现和可能出现的问题。这就是项目化的优势之一吧。

弘：在标准化建设过程中，有没有您印象比较深刻的事情，比如写标准？

申：说到写标准，我想大家可能会有一个比较普遍的印象和感觉。标准化最开始是自上而下的，每个人每天都要花费大量的时间去总结这些标准，当时大家没有看到今天执行的效果和好处，而且这样的编写工作无疑增加了员工的工作量，所以会有部分一线员工当时是不理解的。

当然这样的成果编写出来一定是有价值的，在标准化执行后，首先减少了大量的无用功和重复的工作量。当员工体会到了这些好处之后，自然就能够接受并主动执行了。但是一开始不是所有人都能理解的。

所以从一开始我们要强调贯彻标准化必须是“一把手工程”，必须是自上而下的，从高层就要重视，不断地灌输，直到基层的员工体会到由此带来的好处和其中的规范、规律，标准化的理念深入人心，每个人都会自觉主动地贯彻执行，每个人的行为都是标准的，才能够形成整体的规范。

以前有新人进馆时，难免会对上下级的工作和业务不够了解，需要适应很长一段时间才能接上工作。但是现在，他可以通过对标准化的学习加深对岗位的理解，按照岗位手册的标准步骤去做，就可以减少适应的时间，避免了因为人事的原因导致工作的瘫痪和整体环节的缺失。这也是标准化显而易见的好处。

给我印象最深的还是我们能够形成这种一贯性的标准体系。有一些馆会在开馆之初火一两年，然后渐渐开始走下坡路。之所以出现这种状况就是因为它有很多东西无法延续，不能一以贯之地执行，等热度消退就开始逐步形成向下的趋势了。但是当标准化开始实行之后，它会越来越适应发展的理念和需求，一以贯之坚持落实，就会逐步形成向上的发展趋势，不会因为人员和岗位的变动而对整体的工作效果产生大的影响。

弘：如果别的馆需要开展标准化的建设，从您工作角度来说，有什么建议吗？

申：第一，从思想上必须要认可它，才能去执行。如果本体不能认可标准化，只是为了贯彻而贯彻，那它的效果不一定好。一定要充分了解并认可它，自上而下都能够接受，才能够很好地执行。

第二，标准化一定与实际工作相结合，根据每个馆的实际情况来制定。北京汽车博物馆从一开始就让基层员工参与到标准化制定的工作中来，他们提出了很多基于自己工作岗位上的理解，和上级领导不断沟通，才形成了我们现在这种标准化。如果要建设标准化，首先不能照搬照抄，其次不能另起炉灶。一定要结合自身情况，理论联系实际。

第三，要不定期进行更新。没有一劳永逸的标准化，在实施的过程中需要根据实际情况的变化、国家政策的调整、新问题新情况的产生等对标准进行调整，保持它的灵活性。标准化不是死板的制度，而是可以不断根据自己的工作的要求和新的工作特点去进行补充和更新的，它是一个动态的发展过程，这是它的优势之一。

访谈二

标准化不是教条主义
——服务标准化建设助力博物馆运行保障工作

被采访人：王亮（北京汽车博物馆运行保障部部长）

弘博网（以下简称“弘”）：运行保障部具体都负责汽车博物馆（以下简称“汽博馆”）哪方面的工作？

王亮（以下简称“王”）：运行保障部主要负责的是场馆基础设备设施的运行维护，通俗来说也就是水、电、风、气、热等设备设施以及能源使用的管理工作。当然也涉及一些相关工作，比如建筑本体的修缮以及运维、相关零配件的采购等方面，这些工作其实为整个场馆运营搭设了一个基础平台，为场馆的安全稳定运营提供有力的后台硬件保障。

弘：您所在的部门是如何参与标准化建设的？

王：从2012年标准化工作启动，运行保障部就已经开始参与其中了。当然，并不是每个岗位每个员工一上来就开始编写标准，因为我们遇到了一系列的问题——我们要怎么规划编写标准化？是以本部门工作的角度出发提出标准？还是站在场馆的角度统一把每个事项提出来？如果从部门的角度来编写，部门以后调整了、取消了或者合并了，它的职责、工作内容、执行监管等等问题该怎么办？

所以，我们首先着手的是标准化编写思路的统一。经过反复讨论后决定标准化的建设是按照所有工作事项来列，这样的好处是不管以后这些部门架构怎么变，大家的工作事项是不变的。在列事项的过程中，也不能仅局限于每个岗位的工作，还包括涉及那些需要和其他人进行合作与对接的工作，以此来做到标准化的全覆盖。

统一思想后，大家首先把各自工作中涉及的事儿都“捞”出来，先不去考虑这些事儿到底归谁管由谁做，而是全覆盖地把所有与工作相关的事项都梳理出来，然后再说怎么办由谁办，我们从统一思想到统一事项，再到统一相关的内容，最后到相关程序的执行方，这么一步一步下来，解决了我们要干什么，干的内容是什么，怎么干，由谁干，等等，这一系列的问题。

弘：标准化建设中有没有遇到过什么困难？

王：困难肯定有。毫不避讳地说，最初在没有充分认知标准化这项工作意义的时候，大家都是特别不理解，一方面认为标准化是给自己箍了紧箍咒；另一方面觉得有一些制度设想无法实现，最后变成制度归制度，执行归执行，制度与执行两张皮，写了也是白写。其实这也是我们刚开始做标准化这项工作时特别忌讳的一点。我们不是为做标准化而做标准化，我们是为了让标准化能够深入到工作当中去，让它能够在现实中指导工作，使各项工作按照标准化的要求有序进行。

所以，我们在制定标准的时候就要求大家“写我所做、做我所写”，这就增强了标准的可执行性。但即便是这样，我们还是出现过执行不下去的标准。就拿“定时定点巡检”这个标准来说，如果要求我们必须在9点钟去进行巡检，那么在执行的过程中就出问题了：比如在这个时间我需要处理一些紧急或突发事情，那么我就无法进行这个时间点的巡检。所以我们就把这个标准的巡检时间点调整为可以满足相关运营要求的巡检时间段（两个小时内），因为这两个小时之内发生的问题都是可以解决的，不会影响开放运营工作。所以依据这个规定只要在两个小时内去执行，那就是符合制度的。如此就把既可以满足设备设施安全稳定运行目标，又可以执行落实的巡检标准制定出来了。

另外，制定标准也要考虑到一些特殊情况，比如国家法令的更新、地方标准的调整、行业要求的变化以及一些根据场馆自身运营总结的特点，我们需要把这些可变因素适当地考虑进去，全面综合地去制定标准。比如我们今年最新加入的PM2.5治理规范，其中就有根据国家公布空气质量的相应级别启用对应的治理措施，不能说今天风和日丽、晴空万里，空气质量优，我们还按照PM 2.5的标准去操作运行设备，这样从节能环保、人力成本的角度就不合理了。标准化不是教条主义，不能为了标准，而忽略实际情况。

弘：标准化建设为整个运行保障工作带来怎样的改善，对整个运营有没有很大的提升呢？

王：改善与提升确实挺大的，由于我们属于技术部门，工作主要反映在场馆设备设施管理上。保证设备设施的安全、稳定、节能、环保，这就是我们的设备设施运行管理目标，所有的工作都必须得围绕这个目标来进行，在保证这个前提下再说怎么安排人员。以前设备管理可能更多的是靠人，也就是人治，管理人去不去检查、尽不尽心对整个管理的影响太大。人治就会出现个别员工在管理人员不进行检查的时候，可能就不去巡检设备。但现在有了制度标准，对运行的员工或者维修的员工都有相关的执行要求，同时对管理层多长时间要去检查一遍也有相应的管理要求。比如员工每天2个小时去一次，也就是一天巡视12次，不管是哪个专业的值守人员都要保证所负责的设备机房每天都按要求去巡检12次，而领班一天必须去一次，主管级一个星期必须去一次，项目经理一个月必须去一次，这就是每个层级的检查要求。员工不能说想去就去看看，不想去了就不去了。没有规矩不成方圆，有了制度标准就要有执行和检查。

从人治改为法治，有了依据和标准，如果说有人在工作中犯了错误，我们是拿相关标准来进行考量的，不是谁要求你怎么样，而是制定的标准如何要求的，这是大家共同制定的，是需要大家严格按照标准遵守和执行的。

弘：在这个执行过程中，如何实现员工的巡检到位，另外员工检查是一天12次，领班检查是一天一次，领班怎么确认值守人员每2小时去了一次？

王：巡检是否到位，这个是通过签字也就是标准化里说的留痕来体现。我们制定的相关标准里，要求表格都是放在固定的位置，而不是让员工拿着表格去巡检。这样避免员工拿着表格巡检，有些地方没去也能把字签了。比如机房的巡检，表格都是在机房最里边挂着，这样避免了相关人员开门到门口，机房内设备运行状态都没检查就扭身签字出来了。因为签字表格在机房最里面，这就要求员工必须走到里边，在这个员工走进机房最里面签字的过程中，不管是主动或是被动，员工都会对非正常状态的设备感到异常、看到异样、听到异响、闻到异味，也就实现了巡检发现问题的目的。之后领班在检查中同样要去里边签字，就实现了一次对设备及巡检人员检查是否到位的复检。通过这种机制进行考核，一级一级地进行监管。如果我们检查的时候没有看到相关人员的签字，那么说明今天这个人没有完成相关巡检或检查工作。

弘：根据您说的这个事情，比如说领班每天去的时间是固定的吗？

王：不固定，我们的标准是每天检查一次，但是领班什么时候去，他可以根据自己的岗位工作情况，或者设备运行规律以及人员值守特点来决定，领班可以早上开机的时间去检查值守人员是否将设备正常开启，设备是否运行正常。也可以中午去，因为有的值守人员中午犯困，没有去检查设备，没有抄录数据，你这会儿可以去检查值守人员的工作状态。以这种方式来达到真真正正地对设备运行状态以及值守人员的监督管理，实现从不同制度的灵活性上来保证运行设备与值守人员的正常工作运转。当然，每个岗位的工作也是有他的上级进行对应监管，也就是所谓层层监督，层层落实责任。

弘：标准除了对员工进行监督与考核外还有什么作用？

王：标准在执行的同时，除了对工作内容进行监管，其实是把工作内容、事项、责任划分得更加清晰。以广场大屏幕的播放为例，当播放内容需要更改的时候，标准里规定需要有播放变更单。这个变更单对我们来说就很重要了，我们就要留存它，同时相关的签批和电子文件也要保留。比如其他部门的同事给我发一个视频，需要将视频播放到大屏幕上去，这个视频播放的审核是有流程的，相关的签批手续就要进行存档，也就是说这个视频播放工作是可追溯的。如果视频播放出了问题，谁制作的，谁审核的，谁播放的，根据存档的单据一目了然。

工作中的每项工作一定有主责单位、有主责人、有经手人，不同的人负不同层面的责任，所以一张单子可能有不同岗位人员签字，目的就是让不同的岗位把不同事项的关。签字不是随随便便的，签字人要对签的字履行岗位职责。

正是基于责任的划分，大家可能在开始制定标准的时候会有签批程序上的讨论，但是标准一旦通过大家的认可制定出来，执行的时候大家就比较清晰了，因为权责划分很明确，该哪个岗位去判断，就哪个岗位判断，该你职责范围内审批事项签字的时候，你就要对这件事情负责。

弘：如果视频播放出现了问题，它的责任也是清晰的？

王：对，如果在播放的时候出问题了，比如应该播放视频1，而我播放了视频2，这就是播放岗位的责任。因为你在把视频文件给我的时候，我们会按照播放变更单进行确认，确认交付的视频文件与签批的视频名称是否相对应，视频内容是否无误等相关内容。

为什么用广场大屏幕打比方呢？近年来，在各地的大屏幕对外发布视频信息的时候都出现过一些问题，在社会上造成了不良的影响，这就引起了我们的高度重视。分析这些播放问题产生的原因，均是由于单人操作播放而无另外人员监管造成的。那么我们在播放环节就要避免单人就能操作所有流程，从机器的开机密码到机柜的双锁开启，都需要领班和操作人各一把钥匙，想变更播放就要两个人在场才可实行。这就严格控制了由于单一人员操作会出现的问题。操作人是操作播放程序，领班作为监督人就是监督执行过程，操作人在操作过程当中，监督人监督他是否点击的是要求的视频1文件，而不是视频2，待双方都确认无误后再进行播出，继而显示到大屏幕上。可能从内部管控到外部播放这一个程序让大家觉得很烦琐，但是这可以保证播放出去的文件是正常无误的。

基于这种情况，我觉得标准化是一个很好的东西，让大家都有矩可循，有标准可查，有痕迹追溯。

弘：有了标准的约束，虽然工作的时候可能觉得麻烦点，但是保证不会出现大麻烦，我这么理解可以吧？

王：可以这么说，但是不完全，因为麻烦是初期制定标准时出现的，通过后期优化工作流程，合并管理事项，修订后的标准在保证审批事项全覆盖的情况下会越来越简化。不仅可以少出错、不出错，很多情况下还降低了沟通成本。比如说一个临展的布置，原来需要主办方、承办方、施工方、对接部门、监管部门、审批部门多个单位来交流很多事项；现在以标准化的管理，用一套申报表格单据，相关单位就知道该如何申报了。只要按照申报表格单据的要求，把相关的资质文件、授权证明、施工搭建方案、平面布置图、现场效果图等材料以及相关的配电要求都填好再交给审批部门，就可以避免以前那种拿一大堆不是完全对应的申报材料来，结果一会儿这个不对，那个没有，来回提交的烦琐现象。大家按照申报要求来执行，工作效率会提高很多。

弘：标准也会进行修订更新吗？

王：我们的标准如果没有特殊情况基本上一年一修订。因为汽博馆的设备设施也要更新换代，不能说标准制定完了就不变了。比如汽博馆现在使用的直燃机组，明年可能改造成螺杆机组了，那我们肯定不会还用直燃机组的相关标准。所以说在设备更替、增减、调整、优化整个过程当中，标准肯定也要跟着变，标准的修订是动态的，要根据管理事项的调整而不断优化调整。

另外，还要考虑到国家相关政策乃至各个层面的要求变化。我们这些设备的运行标准首先是要遵照国家、地方、行业的标准，比如国家对特种设备的标准进行了修订，变化以后，我们也要及时调整。这就要求我们在日常工作中关注国家相关法律法规和政策的发布，及时将工作涉及的变化法规记录下来，为下一次我们标准的修订调整做好规划和调整准备。

弘：据了解，运行保障部也和第三方服务机构开展了合作，那么他们如何参与到标准化建设与实施的过程中呢?

王：我们当时在制定标准的时候，运行保障部是场馆设备设施运行管理主责部门与执行监管部门，但真正的执行大多还是要落到第三方去完成。在执行过程当中，我们要充分跟第三方进行沟通，不是我们制定完了标准就让第三方去做，如果无法执行，那么这个标准制定的就没有意义。所以，在跟第三方沟通过程中，我们也是希望大家共同讨论工作应该怎么去做才能够做好，标准如何去制定才能够达到安全、稳定、节能、环保的设备设施运行管理目标。

比如制定巡检标准时让值班人员一个小时巡检一次，一天巡检24次，也可以要求半个小时检查一次，一天巡检48次，因为巡检频次增加会提高发现设备故障和安全隐患的概率。但在现实工作中并不能完全这么做，既要考虑设备自身的运行规律，也要考虑人员工作强度。有些机组晚上都停机关闭了，是否需要人员去巡视，这就要根据设备的工作性质、需要的监控程度、要求的设备状态、人员的劳务情况来统筹考虑。

在标准制定的过程当中，我们与第三方依据设备设施管理目标和要求要及时沟通，积极对接需要实施的工作内容和执行的可行性，制定基于安全、可靠、可行的工作标准。如果排除人为因素还存在无法执行的标准，我们就需要对这个标准进行修订。如果这个标准制定的合理合规，因为人为因素而无法执行，那需要第三方调整人员，调整后按照原标准执行。

弘：在跟第三方的沟通过程中有没有一些分歧啊?毕竟他们不是馆方，只是基于一个协议，或者说这种方式有没有存在一些问题，他们会不会认为你们要求太苛刻?

王：肯定有。以前，物业招标是一次招为期两年的服务标，可我们的标准基本上是一年就修订一次，当标准进行相关修订后，有些标准就需要物业公司的人员来执行，可在之前的招标服务需求里却没有这方面的岗位设置。馆方现在提出修订标准后的岗位需求，物业公司会由于当初没有相关岗位需求而为难，那么就需要馆方和物业公司去进行沟通。一是在保证现有标准的执行下优化人员结构，调整人员岗位，以满足标准修订带来的岗位调整。二是达成共识，因为标准制定中每家物业公司都是参与方之一，标准从制定到执行对提升物业公司的服务品质，拓宽经营发展思路，强化行业竞争实力，推动项目拓展速度也都有着积极作用。作为同行业中大型场馆物业服务公司中的标准化示范引领合作单位，物业公司会在这个领域扩大本身的知名度和影响力。基于这些因素物业公司也会愿意为标准化的修订而进行人员的调整和补充。这样大家就达成了一种共识，也实现了共赢，也只有这样的充分沟通才能让标准化这项工作更好地运转下去。

弘：我这边设想一个极端的情况，如果咱们换了物业公司，这个标准还能正常地照现在这么执行吗?

王：这是一定没有问题的。当标准制定出来以后，就要按照这个标准进行执行。大家都是根据标准化的内容去做工作，而不是基于人的要求去做工作，有这个作为一个规矩，那么大家执行起来就没有那么多的偏差，都是按照标准去执行。如果要换一家物业公司，首先在招标的时候，我们就会在招标书中明确提出，物业公司必须得遵从汽博馆的标准化工作流程进行服务。因为它经过了长时间的验证，证实了它的合理性、可行性，它是合乎汽车博物馆运行要求的。截至目前，汽博馆所获得的荣誉和产生的影响力都是跟标准化的实施有着很大关系的。所以，基于这个原因我们说这个标准是适用的。参与投标的物业公司首先就是遵循汽博馆的标准化工作，如果不认可这个标准化工作，也就是无法响应招标要求，这家投标的物业公司是不可能中标的。

弘：最后一个问题，从您个人角度来看标准化为您的工作带来了哪些改变，与此前相比又有怎样的改观?

王：还是举个例子吧！从我个人角度来说，以前说到接待，可能出现在我眼前的一幕是大家一块跑，各自打电话联系，布置分管工作，检查准备情况等等画面，效率不高还容易出错。现在你只需要按照标准化接待程序填写接待单、空间使用单、设备需求单，按照程序通过审批就可以执行了。执行中不同岗位的人员会按照不同接待等级要求各司其职，会很顺利就可以完成相关接待工作。这样工作效率得到了提升，还不容易出错，也避免了人员间和部门间由于权责不明确而产生的推诿扯皮现象。

我认为标准化实行以后，沟通更加顺畅了，岗位职责更加明确了，工作效率更高了，从“有问题找领导”转变为“有问题找标准”。还有一个事情就是在标准化工作的实施过程中，运行保障部在2015年荣获了“北京市模范集体”称号，这与单位重视标准化工作也是密不可分的。

访谈三

用标准消除管理隐患
——标准化建设中的博物馆安全

被采访人：孔祥忠（北京汽车博物馆后勤保卫及服务部部长）

弘博网（以下简称“弘”）：您现在主要负责哪方面的工作？

孔祥忠（以下简称“孔”）：我现在负责后勤保卫和服务部的工作，部门工作主要包括安全、服务、环境、后勤等工作的管理，安全方面包括治安、消防、交通以及安全生产统筹安全，还有一线的秩序维护、藏品看护等工作。服务方面包括公共服务、环境氛围、后勤等工作，服务更多的是由物业来保障完成的。

弘：在标准化创建前后有什么不一样的地方，对工作有什么改善？

孔：没创建标准化之前，安全工作是按照既有模式建立的安全制度，包括消防制度、治安制度，还有其他方面的安全制度进行管理。原有制度建立出来了，大家知道要做成什么样，但是不知道怎么做。创建标准化之后，更多的是在管理和执行方面的改变，注重过程管理，把“管”做得更实、更清了，人们在安全事项执行中知道怎么去做，做成什么样是符合标准的，标准化的作用是在这些方面去转变，告诉大家做的过程，在过程中就有了管理，然后推动质量。

弘：从您的实际工作出发，可以举个例子吗？

孔：比如现在我们的安全会议和检查，是有时间节点的，有定期召开的，还有分级的，这些在标准化里面都有规定，规定了安全生产小组什么时候要开会，什么时间要检查，以及各分管的副馆长什么时间要去检查，各部门什么时间要去检查，检查的标准是什么，等等。各部门都有各部门的检查标准，这个检查标准不是一张检查表，而是把检查的内容、时间、方式、检查结果等，都规定到了检查标准里面。同时，根据每个部门的工作特性、分管的区域和管理事项、特别的制定不同部门的检查内容。所以说各个部门再去对照它的安全管理，就有标准可依了。拿着检查表知道要检查什么，不光是安全员知道，部门部长也知道要管理和检查到什么范围、什么内容，也包括任何员工，它都可以做到指引。在这个基础上，部门的考核也是纳入到标准的。所以说，通过这种安全标准化的落实，整个业务部门对安全工作加强了理解，对安全工作的支持和执行有了很大的改变。

弘：在标准化建设、执行过程中，员工会不会抵触，或是遇到了怎样的困难？

孔：会抵触。在没做标准化之前，大家会认为安全问题都应该由安全部门负责，和自身没有关系。但实际上安全工作是比较综合性的，或者说“安全工作，人人有责”。员工做某一件事的时候，往往只考虑自身本职工作的完成，相应承担的安全工作是什么，要做的安全事项是什么，经常忽略。在这样的情况下，一旦出现安全问题，是不受控的。通过安全的标准化可以把这种综合性的管理纳入每个部门的业务里，确保了在本职工作完成的同时，对安全工作达成预控、预处置、预检查。

比如没有标准化的时候，责任的划分就容易出现混淆。如果在干某件事的时候，不顾及安全的话，出了安全问题，就会责任不清。其实安全部门的职责就是做好整个安全工作的统筹和监管，帮助你发现在工作过程中有哪些隐患和问题，然后帮助你及时整改，为大家梳理好并建立好程序和标准。

弘：执行标准化之后，对您个人来说有怎样的提升？

孔：对于我个人来说，工作的思路和管理的方向、目标以及日后的提升，整体来说更加明确了。通过标准化工作的开展，把工作的基础打牢了，同时让我们更清晰地看到工作在哪一方面存在问题，然后针对问题进行持续的改进。通过改进，又可以看到日后的工作要在哪一方面去提升和加强，使我对日后部门工作的管理更具有方向性。

实现标准化之后，很多事项相关部门可以依照标准解决，从日常的一些烦琐的工作中解放出来，减少了工作的重复。对于管理者来说，工作管理考虑的事项也不一样了，可以考虑更多工作的另外一面。各项事情的运行和管理工作，其实主要依靠的是机制。标准化就是机制，工作质量跟机制的好与坏密不可分，好的机制能够为工作带来良性的循环，有问题找标准，在执行层面是最简单有效的，大家都按照标准去做，就不会有问题。工作的方向转为如何去提升管理，这也是对标准的一种持续改进。

弘：第三方服务机构是如何参与到标准化建设的?

孔：在观众的整个参观流线上，服务第三方更多的是出于服务的角度。我们服务的岗位，更多是由物业来承担的，包含了各类服务事项。这些在标准化中全部归纳在服务提供中。物业在标准化里执行更多的是服务提供这块内容。结合运行的特性，在标准化中我们把物业纳为一体，毕竟服务岗位是由他们承担的，由物业去把他们服务环节梳理清楚，制定好服务标准。因为，面对观众，是他们离观众最近，是他们在为观众提供“一手”的服务，所以由他们写的东西更加真实，更加准确。所以在整个标准化的制定的过程中物业参与制订了系列服务提供的标准。

弘：安全工作有没有第三方服务机构介入呢?

孔：有第三方。安全执行方面第三方提供的服务比如停车服务，在观众来馆之后，给观众提供停车服务。停车服务也在服务提供标准中。比如像停车指引、停车收费，这些都是在给观众提供停车服务过程中的一些工作事项，都建立了相应的服务标准。在其他安全方面，比如消防和治安是由物业来服务保障的，要执行汽博馆的服务保障的标准。在保障中，不管哪个第三方服务都要执行博物馆制定的相关安全标准规范，同时，在执行过程中每个岗位都建立了岗位手册。岗位手册结合运行和服务对本岗位执行的标准进行了详细制定。

弘：那汽博馆方面如何对停车服务进行考核?

孔：首先从服务这个角度，标准化，对每岗位的工作有相对它的质检。从汽博馆的管理部门来说，每月都有工作考核，然后每月对服务工作整体进行质检，日常也有专门岗位来对服务岗位工作进行管理检查。

弘：相较于运行保障部门的设备检查，那么服务检查有没有什么共同点?

孔：服务检查主要是针对人，其次是人在岗位上要执行的服务事项。首先上岗有标准，之后再检查岗位环境、岗位设施是否标准。比如治安反恐这个岗位应该有盾牌，那这个岗位是不是有。之后检查岗位环境，就是岗位所使用的一些工具是否达到了上岗的标准，实际上跟检查设备是异曲同工的，只不过那个面对的是设备，这边面对的是活生生的人和他服务的事项。服务完成后，需要登记的表单，是否有表单，表单是否标准化，表单登记的是否工整，这些都是服务检查包含的事项。

针对服务岗位的检查表单是这个岗位所执行的工作表单，在检查的过程中可能要去检查有什么业务，什么服务，表单填写是否清楚等，存档是否有缺页，这都是在检查过程中需要去查看的。其他的像设备检查一样，在检查执行中有它的检查表单。比如安全中的消防检查，每两小时定时巡检，按照巡更的路线、检查的路线，每个点都会有表单需要登记，有电子的和手工的，保证手工和电子匹配，也是对工作标准执行的检查。

物业也会承担一些保障性的检查工作，并使用标准化表单，比如每日的开闭馆检查、治安检查、消防检查，这些也是服务标准化的体现。其实运行保障对设备的检查，跟安全状况的检查是一样的，只是检查内容的不同，但都要执行标准检查。

弘：标准化建设过程中您有什么印象深刻的事？

孔：印象比较深的是梳理管理事项的整体过程。工作量很大，而且梳理管理事项确实是建设好标准化的重中之重，就像摸家底一样，如果对自己的家都不清楚，去做标准化，做出来的结果也只是“两层皮”。

所以，标准化关键还是在于梳理工作事项，这个过程确实是非常重要的，要认真仔细。当时我们在梳理的过程中，一是要结合我们原有的制度，二是要参考国家的法律法规。因为可能国家法律法规规定的某些事项，在实际执行过程中并没有涵盖；还有一部分就是你已经在做的一些工作，事项全不全，还要考虑哪些工作事项是日后要开展的。这些都要去考虑，从纵向、从横向都要去考虑。其他领域针对一件事情出一个规范就可以了，但安全不一样，安全对应的是管理事项，要站在博物馆的层面来考虑的。博物馆安全是最基本的标准，就跟“法”一样的，有了这个标准，大家才能去遵守。我们当时就把这些问题结合专家的意见，梳理成纵向事项，就像刚才说的，从安全角度看我们的目标是什么，我们全馆的安全职责主要包括哪些，比如检查、隐患治理、会议、考核、奖惩、应急方面，等等，是主要围绕点。

除此之外，增加专项的安全工作需要考虑得更多，也是需要大家共同遵守的。比如消防跟大家都有关系，消防里又包含了很多的事项，消防检查、消防培训、消防器材等等，不能把每个事项单独去建立规范，只能建成一个大的消防管理规范。这个消防管理规范是需要各个部门都要去执行的，就跟咱们国家的消防法是一样的道理。

除了消防之外，可能我们还有治安、藏品、作业、信息，反恐等等，也要结合每一个部门，都是要大家去遵守的。这些都是横向的一些管理，也都是大家要去遵守、去执行的。所以当时我们的定位就是建立了安全管理通则，也就是基本安全的依据规范。

所以说梳理这些确实印象非常深，每一个都要站在整个馆的层面，还要站在各个部门遵守的层面，还有站在全体参与的部门业务执行层面，这几个层面加在一起，去梳理每一部分的工作，里面就包含了很多事项。看安全这块框架图，安全应急管理规范可能就十几个，但是你每个里边涉及的事项很多，覆盖面又很广，所以说梳理这些事项确实给人印象很深。

当然这是必须要去做的，因为这是安全工作的家底。作为博物馆，既是对外开放的公益性场所，又属于人员密集场所，不把这些问题梳理清楚了，日后在工作整个运行过程中就会有管理隐患存在。再说一说隐患，有人为的隐患，有相关的安全隐患，实际上里面还有管理隐患。如果说你没有想到哪块事情，没有建立好的机制，没有去执行的话，那就是管理隐患，就是管理缺位，从这个角度说，梳理家底确实很重要。

弘：前面谈到的是博物馆的安全管理，那么对观众安全有没有什么标准?

孔：安全有专门的服务安全，服务安全就面对观众。整个参观的流线过程中，观众的安全谁来防控，谁来负责?虽说参观简单，但实际上是有观众的参与。于是我们专门设置了服务安全标准，里边包括观众安全与应急的事项。

一旦发生突发事件，如何去应对。这也在考量一个单位在应急这块是否有良好的机制，所以当时我们建立标准的时候叫安全与应急，安全管理是一方面，应急管理是一方面。我们博物馆应急分为几级，这些都在《应急管理通则》里进行了规范。除此之外，我们还做了相应的预案，按照国家法律的要求：一个单位必须要建立相关预案，比如火灾、防汛、地震、食品、反恐等一共八类大的预案。

剩下的更多的是所有观众在参观的过程中，发生了一些可能算不上安全事件，但又属于安全范畴的事情，比如观众之间有矛盾、打架，比如观众物品丢了，这些只能算为一般性突发事件，我们把这些事件全部梳理清楚了，进行归类综合之后统一建立观众突发事件处置办法。这个办法很简单，就是在发生突发事件时，现场工作人员清楚应该怎么做，这样就对参观中的突发事件第一时间进行控制，基本上都能得到快速有效处置。

弘：从您的角度，对别的馆的安全管理有什么建设性的意见?

孔：我认为汽博馆在管理的过程中，确实把安全从事中处置和事后处置挪到了事前。我觉得其他馆在创建标准化中，在这方面也要结合标准化来提升和完善管理工作。其实管理如果不到位，也是隐患，机制没建立，也是隐患，都可能会导致日后连锁反应。如果在管理中把这些全都想到了，那事情就绝对不会发生，因为已经有机制来去处置它了。做提前的处置和管理，梳理好管理事项，结合标准化落实执行，这就是我的建议。一些方式方法，我认为相对的也可以借鉴，不一定说我们馆这个方法就好，但可以参考，要找到适合自己的管理方法。

访谈四

快乐服务由心而生
——标准化怎样提升博物馆服务质量

被采访人：廖胜军（北京汽车博物馆分管物业服务的负责人）

弘博网（以下简称“弘”）：您先简单介绍一下你那个工作所涉及这个方面负责的部门。

廖胜军（以下简称“廖”）：我所在的工作部门叫做后勤保卫及服务部，我现在是物服部负责人，主要负责服务提供及对应的服务保障工作执行监管。

弘：您是从什么时候开始参与到汽博馆服务标准化建设中的？

廖：确切地讲从汽博建设标准化体系伊始我就已经参与其中了，前前后后经历了5年时间。我现在的感想是，相较于之前在别的物业公司做项目管理，我发现虽然大多数公司也都有自己的标准化体系，但总体来讲汽博馆服务标准化体系建设与之还是有很大不同的。就拿我主要负责的公共服务这一块的内容来说，其他服务企业更多的是以自己物业公司的服务出发点考虑，而我们作为为博物馆提供服务执行和监管的部门，首先在出发点站位上就要有高度。我们会参照很多法律法规、国家标准，再结合观众的需求建设服务标准化，同步进行督导和执行，所以我们提供的服务标准化内容有很多实际上比一般物业服务公司层次要高很多。

弘：标准化建设您现在负责的这方面工作带来了哪些的改变和提升？

廖：第一，问题减少。因为通过前期梳理，我们制定框架、内容、流程等，提前设定了可能会碰到的问题并模拟解决。将服务中可能会出现的问题前置，解决办法也前置，因而我们在面对“突发情况”时，出现的问题会比较少。

第二，员工可以更好地执行工作。由于我们预先做了很多问题的处置流程、解决办法、规范，员工就会有章可循，有路可走。所以在这个过程中，很多员工不用我们去督导都可以自己实施及改进。而我们只需要对待“新需求”制定下一步的改进方案。

第三，我们有更多的时间思考。我们做出来的成果也开始受到更加广泛的好评。2014—2016年，我们对进馆参观的观众进行了连续三年的调研，反馈的满意度从最早的96分提升到去年的99分，这也从侧面反馈出来我们的前置预案以及我们服务人员标准执行给观众的满意程度带来了直接的影响。我们始终认为这是一个良性有效的循环。

弘：在标准化的建设过程中，就服务这方面有哪些需要特别注意的重点？

廖：我想主要有四点。第一以领导为核心的思路。全馆上下思路高度统一，由领导站在一个高度上来制定汽博馆未来蓝图框架，这是建设标准化过程中十分关键的前提。第二管理层有自己的定位，有自己的专职，能够将大的发展蓝图进行细化及布局。第三要始终推动执行层与管理层进行良好互动，将规范、标准化工作持续改进提升。第四时时刻刻都要接受来自监管层、观众的监督，收集意见，变为未来发展的方向和目标。通过以上四点我们就可以把博物馆行业的相关标准构建起来并实施开来。

弘：第三方的服务机构是怎么参与到这个标准化的建设中的？

廖：汽博馆建设服务标准化初期的时候，我们就在与第三方的合作中发现这样一个问题。

由于第三方服务机构往往是我们从社会上通过招投标选择来的物服公司，它们更多的是考虑合同、金额、合同对应的服务标准，而第三方在被动去执行标准时，会遇到高于合同里约定的服务需求。所以在建设初期，我们非常有干劲，快速发展，一直往前努力，而第三方被我们甩开越来越远。

因此我们理解第三方服务机构首先是执行者，同时也是创造者。他们在执行我们服务规范的同时，也在反馈规范的合理性和便捷性，从而推动创造新的规范和标准，而这标准就是体现双方共性的。

其次，第三方服务机构既是实施者，也是督导者；管理方作为一个大方向的制定者，会有一个总体把控和监管。所以，当二者结合在一起的时候，各自都会对自身进行反思，通过两级单位的监督、考核、改进，一步一步把服务标准化向前推。

最后第三方物业公司或者第三方机构在给我们提供服务的时候，一定要恪守一个原则，就是不以合同为唯一标准，而是以合同为大框架，及时进行内容细化和完善改进，确保服务跟着管理需求和观众需求进行调整。同时，第二期的合同也就有了更高的标准和要求，达到了持续改进提升的效果。

弘：这样执行之后第三方的感受是怎么样的？

廖：让服务有温度。每家物业公司都更愿意执行框框里的东西，而我们首先把框框打破了。打破之再重建的过程其实是很艰辛痛苦的，但是我们知道企业想要有竞争力，一定要有创新力。如果一家物业公司总是固守着本职工作，他一定是发展不好的。汽博馆发展到今天，已由原先最早的“陈列式博物馆”转变为现在的“互动式博物馆”，甚至还会发展到将来的“智慧型体验式博物馆”。这实际上引导博物馆所要提供的服务已经不能仅仅局限于“看门—验包—检票”。我们要改变，第三方也必须要接受这种改变。而当第三方真真正正打破了自身固有的发展模式，不再是生硬的，它的服务也会很快乐，而且是发自内心的。

关于这种变化，我举个小例子。我部门对接的是北京首华物业管理有限公司。首华物业管理有限公司和北京汽车博物馆签订第一年合作合同的时候，集团总公司的服务对象集中聚集在央企。由于它们的企业性质，分管央企项目往往非常多。起初公司市场化的时候，我们是它们探索的第一家公建场馆项目。合作这几年之后，我们在发生转变的同时，发现它们也在发生着改变。这些年随着我们的合作越来越深入，标准化工作的熟练掌握，它们也开始承接更多的场馆类项目，比如园林、妇儿馆等等。它们开始知道博物馆需要什么样的东西并改进它们的服务，我们也非常高兴更多博物馆乐于邀请它们一起合作。

这些年我越来越感受到汽博馆不是小家，而是大家。在汽博馆大家庭，我们有家长，有“家规”——规范标准，大家一起往前走，虽然我们一起生活也会发生摩擦，比如质量监察、现场督导、执行改进等等，但我们的发展目标一致，最后依旧非常和睦。和睦的家庭气氛给我们带来了更多的利益，也逐步产生了明显的社会效应，慢慢我们的品牌形象随之建立起来。现在北京市的物业公司已经由最早的几千家变成现在几百家，到未来可能就会变成几十家，而它们也只有像我们一样不断提升改进服务标准才能继续生存。

弘：请您谈一谈标准化建设执行中印象比较深刻的事。

廖：以我牵头做的一个“问讯服务规范”来讲，在我们的服务提供里面，有两个文件，一个文件叫做《询问服务规范》，一个叫做《问讯服务运行管理规范》，一个是服务提供，一个是监督实施。很多人乍一听“问讯服务运行管理规范”感觉好像档次不是很高，但是其实很多人并没有真正理解。

当时我们对于“问讯”两字的使用也曾存在过争议，很多人在手写或打印的时候会经常出现错误。老实讲，最早我们的思路是研究国家旅游局的1A到5A级景区标准，采用标准里咨询的相关界定来制定我们的“问讯”服务流程，但后来我们发现咨询更多的是体现一个服务对接的节奏。但是在提升之后，我们产生一个新的概念叫做“问讯”，“问”是问题的“问”，“讯”是“讯息”的“讯”，代表问答和资讯之间的对应。对于我们来说“问”的形式有很多种，包括现场问讯、网络问讯、电话问讯等方式，然后我们又对这三种形式进行相关规范，比如观众每一种提问应对什么回答，怎么回答能令观众满意等等。做完这件事情之后，我们又反思，如果仅仅是约束我们游客服务中心来完成这件事情，并不能扩展到全馆上下共同执行“讯息对外”理念。后来我们思索从概念出发将其扩展成全馆上下共同遵守的执行标准，最明显的就是，如果你是一名观众，问任何一个我馆的工作人员场馆面积是多大时，我们都会给观众一个统一回答。这样就可以避免观众从不同的服务人员那里获取到不一样的答案。后来由于我们的“问讯”服务标准做得很成功，我们把租借、母婴关怀、应急救助、留言收集、满意度调查等工作添加进来，以达到增值我们的服务。相信现在大家在汽博馆参观也能切身体会到我们的游客服务中心比其他博物馆游客服务中心要更好。

弘：如果别的馆开展这种标准化的建设，您有什么一些建议？

廖：我分两种情况来讲。

对于新馆来说比较简单，首先是建立以领导为核心的管理层、执行层、监督层，参照流程梳理、设定框架、建纲立制、执行改进等步骤层层搭建，最后形成规范实施执行。

老馆可能会涉及一个评估及改进的问题。老馆由于自身的历史原因，管理已经形成了固有模式。一般来说老馆在改进的时候通常都会走“就事改事”的老路。但是这样做法其实并没有考虑到体系的联动性，也就是通常所说的“牵一发而动全身”。一旦哪里出了问题，服务保障连同所有的岗位职责、管理权限也往往一并要改，所以老馆在改革时就会面临很大阻力。所以我建议老馆在建设服务标准化时一定要学会“反着做”，即先做第三方的评估、观众评估、人员岗位评估，从评估结果去检验自身的服务提供、管理，检验运行保障是否有所不足。等完整的反馈意见出来之后，便可以继续走新馆的路线，梳理流程、设定框架、建纲立制、执行督导改进，要注意评估环节一定要引入第三方服务评价机构进行。

访谈五

“标准化让我们有了成就感与归属感”
——第三方服务机构如何参与标准化建设

被采访人：崔雷（北京汽车博物馆物业服务中心项目经理）

弘博网（以下简称“弘”）：作为第三方服务机构，您是从何时参与北京汽车博物馆（以下简称“汽博馆”）标准化建设的?

崔雷（以下简称“崔”）：我们公司是北京首华物业管理有限责任公司。确切地说我们承担的汽博馆项目是公司公建场馆类项目第一个大项目。项目部起步是从2010年我们入驻开始，之后2011年3月8日开始试运行，到9月25日正式开馆，全程一直是由我们公司跟进下来。我本人是2010年来到汽博馆，一直工作到现在，可以说我见证了汽博馆服务标准化从建立到实施的全过程。具体来说，我们的职责主要是负责场馆的服务管理（问讯服务、停车服务、售票服务、检票服务、寄存服务、导览服务、会议服务、助览及互动体验服务）、安全管理、环境管理以及环境氛围营造等。

弘：标准化建设对你们有什么影响?

崔：在对客服务上，服务标准化提升了服务标准和规范。

2012年，汽博馆完成了国家4A级景区的评选工作，随后便启动了标准化工作。在标准化创建过程中，对我影响最深的是在编写文件初期，我们更倾向于往ISO质量体系文件编写思路上靠拢，经过标准化专家老师的解析，包括定期培训、指导之后，ISO质量体系更侧重于整个过程的控制，而标准化更侧重于对客服务，具体讲就是怎么从服务前、服务中、服务后细节上去把控标准，提升服务质量。

标准化工作实施之后，我们的工作发生了很大的改变。我们最大的感触就是在工作中无论是谁、无论是哪个岗位，大家都知道自己该做什么。我们现在每个岗位都配备了一个蓝色的活页岗位手册。我们会不断地根据对客服务需求更新调整，随着服务需要变化，我们的服务标准化手册也会随之添加“与时俱进”的内容。

弘：您觉得标准化建设中哪些是特别值得关注的?

崔：我认为是“三上三下”的模式，其实确切地说标准化的实施之后，最大的不同就是模式上的转变。“服务标准化”全然不同于以往由管理层撰写标准，员工仅仅单一执行标准的沟通模式。具体来讲“三上三下”模式里“三上”是管理层从上往下写，“三下”是基层员工从下往上写。说到底这个标准化更多的是一种对于工作的探索，有的时候管理层从管理者角度去做出来之后可能员工实施上未必能达到馆长期望的高度，而若是从员工的角度往上写的话，又会缺乏一些管理方面的内容，所以“三上三下”，更有实用性和实际操作性，这也是当初我馆建立标准化的初衷。

弘：作为第三方机构，在与馆方沟通建立、磨合服务标准化过程中遇到了哪些问题?又是怎么解决的?

崔：虽然我从事物业工作已经有15年以上了，但由于以前我们公司都是承接写字楼、政府、小区之类的项目，因此起初的确由于双方经验的问题，状况频出。比如，汽博馆标准化是按照馆方的整体要求去写的，而我们公司也有公司的相应的管理制度，当时我们也非常纠结，因为涉及一个员工执行两个标准，确实很头疼。后来我们在解决的过程中发现，整个服务标准化过程对于我们公司来讲是一个很好提升公司业务水平的机会。因此我们结合馆方拟定的服务标准化文件，对我们的内容进行了优化和调整。我们的文件现在已经可以跟汽车博物馆方面的标准化的文件进行细微性的合并。这样一来最直接的好处就是我们的员工在执行标准的时候，会更加清晰自己应该做什么。汽博馆标准化跟我司其他项目虽然业态不同，但其实你会发现它是有共性的，而且馆方在对我们的管理上，也打破了之前业主和物业甲乙双方间的差别。

在汽博馆你会发现如果单从我的工牌看去，你看不出我与物业公司任何的关系。也就是说不管是否为外包方，汽博馆均采用一体化管理。所以，我们在对客服务的时候代表着汽博馆。虽然我们本质仍然是一个第三方服务机构，但在服务宗旨上我们和馆方始终是一致的。

弘：你们与其他部门的沟通过程畅通吗?

崔：确切说是畅通的。汽博馆成立了标准化小组，标准化小组定期会对服务提供、服务保障情况以及文件修订等进行监督和指导。如果我们在对客服务中发现一些问题，标准化小组也会定期召开标准化小组会议。在实际操作过程中，我们也确实会面临一些对接方面的问题。例如我们在工作中对服务保障和服务提供的界定问题，有时候会出现一些模糊性。拿停车服务来说，我们将停车服务纳入了服务提供里，但是停车服务除了服务提供以外，还涉及服务保障的内容，所以当时我们很纠结，到底放在保障里还是在服务里。最后我们以对客服务这条主线为中心，经过与对接部门反复协商，确定将停车流程放在服务提供中。

弘：具体考核过程是怎样的？

崔：在汽博服务标准化考核过程主要有两种形式。第一种形式是标准化小组会定期对各岗位进行检查，检查岗位标准是否执行到位。另外还有一种形式全馆以党小组为单位分为四组，每个人有一个自己的一个责任区域，不定时检查。查出问题，我们采取一种曝光的方式反馈问题。对于现场基本就可以进行整改的问题，我们有一个标准化之间的一个微信群，随时发现问题，随时拍照片，随时上传，随时整改。整改后的照片我们也会上传到群里，证明这项工作我们已做出积极整改。对于重大问题，比如实际工作中遇到一些接口间无法判别的问题，我们会定期召开标准化研讨会，通过上会讨论的方式确定责任人进行调整。

弘：您认为标准化建设中让您印象最深刻的事情是什么？

崔：实事求是地说，刚开始标准化实施的时候，尤其是在员工这一级是有一些抵触情绪。可能有员工受制于文化层面的制约，无法达到管理层这个高度，的确会觉得标准化这个东西“束缚了”自身。然而还是那句话，“写我所做，做我所写”，标准只有在充分总结交流的情况下才具有实际操作性，而管理层写的更多的在于纸面，自上而下地起草方式很难达到良性互动的效果。这也是制定标准化的初衷。

通过培训，我们也在试图改变一线员工对于标准化的理解。每次我们的主要骨干经过专业老师指导的标准化课程培训之后都会给一线员工进行全员分解性培训，经过长期“熏陶”，一线员工也慢慢开始接受标准化，标准化的建立实施也给员工的工作中释放了“天性”，避免了很多重复性工作。

弘：对您个人而言，服务标准化前后给您带来最大的感受是什么？

崔：准确地说，服务标准化给我带来了巨大的成就感、归属感。

北京汽车博物馆是北京市第二批获得全国服务业标准化示范项目，并且还是第二批评选中唯一一个场馆类的项目。这些成绩的取得，使我明显感觉到通过汽博馆给我们提供的平台，使我们与同行业包括跟媒体接触交流的机会在明显增多。

其次我感觉到我们服务的标准与我们的同行相比已形成了较大优势。这也是我们成就感的来源之一。简单说，仅从着装、仪表上就能很直观地对比出差距。以我的工牌为例，应该别放在什么位置，佩戴方向是什么，我们都有统一要求。还有在对客服务上，我也去了一些其他博物馆，也看了看他们在对客服务上的标准，服务机械化、常态化已成标配，“买票—检票—安检—参观—出门”服务工作流于形式，非常被动。反观我们的服务要求，服务人员以一种自然、得体的状态面对观众。我们在做好常态化对客服务之外，也不断探索延伸服务内容，比如大家看到的问讯室，我们除了提供一些常态化的问讯服务之外，还提供医疗救助服务、寻人寻物、租借服务……在汽博馆，我们还设有母婴室，游客服务中心的工作人员定期会到母婴室给来访的观众进行医疗救助小常识的讲解，包括一些简单的家庭医务常识、伤口包扎等内容。如果有行动不是特别方便的参观者来我馆参观，我们也会主动地去询问需不需要轮椅车或拐杖，小到每一个标准我们都力争做到细化、细化、再细化，每当参观者给我们的服务点赞时，我的成就感都会油然而生。

最后感谢汽博馆无偿地指导和包容，责任共担，成果共享。现在我们的成就感不拘于我们取得的这些现有服务层面的微不足道的一点点成绩，更多的是跟汽博馆在一体化管理中共同形成的一种归属感。

访谈六

解放生产力
——标准才是最大的“指挥官”

被采访人：戴钰（北京汽车博物馆组织人事部培训专员）

弘博网（以下简称“弘”）：您在北京汽车博物馆（以下简称“汽博”）现在负责哪方面的工作呢？

戴钰（以下简称“戴”）：我在组织人事部门，目前负责招聘、培训和汽博馆志愿服务团队管理，还负责工会的一些工作，5年前汽博在建设标准化的时候，我也是标准化工作小组的成员之一。

弘：标准化前后经历了五年时间，您能简单地谈一谈您的感想和体会吗？

戴：汽博馆于2012年创建成为国家4A级旅游景区，当时我也是A级景区创建小组的成员之一，市、区旅游委在评审期间对汽博馆印象很深刻，建议我们考虑创建北京市旅游标准化。紧接着，市旅游委、质监局推荐我们参加国家级服务业标准化的创建评审。

当时汽博馆面临着这样一个问题：2011年—2012年新馆还处在制度建设时期，一方面要保开馆运营，一方面要抓基础管理。当听说有创建旅游标准化的事情，馆领导就想能否利用标准化手段与全馆制度建设结合起来，于是很快成立了领导小组和工作小组。那时工作小组并没有专职人员，由综合部几名骨干承担，加上各个部门的对接人员兼职组成。专家告诉我们做标准体系建设并不难，按照标准化工作指导的要求，参考国标地标和法律法规以及政策，梳理工作事项，进行体系搭建，再把现有的制度按照标准的格式、要求进行转化，就能形成标准。

其实，我最初听说要建设标准化试点单位的时候，真的一头雾水，对什么是标准，怎样建设标准化很迷茫。最开始，我们通过“请进来”“走出去”的方式考察学习和邀请标准化专家进行培训，直到第二次课我都听得很迷茫，但是慢慢地通过看书思考、向专家请教以及按照指导去进行制度转化，在不断的学习、接触中，自己对标准化就有了一定的理解。

弘：您认为标准化对您现在的工作有什么影响，是否有所提升？还希望您能给我们举几个例子具体说明一下。

戴：我认为标准就是工作指导。标准化建设就是梳理工作事项，避免重复和疏漏，优化工作流程。这种优化、组合的过程和运用于管理的结果，应该说比制度更好用。

比如说我所负责的志愿者管理工作。汽博馆志愿者管理是项目制，由人事部门牵头，牵扯公教部、藏品部、安保部几个部门。早几年我们志愿者用得并不多，只有一个部门在使用；从去年开始，各个部门都需要大量的志愿者，这就涉及怎样管理的问题了。

比如关于志愿者来馆服务的事情，志愿者怎么进馆，标准是什么？人事部是有证件管理规范的，正式员工有固定的工作牌，临时员工也都有临时出入证，志愿者身份相对来说比较特殊，所以我们在人事内部讨论和查找标准，出现这种新的工作情况，应不应该给志愿者做门禁卡或者进馆证件。标准里有，则按规范操作，没有，则根据新情况进行合理修订。说到底，标准定下来也是在不断优化的，使之更加符合现在的工作。

再例如，刚开始我们并没有对讲解员进行明确要求，只有部门的管理制度。在标准化建设期间，我们发现“讲解服务”是博物馆非常重要的服务事项之一，于是以“讲解服务”为例，工作小组和具体的管理部门开始梳理服务中的各个关键点，找出服务前、服务中和服务后的不同，分析人（讲解员）对人（观众）的服务，设备（自助讲解器）对人（观众）的服务，然后自上而下，自下而上，几易其稿，反复敲定《讲解服务规范》，这也给我留下了非常深刻的印象。

这些过程，为我们以后的汽博馆服务标准化打下了非常好的基础，也锻炼了我们做标准化的能力。

弘：您刚才说到志愿者涉及多个部门，有了标准化之后，您觉得部门与部门之间的沟通效果怎么样？

戴：合理、规范，有了工作操作的指导，所有事项有据可依，大大减少了沟通成本。

弘：在标准化建设中，有没有您印象较深刻的事情？

戴：2013年，汽博馆开始着手做标准化建设，但哪些事情需要有标准其实我们并不太懂，专家建议从梳理服务事项开始做起，我们就先梳理观众从什么时候开始与汽博馆接触。首先观众从打电话咨询之时，就开始与汽博馆有接触，这就涉及电话咨询服务；然后观众来到汽博馆可能需要停车，因此就产生了停车服务；再到入馆前的购票服务；进馆后检票服务；进馆参观所涉及的讲解服务；参观后的餐饮购物。一切以服务为主线，将这一系列服务事项梳理出来后，标准事项就不会有疏漏，这也为标准化建设打下了非常好的基础。当时工作小组成员们头脑风暴，一步一步梳理的过程让我印象很深刻。

还有一件事，也是建设初期，我们请来一位专家给全馆员工做标准化培训。会前沟通，老师问我："你们创建标准化，领导是否支持，你们想要做到什么程度，是否只是为了拿到这个牌子？"我当时第一反应就这么回答："不，我们绝不只是为了拿这个牌子，而是要借着标准化的手段和科学方法，结合我们馆自身的管理要求，让我们的管理和服务达到更高的标准，我们是真真实实想要做到标准化，做好标准化。"

虽然馆领导并没有和我直接谈过这个话题，也没有授意我要如何去回答，我仅出于第一反应就这样回答了老师的疑问，但我相信，它没有任何歧义，最起码它代表了我作为标准化工作小组成员的一个决心和目标，是符合汽博馆创建标准化工作的基本原则的。

弘：先前您提到您现在的工作内容也涉及工会，大部分人可能觉得工会事务并不繁杂，那标准化与工会的工作内容有什么交集吗?

戴：是这样的，所谓的标准化体系建设其实是要求全覆盖的，这也是我为什么刚才一直在提梳理所有服务事项。博物馆有了标准化体系，工会就会有相应的管理规范，如果疏漏了这一部分内容，体系就会不完善，管理就会有漏洞。工会事务小中见大，也需要规范化服务，为汽博馆发展在全力做着后方保障。目前在我们的不断建设下，汽博馆工会也取得了不少荣誉，我们也希望今后越做越好。

目前汽博馆正在建设全馆的党建标准化，这部分工作内容很庞大，很新，也涉及方方面面的各项管理和服务。

弘：全馆的标准化培训是如何进行的呢?

戴：汽博馆这两年在培养内训师。因为标准化建设有一个特点是"做我所写，写我所做"，所以写标准的人需要对工作事项非常了解，这些写标准的人即为内训师，由他们来为大家做标准化培训，既讲标准，也培训业务。这也是近两年我们着力在做的。

举个简单的例子，我们有会议服务员，也有会议服务管理人员，那么会议服务的规范谁来写？如果是管理者写，他写不了那么细，他的工作是如何管理班组，处理日常事务，他只写他怎么开会，怎么培训，怎么排班等等；会议服务员是从接受培训到开始服务，他的工作内容包括怎样站，怎样倒水，怎样摆放桌签、纸笔……在标准里，他们的工作内容是不会交叉和重复的。所以，标准是“做我所写，写我所做”，内训师就是讲自己的标准，讲自己的工作。他们比任何人都懂业务。

弘：如有新员工入职，怎样给他们建立标准化意识，使之理解并投入汽博馆的标准化建设呢?

戴：我们有新员工入职培训，包括全馆概况、基本常识、安全、礼仪礼貌，证件、考勤管理等内容，都是按照标准规范来进行的；其次还有部门培训，涉及部门标准和业务的学习；最后再通过岗位手册来进行学习，它其实与企业的职位说明书大同小异，但岗位手册有编写标准。新员工拿到岗位手册，不仅能理解自己的职责，而且知道如何根据标准去完成工作，这也是标准化培训的最终目的。

新员工之前没有接触过标准化，对概念可能不太理解，但按照规范进行学习和开展工作，还是会逐渐融入的。现在全馆都有一个统一的概念：标准是个好东西!有事情找标准!

弘：刚毕业的应届生没有工作经验，理解、融入标准化可能会更快，反之有工作经历的新员工，是否会对汽博馆标准化有所抵触呢?

戴：这种情况并不会出现。标准从何而来，又是如何在汽博馆建设的，其实最初不需要新员工去理解。我们对新员工培训更多的是指导他知晓如何去执行工作内容，如何按标准进行操作，这样再去接受标准化会更为深刻。

弘：请您再谈一谈，标准化对您工作最大的帮助是什么？

戴：最大的帮助还是刚才我所提到的：有什么问题我们都可以去找“标准”了。以前不论是事业单位还是企业，由上级领导做决策，现在是大家统一思想，标准才是最大的“指挥官”，所有工作不会因为领导不在而搁置。一切流程按照标准执行，真的是切身体会了解放生产力的感觉，它对部门的职能整合、岗位沟通都大有裨益。

举个简单的例子，在标准化建设前，汽博馆展区服务职能较为分散，公教部负责讲解，综合部负责接待，安保部负责停车，文产部负责餐饮……通过标准化建设，在梳理服务事项和编写标准的过程中，我们整合服务、优化流程，成立新的接待服务部，使贵宾参观、团体接待可以归纳在一个部门，部门职能重新调整，这样的优化、改进，使我们的工作越来越顺畅。

此外，由于我们是根据工作事项来设置标准，进而产生的岗位，不会产生因部门人员调整工作业务就受到影响的问题。所有的基本事项都在有条不紊地进行，交叉、遗漏的情况不会产生。

标准体系的搭建，就像打造了一个巨大的柜子。柜子不存在时，东西杂乱无章，但有了这个柜子后，这些物件的摆放就规范成一个体系。我们的标准就像是其中的一个个抽屉，工作内容分门别类建立在这些标准里面，大家按照一个个标准，就能按部就班，各司其职。

访谈七

无差别的小活动与大项目
——标准化让合同审批更加顺畅

被采访人：付佳兴（北京汽车博物馆综合部合同管理专员）

弘博网（以下简称“弘”）：想问一下标准化在具体工作中的体现，还请您举例说明一下。

付佳兴（以下简称“付”）：我是综合部的合同管理员，主要负责管理合同管理标准。合同标准的主要内容是对外的合同管理以及开展合作方面的一些合同事项。因为我们是公益一类，大量的预算走的都是合同管理这部分，博物馆对外签的合同绝大部分都是支付合同，虽然合同管理划分在综合部，但其实合同管理作为财务管理的一部分，也纳入了财务管理的六项体系里面。

理论上说，合同管理在实际应用中分成了合同订立、合同流转、合同签订这几方面，按照现在博物馆的运营期，分成了六大类合同，形成六项细化的管理，并做成细则。合同管理是其中两项，管理方面是通则，就是所有合同都是要管理的。

每年博物馆所做的重大项目，例如现在展览展示部做的展览项目，国际交流部、藏品部做的对外活动，文化产业部、公共教育部开展的活动，安保部、运行保障部、后勤保卫及服务部对场馆的大修和物业服务，都是通过合同流程管理来确定的。

弘：您是从什么时候开始参与标准化建设的?

付：标准化建设应该是2012年提出来的，我本人于2014年进入北京汽车博物馆（以下简称“汽博馆”），来汽博馆工作就开始从事这个事情，当时博物馆标准化的大框架已经出来了。2014到2016年这三年，汽博馆经历了建设期向运营机制的转化，当时的合同是按照建设期的合同特点做的，因为那时工程类、土建类合同比较多。开馆之后，开放类的合同会更多，并跟据运营机制调整了规范的侧重点。

弘：标准化建设后，两类合同有什么区别吗？

付：两者遵循的法律几乎都是相同的，但建设期合同侧重点在于土建、工程建设这一方面。虽然这一时期我还不在汽博馆，但通过查看资料我了解到这类合同管理更多体现在工程建设对合作模式和乙方（服务提供方）的要求，汽博馆在这里面承担的角色主要是工程综合类合同。这类合同更多的是汽博馆为了整个大项目的建设、成立所做的整体合同管理工作。

到运营期之后，除现有的维保、物业服务这种纯乙方为博物馆提供服务，博物馆监管服务之外的合同，博物馆还要去与对方共同成立项目，就像文化产业部、公共教育部、藏品部、国际交流部这类需要对外合作、宣传、考察的部门，它们更多的是与乙方一同就博物馆的活动进行交流，双方共同在合同中承担相应的权利义务，并提供资源。

通过我的讲述你能听出来，前一阶段的合同更多的是博物馆对乙方的管理，及乙方对博物馆提供的服务；后面的是双方共同承担项目，实现在合同框架下权利义务的划分，实现博物馆具体对外运营项目的开展。

弘：在汽博标准化建设过程中，您遇到过什么困难吗？

付：有，首先是感觉万事开头难，刚开始接触的时候，对“标准”的理解，如何理解标准化工作，博物馆标准化体系如何建设，自己对这些方面的认识都明显不足。其次，在做综合部标准化建设的时候，也会遇到一定的问题。综合部统筹各部门协作，各部门业务、工作有交叉，有遇到过各部门相互间不理解的时候，这其实都是很正常的现象。后面我们通过工作上的沟通，通过标准化工作在馆内的不断宣贯，大家共同在标准化大的项目下，相互理解不同部门之间的业务，不断去扩充自己的标准化内容。从原来仅限于工作岗位这一部分的内容，扩大到部门的内容，再扩大到全馆的内容。随着不断扩大，原来的困难都解决了，在这个过程中，一坎一坎地迈过去，不断地去解决、完善。

弘：全馆的合同都需要经由您手，通过标准化建设，比较现有与先前的合同流程，您最大的感触是什么？

付：最大的感触是工作越来越顺利了。没来汽博馆前我对标准的认识仅局限在产品上，或者说对服务和工作程序上的标准化理解不深。在标准的不断完善和循环管理的过程中，从最开始部门对合同的订立、合同的成立、综合部律师的审核、财务相关部门的审核，然后再到主管领导这一系列的审核过程中，大家觉得审核程序太多，表示不理解。现在大家理解这些程序，并明白这些程序背后的意义，都是在标准化建设过程中，标准化对大家工作指导下的影响，这更规范了合同管理中合同成立的程序，一份合同从成立到完成到归档，甚至到它消失，整个管理过程都有所记录，而且每个人在其中承担的责任都非常明确。通过研讨标准、学习标准的过程中，通过合同管理这一部分内容就使大家对整个汽博馆的运行都有更深刻的认识。这也是我在汽博馆工作三年中通过同大家交流沟通后最深的感受。

弘：标准化对您工作最大的帮助，或者说相较没有标准化指导，工作压力负担是否有所减小，效率是否有所提升呢?

付：大家在沟通中会很清楚我要去哪个岗位和哪个部门做哪项工作，在合同的每一个管理过程中，大家会明白这份合同从一开始出现，到最后的存档，它的对接人、对接岗位及岗位的责任。在理解之后，馆内涉及合同的每一个岗位，都会提升其工作效率。提升工作效率后，大家再去深入思考这些责任的时候，会有更深的认识，这样反过来又能提升工作效率，加快有效工作和有效沟通。我觉得标准化不光是对工作流程的说明，更是深入理解自身岗位工作的内容和整套合同管理项目的深度，使之清晰地呈现在每一个人的眼前。

没有标准化的时候，大家会去找部门领导、主管领导，当有了标准化之后，避免了这种无效的、重复的、低级的工作，而是有精力去提高他的工作质量，加深自身对汽博馆的影响。

弘：有没有什么具体的实例呢?

付：实例太多了，因为所有汽博馆只要涉及对外，不管是物业这种大型合同，还是临时的小活动，合同管理流程是一样的，这也就避免了比较初级的工作障碍。每一个项目在标准化管理过程当中都是同样的，虽然短期合同的工作时间较短，也较容易完成，但是它的保障和管理都和大项目相同，从而避免了一些小的失误。

访谈八

为了博物馆的管理与决策
——标准化与信息化的相辅相成

被采访人：满宝潞（北京汽车博物馆信息中心负责人）
谷斌（北京威远图易数字科技有限公司CEO）

弘博网（以下简称“弘”）：在博物馆服务标准化立项的实施过程中，不断提到信息化的概念，请问标准化和信息化二者之间有怎样的关系？

满宝潞（以下简称“满”）：以汽博为例，信息化可以分为几个模块。首先是业务管理系统，包括财务、人力、票务等等，这是最基础也是最核心的业务管理平台；第二是信息服务平台，包括对内的信息协调和对外的信息发布，包括OA、微信平台等；第三是设备设施的管控，例如闸机系统和安防系统，以及未来将要设置的数据中心，都属于设备设施管控的范围。这三个模块，不仅仅适用于汽车博物馆，对于大部分博物馆而言，这都是基础性并且必不可少的。

标准化的工作能够梳理相应的流程，确定相关的表单和数据，便于信息化工作的开展。北京汽车博物馆对此已经做了一部分前期工作，这样的工作成果也可以用一些框架图表示出来。

谷斌（以下简称“谷”）：有了标准化的基础，我们就可以去做信息化，信息化反过来又能够帮助标准化进行自查提升，循环改进。标准化和信息化涵盖的方面是有关联的，但信息化系统涉及的环节是更广的，而这正是支撑北京汽车博物馆高效率良好运行的基础。

对于信息化而言，最重要的是能够和标准化相关联。倘若部门之间各执一份标准，在涉及交叉环节时，就很容易产生纠纷；如果能够加入信息化的手段，帮助各部门的标准进行融合和沟通，在大量数据支撑的基础上进行改造，就可以有效避免一系列的问题。

弘：那么博物馆应该如何将二者结合起来？

谷：在标准化执行的过程中，一定会产生大量的信息，包括一些有价值的数据。在此基础上，可以建立相应的数据分析平台，包括人流客流分析、展项投资回报率等，这些分析结果就可以为将来的决策提供指导。在这个过程中，需要注意动态数据的采集和利用，例如用户实时体验等，这对于博物馆的内部管理和流程再造有很大的促进作用，如果数据只是停留在表格文件里，是没有意义的。这就要求博物馆在实施的过程中，注意要让标准化的信息能够流动起来并存储下来。

要做好这一系列的工作，就必须要有统一明确的信息框架，并且这个框架一定是弹性可扩充的。在标准化执行的过程中一定会有源源不断的数据和内容需要填补进来，那么框架就必须要有延展的能力。在此基础上，需要对数据进行可直观的量化处理。数据不仅仅需要记录，还应当能够被呈现给各个管理岗位和部门，使之能够及时分析信息、处理问题，这对于博物馆降低成本和决策指导都是大有裨益的。

弘：那么这样的信息框架是以怎样的标准和主线为依据建立的呢？是以事为主线吗？还是主要考虑人的因素？

满：很多问题可以通过数据分析来发现，而标准化的工作就是把数据分析整理成为规范。但这样的系统规范往往是单向性的，很容易出现信息孤岛的尴尬状况，各个业务系统相互分开，信息和规范只能在各自的系统内部运行。要实现博物馆的高效运行，就必须要有整体策略和规划性的体系，而信息化的目的就在于让所有的业务系统都能和标准规范关联起来，形成有序的信息架构，实现信息的汇总和有效分析。

谷：博物馆要想将标准化的信息沉淀并利用，有效构建信息框架，需要注意一系列的要素，包括人员、设备、流程和信息的直观量化。在实际工作中，不是所有的部门和岗位都做到了信息化的，对于没有信息化的岗位，以业务管理中的票务系统为例，假如前台工作目前没有做到信息化，就需要考虑它要不要信息化，以及如何信息化。其次，系统是分层级的，无论是业务管理系统、信息协同平台还是设备管控部门，都会以一个事件作为单向目标去做信息化的工作。这是以事为主线的方面。

在构建和执行的过程中，还需要考虑人的因素和设备设施本身的条件。以物业部门的工单系统为例，通常，部门会根据事件去下工单，但如果从多维度看待这个事件呢？对外，可以从客流分析设备设施的受关注度有多高；对内，可以检查它有没有保险，经过几次维修，谁负责维修，消耗了哪些配件……这样，就实现了信息的串联。当我们在进行标准化的过程中，需要流程再造或提升时，这些数据就会成为决策和执行的依据。

同样，设备在不同环境中的状态也是不同的。比如馆内的空调设备，可能处在阴面和阳面的报废周期是不同的，但是在没有信息化串联之前，这样的问题很容易被忽视。在实施标准化和信息化的运维之后，就能够发现问题并进行相应的工作调整，如对不同环境状态下的设备设置不同的检修周期和保养的频率等。

弘：刚才提到，标准化的数据是信息化的基础，那么标准化产生的这些数据是如何沉淀的呢？

满：首先要明确数据的概念。每天巡检产生的巡检单和整改通知单这类原始资料，大部分只是一个信息，不具有存储的价值。只有发生了问题，并产生了有价值的信息，才能成为数据。

那么标准是什么？北京汽车博物馆每周会有标准化检查，由当班的部长带领各部门当天的带班负责人进行全馆检查，在标准化检查的过程中，会有专门的表单记录，一旦发现问题，直接现场整改，如果现场整改不了就下发整改通知单，这样依次层叠下去，就形成了标准。

以安防系统为例，无论是安检季度例会、月度例会还是每周的安全会，都会有不同的安检单，每个部门还有自己的安全巡检单。这样，安检单需要签两次，分别存放在信息中心和本部门。之所以两个部门都在存档，是因为目前每个部门想要查安全档案内页都不可能越过安保部去信息中心调档，想要知道本部门安全环节存在哪些问题就必须要在部门内备份存档。我们已经有了标准流程和大量的数据，如何基于这些数据去优化配置，让数据能够在各部门共享，是信息化需要考虑的问题。

弘：在实现数据共享之后，会产生哪些效果？信息化的实行能够为全馆工作能带来怎样的改善？

满：我认为，对于一个博物馆而言，希望能够通过信息化实现三方面的内容：首先是提高工作效率，优化人员结构；其次是提高服务质量，使于观众游览；第三，还可以优化领导层决策。

第一，提高效率，减少不必要的资源损耗，是首先需要考虑的问题。以博物馆的库房和物流为例，每个部门都需要购进和产生物品存储，可是要保持库房的正常运行，有流入就要有流出。如何流出？大部分博物馆有一个普遍的困惑，对于灯泡等低值易耗物品，作为博物馆的固定资产，在没有设置标准化报废程序之前，是不可以报废的。无法报废的低值易耗品常年占用库房，造成库房管理的混乱，为馆内工作造成了极大的不便。

北京汽车博物馆在建馆之初就明确了库房的“物流”概念，设置了一系列的报废流程和申请规范。可以按照流程进行低值易耗品的报废处理，并且依据损耗数据进行相应的采购，同时，对备品备件也有专门的管理和巡检流程，有效避免了“放不进去，也拿不出来”的尴尬境遇。此外，信息化的引入可以使得每一个部门都可以及时查询到库房和物品出入库的流动信息并进行相应的分析，而不是仅止于库管的表单管理。

优化人员结构，就是把资源进行更合理的调整和调配。将一部分人力损耗大的岗位替换为信息技术服务，利用现代科技如电子屏或机器人讲解等方式，一方面提高了效率，另一方面节省下来的成本可以给工作人员进行合理的工资调整。

第二，提高服务质量，是指博物馆信息化对外要面向观众服务。

现在博物馆通用的信息推送方式是人工讲解员和扫描二维码，即便如此，面对巨大的人流和参观量，信息和科教的覆盖率仍然是相当低的。要满足观众如此大的需求量，提升整个参观的满意度，就要用到信息化的手段。信息化不仅仅是语音导览，展览展示更需要信息化的手段，否则这个馆就陈旧了。

现在的语音导览已经不仅限于扫二维码了，还可以光感触，观众走到这个点，我手机稍微感触一下，就能够查询。讲解信息覆盖的人群也不再仅限于低幼儿童，可以满足更广泛的观众需求。这就需要依靠LIFI、VR等技术来实现。博物馆需要更多信息化的手段帮助完成展览和展示。

除了展览之外，在文创方面，同样可以引入先进的信息技术。将来我们的文创应当可以在线选购，商品直接送到家，观众空手离开就可以了。在这方面淘宝已经做得非常好了，博物馆文创商店是不是也可以向这方面发展呢？现在无人商店已经有了，我们的专卖店是不是也应该改变了呢？

第三，领导层决策，同样分为内外两种。

对外，首先要站在博物馆的角度，希望信息化能够帮助展览实现更新改造。这和客流分析是有一定联系的。观众喜欢什么，取决于博物馆日常的对观众的分析和调研。需要我们每天发放观众满意度调查的问卷吗？我认为可以在刚才提到的语音导览中要求观众在线填写留言，然后自动生成报表。对于表扬的，统计总数就可以了，如果收到观众提出的设备或服务方面的问题，及时分派到相应部门进行处理。对于有价值的问题，要进行改进，并及时反馈给观众；对于暂时解决不了的问题应该考虑怎么解决，并反馈给观众；对于无效的问题要能够筛选并排除。客流分析当然还包括观众在哪个藏品前驻足的比较多，围绕一个藏品，如何要做活动，“让文物活起来”，很多东西都是其实是基于客流和观众满意度分析得来的，这是对外的第一个。

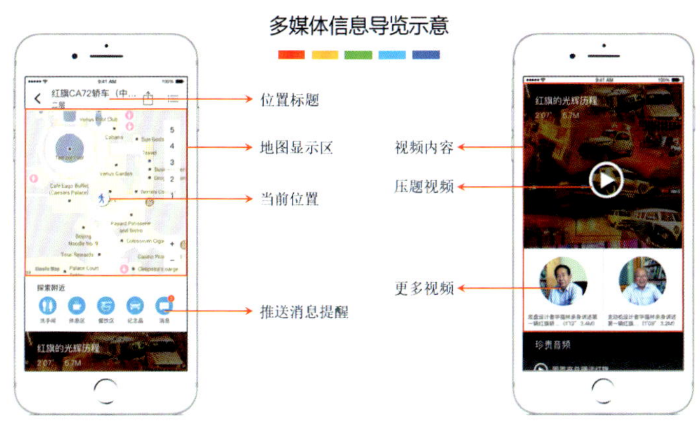

其次是要对教育人群有一定区分，我们已经举办了很多的活动和课程，那么信息化手段就要能够摘取我们的课程或者某一项活动吸引了多大的孩子或吸引了什么样的人群，他们的体验感如何。而且我们有在线反馈，对活动的预约和评价都可以通过在线完成，而不需要拿着纸笔去写，那这样的话可以方便我们去了解这些教育活动是不是有价值的，做的是不是对的，这是对外的要实际看到的领导决策。

对内，首先需要清楚的是员工绩效。一个新人进馆工作，他能不能胜任这个岗位？从他进馆到离开，在这一整个工作的生命周期里，他所在的是什么岗位？他的岗位职责是什么？他承担了哪些全馆的重大项目？这个项目做得怎么样？观众评价如何？各部门评价怎样？这些其实都应该集合在我们的人力资源系统中。

其次，设备设施的损耗、能源的消耗，这都是领导层关心的。仍以灯泡为例，尽管我们把它定为低值易耗，但也不是轻易就可以申请报废的。报批要有理由，那这个理由对决策层来说，就特别需要一个平台，灯泡它是一个资产，而在这个平台它就是一个信息源，它什么时候从库房中流出来的，什么时候安装到展区的，安装到了哪个展区，它每天的开闭状况，常亮的时长，这样才能计算它的损耗，最终确定它确实能够报废。没有这些依据，审批是无法通过的。申请项目资金同样如此，要有充分的项目理由，而这些依据，就来源于我们日常的工作。

所以说，无论是标准化还是信息化，它们都只是一种方式方法，是服务于博物馆管理与决策的，既不是标准化服务于信息化，也不是信息化服务于标准化。

访谈九

依标准治馆
——博物馆服务标准化的顶层设计

被采访人：杨蕊（北京汽车博物馆党组书记、馆长）

弘博网（以下简称“弘”）：您最初是如何接触到服务标准化的？

杨蕊（以下简称“杨”）：最初是筹备北京汽车博物馆（以下简称“汽博”）开馆时，运行保障部王亮部长到质监局对电梯进行备案，质监局提到标准化，但是那时候也没有标准化的概念，而且筹备工作繁重。后来经过与时任馆长樊维及各部门负责人开会协商讨论，确定了要开展此项工作，成立了领导小组和工作小组，当时我作为副馆长担任工作小组组长，组织各部门开始了创建工作。说心里话，当时并不是很清楚标准化的定义和内涵，但我们都有一个共同的认识，无论是做国家AAAA景区，还是全国科普基地等创建工作，都是提升管理水平和运营水平的好机会，大家相信标准化的创建也一定会给我们带来提升，大家有共识，工作也极富热情。

弘：汽博标准化建设已经开展5年了，您作为馆长有什么体会和感想？

杨：在汽博创建开展到推广服务标准化的过程中，给我体会最深的是在标准化建设过程中，博物馆的领导层与基层员工不断地进行沟通，通过相互协商，最终达成具有执行力的标准化体系。我们现在经常说标准化建设是“一把手”工程，可能首先想到的就是来自于馆领导的顶层设计。但在实际过程中，标准化建设需要每一个参与者的意见：领导层可能站在行业发展、博物馆发展的角度上去构建使命和愿景，有一个清晰的目标导向；具体到中层，就需要构建每个子体系，考虑是否与全馆目标一致、吻合；再到基层，员工就会结合自己的实际工作，具体考虑到每一个细节的流程，标准是否具有执行力。经过这样沟通再反馈给领导层，达到上下联动，互通有无，使得标准化的执行是经过大家协商一致的结果。这就体现了标准化建设是“上情下达，下情上传”的过程，因为具体到每一个工作细则，没有比基层一线的工作人员更了解他身处的这个岗位，了解观众的需求了。举个最简单的例子，从南门来的观众咨询的问题和从北门来的观众咨询的问题有何不同，馆领导不知道、中层可能也不清楚，但是在南北门岗位上的保安他是最清楚。所以，要让每一位员工都参与到标准制定的过程中，表达了自己的意见，提出自己的看法，这样就避免了“两层皮”情况的出现。

经过标准化的推广和实践，于我个人而言最大的感受一是事业的成长，然后就是以标准化手段管理单位的方法，无论工作单位如何变化，只要是面向社会公众服务的机构，使用这个工作体系就能很好适应，而且它是一个活态化的体系，不是一成不变的，是随着政策、背景不断变化的。

弘：您认为标准化实施给工作带来了哪些改变？

杨：最明显的一点就是责任分明，有据可查。

就报销这件事来讲，在馆内有一套规制，经办人写出依据，出纳员、会计、库房、档案管理员都会根据自己的工作职责写出相应的处理结果：如依据哪项文件，是否在预算计划内，以及物资是否已验收，档案是否已按要求归档等。一张表单体现相关人员的职责与处理意见，一定程度上来讲是将个人责任变成集体责任，而集体中个人的责任也清晰，因此，领导在审核的时候也能有据可循，心中有数。单位里最著名的一句话就是“人人都负责任，大家最后没责任，人人都不负责任，最后全都有责任”。将责任细化并切实体现在表单上，既有据可查又有很强的执行力。

另外，这套标准还便于倒查管理。举个保洁的例子，比如我去卫生间看到卫生质量下降了，我应该先检查天天检查卫生的人是怎么检查的？检查的人有检查记录吗？检查完的记录有没有发给物业公司？如果他们检查完并发给物业公司了，说明他履行职责了，是物业没履行好自己的职责。如果他没有检查也没有把检查记录发到物业公司，这就是管理监督出现了问题。

关键是监督检查一定要发挥作用，设立环境管理岗的作用就是监督物业按操作规范执行。如果监督岗失灵了，大家看到的卫生间就会不干净，而我们的卫生间都特别干净。

曾经有一段时间岗位检查和管理都出问题，就发生了修理水龙头忘拧铁丝的现象。虽然看似是卫生间的问题，其实里面涉及了很多方面。我们有两个物业服务，一个是管服务，另一个管设备设施的。绑铁丝就属于物业维修出现了问题，维修完后管设备的物业也没有认真检查。其实只要水龙头报修完了，互相多提醒就不会出这个问题，如果最后露一个铁丝尖，既不美观也有安全隐患，说明两家物业都有问题。那我们就要先查自己的管理岗位，单位里有管设备的部门，物业维修完后会有报修记录，这种报修记录每天要反馈到部门。有意思的是一到检查就会发现，所有的问题，都是人的问题，如果每个岗位都尽心尽力，按照标准执行，就不会出问题。

弘：之前与人事部门的老师交流，新人入职后并不了解标准化的原理，也可以在工作过程中很好地执行相关标准，是这样吗?

杨：标准化里有是八个字和大家分享：优化、简化、协调、统一。优化、简化是大家要实现的；协调、统一是大家努力的目标。我们在创建服务标准化的工作中，已经完成了优化和简化的环节，新人来了之后，见到的就是一个表格，不用经历前面标准化形成的过程，可以快速地了解他要做的。培训一下，他就把他岗位的标准了解清楚了。假设他是部门管理者，只用修订他自己负责的那部分标准，对于其他标准，执行就可以了。

弘：汽博的标准化建设有没有遇到什么困难?

杨：现在，博物馆同行看到我们的标准，可能会认为很简单，但实际制定的过程却是很艰难的。我们刚开始梳理标准化规则的时候也是一头雾水，毕竟此前没有博物馆做过服务标准化。我们请了标准化的专家来指导，但最初大家都认为专家不了解博物馆，自己的想法跟专家的想法分歧很大。专家花费几个月的时间对我们馆进行了全方位的了解，之后把工作中繁杂的内容逐步变成简单的事项，用标准化的原理指导形成了一套体系，其实是将标准化的普遍原理结合了汽博的实际情况后，总结出了适合汽博的标准化建设方案。

其实服务标准化在每个行业都存在，只是服务内容上有差异，但原理是相通的，普遍适用于公共服务机构。比如养老保障服务，它所涉及的财务、设备、安全、人事几个方面其实和博物馆基本一样。

要说最难的，那应该是从标准化试点单位到示范单位的过程，因为全国几百家试点单位都具有申报示范单位的资格，但是最终能够成为示范单位仅有10家左右，比例是相当低的。

但当时汽博员工一致认为凡是有利于提升汽博管理水平、运营水平和服务水平的工作，都要勇于尝试，尽可能争创。虽然汽博不是单项得分最高的，但综合得分却是最高的，因为它拉动的不仅是一个点，而是带动了一个面的提升，汽博的综合实力得到了提升。从试点到成为示范单位也是对我们工作的肯定。

弘：刚才咱们谈的都是内部建设的情况，标准化建设和执行的过程中有什么外部的压力或阻力吗？

杨：没有，其实最初是丰台区质监局牵头，将汽车博物馆推广到北京旅游服务标准化这一平台，得到北京市旅游委的认可后，又将汽博推荐到创建国家服务标准化这一层面。标准化为汽博获得了很多荣誉，外部也很支持。丰台区政府五年成就北京汽车博物馆成为国家级服务标准化示范单位写了进去。现在我们甚至为北京市文物局写标准，我们的工作变成大家共同的工作了，当然是一件好事。所以，外部只要是跟我们涉及的，对我们来说都是促进我们，为我们有更多更好的发展平台，所以说都是好事。

弘：据了解，由于工作原因您需要经常外出参加培训和参会，但汽博依旧可以良好运转，这也和标准化的实施有关吗？

杨：其实从我们建馆的时候，我们单位就有一句话，大家都能认可：“一把手不等于一支笔，而是等于一套管理流程。”我作为汽博的馆长是不用签字的，还不会失控、失灵，秘诀是什么？最主要的抓手就是规划和计划。

每年的9月份，第二年的任务基本就会确定，大家根据任务去制订计划。我们在制订五年计划的时候，每个部门都要有计划分解到每一年，明确方向后，大家根据每一年的方向性去制定订计划。一把手要做的就是审批计划，然后剩下就是各部门按照计划执行。

现在的好处是无论什么事情，大家明确了“计划先行，方案先行”这点，所以大家做计划的时候非常严谨。比如出差，我们有出差计划，各部门会将全年出差计划都编排好，但也不是一成不变的。如果计划调整了，还要回到会上解决，因为每年的工作还是有一定规律的，基本都知道自己应该出席哪几次会，那在制定计划的时候就要考虑周全。

再有一种类型就是“方案先行”，全馆的重大项目，都是要先确定方案。但在我们馆创建初期，尤其是从建设期到运行期过渡的过程中，运行期的经费并不好预测，但实际上越是时间长越好做这计划。例如常规的小项目，比如说采购保洁消耗用品，每年的消耗量基本是确定的。但有些比较大的项目不能按平时日常的资金计划执行，我们把这些项目叫做方案先行项目。比如像重大的展览、藏品车的修复、涉及一些大事项的采购，就不能按之前说的计划，我们会确定在会上审批方案，方案过了，再去执行。

弘：虽然制订了计划，但是还是会根据实际情况产生变动？

杨：计划是允许有调整，但是调整就回到会上进行讨论，这样就约束了个人不能私自改动计划，因为计划是大家共同审核完，如果改动也要上会进行讨论，大家审核同意后，才能按照新计划去执行。另外，也是锻炼大家把计划做得更加严谨，避免反复。

弘：也就是说计划做好之后，您就从日常的琐事中被解放出来了。那么，此时您工作的重点又会放在哪方面呢？

杨：对，计划做好后，每个月按部就班执行就好了，具体的工作大家按照标准执行、监督、整改，馆长还是应该站在更高的角度去为博物馆发展做规划和反思。

其实标准化建设就要求我们要有四种意识，即政治意识、大局意识、核心意识、看齐意识。

所有制定标准的人不能光站在本部门去考虑，大家都要站在全馆的角度考虑问题。这就是大局意识、核心意识。有了标准之后，有执行的比较好的人，这时候就要有看齐意识，向中央看齐，向首善标准看齐，向标准最好的单位看齐。我经常在单位发故宫单院长讲话，20万游客走后，地上没有一个烟头，我们怎么就做不到，没有一片纸呢？像长春伪满皇宫的服务就特别好，餐饮的服务也非常好，我们要向他们学习，这就是看齐意识。谁的标准高，我们就向谁看齐。

所以说，不光是馆领导，部门领导的站位也要高，你在管理一个部门的时候，不要将眼光局限于本部门，大家的眼光要放长远，要放眼整个馆，这样我们馆才能实现展示一流、服务一流、效率一流。展示一流就是展示你的一流服务，效率一流就是优化简化、协调统一。

作为馆长就要站在行业和国家的角度去思考问题。我们国家正处于一个重要的时期，作为馆长来讲，更要着眼于未来改革的机遇和挑战。前提是我们必须要能够深刻理解四个自信，坚持四个意识，从汽博馆来讲依标准治馆，就是践行依法治国，就是道路自信、制度自信、理论自信、文化自信，就是坚持政治意识、大局意识、核心意识、看齐意识。而且这“四个意识”不是停留在表态上，更不是表面上的。在我们馆，更值得推广的还有党建和馆务是一盘棋子，不是两层皮，这也是保障全馆稳定运行、各项业务齐头并进的根基所在。

最后，给大家呈现一下《多元文化让博物馆里有温度》，正是有了标准化这样一个“好东西”，才使得汽博馆可以从繁杂的运行管理事务性工作中解放出来，更多时间去策划和聚合在博物馆里的文化。

多元文化让博物馆有温度

杨蕊[①]

曾有人提出“一场经济危机，会影响三五年；而一场文化危机，会影响一代人！”

今天，在物质生活不断改善的同时，文化园地不应贫瘠，精神生活不应饥渴，今天的人们更需要心灵的营养。博物馆文化能够滋养心灵，而一旦心灵获得营养后，随之改变的是对生活态度、对未来希望的憧憬。对于大部分城市的居民而言，一座理想的博物馆不仅仅是一般意义上的大众文化设施，而且是多元文化群体的精神家园，人们在这里能够寻找到生命的意义，能够感受到生活的多彩。北京汽车博物馆用“人—车—社会”讲故事，创造多元文化在博物馆中交融，让博物馆充盈着温度。

一首诗在博物馆里朗朗诵吟，能让人联想到什么？

一部激动人心的电影，一首柔婉动人的歌曲，一幅回肠荡气的油画，包括一首诗，甚至一句话都可能对人们的生活产生重大影响。5月13日，一场“车·城·人聆听博物馆之音”主题诗歌朗诵会，用诗的方式打开阅读博物馆的一种方式。陈铎、虹云作为北京地区博物馆的形象代言人，号召了老一代艺术家齐聚汽博馆，用朗朗读书声、吟诵声，现场演绎“车、城、人”相伴相生的情结。月下卢沟，水灵如画，《卢沟晓月》牵动着历史的思绪；一条河，流淌着母亲的温柔，走进《丰台，梦里江南》，赴一场《我和丰台有个约会》；人类驾着

① 杨蕊（1973.04），女，北京汽车博物馆党组书记、馆长，研究生，高级经济师。

《中华古车》自远古驶来，在华夏大地上，一路驾长车而来，巨轮隆隆映着《满江红》，为了《我们的红旗，我们的梦》；《假如给我三天光明》期盼在第二天能去博物馆，看看人类进步的奇观，感受变化无穷的万古千年；还有那《博物馆里的小孩》在奇妙而瑰丽的博物馆世界里种下了《梦想的种子》，似乎听到他们在说《我是北京城一只雨燕》将《赢在顽强》，《这就是博物馆》。是的，这就是朗诵会的精彩篇章为我们呈现出的一幅壮丽且唯美的画卷。诗歌和文物一样，都有不死的灵魂，这就是博物馆文化的力量，用"声音"让文物活起来，唤醒人们心灵深处的共鸣。此刻，你是否有诗想与它共诵。在汽博馆里让我们感受到多元文化带来的温度，有诗、有美文、有舞蹈，调动着我们的各种情感，体会着历史中生命的长河，体会着博物馆人的坚持与力量，体会着活起来的文物的自在与怡然。这一切的温暖呈现，让我想起了那句话"服务是从暖心开始"。

一个汽车兵的故事，是否让您想起了那段激情燃烧的岁月？

在博物馆里参观展览是品读社会，也是阅读人生。雷锋——一个汽车兵的故事，就在汽博馆的展览里徐徐如声地为观众们讲述着。据了解，在周末或是节假日，总有一位小学生的身影，此刻，他作为小小讲解员不仅为中国观众讲述雷锋的故事，正是在这样的社会实践影响下，他经常自发组织班里的小伙伴在社区开展捡拾烟头，美化环境等活动。还有多所学校的中学生也在这里作为讲解志愿者，讲述他们这一代人对雷锋精神的理解。平日里，这里还是党员示范岗，汽博馆的党员都会走到这里作为志愿讲解员，为观众提供服务。此外，还邀请全国学雷锋两会的田永清将军在五四青年节期间与青年们一起"与雷锋对话"，他为青年们呈现出了一个鲜活的"雷锋"形象。这样的事例还有很多，比如，每年都会演出的雷锋情景剧，送到学校、商场和社区的雷锋课程……相信，每一位讲述者心中都住着一个雷锋，他热情、善良、无私，爱国、爱岗、爱家。北京汽车博物馆杨蕊馆长告诉我"在汽博馆里会看到60、70、80、90后共同讲雷锋"，她认为"每一代人都需要雷锋精神，在当前社会思想意识多元、多样、多变，更需要雷锋精神！讲述雷锋故事、传播雷锋精神的价值和意义在于这是对社会的思想启迪、精神引导和道德提升的非常鲜活的载体，它若能点燃内心深处的激情，那必将是燃烧的青春岁月"。都说博物馆是让人终身学习的地方，这种情景式、沉浸式的科普文化，与课本里的技能和知识，来得更加耐人寻味。博物馆浓郁的文化氛围，含蓄的藏品意境，引导人们从浮躁走向宁静，从现实走向理想，从思考走向行动，引导大家共享精神乐园。

一条车辙，它究竟有多长，能走得多远？

纵穿时遂，横越五洋，我们可以看到，人类驾着“移动”的轮和车自远古驶来。在华夏大地上，距今四五千年以前，黄帝驾车涿鹿之战，指南车一路向南，帮助黄、炎二帝走向胜利之路。时间的巨轮还在隆隆辗过，在历史的厚重中留下了一行行车辙，印迹在岁月的沉淀中铸造出了文明之路、求索之路、和平之路、友谊之路、合作之路、发展之路……串联起了人与人、城与城、国与国间的浓情厚谊。博物馆作为一种全球性的文化设施，在国际化的浪潮汹涌而来之时，肩负着重要使命，促进不同文化之间的对话，维护和保存文化的多元化、多样性。不久前，在中国传统花朝节期间，汽博馆“以花为媒”，策划了一场“西遇花朝——中法文化汇流”文化活动，法国香水的醇香，中国插花的纯美，配以唐代煎茶清香，令在场的中、法友人在互信互鉴交流中感受着两国文化的魅力。像这样的交流早在中法两国建交50周年之际，中法两国的汽车博物馆就“以车为媒”，将中国的国车红旗送到了欧洲，将法国总统的座驾DS在中国展出，“北京-巴黎 不解之缘”中法汽车文化专题展也在汽博馆为观众呈现了世界上第一次跨越欧亚大陆的拉力赛，以及跨越世纪的“东方之旅”。利用“交流年”“友好年”“文化年”等国家双边活动，汽博馆策划的中美、中俄、中意等文化交流有序开展，逐渐形成文化体系，架起了我国与世界各国沟通了解、相互学习、交流合作的桥梁，“以车为媒”形成独具特色的“国家名片”。

一座城、一座博物馆，坚定的是国人的文化自信！

城市让生活更美好，博物馆让社会更和谐。人们生活在自然生态环境之中，也生活在文化生态环境之中。只要人们仔细观察和深入研究，总能发现一座城市自己的气质、灵魂以及属于自己的故事。在北京丰台，曾经的一片花田、一池莲花，还有那卢沟晓月和永定河水见证着岁月的春秋，以一个独具性格融入了东方的智慧和勤劳，根植在这文化园圃中。今天，越来越多的人意识到，城市未来可持续发展的强大动力，将来自于深厚的文化底蕴，也就意味着博物馆的观众已不再满足于只欣赏珍贵的文物展品，更多想探求文物藏品背后所蕴藏的文化积淀，甚至渴望将特别喜爱的博物馆文化信息加以提炼，融入自己的生活之中。在汽博馆里用车·城·人的方式策划展览、组织活动，是将车和人都置身于城市和谐发展的整体思考中，重新考量其作用和方式；策划“简单看世界 一起轻生活——新能源汽车专题展”，以一种生活态度引导生活方式；策划“金戈铁马话军车专题展”并开设“开学第一课”，寄希望于将正确的价值观植入日常学习和生活中。当然这些，都是汽博馆根据不同观众群体的特点和需求，衍生出的多元文化需求，包括多种形式的文化和教育活动。正如汽博馆杨蕊馆长所说：“博物馆要想真正成为人们生活中不可缺少的一部分，必须要善于主动介入当代文化生活，只有博物馆文化大众化，才能真正成为主流文化，才能成为历史的庄严、世界的光明和温暖的源泉，才能在城市发展中担当起文化传播的责任，才能让这片热土独具自己的性格。”

文物传承古今，交流沟通中外。通过博物馆文化传播，可以使更多社会公众领略中华文明五千年辉煌历史，增强广大民众特别是年轻一代对我国文化传统的认知和认同，提升民族自豪感和自信心。通过博物馆这样的文化创造，让更多人有机会陶醉于传统文化的享受之中，沐浴中华文明的恩泽，汽博馆正在以一种崭新的姿态呈现着自身的性质与功能。有人说“19世纪靠军事改变世界；20世纪靠经济改变世界；21世纪靠文化改变世界”。特别值得关注的是，有关“文化”的诸多利好政策纷纷出台，尤其是发展公共文化事业被纳入全面深化改革的若干重大问题之一，近日又出台了《中华人民共和国公共文化服务保障法》。文化立法的出台，将“激发各类社会主体参与公共文化服务的积极性，提供多样化的产品和服务”。首都北京作为全国政治中心、文化中心、国际交往中心、科技创新中心，更加需要博物馆这样的公共文化机构打起“文化“的大旗，为国人坚定“文化自信”承担起历史和未来赋予的使命。

附录

附录1：TY100 北京汽车博物馆通用基础标准体系明细表

序号	体系内标准号	标准名称
1	Q/QBG TY101-01—2014	标准化工作导则
2	Q/QBG TY102-01—2014	术语和定义
3	Q/QBG TY103-01—2014	符号与标志标准
4	Q/QBG TY104-01—2014	数值与数据标准
5	Q/QBG TY105-01—2014	量和单位标准
6	Q/QBG TY106-01—2014	测量标准

附录2：TG300北京汽车博物馆服务提供标准体系明细表

TG301 参观服务

序号	体系内标准号	标准名称
1	Q/QBG TG301-01—2014	问讯服务规范
2	Q/QBG TG301-02—2014	停车服务规范
3	Q/QBG TG301-04—2014	售票服务规范
4	Q/QBG TG301-05—2014	检票服务规范
5	Q/QBG TG301-06—2014	寄存服务规范
6	Q/QBG TG301-07—2014	导览（司梯）服务规范
7	Q/QBG TG301-08—2014	讲解服务规范
8	Q/QBG TG301-09—2014	助览及互动体验服务规范

TG302 科教文化服务

序号	体系内标准号	标准名称
1	Q/QBG TG302-01—2014	科教文化服务规范

TG303 餐饮服务

序号	体系内标准号	标准名称
1	Q/QBG TG303-01—2014	餐饮服务规范

TG304购物服务

序号	体系内标准号	标准名称
1	Q/QBG TG304-01—2014	购物服务规范

TG305 会议服务

序号	体系内标准号	标准名称
1	Q/QBG TG305 01—2014	会议服务规范

TG306 运行管理规范

序号	体系内标准号	标准名称
1	Q/QBG TG306-01—2014	全馆运行管理规范
2	Q/QBG TG306-02-01—2014	问讯服务运行管理规范
3	Q/QBG TG306-02-02—2014	停车服务运行管理规范
4	Q/QBG TG306-02-04—2014	售票服务运行管理规范
5	Q/QBG TG306-02-05—2014	检票服务运行管理规范
6	Q/QBG TG306-02-06—2014	寄存服务运行管理规范
7	Q/QBG TG306-02-07—2014	导览（司梯）服务运行管理规范
8	Q/QBG TG306-02-08—2014	讲解服务运行管理规范
9	Q/QBG TG306-02-09—2014	助览及互动体验服务运行管理规范
10	Q/QBG TG306-03—2014	科教文化服务运行管理规范
11	Q/QBG TG306-04—2014	餐饮服务运行管理规范
12	Q/QBG TG306-05—2014	购物服务运行管理规范
13	Q/QBG TG306-06—2014	会议服务运行管理规范

TG307服务评价与改进标准

序号	体系内标准号	标准名称
1	Q/QBG TG307-01—2014	服务评价与改进标准

附录3：BZ200北京汽车博物馆服务保障标准体系明细表

BZ201 环境标准BZ201 环境标准

序号	体系内标准号	标准名称
1	Q/QBG BZ201-01—2017	环境管理规范
2	Q/QBG BZ201-02—2017	高空保洁管理规范
3	Q/QBG BZ201-03—2017	区域清洁管理规范
4	Q/QBG BZ201-04—2017	环境氛围营造管理规范

BZ202 能源标准

序号	体系内标准号	标准名称
1	Q/QBG BZ202—2014	能源管理规范

BZ203 交通管理标准

序号	体系内标准号	标准名称
1	Q/QBG BZ203—2015	交通管理规范
2	Q/QBG BZ203-01—2015	交通管理通则
3	Q/QBG BZ203-02—2015	停车管理规范
4	Q/QBG BZ203-03—2015	公务车管理规范
5	Q/QBG BZ203-04—2015	地面停车场收费管理规范

BZ204 安全与应急标准

序号	体系内标准号	标准名称
1	Q/QBG BZ204—2017	安全与应急管理规范
2	Q/QBG BZ204-01—2017	安全管理通则
3	Q/QBG BZ204-02—2017	治安保卫管理规范
4	Q/QBG BZ204-03—2017	消防安全管理规范
5	Q/QBG BZ204-04-2015	设备安全管理规范
6	Q/QBG BZ204-05-2015	电气安全管理规范
7	Q/QBG BZ204-06-2015	食品安全管理规范
8	Q/QBG BZ204-07-2015	服务安全管理规范
9	Q/QBG BZ204-08-2015	藏品安全管理规范
10	Q/QBG BZ204-09—2017	作业活动安全管理规范
11	Q/QBG BZ204-10—2017	信息化安全管理规范
12	Q/QBG BZ204-11—2017	反恐怖防范管理规范
13	Q/QBG BZ204-12—2017	应急管理通则
14	Q/QBG BZ204-13—2017	应急预案

BZ205 设备设施及用品管理标准

序号	体系内标准号	标准名称
1	Q/QBG BZ205-01—2014	设备设施管理通则
2	Q/QBGBZ205-01-01—2017	展览设备设施运行管理规范
3	Q/QBG BZ205-01-02—2017	展览设备设施维护管理规范
4	Q/QBG BZ205-01-03—2017	展览设备设施维修管理规范
5	Q/QBG BZ205-01-04—2017	场馆设备设施运行管理规范
6	Q/QBG BZ205-01-05—2014	场馆设备设施维护管理规范
7	Q/QBG BZ205-01-06—2017	场馆设备设施维修管理规范
8	Q/QBG BZ205-01-07—2017	场馆备品备件管理规范
9	Q/QBG BZ205-01-07 2017	展览备品备件管理规范
10	Q/QBG BZ205-01-08—2014	办公及专项、 服务类设备设施管理规范
11	Q/QBG BZ205-02—2017	用品管理规范
12	Q/QBG BZ205-03—2017	库房管理规范

BZ206 工程管理标准

序号	体系内标准号	标准名称
1	Q/QBG BZ206-2016	工程管理规范

BZ207 项目管理标准

序号	体系内标准号	标准名称
1	Q/QBG BZ207—2017	项目管理规范

BZ208 公共关系和资源管理标准

序号	体系内标准号	标准名称
1	Q/QBG BZ208-01—2017	公共关系和资源管理规范
2	Q/QBG BZ208-02—2017	接待管理规范
3	Q/QBG BZ208-03—2017	外事管理规范

BZ209 藏品管理标准

序号	体系内标准号	标准名称
1	Q/QBG BZ209-01—2014	藏品管理通则
2	Q/QBG BZ209-02—2017	藏品征集管理规范
3	Q/QBG BZ209-03—2017	藏品定级管理规范
4	Q/QBG BZ209-04-01—2014	藏品账目管理规范
5	Q/QBG BZ209-04-02—2014	藏品保管管理规范
6	Q/QBG BZ209-04-03—2014	藏品档案管理规范
7	Q/QBG BZ209-05-01—2017	藏品维护保养管理规范
8	Q/QBG BZ209-05-02-01—2017	藏品车美容护理标准
9	Q/QBG BZ209-05-02-02—2017	藏品车技术保养标准
10	Q/QBG BZ209-06-01—2017	藏品修复管理规范
11	Q/QBG BZ209-06-02—2017	藏品车修复工艺、技术及验收标准

BZ210 人力资源管理标准

序号	体系内标准号	标准名称
1	Q/QBG BZ210-01—2017	单位管理体制说明
2	Q/QBG BZ210-02—2017	机构及职能说明
3	Q/QBG BZ210-03—2017	岗位设置及人员配置规范
4	Q/QBG BZ210-04—2017	事业编制人员聘用管理规范
5	Q/QBG BZ210-05—2017	社会化用工人员聘用管理规范
6	Q/QBG BZ210-06—2017	物业派遣人员聘用管理规范
7	Q/QBG BZ210-07—2017	专家聘用管理规范
8	Q/QBG BZ210-08—2017	志愿者管理规范
9	Q/QBG BZ210-09—2017	实习生管理规范
10	Q/QBG BZ210-010—2017	人才引进管理规范
11	Q/QBG BZ210-11—2017	岗位调整管理规范
12	Q/QBG BZ210-12—2017	职称管理规范
13	Q/QBG BZ210-13—2017	培训管理规范
14	Q/QBG BZ210-14—2017	事业编制人员薪酬管理规范
15	Q/QBG BZ210-15—2017	社会化用工人员薪酬管理规范
16	Q/QBG BZ210-16—2017	福利管理规范
17	Q/QBG BZ210-17—2017	人工成本管理规范
18	Q/QBG BZ210-18—2017	行为准则规范
19	Q/QBG BZ210-19—2017	履职行为准则规范
20	Q/QBG BZ210-20—2017	证件管理规范
21	Q/QBG BZ210-21—2017	员工刷打卡管理规范
22	Q/QBG BZ210-22—2017	考勤管理规范
23	Q/QBG BZ210-23—2017	考勤管理实施细则
24	Q/QBG BZ210-24—2017	绩效考核管理规范
25	Q/QBG BZ210-25—2017	员工奖惩管理规范
26	Q/QBG BZ210-26—2017	员工信息管理规范

BZ211 职业健康管理标准

序号	体系内标准号	标准名称
1	Q/QBG BZ211—2017	职业健康管理规范

BZ212 财务管理标准

序号	体系内标准号	标准名称
1	Q/QBG BZ212-01—2017	同级财政补助收支预算管理规范
2	Q/QBG BZ212-02—2017	非同级财政补助收支预算管理规范
3	Q/QBG BZ212-03—2017	非财政补助收支预算管理规范
4	Q/QBG BZ212-04—2014	事业收入管理规范
5	Q/QBG BZ212-05—2014	经营收入管理规范
6	Q/QBG BZ212-06—2014	其他收入管理规范
7	Q/QBG BZ212-07—2017	资金管理规范
8	Q/QBG BZ212-08—2014	银行账户管理规范
9	Q/QBG BZ212-09—2017	公务卡管理规范
10	Q/QBG BZ212-10—2014	会计核算管理规范
11	Q/QBG BZ212-11—2017	公务经费管理规范
12	Q/QBG BZ212-12—2014	财务报告和财务分析管理规范
13	Q/QBG BZ212-13—2017	财务决算管理规范
14	Q/QBG BZ212-14—2017	票据管理规范
15	Q/QBG BZ212-15—2017	印章管理规范
16	Q/QBG BZ212-16—2017	内部审计管理规范
17	Q/QBG BZ212-17—2014	保险业务管理规范
18	Q/QBG BZ212-18—2014	涉税业务管理规范
19	Q/QBG BZ212-19—2017	会计档案管理规范
20	Q/QBG BZ212-20—2017	资产管理规范
21	Q/QBG BZ212-21—2017	经营监管管理规范

BZ213 采购管理标准

序号	体系内标准号	标准名称
1	Q/QBG BZ213-01—2017	采购一般管理规范
2	Q/QBG BZ213-02—2017	采购程序管理规范

BZ214 合同管理标准

序号	体系内标准号	标准名称
1	Q/QBG BZ214-01—2017	合同管理规范

BZ215 信息管理标准

序号	体系内标准号	标准名称
1	Q/QBG BZ215-01—2017	信息管理通则
2	Q/QBG BZ215-02-01—2017	信息设备管理规范
3	Q/QBG BZ215-02-02—2017	信息网络管理规范
4	Q/QBG BZ215-02-03—2017	信息应用系统管理规范
5	Q/QBG BZ215-04—2017	档案管理规范

BZ216 综合管理标准

序号	体系内标准号	标准名称
1	Q/QBG BZ216-01—2017	议事和会议管理办法
2	Q/QBG BZ216-02—2017	会议组织管理规范
3	Q/QBG BZ216-03—2017	“三重一大”决策制度实施办法
4	Q/QBG BZ216-04—2017	计划督查管理规范
5	Q/QBG BZ216-05—2017	公文管理规范
6	Q/QBG BZ216-06—2017	印信管理规范
7	Q/QBG BZ216-07—2014	图书报刊管理规范
8	Q/QBG BZ216-08—2017	员工餐厅管理规范

BZ217 党建管理标准（无）

BZ218 宣传管理标准

序号	体系内标准号	标准名称
1	Q/QBG BZ218-01—2017	宣传管理通则
2	Q/QBG BZ218-02—2017	信息报送管理规范
3	Q/QBG BZ218-03—2017	影音与印刷宣传品制作管理规范
4	Q/QBG BZ218-04—2017	自有媒体宣传管理规范
5	Q/QBG BZ218-05—2017	社会媒体宣传管理规范
6	Q/QBG BZ218-06—2017	意识形态管理规范

BZ219 经营管理标准（无）

BZ220 展览管理标准（无）